李守孔著

中國近百餘年大事述評

——中國近代現代史論文集

（五册）

臺灣學生書局印行

四八　北伐前後國民政府外交政策之研究

——民國十三年（一九二四）元月至民國十六年（一九二七）三月——

一、前　言

國民革命之目的，對外在求中國之自由平等；而以廢除不平等條約對我國之束縛與壓迫爲急務。國民革命軍北伐前後，在中國國民黨領導下，以「革命外交」爲努力目標，亦即採取非常手段以解決中外間不平等不合理之相對關係。惟「革命外交」之執行，有激烈與溫和兩種不同主張；早期激烈派徐謙、陳友仁、鄧演達等居優勢，後期溫和派伍朝樞、黃郛、王正廷等佔上風。

民國十四年（一九二五）六月，國民政府成立前夕，有廣州沙基慘案之發生，革命政府採取斷然措施，號召省港大罷工，對英杯葛竟達一年四個月之久，使香港政府蒙受重大之損失。民國十六年一月，北伐期間，復强行收回漢口、九江英租界，開廢除不平等條約之先聲。

民國十六年三月二十四日，英美兵艦砲轟南京事件發生後，予國民黨激烈派領袖以沉重之打擊；故同年四月十八日南京國民政府成立後，外交政策作重大之轉變，以「說理」之和平自强外交，代替威迫性之非常行動。民國十七年（一九二八）「五三濟南慘案」之力避擴大，和對英、美、法、意、日五國寧案之合理解決，以及與比利時、意大利、丹麥、葡萄牙、西班牙、希臘、捷克等國通商新約之簽訂，並中美、中德、中挪、中荷、中瑞、中英、中法、中日等國關稅新約之締結，使我國喪失八十餘年之利權獲得部分收回。倘非「九一八事變」發生，國難嚴重，國民政府側重對日外交，則其他使館駐兵、治外法權（領事裁判權）、租界、租借地、內河航行等特權之廢除，將不待至民國三十二年（一九四三）一月太平洋戰爭爆發之後。

本文討論之範圍，始自民國十三年（一九二四）元月，中國國民黨第一次全國代表大會，止於民國十六年（一九二七）三月，南京事件之發生，革命外交之受挫。就此三年多期間，國民政府廢除不平等條約之努力，作一政策性之探討，分析國民革命對外目標之連續性，說明在革命過程中群衆運動固有其時代意義，而遵循正常合理外交途徑之收穫，則遠較前者爲豐碩。至於民國十六年南京事件交涉之進行，在四月十八日南京國民政府成立之後，屬於南京國民政府時代之外交政策，當另撰文以討論之。

二、國民政府外交政策之形成

(一) 孫中山先生之外交思想

國民政府之外交政策，以國父孫中山先生之外交思想爲圭臬。國父之外交思想在中華民國成立就職臨時大總統宣言中已有明白之宣示。聲稱今後中國「當盡文明國應盡之義務，以享文明國應享之權利，滿清時代辱國之舉措，與排外之心理，務一洗而去之。與我友邦益增睦誼，持和平主義，將使中國重見於國際社會，且將使世界漸趨於大同。循序以進，不爲倖獲。」❶本於此一精神，國父外交思想建立於以下之基礎：

一、民族獨立：民國八年（一九一九），國父著「三民主義」，認爲中華民族爲世界最古最具同化力之民族，滿清傾覆，民國建立，不過達到民族主義之一消極目的。積極之目的，漢族當犧牲其血統、歷史與自尊自大之名稱，而與滿蒙回藏之人相見以誠。合爲一爐而冶之，以成一中華民族之新主義，如美國之合黑白數十種之人民，而冶成一民族。內以促民族之進化，外以謀世界民族之平等❷。

二、亞洲主義：國父所提倡之「大亞洲主義」，目的在建立區域性亞洲組織，銜接民族主義走向世界大同之境遇，使亞洲各民族擺脫帝國主義之壓迫，取得獨立自主之地位。民國二年（一九一三）二月，國父訪問日本，正值桂太郎組閣未久，桂爲日本軍國主義領袖，以首相兼外相，國父與桂太郎密談二次，披瀝所見，正告桂太郎曰：「就大亞洲主義之精神而言，實以真正平等友善爲原則。日俄戰前中國同情於日本；日俄戰後中國反不表同情，其原因在

❶ 國父全集，第一冊，頁七八一，民國六十二年六月，黨史委員會編印，以下同。
❷ 同上書，第二冊，頁一五四至一五六。

日本乘戰勝之勢，舉朝鮮而有之。朝鮮果何補於日本？然由日本之佔有朝鮮，影響於今後之一切者，不可以估量。此種措施，爲明智者所不肯爲。」❸其眼光銳敏而遠大。

民國九年（一九二〇）八月，美國國會議員團來華訪問，國父特向上海通訊社記者表示：「應先要求恢復馬關條約，扶植韓人獨立，以緩其衝。」❹並向北京益世報駐滬記者表示：「高麗獨立問題，按照馬關條約，中國亦應過問。」❺於是命令同志胡漢民、戴季陶、朱執信等，在「建設」雜誌撰文，鼓吹韓國獨立之合理性，及韓國復國成功之可期性。將韓國代表在巴黎和會請願獨立書譯成中文發表，並鼓勵韓人從事武裝抗日行動❻。民國十三年（一九二四）十一月二十八日，國父在日本神户演講，分析大亞洲主義是東方文化結晶。東方文化講王道，西方文化講霸道，講王道是主張信義道德，講霸道是主張功利强權。呼籲日人勿爲西方霸道鷹犬，要做東方王道干城。警告歐美學者對東方民族解放運動，應給予正確公平評價，而不應歪曲事實，妄加臆測❼。

三、世界大同：國父世界大同藍圖，是以禮運大同篇爲基礎，以大學爲推動方法。民國

---

❸ 羅家倫主編「國父年譜」，上册，頁四九五至四九七，黨史委員會，民國五十八年十一月增訂版。
❹ 國父全集，第二册，頁八四八。
❺ 同上書，頁八四九。
❻ 朱執信「韓國代表在和會之請願」，見「革命先烈先進闡揚國父思想論文集」，第一册，頁五九四至六一六，民國五十四年十一月，黨史委員會出版。
❼ 國父全集，第二册，頁七六三至七七一。

二年（一九一三）二月二十三日，國父在東京對留學生全體以「學生須以革命精神努力學問」爲題，發表演講，指出：

> 近日社會學家，雖大昌明，而國家界限尚嚴，國與國之間不能無爭。道德家必願世界大同，永無爭戰之一日，我輩亦須有此心理，感受此學說，將來世界上總有和平之希望，總有大同之一日，此吾人無窮之希望，最偉大之思想。❽

民國十三年（一九二四）三月二日，國父在民族主義第六講中，特別提出大學中所說：「格物、致知、誠意、正心、修身、齊家、治國、平天下」之道理。認爲「濟弱扶傾」爲中國固有美德，是中華民族之天職，用固有道德和平做基礎，去統一世界，成一個大同之治❾。

國父本上述思想，對外交工作特別重視。民國二年四月，國民黨發表政見宣言，外交主張方面：認爲中國之積弱，「非善用外交，不足以求存，然欲運用外交，非具世界之眼光不足以盡其用。中國向來外交無往而不失敗，蓋以不知國際上相互之關係，一遇外人虛聲恫喝，即惟有退讓之一法，是誠可傷者也。」❿民國六年（一九一七），國父著「中國存亡問題」，認

❽ 同上書，第二冊，頁三三〇。
❾ 同上書，第一冊，頁五三至六四。
❿ 同上書，第一冊，頁八〇三。

爲：

國家既不可以長期從事於戰爭，而對外之關係則有增而無減。於此關係日密之際，不能用戰爭以求達其存在發展之目的，則必求其他之手段，所謂外交者由是而發生。凡國家之政策既定，必先用外交求達其目的，外交手段既盡，始可及於戰爭，戰爭既畢，乃當復於外交之序。故國與國遇，用外交手段與用戰爭手段，均爲行其政策不可闕者。然用外交手段之時多，用戰爭手段之時少。用外交手段者通常之規則，戰爭手段者不得已而用之。不得已云者，外交手段既盡，無可如何之謂也。⓫

國父素不主張戰爭，因之認爲「兩國之相遇，猶二人之相處，其間之行動固有益己始能益人者，亦有不必損人而能益己者。擇其不損人可以益己之道行之，則外交之手段可以畢其事。若必損人以求益己，自然陷入戰爭。」⓬綜合國父之外交策略可分爲以下三端：

一、反對帝國主義：國父畢生爲打倒帝國主義、廢除不平等條約而奮鬥，對帝國主義認識特別深刻。民國十三年（一九二四）二月十七日，國父「民族主義」第四講中，明白指出：「甚麼是帝國主義呢？就是用政治力去侵略別國的主義，即中國所謂勤遠略，這種侵略

⓫ 同上書，第一册，頁一〇〇。
⓬ 同上書，第一册，頁一〇一。

政策，現在名爲帝國主義，歐洲各民族都染了這種主義，所以常常發生戰爭。」[13] 國父認爲中國所受列强之禍害，一是受政治力壓迫，二是受經濟力壓迫，三是受人口力壓迫[14]。政治力壓迫方面：國父對帝國主義在中國境內劃分勢力範圍，助長反革命勢力，使中國陷入四分五裂局面，異常痛心。民國十三年九月十八日，中國國民黨北伐宣言，强調「十三年來之戰禍，直接受自軍閥，間接受自帝國主義。」此一戰爭之目的，「不僅在推倒軍閥，尤在推倒軍閥所賴以生存之帝國主義。」非如此反革命之根株無法永絕，中國不能脫離次殖民地之地位，造成獨立自由之國家[15]。

經濟力壓迫方面：在於不平等條約之訂立，列强以租界租借地爲憑藉，干預中國關稅，以治外法權爲掩護，從事經濟掠奪。此種經濟壓迫，包括洋貨侵入，外國銀行在中國營業，進出口貨運費，租界與割讓地賦稅，特權營業，投機事業，和其他種種剝削。據國父估計，中國每年損失達十二萬萬元，照海關前十年出入口貨相抵，每年虧蝕二萬萬元，民國十三年出入口貨相抵，每年虧蝕五萬萬元。常此下去，有國亡種滅之慮[16]。

民國十三年（一九二四）七月三十一日，中國國民黨對金佛郎案發表宣言：「法國政府既於國內發布明令，禁止本國通貨有金紙之差別，是法國法律上已明明承認法國通貨金紙同

---

[13] 同上書，第一册，頁三五。
[14] 同上書，第一册，頁四五。
[15] 同上書，第一册，頁九一四至九一六。
[16] 同上書，第一册，頁四八至四九。

等。今於我賠款則必欲索取現金，而拒絕收用其本國通行之紙幣，其於事理尤不可通。」「若照目前匯價，金紙之差已至四倍，未識何由？而使國民增加如許之負擔。」⑰

人口力壓迫方面：國父鑒中國雖人數衆多，但不知振作，是一片散沙，缺乏國家觀念，沒有民族團體。應該用宗族聯合成一個國族大團體，以抵抗外人之侵略。抵抗外人侵略方法有兩種：一是積極的，就是振起民族精神，求民權民生之解決，以與外國奮鬥。二是消極的，就是不合作消極抵制，使外國帝國主義減少作用，以維持民族地位，免致滅亡⑱。

二、獨立與自主：所謂獨立自主之外交，即一切操之於我的外交精神，即使國際情勢千變萬化，此一基本精神亦絕不動搖。民國六年（一九一七），國父撰「中國存亡問題」時特別指出：

一國之所以興，所以亡，或以一種手段，爲其直接原因，可以指數。至於存在之根源，無不在於國家及其國民不撓獨立之精神。其國不可以利誘，不可以勢劫，而後可以自存於世界。即今摧敗，旋可復立。不然者，雖號獨立，其亡可指日而待也。……須知國家之受損害，有時而可以回復，若國家之行動爲人所迫脅，不謀抵抗，則其立國之精神既失矣！雖得大利，亦何可爲。昔人有言：「匹夫不可奪志」，士有志也，國亦有

---

⑰ 同上書，第一册，頁八九七至八九九。

⑱ 同上書，第一册，頁四九至五三。

之。……中國將欲於此危疑之交，免滅亡之患，亦惟有自存其獨立不屈之精神而已。弱國使皆可亡，則二十世紀當無弱國，弱國既有自存於今世之理由，而獨我中國有亡國之憂，則可知亡國之責任，不能以積弱卸之。夫國民有獨立不撓之精神，則其亡者可以復興，斷者可以復續，不惟希臘足爲其證，又可徵之波蘭。[19]

中國有獨立自主精神，才有獨立自主外交，才不會受列强所左右，全國人民才能享受自由和平等。所以國父在遺囑中稱國民革命之目的，「在求中國之自由平等」，「欲達到此目的，必須喚起民衆，及聯合世界上以平等待我之民族，共同奮鬥。」而「廢除不平等條約」，尤爲當前之急務[20]。

三、濟弱與扶傾：國父一向認爲中國强盛之後，要扶植弱小民族，用真理去打破强權，負起扶助弱小民族責任。清宣統二年（一九一〇）日本吞併韓國，國父至表憤慨。宣統三年（一九一一）二月，國父致日本同志宮崎寅藏函曰：「貴國政策已變，既吞高麗，方欲併支那，自不願留一革命黨在國中也。」[21] 民國元年九月一日，國父蒞臨北京蒙藏統一政治改良會演講，特別强調：「日本之於高麗，牛馬視之，日本雖强，高麗人乃日即於痛苦，無絲毫利

[19] 同上書，第二册，頁一四九至一五二。
[20] 同上書，第二册，頁一〇四二。
[21] 同上書，第三册，頁一四七。

益之可言。」㉒民國十三年（一九二四）三月二日，國父在民族主義第六講中曰：

我們要先決定一種政策，要濟弱扶傾，才是盡我們民族天職。我們對弱小民族，要扶持他，對於世界列强要抵抗他。如果全國人民都立定這個志願，中國民族才可以發達。若是不立定這個志願，中國民族便沒有希望。㉓

國父指出中國同胞將來要用「固有道德和平做基礎，去統一世界，成一個大同之治。」㉔國父並認爲一個國家在外交上不可孤立，要慎擇與國。民國二年（一九一三）四月，國民黨發表政見宣言，指出中國外交方針，應「聯絡素日親厚之與國，今國於世界孤立無助，實爲危象，故必當聯絡素日親厚之與國，或締協約，或結同盟，或一國，或數國，俱爲當時之妙用。」㉕民國十一年（一九二二）八月九日，國父於陳炯明叛變後，由廣州赴香港，在摩漢砲艦對幕僚談話，批評列强之國情，及我外交上應取之態度曰：

美國素重感情，主持人道。法國尊重人權，又尚道義。而英國外交則專重利害。惟其

㉒ 同上書，第二册，頁二五四。
㉓ 同上書，第一册，頁六四。
㉔ 同上書。
㉕ 同上書，第一册，頁八〇三至八〇四。

主張中正不偏，又能識別是非，主持公理，故其對外態度，嘗不失其大國之風，在在令人敬愛。吾國建設當以英國公正之態度，美國遠大之規模，以及法國之愛國精神爲模範，以樹吾民國千百年久遠之計。然而今日中國之外交，以國土鄰接，關係密切言之，則莫如蘇維埃俄羅斯。至於以國際地位言之，其與吾國利害相同，毫無侵略顧忌，而又能提攜互助策進兩國利益者，則德國是也。[26]

所以早在民國元年（一九一二）一月五日，國父以臨時大總統名義布告友邦書中，聲稱：「中華民族和平守法根於天性，非出於自衛，決不輕啓戰爭。」[27]促進國際合作，確保世界和平，爲我中華民族崇高理想。同年四月一日，國父以「中國人之天職在促進世界和平」爲題，在南京臨時參議院發表解職辭曰：「現在世界上立國百有數十，雄强相處，難保不有戰爭發生，惟中國數千年來，即知和平爲世界之真理，人人均抱此種思想，故數千年來之中國純向和平以進行[28]。國父一貫之外交思想，爲日後中國國民黨奮鬥之目標，亦爲國民政府所遵循之外交南鍼。

---

[26] 同上書，第二册，頁八五六至八五七。
[27] 同上書，第一册，頁七八三至七八六。
[28] 同上書，第一册，頁二一一二至二一一四。

(二)中國國民黨之對外政策

中國國民黨以實現三民主義爲宗旨，民國十三年（一九二四）元月三十一日，中國國民黨第一次全國代表大會宣言，正式確定國民黨之外交政策，標示民族主義兩大意義：一則中國民族自求解放，一則中國境内各民族一律平等。前者目的在使中國民族得自由獨立於世界；後者乃反對帝國主義及其所操縱之軍閥，俾革命獲得勝利後，組織自由統一（各民族自由聯合）之中華民國㉙。宣言中列舉國民黨之對外政策七項：

一、一切不平等條約，如外人租借地、領事裁判權、外人管理關税權，以及外人在中國境内行使一切政治的權力，侵害中國主權者，皆當取消，重訂雙方平等互尊主權之條約。

二、凡自願放棄一切特權之國家，及願廢止破壞中國主權之條約者，中國皆將認爲最惠國。

三、中國與列强所訂其他條約，有損中國之利益者，須重新審定，務以不害雙方主權爲原則。

四、中國所借外債，當在使中國政治上、實業上，不受損之範圍内，保證並償還之。

㉙同上書，第一册，頁八八一至八八二。

五、庚子賠款當完全劃作教育經費。

六、中國境內不負責任之政府，如賄選竊潛之北京政府，其所借外債，非以增進人民之幸福，乃以維持軍閥之地位，俾得行使賄買，侵吞盜用此等債款，中國人民不負償還之責任。

七、召集各省職業團體（銀行界、商會等）、社會團體（教育機關等），組織會議，籌備償還外債之方法，以求脫離因困頓於債務，而陷於國際的半殖民地之地位㉚。

其後，國父雖北上逝世，廣東之革命政府仍以奉行國父之全部遺教爲圭臬。早在民國十四年（一九二五）三月十日，革命政府以陸海軍大元帥大本營名義發表宣言，鄭重聲明，中國國民黨以實行三民主義爲宗旨。略曰：

本黨目的在實現三民主義，而三民主義之實現，在有群衆力量以擁護之；故本黨主義實建在群衆基礎之上。……商人之組織商會，工人之組織工會，無殊。近日反對者故作謠言，謂爲實行共產，實爲中傷政府之一種手段，自應厲行禁絕，並須在各該轄屬地方，善爲解釋，勿使妖言熒惑，妨礙本黨政策施行。㉛

㉚ 同上書，第一册，頁八八四至八八五。
㉛ 陸海軍大元帥大本營公報，宣言，三月十日，第七號，頁六至八。

及國父逝世，五月二十二日復發表聲明，提出對內打倒軍閥，對外廢除不平等條約爲今後努力之方向。略曰：

去年十一月十三日，本黨總理孫先生北行之際，以開國民會議及廢除不平等條約宣告天下。蓋開國民會議在以國民革命之大任還諸於國民全體，廢除不平等條約，不但使帝主義無逞於中國，尤使倚賴帝國主義以爲生存之軍閥，失其寄生之所。㉜

五月二十四日，中國國民黨特發佈接受總理遺囑宣言。略曰：

吾人不惟不因總理長逝而喪失國民革命之勇氣，且秉此對於總理偉大之精神主義，遺囑之信心，如日之明朗。……國民革命之目的在造成獨立自由之國家，以擁護國家及民衆之利益，此種目的與帝國主義欲使中國永爲其殖民地者絕對不能相容。……吾人今日惟一之責任，則在完全接受我總理之遺囑。自今而後，同德同心，盡吾人之全力，犧牲一切自由及權力，努力爲民族平等、國家獨立而奮鬥，以竟總理未竟之志。㉝

㉜ 同上書，第十四號，附錄，頁一八六。
㉝ 國父全集，第一册，頁九二九至九三三。

及上海「五卅慘案」發生，六月二日中國國民黨中央委員會通電全體黨員曰：

上海市民因抗議滬日紗廠廠主鎗殺中國工人，及要求釋放被捕學生，舉行示威運動，乃竟遭英國帝國主義者之忌恨，公然命印捕向衆開槍轟擊，死六人，傷者甚衆，被捕百二十人，野蠻殘暴，無復有加。英帝國主義竟敢將其對待印度、埃及人民之暴行，行使中國領土之內，如中國人民再不起與奮鬥，帝國主義之橫行無忌將有更甚於此者。是以國民黨中央執行委員會，號召中國全國人民，一致抗議，要求懲罰暴行巡捕，撫卹死傷，表示謝罪，保證此後永無此等至無人道之行爲。凡我黨員應一致努力，援助國民，以與英帝國主義相搏，特此電聞。㉞

另致電英國下議院，聲明取消一切不平等條約，爲解決此案之惟一途徑㉟。六月四日，革命政府以陸海軍大元師大本營名義，發表「闢共產謠諑宣言」。略曰：「本政府所知者三民主義，所行者民黨黨綱，捨此以外不知其他，鞠躬盡瘁始終爲主義而戰，不獨無共產之事實，抑亦無共產之意思，不獨共產爲現在制度所不能行，抑亦爲中國經濟之所不許。」㊱六月七

㉞ 東方雜誌，第二十二卷，五卅事件臨時增刊，重要函電彙錄，頁六至七。
㉟ 同上書，頁七。
㊱ 陸海軍大元帥大本營公報，宣言，第十四號，頁二一三。

日，革命政府針對上海公共租界英人之暴行，再以陸海軍大元帥大本營名義，發表宣言，提出解決之道，當從廢除不平等條約，收回租界，以謀根本之救治；尤應消滅與帝國主義勾結之軍閥。略曰：

本政府茲鄭重宣佈上海租界當局此等暴行，實爲人道之蟊賊，及中國國家暨國際之非常損失，與侮辱救治之道不當，僅注意道歉、懲辦、撫恤等枝節問題，尤當從廢除不平等條約收回租界著手，以謀根本解決。同時並鄭重宣佈：帝國主義者敢於在中國境內指示所蓄養之鷹犬，爲此白晝殺人於道之事，皆由前此北京政府闒茸媚外所造成。而最近段祺瑞以尊重不平等條約，交換臨時執政，尤足使帝國主義者養驕長傲無所顧忌。張作霖於此次戰勝以後，倚賴帝國主義之信念益堅，亦爲造成此次暴行之原因。此等軍閥與帝國主義互相勾結之現象，本政府誓秉承大元帥之遺教，努力奮鬥，必使之消滅然後止。顧我全體國民，共起圖之。㊲

六月十一日，漢口慘案發生，十二日革命政府平定滇軍楊希閔、桂軍劉震寰之亂，消滅內部隱患，乃積極作上海及漢口市民之支援。六月十八日，香港、澳門、廣州間各汽船華員宣告罷工。同日廣東省長許崇智召總商會、市商會代表入署，會商對罷工者予以糧食及經濟

㊲ 同上書，宣言，第十四號，頁二三至二四。

之援助。十九日香港各工團秘密議決總罷工，組織全港工商聯合會指揮一切。二十一日，電車及印刷排字工人開其端，其餘各業於七日內陸續罷工，香港市面完全停頓。沙面華人爲英人工作者，除郵電局職工及華捕，因受英兵監視不能有所行動外，其餘華人各業工人，乃至西人侍者、醫院護士，約兩千人，亦先後離開沙面，組織「沙基中國工人援助上海慘殺案罷工委員會」，即日召集會議，議決所有在廣州市内英洋行職工，採同一態度，於二十四小時内一律罷工。其他各洋行職工，每月薪水百元者捐款五元，以援助罷工工人㊳。於是工人紛紛退出香港，由廣州工團招待食宿。

各工團於罷工後，發表宣言，表明罷工係因同情上海、漢口等地被難工人而起，非倏上海工商學聯合會提出條件完全達到目的後，決不停止。認爲香港居住之華人，歷來受英國香港政府最不平等之殘酷待遇，顯然有歧視民族之污點。乃對香港政府提出下列諸條件：

一、華人應有集會、結社、言論、出版、罷工之絕對自由權。

二、香港居民不論中籍西籍，應受同一法律之待遇，務須立時取消對待華人之驅逐出境條例、笞刑、私刑等之法律及行爲。

三、香港華工佔全人口五分之四以上，定例局應准華工有選舉代表參與之權，其定例局之選舉法，應本普通選舉之精神，以人數爲比例。

㊳ 馬超俊「中國勞工運動史」，頁四〇一，民國四十七年十月，臺北勞工福利社出版。

四、應制定勞動法，規定八小時工作制，最低度工資。廢除包工制，女工童工生活之改善，勞動保險之强制施行等。制定此項勞動法時，應有工團代表出席。
五、政府公佈七月一日之新屋租例，應立時取消，並從七月一日起減租二成五。
六、華人應有居住自由之權，其山頂應准華人居住，以消滅民族不平等之污點[39]。

香港政府不僅不接受工團要求，反加緊戒備，舉行軍事演習，搜查華人住宅，禁止糧食及現金出口。二十二日，沙面東西橋鐵閘完全封閉，所有沙面重要地點均堆積沙包，由水兵登岸守衛。上午十一時許，英淺水艦羅侯號，竟駛入華界同德大街口海面寄碇。下午二時，日本兵艦兩艘駛進白鵝潭海面，省河之兵艦計英艦三艘，美艦二艘，日艦三艘，葡艦一艘[40]，中外關係頓形緊張。據當時任農工廳長的陳公博回憶，香港工人總罷工最初祇計畫罷工一天，爲「五卅事件」一種示威表示，但以當時香港英國政府小題大做，而廣州又碰上沙基慘案，便勢成騎虎[41]。

三、廣州沙基事件與國民政府之對策

[39] 胡愈之「五卅事件紀實」，東方雜誌第二十二卷，五卅事件臨時增刊，頁三一。
[40] 中國勞工運動史，頁四〇三至四〇四
[41] 陳公博周佛海回憶錄合刊，頁五八，香港春秋出版社，民國六十年九月再版。

(一) 沙基慘案之發生

廣州各界爲支援上海「五卅慘案」之愛國活動，特組織「各界對外協會」，致力於反對英國帝國主義之工作。六月二十二日，「各界對外協會」召開執行委員會，議決二十三日上午十二時在東校場舉行市民大會，以表達國民公意。屆時廣州市內外，及香港、澳門罷工工人、學生、商人、農民等到會者高達十萬餘人。紛持「打倒帝國主義」、「收回領事裁判權」、「取消不平等條約」、「援助上海五卅慘案」等標語。何應欽亦率領軍校入伍生及教導團，並粵、湘軍，及警衛軍各一部分參加。當時東校場內有會場三區，中間爲農工團體會場，左爲商學界會場，右爲軍界會場。到會者彼此肩摩踵接，悲壯異常。工農界會場由譚平山任主席，胡漢民宣讀國民黨議決案，廖仲愷、孫科、甘乃光等分別演說。商學界會場由伍朝樞、鄒魯任主席，軍界會場由汪兆銘任主席，高級將領多人發表壯烈演詞。

各會場均提出廢除一切不平等條約，爲解決慘案之根本辦法，午後一時半舉行示威遊行，工人農民在前，學生商民教導團及湘粵各軍居後，凡數百團體，人數在五六萬以上，航空局飛機亦凌空散放傳單，表示群情一致。大隊由惠愛路轉永漢路，出南隄至西濠口，沿途高呼口號，並無越規行動。二時四十分，當遊行前隊由沙基馬路轉入內街，後隊進至沙基西橋口時，在隔河沙基西橋口之英兵，匍伏沙包內，突以排槍及機關槍向遊行隊伍轟擊，法租界兵警同時發槍助威。駐泊白鵝潭之英法兵艦，（按：初誤有葡艦參加）亦開巨砲響應，歷時約一小時之久。一時血肉橫飛，死工人民衆六十餘人，黨軍學生二十三人，傷者五百餘人，慘禍之烈，空前所未有。幸當時參加遊行軍隊均能恪守紀律，祇維持秩序，並未還槍，否則一經交戰，死傷之數當不止此也❶。

慘案發生當晚，中國國民黨中央執行委員會發表通告，略曰：「我們不是排斥一切外國人，我們只是反抗帝國主義殘殺迫害我們的外國人。」「除以取消不平等條約爲根本解決方法外，並應課以此次事件之責任。」❷廣東省長胡漢民即日發出照會二通：一致廣州英法葡三國領事，提出嚴重抗議；一致日、美、德、俄、智利、挪威、瑞典、瑞士、比利時、丹麥、意大利、荷蘭等國領事，知照此次慘案情形。致英法葡三國領事之照會文曰：

大中華民國廣東省長胡爲照會事：本日各界爲滬案列隊巡行，路經沙基，巡行隊已將過盡，而沙面英界兵警猝然以機關槍向隔河巡行之群衆轟擊，法界兵警聞聲亦同時發槍。復有葡國兵艦相繼施放大砲，死傷達百數十人之多。查此次巡行，純係因滬案迫於義憤，作最文明之表示，乃英法葡兵警軍艦竟爲此蔑絕人道之蠻橫舉動，且此種殘殺係事前之蓄意陰謀，本省長聞悉之餘，至深駭異，亟應先行提出最嚴重之抗議，並聲明此次事件應由英法葡兵警軍艦，及有關係之文武長官負完全責任。至屠殺情形，

❶ 錢義璋「沙基痛史」，頁八至十二，出版時地不詳。另黨史委員會「革命文獻」，第十八輯，頁六二至八二。
❷ 同上書，頁十三至十四。「革命文獻」，第十八輯，頁八三。

死傷人數，現正著手調查，俟調查清楚，再行提出正當辦法也。❸

致各國駐廣州領事照會略曰：「現由國民黨組織調查委員會，對於此次事件爲嚴密之調查，並已決定對於此次事件不依恃武力及其他狹隘的復仇手段，而惟以和平正當之方法進行。原有之目的即取銷不平等條約，是深望各國人民就此事件主持公道。」❹ 另通電全國，說明事實之真像。二十四日，革命政府爲沙基事件令飭廣東省長：「粵民均宜一致努力，以爲政府後盾，但能持以堅心，必獲最後勝利，不可稍有越規之舉，轉致貽人口實。」❺ 復由外交部長伍朝樞，致函北京公使團，提出抗議❻。當時駐粵美俄德三國領事，對死傷者表示痛惜與同情，願加入「沙基慘案調查委員會」，並證明英兵蓄謀屠殺群衆。（按：葡領事於六月二十四日覆牒，謂其「卑地利亞」艦於昨日不幸事件發生時，並未發射一彈。）而英法領事之覆文，則推卸責任，反誣我徒手群衆先行開槍。英領事之覆文略曰：

> 此次確因華人方面先行開火，當時本總領事曾偕同英國上級海軍官員，未攜帶武器，站立橋邊，意欲監察防守軍隊躁莽或激烈之舉。時槍彈向我方施放，密如雨下，本總

---

❸ 陸海軍大元帥大本營公報，附錄，第十四號，頁一九一。
❹ 同上書，頁一九〇至一九一。
❺ 同上書，訓令，第十四號，頁八九。
❻ 沙基痛史，頁六六。

領事等僅能倖免，我方不過僅為自衛起見，始行放槍。」❼

法領事之覆函略曰：

今日三點鐘，有中國群衆武裝巡行，路經長堤，本租界並無干預，乃無故向法界開槍，擊斃一善良法商，名巴斯基尼（譯音），轟傷一外國居留人，租界內之屋宇亦有受損害者，旋因槍彈密下，敝國軍隊始有還槍之舉，然不過最短時間而已。同時敝國砲艦施放空砲三聲，並無子彈❽

然據外人目睹者記載：中國遊行群衆當時確未開槍，惟華兵於慘案發生時，有人激於義憤，曾在屋頂開槍還擊，斃法商巴斯基愛布（按：即巴斯基尼），傷英水兵一人，平民二人，及稅務司愛德華❾。果如英法領事之覆文，謂釁開自華軍，「槍彈施放，密如雨下」，則外人之死傷斷不致如此之輕微。

自二十四日起，英法各國官員僑民盡登英戰艦，婦孺則送香港安置。英法水兵千餘人登

---

❼ 洪鈞培「國民政府外交史」，頁二四，上海華通書局，民國十九年七月出版

❽ 同上書，頁二二至二三。

❾ 「五卅事件紀實」，東方雜誌第二二卷，五卅事件臨時增刊，頁三二。

陸，在沙面高築堡壘晝夜加緊梭巡。而白鵝潭兵艦亦生火脫去砲衣，機關槍砲口瞄準對面西隄沙基岸上。沙面英巡捕且時時對沙基發射冷槍。二十五日，英艦駛入白鵝潭者又增加二艘，大有對粤民開砲作戰之勢。

革命政府接獲英法領事覆文後，遂由廣東交涉員傅秉常依據調查委員會報告，於二十六日復向英法領事提出第二次嚴重抗議，列舉四項節略，證明沙基慘案釁端開自英法，並提出五項要求。略曰：

茲據調查委員會常務委員第一次報告，沙面方面向巡行群衆首先開槍射擊，以致死傷多人，已得確實證明，毫無疑義。茲列舉其要點如下：㈠是日巡行秩序，首工人，次農民，次商民，次各大中小學男女生，最後爲軍官學生，除軍官學生外均不攜帶武器。當嶺南學生行至西橋口，即被沙面射來槍彈，當場擊斃教員區勵周，及學生許耀章，重傷者二人，輕傷者無數。嶺南學生之後尚有坤維女學、第二高等小學校學生，亦均遭槍擊，最後始及軍官學生。以距離言之，嶺南學生與軍官學生之間至少相隔有數十丈。當嶺南學生受槍傷斃之際，軍官學生尚未行至西橋口，證之事後檢尸報告，嶺南教員區勵周、學生許耀章屍體，均在西橋以西，而軍官學生屍體則皆在沙基口，距離西橋尚遠，是則沙面方面先向行經西橋口無武裝之學生群衆開槍射擊，肆行虐殺。東橋方面亦遂應聲夾擊，以致巡行群衆死傷枕籍，波及路人，情狀歷歷在目。㈡是日沿長堤一帶以至沙基，除巡行群衆外，尚有警察多人，手持白旂站立岸傍，維持秩序。

而沿岸市民林立，參觀爲數甚衆，且巡行群衆亦無絲毫戒備，故以稠密之群衆，向狹長之馬路徐徐進行，若如英法領事所言，軍官學生首先開槍，且若如英國海軍軍官史葛所言，開槍至百響之多，沙面方還槍，則軍官學生開槍以前，勢必揮散路旁站立之人衆，俾不虞波及。且亦必俟前行群衆度過沙基之後始肯開槍。況開槍至百響之多，則其時一切參觀人衆及同行群衆，必已避開沙面，還槍之際死者應全爲軍官學生，何以證之實際學生及路人死傷如此之多。據此以言，則英法領事所謂軍官學生首先開槍實爲虛誣。㈢是日沙面方面早已架設沙包及爲種種軍事上之設備，而軍官學生則無絲毫戒備，故隨工農商學各界之後，四人一列，整隊而行。若軍官學生有意啓釁，斷無以密集隊伍向前進行，自招重大損失之理。當嶺南學生行至橋口槍聲爆發之際，軍官學生在沙基口隊伍尚未散開，則其事前絕無啓釁之意。及聞前行羣衆猝遭不測，始向前救援，尤屬顯而易見。㈣據各校學生報告，皆謂沙面方面以機關槍向人叢射後，即見有外國兵士數人，手持武器，欲啓橋上閘門，向人叢衝擊，幸軍官學生適於此時行至，外國兵士始乃閉閘門向後退卻。據此則當時若無軍官學生前來掩護，巡行群衆死傷之數必尚不止此，何得反誣軍官學生爲首先開槍。以上四點皆合當時在場男女學生所申述目擊情形，其爲沙面方面首先開槍，殺傷我巡行群衆，證據確鑿。況沙面所用係屬機關槍猛烈射擊，諸人傷口洞成巨穴，槍彈迥異尋常，尤爲慘無人道。……

查此次華人慘被殺害，實屬蔑絕人道，爲世界公理所不容，茲特提出要求條件如下：

㈠此案如有關係國，應派大員向廣東政府謝罪。㈡懲辦關係長官。㈢除兩通報艦外，所有駐粵各關係兵艦一律撤退。㈣將沙面租界交回廣東政府接管。㈤賠償此次被斃及受傷之華人。以上五條應請英法領事官轉呈英法駐華公使，及英法外部查照答覆，並即轉知英法領事，於收到此文後如何辦理，先爲見告。⑩

而英法領事竟藉詞狡辯，企圖延宕時間，緩和我民氣，使鉅大慘案消滅於無形。駐北京代英使白拉瑞，一面照會北京政府，冀此案在北京交涉；一面製造謠言，誘惑各駐京公使予以支持。七月十三、十五兩日，白拉瑞致函北京外交部，竟否認沙基慘案英兵首先開槍，且舉出不知名祖英外人四人之證明爲旁證，以圖推卸責任⑪。

㈡ 港粵大罷工

沙基慘案發生後，六月二十八日中國國民黨發表廢除不平等條約宣言，認爲「解除此等束縛，實爲我國民對國家應盡之義務，同時亦爲對世界應享之權利。」⑫七月一日，國民政府成立，採委員合議制，共十六委員，互選汪兆銘、胡漢民、譚延闓、許崇智、林森爲常務委員，並推定汪兆銘爲主席。同日國民政府發表宣言，聲明爲實現先大元帥遺志繼續致力於廢

⑩ 陸海軍大元帥大本營公報，第十四號，附錄，頁一九三至一九五。
⑪ 沙基痛史，頁六八。另「革命文獻」第十八輯，頁一二二一。
⑫ 陸海軍大元帥大本營公報，第十四號。

除不平等條約與統一中國之大業。略曰：

先大元帥逝世之後，全國政治上軍事上喪失唯一之統率指導者，中國國民黨既以至誠接受先大元帥之遺囑，以繼續努力於國民革命，同時復於政治上軍事上謀適宜之組織，期於集中同志之心力，以共同負荷先大元帥所付託，而貫澈國民革命之志事，爰有國民政府之組織。

國民政府於成立之始，敢敬謹昭告於吾同志，曁吾國民。國民政府之唯一職責即在履行先大元帥之遺囑，凡遺囑所丁寧告語者，即國民政府所悉力以赴而期其實現者。國民革命之最大目的，在致中國於獨立平等自由，故其最先著手即在廢除不平等條約。先大元帥以畢生心力盡瘁於此，無論所遇若何困難，曾不少撓其志。而凡倚賴帝國主義以齮齕國民革命者，雖暫得跳梁於一時，終必爲國民革命之勢力所摧鋤以去。……自五月三十日以來，上海、漢口等處反抗帝國主義之運動日以劇烈，帝國主義者雖欲以其暴力抑國民革命方新之氣，而自保其殘喘，曾不知適足以自暴其罪惡而促其滅亡。六月二十三日廣州沙面慘殺事件，尤足使此等徵象更爲明顯。故中國國民黨六月二十二日及二十八日關於立即廢除不平等條約之宣言，實爲仰體大元帥之遺志，而激勵國民革命之進行，國民政府之對外方針必受成於此而不少變。⑬

⑬ 國民政府公報，第一號，宣言，頁三至四。

七月二日，駐粵日領事忽致函外交部長胡漢民，表示願自任調停之責，聲稱國民政府如不能中止沙面罷市，則沙面之戰爭防備實難盡撤。胡嚴辭以答覆之，並決定領導人民對英國實行經濟絶交，規定各國商船不得通過香港停泊，始能往來廣東各埠，並發佈取締英貨辦法。於是廣州香港間交通完全斷絶。七月六日，港粵商民工人組織「省港罷工委員會」，負責指揮及招待事宜。數日之間，香港工人退回廣州者達二十萬人。當時香港之主要營業端賴轉運，而運輸業則完全操於華人之手，罷工和抵制英貨，使英國對華貿易遭受嚴重之打擊。據外人報導：省港罷工反英非常徹底，英國貨物被禁絶，糧食禁運，船隻不許出入，可視爲英國香港和廣東間一場戰爭，罷工委員會所屬工人糾察隊，則是這場戰爭之主要力量⓮。糾察隊擁有隊員二千餘人，由中共重要份子陳獨秀之子陳延年、譚平山、鄧中夏、蘇兆徵等所領導，由蘇兆徵任罷工委員會委員長，有步槍四百餘枝，小艇十二艘，分駐各港口執行封鎖香港任務。其組織除幹事局、法制局、築路委員會等正常機構外，另成立會審處，審判破壞罷工、偷運糧食接濟香港和私賣敵貨犯人。同時附設有監獄，對於敵貨之處理，則設有拍賣處。此種機構顯然侵越政府職權，故有「第二政府」之稱，一般商民不免遭受損害⓯。

七月七日，英駐粵總領事傑彌遜（James Jamieson）和法領事呂爾賡聯名覆函國民政府，

⓮ H. G. W. Woodhead ed., *The China Year Book*, 1926－7(Kraus, Reprint, 1969), Part II, pp. 969—970.

⓯ 張國燾「我的回憶」，第二册，頁四七一，香港明報月刊，一九七三年出版。

謂奉北京公使團命，對國民政府所提五項要求，「不能加以考慮」。七月八日，國民政府乃訓令廣東省政府，執行以下各事：

一、暫撥借東園為省港罷工委員會辦事處。
二、徵收半月租捐，繳交中央銀行，專為援助省港罷工委員會之用。
三、三水、河口、九江、江門、容奇、香山、石岐、澳門、前山、灣仔、下柵、墟下、新寧、廣海、陳村、虎門、太平、寶安、南頭、深圳、沙頭、角沙、魚涌、澳頭、汕尾、坪山、淡水、大鵬、海口、北海、廣州灣等口岸，禁止糧食出口。
四、籌築黃埔、石井兩公路，並與省港罷工委員會協商籌築辦法。
五、計劃黃埔開築商港事宜。
六、勸諭商民援助省港罷工委員會。
七、責成各華商煙公司，酌撥贏利，捐助省港罷工委員會[16]。

七月十一日，國民政府外交部長胡漢民，為沙基慘案，發表告世界各國人民書，略曰：

自從鴉片戰爭以來，一個黑暗時期開始於中國，在這個時期中，列強以一聯串的條約

---

[16] 國民政府公報，第三號，訓令，頁三二至三三。

加之於中國，這些條約阻礙中國經濟與政治的發展，我國人民的一部份覺悟份子，已了解這些條約爲不平等的，非正義的，與無人道的。列强利用這種在我國衰弱時加之於我們的條約，可管理中國的一切咽喉，使其無制裁進出口之可能，中國對於其關稅則喪失發言權，我們熟悉你們本國歷史的，定能知道關稅政策在你們工業的發達上佔何等重要地位，這是各國的一種特權，一國缺少這種特權，即不能視爲獨立國，並不能有有系統的經濟發展。……

其次就是你們所聽見的割讓、領事裁判權、治外法權等等，無論那本字典都能告訴你們這些字的字義，住在天津、奉天、北京、漢口等大城市的居民，從他們的日常的經驗，都能知道這些割讓治外法權等的眞意義。……

我們不會被我國各大城市所經受的屠殺所能滅絕的，這種屠殺祇能刺激我們，使我們努力進行對帝國主義的解放，至於所採何種方法，則雖有先見者亦難預言。世界各國人民！我們請求你們主持正義，贊助我們廢除不平等條約之惡魔行動。⑰

十四日，廣東交涉員傅秉常，再向英法領事提出第三次抗議。略曰：「廣東之千萬人民更加有全國之援助，決不至因此種恐嚇而屈服。」⑱ 十五日，國民政府代理外交部長陳友仁，

---

⑰ 同上書，第二號，公文，頁七至十一。

⑱ 沙基痛史，頁八〇至八二。

會晤廣州英領事，聲明：「時至今日，中國人民實有自由工作以圖自救之必要，此固中國民族運動，亦爲社會新均衡之基本勢力之準繩也。」希望今後外人對中國，「當依平等原則以相待遇，此固國際通行之原則，凡在世界獨立國家之列者，國無論大小，一體遵守者也。」⑲所特別注意者，國民政府於沙基慘案交涉期間，雖處於外交孤立之地位，但仍未放棄對英美人民友誼之爭取。七月初，外交部長胡漢民致美國參議院外交委員會委員長波拉函，籲請美國朝野人士同情中國革命，並予以道義之協助⑳。復致函英國國會議員勞合喬治，針對中國之民族運動，予以適當之辯解㉑。

㈢ 國民政府之善後

中英交涉久無結果，國民政府決定撇開其他各國單獨對英談判，非俟慘案得到公平合理解決，決不終止。英政府則表示北京政府係中國合法政府，不與粵方直接接觸。由於沙基慘案係滬案所引起，外交部長胡漢民於七月十二日發表外交方針時，指出對外最忌分裂，單獨解決粵案未必獲致結果，應南北政府共體時艱，合力對外㉒。八月四日，國民政府乃派孫科及廣東交涉員傅秉常到北京，向段祺瑞臨時執政政府報告沙面事件經過情形，表示倘執政政

⑲ 高承元「革命外交文獻」（廣州武漢時期），頁二，民國二十二年二月，上海神州國光社出版。
⑳ 民國日報，民國十四年七月三十一日，外交部文告剪報，黨史會庫藏。
㉑ 同上。
㉒ 同上，民國十四年七月十五日，外交部文告剪報。

府能遵重國民政府之意見，同意將粵案移京辦理。八月十九日，國民黨政治委員會復通過派遣外交代表團，由林森率領北上，希望與北京政府成立聯合戰線，南北協力孤立英國。並督促北京政府召開國民會議預備會議，及廢除不平等條約。代表團團員包括孫科、鄒魯、徐謙、陳友仁，及工、農、學、商、軍各界，及罷工委員會代表三十餘人。頻行發表對世界民衆宣言，用英、德、法文譯出，略曰：

吾人爲消除帝國主義之毒害，鞏固世界國際之交誼，而使此等事件不致再見，則於廢除不平等條約之實現，認爲非常迫切而需要。蓋就此次各地慘案而言，倘使不有上海、漢口、沙面等租界，倘使外國士兵無在中國境內自由屯駐與行動之權能，則此等慘案將無由發生，是以此等慘案之成立，其近因雖起於工人之罷工與學生同情之援助，而禍患之根源實在於種種不平等條約也。[23]

林森等於九月二十四日抵上海，十月初溯長江取道漢口至北京，沿途受到民衆之熱烈歡迎。北京國立八校在歐美同學會舉行歡迎會，參加北方著名教授有李石曾、顧孟餘、王世杰、譚熙鴻、周鯁生、王星拱、徐炳昶等人。除討論北京國立各校和廣東各學校如何切實聯繫外，

---

[23] 引自鄒魯「回顧錄」，上冊，頁一七七至一八〇，民國三十五年七月，獨立出版社印行。

並談及南北教育互通聲氣之一般性問題㉔。旋因林森、鄒魯參加西山會議，團長改由徐謙擔任。一則由於外交代表團意見紛歧，再則由於段祺瑞態度軟弱，未能發揮預期功能，沙基慘案之解決，仍有賴於國民政府本身之努力㉕。

國民政府反抗英國之策略大致可分爲兩大端：一爲實行經濟絕交，除在香港與沙面實行罷工罷市外，在廣東內地實行非買非賣同盟，阻止洋貨輸入，土貨輸出。勸導國人不用外國銀行鈔票，不在外國銀行存款匯兑，或保險。不提供外人所經營公司輪船或郵電等交通機關勞力服務，斷絕香港、沙面與廣州，及中國南方各地之往來㉖。二爲廣東經濟獨立，封鎖香港，斷絕省港交通。惟其結果，無異關閉廣東之對外關係，加重國民政府財政之負擔。

一、財政方面：罷工之初，國民政府以房租捐、紳富損爲罷工委員會經費，並由財政部每月補助一萬元，將扣留仇貨拍賣所得以爲彌補，國內各地及粤省紳商且多有捐助，但仍感不足，乃規定電報局對罷工委員會一切通電予以免費拍發㉗。俾加重罷工委員會職權，便於統一指揮。

二、民生品方面：廣東米糧向來仰給海外，以香港爲轉運門户。煤、炭、煤油等燃料，端賴外來之供給。工業品亦多由外地輸入。罷工初期，廣東省政府商務廳發給商民商務執照，

㉔ 同上書，頁一七六。
㉕ 孫科「八十述略」，頁十四，民國五十九年，孫哲生先生暨德配陳淑英夫人八秩雙慶籌備委員會印行。
㉖ 黄昌穀「沙基慘案發生後之廣州」，沙基慘案各報言論剪報，黨史會庫藏。
㉗ 國民政府公報，第二號，頁三七。

由政府與商民協同採買，糧食則一面將湖南、江西食米由北江運入，一面由海外粵商經由暹羅、上海等地設法接濟。燃料亦由外輪輸送。

三、金融方面：由中央銀行發行兌換券，流通貨幣，以打破外國銀行之操縱。

四、交通方面：商定由德俄等國，與國內商船公司配置商輪，行駛廣州，並公佈外輪沿海航行規則。除英日兩國外，各國輪船均准出入各口岸，但不准出入香港，以打開廣州之對外交通。

罷工回粵香港工人凡二十餘萬，大多數返回鄉間自謀生計，留居廣州者仍高達五六萬人，政府乃藉工代賑，由其協助修築廣州市郊各馬路㉘。

香港政府因華人罷工，經濟所受之打擊尤爲鉅大，自民國十四年七月，至十五年十二月，香港居民減少百分之四十，地價減少百分之七十，倒閉商店四百餘家，損失在四千萬元以上。

罷工期間，共黨煽動各地工會，持械滋事，擾亂治安，陰謀完全控制省港罷工，奪取領導權。共黨秘密文件指示此次罷工策略曰：

> 在省港罷工初發生時，我們主張這次罷工完全由我們來領袖，並要由我們領袖到底。從反面而說，就是不要民黨來做這次運動的領袖。㉙

㉘ 沙基痛史，頁一八九至一九〇。

㉙ 革命文獻，第十七輯，頁一一二六。

國民政府鑒於罷工委員會爲共黨份子所滲透，肆行緝捕審判，破壞法律，製造糾紛。特飭令軍政司法機關，對違反法令，騷擾地方者，依法拘拏。對罷工委員會處置行動，加以約束㉚。民國十五年三月，廣州市政委員長伍朝樞，應公安局長吳鐵城之請，限制廣州市工會武裝㉛。由於罷工委員會已被共黨所操縱，其活動危及社會秩序，同月二十日，黃埔軍校校長兼廣州衛戍司令蔣中正先生，因中山艦事件係共黨所指示，乃下令包圍罷工委員會，收繳其糾察隊武裝，於事平後發還㉜。

國民政府與香港政府關於解決省港罷工問題之交涉，主要可分爲兩個階段。自民國十四年九月至十五年四月，爲第一階段交涉。主要透過罷工委員會，和香港政府進行非正式磋商，交涉重點在討論粵港復工問題。罷工委員會所提出之條件，分經濟與政治兩項：經濟條件爲罷工期內工資照發，並賠償損失。政治條件爲法律平等待遇、華人在港有選舉權與被選舉權㉝。

民國十四年九月底，港商八團體代表到廣州，與罷工委員會接洽，因罷工委員會所提條件涉及範圍太廣，代表團無權討論，乃提議先行商談粵港交通之恢復，爲罷工委員會所拒絕。

㉚ 國民政府公報，第十七號，頁三五至三六。
㉛ 廣東省政府公報，第三八期，頁五二至五三。
㉜ 毛思誠編、陳布雷校訂「民國十五年以前之蔣介石先生」，第八編㈠，頁八一，香港龍門書店，一九六五年十一月影印版。
㉝ 陳達「中國勞工問題」，頁二四六至二四八，民國十八年，商務印書館出版。

十二月，香港政府再派華商代表赴省談判，表示罷工委員會所提經濟條件大致可以採納，政治條件則無法接受，交涉仍歸失敗[34]。十五年十一月，香港輔政司乃宣佈停止罷工交涉。

此次談判，雙方所爭執關鍵，在於談判者之地位。香港政府希望和廣州國民政府直接交涉，而國民政府則自居於香港政府和罷工者居間立場[35]。國民政府認爲香港工人罷工是對香港政府抗議，當事雙方是香港政府和中國工人，國民政府自不便正式加入談判，而爲香港政府所不滿[36]。憑心而論，香港政府所派代表僅爲有勢力之商人，竟企圖以相等地位與國民政府接觸，不僅否認國民政府地位，更意圖將罷工所造成之責任委之於國民政府。新任港督金文泰（Sir Cecil Clementi）初企圖以强硬手段處理此案，後不耐於國民政府之經濟封鎖，於十五年四月初電駐沙面英國領事，從速與廣州要員接洽。並派華民政務司、律政司、輔政司等爲代表，要求和國民政府會商解決辦法。國民政府乃以伍朝樞、宋子文、陳公博爲代表，與罷工委員會共同磋商對策。罷工委員會所提條件，經濟方面：要求賠償損失二千萬元，及恢復工人原有之職業。政治方面：要求香港議政局選舉華人代表，及香港行使廣東銀幣。英方表示：賠償以二三百萬元爲度，安置罷工工人無法接受；但同意無條件借款給中國政府，興辦實業以容納之。至於議政局選舉華籍工人代表，則可以考慮。香港行使廣東銀幣不能接

---

[34] 同上書，頁二〇八至二〇九。
[35] *The China Year Book*, 1926－1927, p.927.
[36] 民國十五年一月二十八日，「伍朝樞報告兩月來磋商解決罷工經過」，省港罷工事件剪報，黨史會庫藏。

受㊲。由於雙方條件相去甚遠，磋商不獲結果。

自民國十五年五月至七月，爲第二階段交涉，係官方之正式談判，其重點爭論沙基慘案之責任問題。其時國民政府正準備出師北伐，爲鞏固後方計，必需將糾葛一年之省港罷工作一了斷。五月三十一日國民政府令曰：「省港工人罷工應早解決，著外交部連同有關係各方面接洽，以助成圓滿解決之目的。」㊳代理外交部長陳友仁乃於六月五日正式致函廣州英領事，並轉致香港總督，請委派全權代表三人，磋商罷工事件之解決。

七月十五日，中英正式談判開始，國民政府代表爲陳友仁、宋子文、顧孟餘，英方代表爲香港律政司金培元、民政司夏德理、沙面英國總領事普理寧㊴。陳友仁在開幕詞中，殷切期望英國正視中國情勢之演變，與民族運動之興起，改變過去武力壓迫政策，而遵重國民政府及其所進行之統一工作㊵。七月十六日，中國代表提出關於對英杯葛原因意見書，解釋對英抵制直接原因係由於沙基慘案所引起，而沙基慘案則受上海「五卅慘案」所影響，係中國民族主義精神表現。復指責英方觸犯三點錯誤：㈠沙面開槍，致釀血案。㈡港督對米糧食品及金銀紙幣之禁運令。㈢拒絕國民政府在沙基慘案後所提出之解決條件㊶。英方代表則在其

㊲ 馬超俊「中國勞工運動史」，第二册，頁五〇八至五〇九。
㊳ 國民府公報，第三十四號，頁二一。
㊴ 東方雜誌，第二十三卷，第十六號，頁一四五。
㊵ 國民政府外交史，頁十九。
㊶ 革命外交文獻（廣州武漢時期），頁三至八。

答覆書中辯稱：「上海南京路事件爲自衛行動，沙基慘案是中國人先放槍，省港罷工是少數有力團體以武力脅持，非出人民自願，香港禁運糧食爲維持民食及對罷工所施之自衛計劃，不能認爲對廣州之攻擊。」[42] 中國代表乃再發表駁覆英國代表意見書，鄭重聲明：「六月二十三日之釁，實由沙面首先開槍。」[43] 中國代表旋提出解決杯葛事件辦法四項：(一)組織公正仲裁機關，調查沙基慘案真象。(二)撫恤沙基慘案死傷親屬與罷工工人。(三)爲從速解決杯葛問題之急需，應先借款與罷工工人。(四)欲保證慘案不再發生，限制英國兵艦停泊國民政府領土內河[44]。英方代表對所提各項均表反對，惟對借款一項爲表示友好起見，乃提議以興辦實業借款貸與中國，作爲開闢黃埔港口之用，但以興辦粵漢、廣九兩鐵路接軌爲條件。並依照廣九鐵路協約辦法，僱用英國總工程師、總管賬各一人[45]。

中英談判經過五次會議，於七月二十四日結束，未獲任何具體結果。英方反對沙基慘案提交國際調查，不同意賠償解決杯葛辦法，沙基事件遂成懸案。

(四)慘案之解決與影響

民國十五年（一九二六）七月，國民革命軍開始北代，勢如破竹，外交形勢驟然改變。

---

[42] 同上書，頁八至十三。
[43] 同上書，頁十三至十七。
[44] 同上書，頁六七至六八。
[45] 同上書，頁六九至七〇。

八月二十日，國民革命軍總司令蔣中正先生，於長沙軍次發表對外宣言，冀望各國不可阻撓中國之統一。略曰：

此次中正奉命北伐，完全應全國人民國民革命之要求，履行吾黨孫總理求中國自由平等之使命，其有贊助我國之國民革命者，皆以最惠國之友邦視之，其有妨害我國之國民革命者，皆與四萬萬人民共攘之。……

中正躬行北伐，不止統一中國，實爲完成世界和平，無論何國人士能不妨礙國民革命之行動及作戰者，一切生命財產中正皆負安全保護之責。若有利用不平等條約援助軍閥，害我國民，致爲中外人民所不容，中正縱欲保其友誼，亦恐礙於正義，此則不得不於戰前申明，以求我友邦諒解者也。㊻

會漢陽、漢口次第光復，江西指日可下，國民政府聲勢大增，英國始有意緩和雙方關係。加以國民革命軍擴充後，軍費開支大量增加，政府無法兼顧罷工工人教濟，乃決定停止對香港封鎖，撤除糾察隊檢查，起征外貨消費稅與出產稅，決定對於平常入口貨在本土發賣者，加征特別稅二釐半，奢侈品加征特別稅五釐，以其收入恤補罷工工人㊼。九月十八日，代理

㊻ 民國十五年以前之蔣介石先生，第八編㈢，頁一〇七至一〇九。
㊼ 鄺笑菴「粵港交通恢復之始末」，國聞週報，第三卷，第四三期，頁二，民國十五年十一月七日。

外交部長陳友仁，乃將國民政府決定十月十日以前終止杯葛手續辦法，通知英駐廣州署理領事百利安(J. F. Borman)。函曰：

> 中國政府現擬於實行終止杯葛手續後，對於平常入口貨物，在本土發賣者，加征抽特別稅項二釐半，奢侈品加征五釐，至出口貨物，亦擬略行加抽出產稅。自後關稅應從新製定，本政府將與海關商訂辦法。各項入口貨，非具有經繳納特別稅項之稅率，不能發給關單，任由通過。[48]

國民政府既決定取消封鎖政策，九月三十日罷工委員會召開會議，議決遵從命令。十月六日，陳友仁通函各國與兩粵區域有商務關係之駐粵領事，聲明：「凡兩廣與中國各省或外國所貿易之物品，對於其生產及消費，一律徵收暫行內地稅。」並定於十月十一日起施行。十月十日，罷工委員會正式通告停止封鎖港澳，撤回各地糾察隊，恢復省港交通[49]。同日，國民政府公佈「征收出產運銷物品暫時內地稅條例」，規定財政部得在各海關、常關口卡，或其附近，徵收此項暫時內地稅。對普通貨物之征收稅率，按照海關或常關所征收稅律加征半數，

---

[48] 國民政府外交史，頁七一至七二。
[49] 粵港交通恢復之始末，國聞週報，第三卷，第四三期，頁一一至四。

對於奢侈品加征一倍㊿。

國民政府並決定徵收二五附加稅，作爲救濟工人與開辦實業基金。此項稅收本在華盛頓會議中決定，因各國在華利益衝突，成爲關稅會議上爭執焦點之一。國民政府不顧各國反對，毅然加征，其目的在打破不平等條約中子口半稅之限制，不僅奠定日後貨物稅基礎，亦爲關稅自主之起步。

同年十一月，廣州英領事因奉北京領袖公使命令，向陳友仁遞交否認新稅聲明書，陳友仁除答覆各國理應遵從新稅制外，並退回抗議附加稅照會，聲明不承認北京領袖公使之地位，堅持外交上嚴正立場[51]，沙基慘案乃解決於無形。

沙基慘案後之對英杯葛事件，係國民政府對外交涉之重心。其重要意義有二：一爲響應「五卅慘案」後之反帝國主義運動，二爲取消不平等條約之先聲。其影響如下：

一、經濟方面：省港罷工，嚴重打擊英國在華商業利益，香港尤受到重大之損害。根據民國十四年十二月底新聞報導，香港出口貨物較去年秋季減少一半。加以股票狂跌，商業破產，輪船入口銳減，而土貨出口額與各關稅收總額則略有增加[52]。茲表列國民十三年與十四年我國進出口總額比較如下：

---

[50] 國民政府公報，第四七號，頁十一至十二。
[51] 順天時報，民國十五年十一月十三日，第二頁。
[52] 國民新報，民國十四年十二月二十九日刊登「香港殖民地衰落之狀況」，黨史會庫藏。

洋貨土貨進出口額	民國十四年度	民國十三年度	十四年與十三年比較
進出口總額	一、七二四、二一七	一、七八九、九九五	(－) 六五、七七八
洋貨進口淨額	九四七、八六四	一、〇一八、二一〇	(－) 七〇、三四七
土貨出口額	七七六、三五二	七七一、七八四	(＋) 四、五六八
貿易入超淨額	一七一、五一二	二四六、四二六	(－) 七四、九一四
各關稅收總額	七〇、七二五	六九、五九五	(＋) 一、一三〇
船舶總噸數	一二八、二〇二	一四一、四三二	(－) 一三、二三〇

單位為千關平兩，船舶為千噸。又洋貨進口淨額，為從洋貨進口總額中除去復出口洋貨之數。[53]

估計民國十四年（一九二五）英國對華輸出總額已遠落美國之後[54]，至於民國十三年和十四年，中國經香港進口洋貨與出口土貨所佔百分比如下表：

年度	進口洋貨	出口土貨
民國十三年	二三·四七％	二二·四四％

[53] 裕孫「從去年關册上以覘五卅運動之影響」，國聞國報，第三卷第二九期，頁十七，民國十五年八月一日。

[54] Dorothy Borg, *American Policy and the Chinese Revolution*, 1925－1928 (Taipei: Rainbow Bridge Book Co; Press, 1973), p.44.

民國十四年	一八·二七%	一四·七八%

顯見民國十四年進口洋貨、出口土貨二者均見降低，是以過去對華貿易進口洋貨、出口土貨均占首席地位之香港，在民國十四年時已由日本所代替[55]。

二、政治方面：沙基慘案之省港罷工，主要在爭取民族地位之自由平等，目的在廢除不平等條約，並不限於工人本身之利益，故罷工之政治目的實重於經濟目的。至於罷工期間全國各地成立後援會，籌款濟助工人生活，海外華僑亦一致聲援，踴躍捐輸，充分反映出高度同胞愛與團結力。據廣東實業公司日人澁谷之調查，沙基慘案發生後，華僑捐款共二百六十五件，金額五十餘萬元，其中以美洲、歐洲、中南半島、南洋等地爲最多[56]。罷工工人曾參加集體勞動工作，如修築廣州至黃埔公路，在第二次東征與北伐諸戰役中，擔任軍械餉彈運補任務，均能達成其使命，爲「革命武力與國民相結合」，投下一塊堅實基石[57]。處處顯示工人階級對社會政治影響力之增加。共黨份子則利用此一愛國運動，滲透其間，而壯大聲勢，阻礙革命工作之進行[58]。

三、外交方面：省港工人之罷工行動，證明帝國主義之武力干涉無法使國人屈服，國民

55 裕孫「從去年關册上以覘五卅運動之影響」。
56 臺灣總督府編「支那の國民革命と國民政府」，第二編，頁一〇一至一〇三，昭和三年，臺北出版。
57 吳鐵城回憶錄，頁一四五至一四六，三民書局，民國六十年出版。
58 張國燾「我的回憶」，頁四七一至四七二。

革命運動已造成新局面，各國不得不改變對華高壓政策。尤其英國在遭受打擊後，國內輿論紛紛督促其政府，改變對華態度，承認國民政府之合法地位[59]。是以英國捨北京政府轉而與國民政府進行直接交涉，爲國民政府外交上之一大突破。民國十五年前後，中國反帝國主義與廢除不平等條約呼聲中，英國政府被迫乃提出改變對華政策之聲明。同年十二月十八日，英駐華代理公使歐瑪利（Owen Omalley），在北京公使團會議中，首次提出「英國變更對華政策建議案」，主張各國應同情中國人民爭取統一與獨立，對廣東已經徵收海關附加稅，應予無條件之承認[60]。獨蘇聯陰謀赤化中國，竭力避免國民政府和英、日、美等國接近，以免危害其在華利益，因此蘇聯顧問鮑羅廷等，力圖製造國民政府與英國間衝突，以阻止雙方關係之正常化[61]。因之省港罷工雖然在十五年十月停止，罷工委員會則將封鎖香港政策擴大爲對外經濟絶交運動，仍以抵制英貨爲目標。

四、關稅會議之抗議

(一)北京關稅會議之召開

---

59 「英國對華政策之變化」，國聞週報，第四卷第一期，頁一至三，民國十六年元月二日。

60 東方雜誌，第二十四卷，第三號，頁一〇五至一〇七。

61 京師警察廳編「蘇俄陰謀文證彙編」，政治類，頁二三，民國十六年出版。

民國十一年（一九二二）二月六日，華盛頓會議九國間訂立中國關稅稅則，規定中國關稅增加至百分之五，附加稅及裁釐後增加至值百抽一二·五。該條約第二款復規定：

由特別會議立即設法，以便從速籌備廢除釐金，並履行一九〇二年九月五日中英商約第八款，一九〇三年十月八日中美條約第四款、第五款，及一九〇三年十月八日中日附加條約第一款所開之條件，以期徵收各該條款內所規定之附加稅。特別會議應由簽字本約各國之代表組織之，凡依據本約第八條之規定，請願參預及贊成本約之政府，亦得列入組織本會議，惟須及時知照，俾所派之代表得以加入討論。該會議應於本條約實行後三個月內在中國集會，其目的與地點，由中國政府決定之。❶

民國十一年三月三十一日，各國稅則修正會議在上海舉行，中國代表提議將各貨徵稅底價，按照過去六個月內（一九二一年十月至一九二二年三月）上海市價折中計算。（按：當時進口貨稅實征額，如按時價計算，僅值百徵三·五左右）日本代表則主張按照過去四年（一九一七至一九二〇年）貨價折中計算，作爲徵收新標準。由於其他各國代表支持中國提議，日本代表除對中國提案提出若干修正意見外，不再堅持原主張。因此新稅則於民國十一年夏季

❶ 黄月波等編「中外條約彙編」，頁六〇九至六一〇，商務印書館，民國二十四年十二月版。

達成協議，而於同年十月一日正式公佈，預定兩個月後付諸實施❷。此一新稅則，使中國國庫年可增加一千七百萬元左右收益❸。但關稅特別會議之召開，卻因中法之間金佛郎案爭執，法國利用不批准華盛頓會議所簽各條約爲手段，以圖勒索中國。延宕三年，直至民國十四年四月，北京政府讓步，金佛郎解決，法國國會始通過華盛頓會議各條約；因之該條約需至民國十四年（一九二五）八月五日始正式生效。及五月卅日上海慘案、六月十一日漢口慘案、六月二十三日沙基慘案相繼發生，中國反對帝國主義呼聲震動全國，北京政府本可利用此民氣自動取消不平等條約，而臨時總執政段祺瑞、外交總長沈瑞麟，反欲藉此機會要求各國舉行關稅會議，增加收入，以爲一己一派之用，此爲民國十四年十月二十六日北京關稅特別會議召開之背景。

八月十八日，北京政府發出請柬，被邀請者除簽訂關稅細則之美、比、英、法、意、日、荷、葡八國外，並邀未參預該項條約之西班牙、丹麥、瑞典、挪威，共十二國。九月五日，北京政府任命梁士詒、沈瑞麟、顏惠慶、李思浩、王正廷、葉恭綽、施肇基、黃郛、王寵惠、莫德惠、蔡廷幹、姚國楨爲關稅特別委員會委員。復於十月二十日任命曾宗鑒爲委員會委員，二十二日任命沈瑞麟、顏惠慶、王正廷、黃郛、施肇基、蔡廷幹爲關稅特別會議全權代表。

❷ *Foreign Relation of the United States*, 1928, Vol. II, The Commercial Attache to the Legation in China, Dec. 7, 1927, p.372.

❸ William L. Tung, *China and Foreign Powers*, (N.Y.: Oceanic Publisher, 1970), p.192.

十一月十七日任命王寵惠爲關稅特別會議全權代表，以中南海居仁堂爲會場❹。

十月二十六日，關稅特別會議正式開幕，出席美國代表馬克謨(John V. A. MacMurray)、史陶恩 (Silas Strawn)，比利時代表華洛思(Baron Leon Lemaire de Warzee D'Hermalle)，丹麥代表高福曼 (Koffman)，法國代表馬太爾 (Martel)，英國代表馬克雷 (Sir Ronald Macleay)、皮欒 (Colonel Sidney Peel)，意大利代表翟錄第 (Vittorio Cerrutt)，日本代表日置益、芳澤謙吉，荷蘭代表歐登科(W. J. Oudendjik)，挪威代表米賽勒 (Johan Michelet)，葡萄牙代表畢安祺(J. A. de Bianchi)，西班牙代表嘎利德 (Don Justo Garrido Y Cisneras)，瑞典代表艾維樓福(O Ewerlöf)、雷堯武德 (Carl Leijonhufond)。臨時總執政段祺瑞致詞，强調中國關稅自主不獨中國國家之幸，各友邦亦同蒙其利，世界和平基礎實繫於此。大會主席王正延在第一天會議上，提出關稅自主辦法五條：

一、與議各國向中國政府正式聲明，尊重關稅自主，並承認解除現行條約中關於關稅之一切束縛。

二、中國政府允將裁廢釐金，與國定關稅定率條例同時實行；但至遲不過民國十八年一月一日。

三、在未實行國定關稅定率條例以前，中國海關稅則，照現行之值百抽五外，普通品

---

❹ 岑學呂「梁燕孫先生年譜」，下册，頁四二八至四二九，民國五十一年六月，文星書店影印。

加徵值百抽五之臨時附加稅；甲種奢侈品（即菸酒）加徵值百抽三十之臨時附加稅；乙種奢侈品加徵值百抽二十之臨時附加稅。

四、前項臨時附加稅，應自條約簽字之日起，三個月後即行開始徵收。

五、關於前項問題，應於條約簽字之日起，立即發生效力，加徵值百抽二十之臨時附加稅[5]。

大會開幕後，決議設立關稅自主委員會（亦稱第一委員會）、臨時辦法委員會（亦稱第二委員會）、有關事件委員會（亦稱第三委員會），及起草委員會。美國、英國、意大利等國，一再要求以中國裁釐作爲關稅自主交換條件，只肯履行華盛頓會議所訂中國關稅稅則。王正延則極力拒絕將此二者混爲一談，表示中國實施國定稅則時必先裁釐。經第二委員會指定王正廷、荷代表歐登科、美代表史陶恩、英代表馬克雷、日代表日置益五人擬具草案，依照王正廷意見，提出第二委員會，由各國聲明自動承認中國關稅自主，中國自動裁撤釐金。日本代表日置益爲實現日本外相幣原喜重郎對華外交「外柔內剛」主張，支持段祺瑞以維護其在華既得權益，首先表示「尊重中國合理的立場」，日駐華公使芳澤謙吉並以日本恢復國權經驗，提出建議，限於一定時間，選擇下列方案中一項，作爲暫時實施辦法：

---

❺ 同上書，頁四四四至四四五。另吳廷燮「合肥執政年譜」，頁一二六至一二七，民國五十一年六月，文星書店影印。

一、制定公正並且合理的稅率，以適用於普通貨物，至於特別貨物的稅率，另與關係各國協定特別稅率。

二、於平均不超過值百抽十二·五，且與關稅條約第二條之規定不相矛盾之方法，定各國滿意之差等稅率。

芳澤並表示：中國達到關稅自主，除以樹立十分鞏固之統一政府爲必要外，當以完全除去阻礙中國與他國交通及通商自由之一切限制爲前提，深信有政治能力之中國國民，必能對於此前提與必要完全實現❻。同年十一月五日，幣原接見英國駐日公使時復特別表示：

時下一般中國青年，高呼恢復關稅自主，倘若這次會議裏無法開拓關稅自主的端緒，那麼段祺瑞政府可能在國內輿論的反對下跨臺。……對於這次關稅會議裏，從利害問題上考慮，從大局著想，必須使中國政局安定，因此而決定日本的態度。❼

至十一月十九日，關稅特別會議通過中國關稅自主案，原文如下：

❻ 芳澤謙吉「外交六十年」，頁八一五至八一六，東京，一九五八年出版。
❼ 日本外務省「日本外交年表並主要文書」，下卷，頁八二。

參與會議之各國代表，今採納以下關於關稅自主之提案，其意將此提案及此後協定之事件，合成一條約，該約需在本會中簽訂，除中國外之立約各國，特此承認中國享受關稅自主之權力，約定中國與各國間之現存條約中之關稅上之限制一切廢除，並允許中國國定稅律，將於一九二九年一月一日發生效力。

中華民國政府聲明，裁撤釐金與施行國定稅律同時舉行；又聲明中華民國十八年一月一日，釐金實行廢除。❽

大會在另一項宣言中，中國承認在會議結束三個月內停止徵收自一口岸運至他口岸「出口稅」，作爲廢除釐金之初步❾同年十二月，北京政府乃發表聲明，各國租界內中外人民均應交納土地稅、印花稅，及煙酒稅❿。

民國十五（一九二六）四月，北京政局發生變化，臨時總執政段祺瑞出走，由顏惠慶攝行內閣，關稅特別會議各代表，乃於七月三日發表停止會議宣言⓫。是時國民革命軍已開始北伐，直系吳佩孚、奉系張作霖，欲藉關稅會議籌措軍費，囑顏惠慶以國務院名義重行召集

❽ 梁燕孫先生年譜，下册，頁四五六至四五七。另錢泰「中國不平等條約之緣起及廢除之經過」，頁一一二，國防研究院，民國五十年出版。
❾ Robert T. Pollard, *China,s Foreign Relations,* 1917–1931(New York, 1963), p. 275.
❿ Stanley F. Wrigth, *China,s Struggle For Tariff Autonomy,* (Shanghai, Kell and Walsh, 1938), P. 705.
⓫ 劉彥「中國外交史」(原名「帝國主義壓迫中國史」，頁八二五，民國五十一年十月，臺北三民書局影印版。

關稅會議。顏氏乃於七月十四日復派蔡廷幹、顧維鈞、張英華、王蔭泰，及顏惠慶爲關稅會議全權代表，再三催促各國代表繼續開會。然各國代表以北京政府已名存實亡，或藉口歸國，或藉口他故，會議遂告一結束。

總計關稅特別會議歷時半載，對華盛頓會議所規定中國關稅臨時附加稅問題，終未能達成正式協議。對於中國關稅自主原則，最後亦未能簽訂一項正式條約。

(二) 國民政府反對北京關稅會議

民國十四年（一九二五）十月二十六日，北京臨時執政政府關稅特別會議之召開，係基於中國對外現有條約基礎上，採取漸進和平手段，以達成收回關稅自主權之目的。國民政府則在反對帝國主義革命外交總目標下，憑藉工農群衆力量，利用威脅性或半威脅性手段，達成列強在不平等條約上對華讓步之願望。因之對於北京政府關稅會議之召開，認爲就軍閥而言，不過「繼續得到巨款，繼續混戰。」就列強而言，乃「不願中國實現統一穩固之中央政府，而願中國內亂之延長。」[12]

民國十五年（一九二六）七月，當北京政府催促各國代表重開關稅會議之際，蔣中正先生已於七月九日就任國民革命軍總司令，誓師北伐。國民政府認爲倘北京會議重開後獲致協議，直奉兩系即可充實軍餉，增加與國民革命軍之對抗力。乃於七月十四日由國民政府代理

---

[12] 革命文獻，第六十九輯，頁一七七至一七九。

外交部長陳友仁，照會駐廣州美領事，轉該國駐北京公使，抗議關稅會議之重開。略曰：

查特別關稅會議，因中國代表星散，本已停會。但現接確報，謂吳佩孚、張作霖代表，現正與美國及其他外國代表磋商，即行恢復會議。本政府用特提出抗議，並懇閣下代爲轉達貴國駐北京公使，本政府反對此項會議，且自始即反對此項會議。蓋其所議事項，非有能代表中國國民，及爲中國國民說話作事之中央政府。更不能於會議場中，與美國及其他有關各國之正式代表商議之。曩之段祺瑞政府，其非此種政府，早爲世所公認。至於吳、張之走狗，苟合衆等國政策，仍能顧及政治實際及國際道德與禮儀者，則其不能以正式政府視之，而與之會議交涉也，更爲顯然。

現在北京的滑稽政府，乃成於兩大中古式軍閥及一群舊官僚小政客之手，志在攫取將來關稅問題決定後所能施捨之餘惠，及承受合衆等國爲維持□□與民族主義的中國之重要利益兩相衝突之現狀計，所能給予之借款，蓋已昭然若揭，恐無人盲瞽而至毫無所見，如是其甚也。

支給關款與吳佩孚、張作霖，其意何居？質言之，不外美國及其他有關各國，將藉英人管治下之統一的中國海關，以爲工具：㈠以攫取中國全土之國稅，授諸竊據一隅苟延旦夕之二豎，而供其揮霍。㈡將協助此等軍閥，繼續釀成內亂，以攻擊國民軍與廣州政府，而使武力主義得以橫行於中國。蓋國民軍與國民政府，乃促成中國進步之左右手，而爲中國民族主義之思想與活動之中心。由是供給關餘與吳、張，猶有更深意義。即美國與其他有關係各國，將提取廣州增加之關稅，送交張翽與吳秀才，俾益能善戰，以撲滅中國民族解放之思想與運動。

尤有進者，國民政府對於吳、張代表，以已允許之附加稅作抵，訂借任何借款，將概不承認。余尤須警告美國及其他有關係各國，中國之實行否認此項借款也，勢之所趨，將或不得不擴充否認原則之適用，進而否認從前一切借款，凡有利於反動派及軍閥官僚之剽竊者。⑬

代理外交部長陳友仁，復恐抗議力之不足，另致函美國國會領袖波拉，說明重開關稅會議對中國之弊害。希望波拉立即在國會提議撤回美國出席關稅會議代表。指出：「關會重開，尤足表示合衆等國，將藉英人管理下之統一的中國海關以爲工具，以聚歛中國全土之國稅，授諸竊據一隅苟延旦夕之二豎，而供其揮霍。且資助其繼續釀成內亂，以攻擊國民軍與國民政府。」⑭

七月二十六日，廣州美領事奉北京美公使訓令，答覆國民政府外交部，表示對中國內亂之關注。略曰：

⑬ 高承元「革命外交文獻」（廣州武漢時期），頁二八至三〇，民國二十二年二月，神州國光社出版。

⑭ 同上書，頁三三至三四。

閣下代表廣州政府，力抗關會之復開，此等抗議在該會議開幕前後，中國他方代表亦有發表。足徵中國人民尚未臻一致，殊令人氣沮。蓋美國政府與其他有關係之友邦，欲將對華條約關係，從事整理，茲以民意未得一致，殊覺爲難。況中國現無中央政府，內得各省之擁護，外獲列強之承認，足以相互負責進行各事，此尤美國政府所欲渴望成立而未得者也。美國公使以對華條約關係上，如財政及其他之整理，美國政府所持宗旨，以俾益中國全部爲目的，而非爲任何單獨軍閥或政黨起見。⓯

國民政府代理外交部長陳友仁，接此照會後，乃向廣州美領事作第二次之抗議，認爲美國七月二十六日答覆之措詞，係採取觀望之政策，國民政府將視關稅會議之復會，爲美國及關係各國有意將中國海關變爲代軍閥籌措戰費，及外人干涉中國北伐統一戰爭之不良舉動。不得已時將採取必要之手段。原文略曰：

（美國）此種政策之失當，蓋由美國尚未灼知中國現在政局根本上爲一革命的政局，當以革命的根本解決方法應付之。與所謂「演進的」整理之解決方法絕不相侔。……此種政策如尚堅執不改，則不特釀成中國之紛擾，陷於所謂『混沌』之境，抑於外國交涉上，亦陷於心智之錯亂，與道德之破產。……

⓯ 同上書，頁三〇。

茲國民政府方伸張勢力至中國中部，所有貸於吳佩孚、張作霖之駐京代表一切借款，概不承認。而特別關會之重開，自國民政府觀之，將視美國與其他有關係各國處心積慮，欲將中國海關由政治的財政機關，變爲戰務的財政機關，爲外人干預中國內亂或革命戰爭之機關。審是，則國民政府不能不圖謀自衛之策矣。⑯

八月三日，國民政府正式發表反對重開關稅會議宣言，暴露關稅會議黑幕，促請全國各界之注意。認爲吳佩孚、張作霖欲以此項附加關稅，舉借外債，以充作軍費，反抗革命力量。而關稅自主實以裁釐爲條件；故承認增加二五附稅，則不啻將全國人民所迫切要求之關稅自主，永遠斷送於外人。宣言略曰：

查二五附加稅實行，每年所增收入不過三千餘萬，除一部分挪作軍費及償還擔保之外債外，所餘能有幾何？斷不足與裁釐損失之數相抵。而關稅自主又以裁釐爲條件；故承認增徵二五附稅，則不啻將全國各階級人民所迫切要求之關稅自主永遠斷送。且稅律一般提高，無伸縮之自由，徒增人民之負擔，而絕不能收保護產業之效。⑰

⑯ 同上書，頁三一至三三。
⑰ 同上書，頁二七至二八。

是時國民政府已積極考慮趁北京關稅特別會議尚未簽訂任何關稅條約，實行徵收華盛頓會議所允許徵收之附加稅。至十月六日，代理外交部長陳友仁乃正式宣佈決定實行。十月十日，國民革命軍克復武昌，十一日徵收工作即告開始，普通貨稅率爲百分之二·五，奢侈品貨稅率爲百分之五。同年十二月，繼續在漢口開徵⑱。由於國民政府反對關稅會議之重開，加上國民革命軍北伐進展之順利，直系勢力瓦解，各國咸持觀望態度，北京關稅特別會議遂消滅於無形。

(三) 列強對國民政府徵收關稅附加稅之反應

民國十五年（一九二六）十月，國民政府片面實行征收關稅附加稅後，一時列强頗爲恐慌。美國駐華公使馬慕瑞(J. V. A. MacMurray)主張聯合各國採取强硬態度。建議對廣州海關出動海軍加以保護。並採取任何可行之行動，以阻止國民政府徵收此稅⑲。乃與英、法、日、意等國駐華公使共商對策，擬採取共同一致强硬態度，向中國提出嚴重抗議。但爲美國務卿凱洛格(Frank B. Kellogg)及其遠東問題顧問助理國務卿約翰遜(Nelson T. Johnson)所反

⑱ Borg, op. cit., pp. 130－143.

⑲ Thomas Buckley, "John Van Autwerp MacMurray: The Diplomacy of An AmericanMandarin", richard D. Burns, et al ed., *Diplomats in Crisis: U. S. Chinese—JapaneseRelation*, 1919－1941 p. 37.

對，英國政府對此尤持沉默態度[20]，十二月十八日，英駐華公使藍普森（Sir Miles Lamposon），更以備忘錄一份分別致贈出席華府會議各國駐華公使，建議各國應同意國民政府徵收關税附加税，惟此項税收不應被用於支付無擔保之債務，亦不必存儲於外資銀行。並建議各國聯合發表一共同聲明，如中國能組成一統一政府，可從事於與華盛頓會議精神相符建設性政策時，各國即應與之談判，以滿足中國之願望。一旦中國宣佈一項國定税則之後，各國即應宣佈允予中國關税自主權[21]。同月二十六日，北京英國公使館發表十八日對華問題之備忘錄，及同年五月二十八日因關税會議問題致美政府之備忘錄。同月三十一日，國民政府外交部乃電美國務卿洛格曰：

> 聞美政府對於英國所提立即徵收華會所定附税，及將來所收税款交與徵收口岸當道之議，有依允意，特指出英國提案弊害三點：㈠以新税三分之二歸國民政府之政敵使用，以藉此抵借債款，繼續内爭。㈡將使各通商口岸爲軍人爭奪之新目的地。㈢上海有附税十分之四，國民政府本可不戰而得，今則必成血戰之地，或使外人商業受永遠損害。

---

[20] Herbert J. Wood, "Nelson Trusler Johnson: The Diplomacy of Benevolent Pragmatism", Richard D. Burns, et al. ed., *Diplomats in Crisis*, p. 14.

[21] Lee En—han, "China,s Recovery of the British Hankow and Kiukiang Concessions in1927"中央研究院國際漢學會議論文集：歷史考古組（下册）。

……其提議含有危害中國建設統一國家之政策。㉒

民國十六年（一九二七）一月二十七日，美國務卿凱洛格乃發表一項措辭空泛而其基本精神對國民政府頗爲友好聲明。略曰：

美國準備與任何足以代表中國及爲中國發言的政府，或其所委派之代表，不只商談履行華盛頓會議中所決議附加稅之問題，亦可談商解除全部稅則控制，與歸還中國關稅自主權問題。惟中國應給予美國最惠國待遇，並對美國公民財產與權利提供保護。美國並願根據國際對華治外法權調查會各項建議，與中國談判儘速解除各國在華治外法權問題。㉓

同日英駐華參贊歐馬利(Owen St. Clairs O'Mally)，在漢口面交國民政府代理外交部長陳友仁一件備忘錄，及附件七項，錄其全文如下：

苟漢口及九江之英租界問題，得圓滿之解決，而國民政府益能切實之聲明，除用談判

㉒ 引自洪鈞培「國民政府外交史」，頁八四至八五，上海華通書局，民國十九年七月出版。
㉓ Pollard, op. cit., pp.299－300.

之手續外，不許以任何方式變更在華租界及國際居留地，則英政府準備立即照附件所開辦法，承認中國國民黨對於英國大部分之要求。自英政府觀之，此一步驟為英國寬宏大量之表示，亦英國對華所抱公平和善精神之確證也。一九二七年一月二十七日。

附件

一、英政府準備承認中國之新式法院，為審判英人原告提起之訴訟之適當法院，並放棄英國代表在此種案件蒞庭觀審之權利。

二、英國政府準備承認一種合理的中國國際法。

三、英國政府準備在可能之範圍，於駐華英國法庭內，適當用中國之新式法典，及商法（惟訴訟法及關於人民的地位者除外），及其他正式頒佈之附屬法律，但此種法律須為中國法院施行，全中國人民均受其節制者。

四、英政府準備在可能之範圍內，使英國在華僑民繳納中國經常及合法之租稅，但此項租稅須為向全國人民繳納，非專為歧視英人而設者。

五、倘中國修訂後之刑律頒佈實行，英政府準備立即考慮，將該律施行於英國駐華法庭之問題。

六、英政府準備按照各口岸之特別情形，討論各英租界市政之修改，並締結協定，使英租界與設立於漢口前租界內特別區之行政相符合，或討論協商英租界與鄰近他國租界，或現爲華人所管理之前租界之合併問題，或討論協商將各租界區域內警務事宜，交中國當局辦理之問題。

七、英政府準備承認一種原則，即英國教士此後不能要求在內地購買土地之權利，華教士需引用中國法律爲保護，而不能假條約爲護符，教會教育醫藥各機關，須遵守中國政府頒佈關於同樣中國機關之法律或條例㉔。

其中第四項乃同意中國稅則自主之表示。日本外相幣原喜重郎也於元月十八日在國會中宣佈：「日本不反對中國之徵收附加稅，但中國應作適當之保護，俾該項之收入不致耗用於內戰。」㉕並謂其對華政策在於：㈠尊重中國主權與領土之完整，並愼重避免干涉內政。㈡促進兩國邦交之鞏固及經濟上之合作。㈢同情並協助中國人民達到其正當之願望。㈣對於中國現時局勢，抱耐心與容忍之態度。同時運用合理方法，保護日僑之正當權益㉖。此乃國民革命軍北伐勝利所造成之結果。

同一期間，民國十五年（一九二六）十一月三十日，張作霖出任安國軍總司令，實際主宰北方政局。十六年六月十八日，復稱陸海軍大元帥。受國民政府廢除不平等條約號召之影響，張氏早於十五年十一月六日，授意內閣總理顧維鈞，片面宣佈中比條約無效，並計劃運

㉔ 革命外交文獻（廣州武漢時期），頁四六至四八。

㉕ Pollard, op cit., p.299.

㉖ 吳頌皋「十年來的中國外交」，引自中國文化建設協會編「十年來的中國」，民國二十六年七月，商務印書館出版。

用對付比利時方法，處理修訂期限屆滿之法、日、西班牙、荷蘭四國條約。十六年一月一日，北京政府仿效國民政府，亦開始實施關稅附加稅。英人總稅務司安格聯（Sir Francis Aglen）因拒絕遵命辦理，而爲顧氏所免職。另任命英人易紈士(A. H. F. Edwards)代理總稅務司㉗。上海江海關徵收工作實際自一月二十日開始，普通貨附加稅值百抽二·五，奢侈品稅率暫同㉘。天津海關則自二月十一日開始附征。雲南都督唐繼堯繼之，亦下令關稅徵收附加稅，但限於滇省之用㉙。顧維鈞並於四月二十二日，與英使藍普森簽訂初步草約，成立中英共同委員會，改組天津英租界行政機構。張作霖並計劃依據北京關稅特別會議決議案，自民國十八年一月一日實行關稅自主，不待釐金裁撤後實施。任命交通總長潘復組織關稅自主委員會，以顧維鈞、顏惠慶、梁士詒、李思浩，及財政部、外交部高級官員十四人組成，以研擬實施關稅自主具體辦法㉚。以革命軍逼近北京、天津，張作霖斃命皇姑屯，北京政府瓦解，而未獲實現。

五、國民革命軍北伐初期之反帝國主義政策

㉗ W. W. Yen, *East – West Kaleidoscope*, 1877 – 1946, p.116

㉘ 東方雜誌，卷二十四，第六期，頁九三。

㉙ 同上書，卷二十四，第七期，頁一〇〇。

㉚ 同上書，卷二十四，第七期，頁一一二及一一九。

(一) 蔣中正先生對付列強之北伐策略

民國十五年（一九二六）三月底，廣州中山艦事件平定。四月三日，蔣中正校長建議中央整軍肅黨，準備北伐，以實現總理遺志；並指出國內外形勢與外交方針。原書略曰：

> 北方自國民軍退出京、津以後，其迅速與重大，必非昔日沉悶與輕易之狀態可比。如奉軍佔領京、津，則日本在華勢力愈加穩固。吳佩孚在湘鄂之勢力，英必竭力助長之。孫傳芳盤踞江浙，英必逼孫與吳聯。美國近且有聯孫以制日本之傾向。法國恐蘇俄在華之勢力復張，故急使之與英日聯合戰線，在滇助唐，以牽制廣東之北伐。……
>
> 吳得鄂、豫，挾有鞏縣、漢陽二大兵工廠，握京漢路之要衝，據全國中心之武漢，如英以經濟助之，不至半年，必可恢復舊日之勢力。張作霖佔領京、津，握有奉天、德州二大兵工廠，且控制京奉、津浦二大鐵路，日本爲鞏固其勢力計，其必助以經濟，一旦北京政府成立，必有數種借款，以補充張、吳之軍費。當北方國民軍未經完全消滅以前，英日兩國必協定以奉軍對西北之國民軍，以吳佩孚對南方廣東之革命軍，而復益之以法，令滇唐出兩廣，以牽制我廣東，而香港政府必慫恿我兩廣內部之土匪散

軍，盡力搗亂，如此則廣東仍陷於四面包圍之孤立地位，其勢岌殆，可以知矣。❶

因此建議國民政府，儘速在三個月以內完成北伐準備，則北方之國民軍不致消滅，吳佩孚之勢力尚未養成，一舉而佔領武漢，則革命前途尚有可爲。國民黨中央遂於六月五日召集臨時中全會，一致通過訊速出師北伐案。同日國民政府任命蔣中正先生爲國民革命軍總司令。七月一日，蔣總司令以軍事委員會主席名義，頒發北伐動員令：「本軍承先大元帥遺志，欲求貫澈革命主義，保障民族利益，必先打倒一切軍閥，肅清反革命勢力，方得實行三民主義，完成國民革命。爰集大軍，先定三湘，規復武漢，進而與我友軍會師，以期統一中國，復興民族❷。七月四日，中國國民黨中央執行委員會發佈出師北伐宣言。略曰：

本黨從來主張用和平方法，建設統一政府。蓋一則中華民國之政府應由中華人民自起而建設，一則以凋敝之民生不堪再經內亂之禍。故總理北上之時，即諄諄以開國民會議，解決時局，號召全國。孰知段賊於國民會議陽諾而陰拒，而帝國主義復煽動軍閥，益肆兇焰。迄於今日，不特本黨召集國民會議以謀和平統一之主張未能實現，而且責

❶ 毛思誠編、陳布雷校訂「民國十五年以前之蔣介石先生」，第八編㈡，頁四至六，一九六五年十一月，香港龍門書店影印版。

❷ 同上書，第八編㈢，頁一。

國軍閥吳佩孚得英帝國主義之助，死灰復燃，竟欲效袁世凱之故智，大舉外債，用以摧殘國民獨立自由之運動。帝國主義者復餌以關稅增收之利益，與以金錢軍械之接濟，直接幫助吳賊壓迫中國國民革命，間接即所以謀永久掌握中國關稅之權，而使中國經濟生命陷於萬劫不復之地。……

中國人民一切痛苦之總原因，在帝國主義之侵略，及其工具賣國軍閥之暴虐。中國人民之唯一需要，在建設一人民的統一政府，而過去數年間之經驗，已證明帝國主義者及賣國軍閥之勢力不被推翻，則不但統一政府之建設無望，而中華民國唯一希望所繫之革命根據地，且有被帝國主義者及賣國軍閥聯合進攻之虞。本黨爲實現中國人民之唯一的需要，統一政府之建設，爲鞏固國民革命根據地，不能不出師以剷除賣國軍閥之勢力。❸

七月九日，蔣總司令在廣州東校場舉行北伐誓師及閱兵典禮，發表演說，並書告三軍將士、廣東全省軍民、海外僑胞。其就職宣言略曰：

革命戰爭之目的，在造成獨立之國家，以三民主義爲基礎，擁護國家及人民之利害，故必集中革命勢力於三民主義之下，乃得推倒軍閥，及軍閥所賴以生存之帝國主義。

---

❸ 革命文獻第十二輯，頁四九至五二，黨史委員會出版。

……中正今茲就職，以三事爲國人告：第一，必與帝國主義者及其工具爲不斷之決戰，絕無妥協之餘地。第二，求與全國軍民一致對外，共同革命，以期三民主義之實現。第三，必使我全軍與國民深相結合，以爲人民之軍隊，進而要求全國人民共負革命之責任。❹

革命軍氣勢若虹，七月十一日克長沙。九月六日克漢陽，七日克漢口，十月十日克武昌，吳佩孚主力盡殲。蔣總司令早於九月中取道醴陵、萍鄉赴贛督師，與孫傳芳苦戰於九江、南昌間。十一月八日三度克南昌，敵軍十餘萬除戰死外，多數被繳械。九日，蔣總司令進駐南昌，同月底江西戰事告一結束。十二月三日，蔣總司令電謝各界慰問電曰：「中正奉命北伐，志在貫澈本黨主張，以慰先總理在天之靈，而償國民自由獨立之願，鄂、贛境内强敵業已盡殲，雖云將士奮勇之功，實賴群衆相助之力。凡我同志，務盼本軍民合作之精神，作堅持到底之奮鬥，以完成國民革命之事業。」❺其堅忍奮發之宏願表露無遺。

國民革命軍控制長江中游數省後，英國在長江流域勢力顯有動搖之勢。知其與國民革命勢力彼此不相容，於是譸張爲幻，處處思有以破毀之。十一月十九日，廣州英代總領事壁約

❹ 民國十五年以前之蔣介石先生，第八編(三)，頁十四至十九。
❺ 同上書，第八編(七)，頁十二。

翰致函國民政府外交部，抗議漢口英租界時常被革命軍闖進，並提出苛刻之要求。原函曰：

敝國駐漢口總領事，近以該地之英國租界常被駐紮附近之南軍闖進，特囑本代總領事，請求國民政府加以注意。該總領事稱：南軍通過租界（時或運送子彈），又武裝衛兵站立汽車兩傍，來往租界等等，殊有違漢口租界章程。屢向漢口交涉員提出抗議，迄無效果。嗣於十一月九日具一節略，投遞漢口總司令部，冀能制止兵士之舉動。不料該節略竟被退回，且得函復，稱該地所有一切交涉事項應由湖北交涉特派員辦理等語。茲將該原函及節略呈送貴部長察閱，尚希將此事轉呈政治委員會嚴加考慮。

按：此次總司令部秘書處失禮之處，姑不論及。然其辦法實係否認條約付予英國領事直接與各省高級官員通信之權，此節希促政治委員會之注意。倘南軍繼續闖入英租界，恐與租界警兵發生衝突，釀成國際嚴重案件也。再武裝衛兵站立汽車兩傍，往來租界，此事斷難容忍。惟南軍倘必須經過租界，以指定到達地點，通知駐漢口總領事，尚可通融准許，惟必有長官領帶監視乃可照准。且應事前爲請求許可，以便通知租界巡捕局也。此事極爲嚴重緊急，切望將此意電知各關係軍隊機關爲盼。❻

國民政府代理外交部長陳友仁，於十一月二十七日爲國民革命軍通過漢口英租界事，駁

---

❻ 高承元「革命外交文獻」（廣州武漢時期），頁三七至三八，民國二十二年二月，神州國光社出版。

復廣州英領事。函曰：

茲接十月十九日大函，關於國民革命軍通過漢口英租界一事，經已閱悉，當經轉送政府考慮矣！俟有復示，再行奉告。惟有應預先聲明者數事：㈠漢口租界章程，本來係處於中國主權准許之下一種自治法規，主權者之行爲，對於其所准許或曾經准許之法規，本來不生違法問題。㈡漢口國民革命軍總司令部本係中央軍事機關，無權辦理外交事件，在湖北地方高級外交官員，僅湖北交涉員足以當之。緣准前由，相應函復貴總領事官，希爲查照是幸。❼

同年十二月十三日，國民黨左派份子代理外交部長陳友仁、司法部長徐謙、交通部長孫科、財政部長宋子文，以及宋慶齡、鄧演達、吳玉章、王法勤、于樹德、董用威、唐生智、詹大悲、蔣作賓等，在蘇俄顧問鮑羅廷（Micheal Markowich Borodin）操縱下，在漢口成立「中國國民黨中央執行委員暨國民政府委員臨時聯席會議」（以下簡稱聯席會議），以徐謙爲主席，執行所謂政府「最高職權」，在「革命外交」口號下，日益著重利用農工群衆暴力行動，或暴力邊緣行動，以達到廢除不平等條約之目的。民國十六年（一九二七）三月，中國國民黨二屆三中全會後，改組國民政府爲合議制，選舉委員共二十八人，互推孫科、徐謙、汪兆

---

❼ 同上書，頁三七。

銘、譚延闓、宋子文五人爲常務委員。

㈡　反英宣傳之推展

民國十五年（一九二六）秋冬間，國民革命軍連戰皆捷，底定長江中游，引起列强之重視，乃分派代表與國民政府接洽，以友善姿態，企圖保持在華既得利益。因長江流域係英國之經濟勢力範圍，英國尤爲關切。而武漢國民政府由於自民國十四年來英國在各地所製造之慘案，亦特別著重於反英之宣傳。（民國十五年九月五日，發生英艦砲轟四川萬縣事件，人民死傷數以千計，財産損失難以估計，益加激起武漢方面之反英情緒。）據革命軍政務處長陳公博，在民國十五年十二月十七日，第三次「聯席會議」之報告：

> 一日，英美煙草公司經理來談：英領事願表示對革命軍好感，但願我方停止反英宣傳。本席答云：任何國有壓迫中國行爲時，中國民衆自起作反抗運動，政府無法制止，更不能制止。不獨對於英國，英領事在鄂十餘年，須知漢口慘案，英國應負責任。彼繼云：尊處有何提議，願爲盡力。本席答：㈠英國新使應與外交部長談話，地點可隨時酌定。㈡英文「楚報」應即時停止反革命宣傳，並撤換主筆。㈢英國當以公文宣佈不平等條約有修改的可能。❽

---

❽ 第三次聯席會議記錄，黨史委員會庫藏。

民國十五年十二月十八日，英國政府發表對華新政策宣言，略曰：

今日中國對於自己之利益尚未能切實維護，故英國及其他列強，爲實行華盛頓會議之精神，不得不略事犧牲，互結信約，以保護中國領土之獨立與完整，提倡中國政治經濟之發達，整理中國之財政。❾

於是英新任駐華公使藍普森（miles Lampson），特至漢口，與代理外交部長陳友仁有所接洽。所討論者爲廢除不平等條約及承認國民政府問題。藍氏表示：此時國民政府尚未統一全國，根本上對於修改不平等條約及承認國民政府，此時尚談不到。

藍氏離漢之際，駐北京英使館提出備忘錄，説明其對華政策，指出中國情勢，由於民族運動之勢力日益增加，已與華盛頓會議時大不相同。因此英國提議列強應聯合宣言，表示一俟中國成立有訂約權之政府，願立即商談條約之修改，及了結一切懸案。在此項政策未成立期間，各國應採取與華盛頓會議精神相符合，而適合於現勢之積極政策，此種政策並應儘量迎合中國國家之正當願望❿。

❾ 革命外交文獻（廣州武漢時期），頁三八。

❿ 吳頌皋「十年來的中國外交」，引自中國文化建設協會編「十年來的中國」，頁二九，民國二十六年七月，商務印書館出版。

日本政府亦派代表佐芬利來漢口，與陳友仁作非正式之談話，意在探測國民政府對日本之外交政策。陳友仁告以：「更正不平等條約爲國民政府目下外交之主要目的，其中如租界、治外法權、關稅等項，俱爲目前所必須立即從事更正，俾合於平等之原則。」美國駐北京公使館參贊邁爾亦奉派至漢口，探詢國民政府外交政策。陳友仁告以：「更正不平等條約，並締結以平等爲原則之新約以代替之，爲國民政府外交政策之主要目的。」⓫

武漢國民政府之集中反英宣傳，蘇俄顧問鮑羅廷實居於幕後操縱之地位。民國十五年十一月二十三日，國民黨天津市黨部工作人員十七人，被天津英法租界巡捕逮捕，而引渡於張作霖，其中七人被槍殺，上海英租界又封閉國民黨機關報民國日報。此外盛傳總稅務司英人安格聯借款給張作霖對付國民革命軍，鮑羅廷乃於十二月二十二日在武漢臨時聯席會議中，提出反英辦法。舉其著者如下：

一、採取對英經濟絕交，或其他必要報復手段。
二、接受人民要求，拘捕親英法分子，以交換被捕之同志。
三、通知各地黨部，召集群衆大會以示抗議。
四、通知各軍隊，不能忍受此恥辱，不能坐視同志被捕殺。

⓫ 民國十六年三月十日，陳友仁在武漢三中全會外交報告，黨史會庫藏。

五、租界爲反革命之大本營，收回租界應爲當前之急務⑫。

十二月二十六日，武昌市民「反英運動委員會」在閱馬廠舉行，計到二百餘團體，群衆達十萬人以上，對歷年英人在華之種種暴行，各界演説慷慨激昂。當經一致通過議決案十四條，其重要內容如下：

一、向英法政府抗議，要求即日釋放天津被捕國民黨員；如不釋放，請政府將擾亂武漢秩序之英法人，各捕十餘人押禁。

二、反對英政府借款奉張，助長中國內亂。

三、組織各界反奉委員會，揭穿英人陰謀。

四、請政府與英政府交涉，儘速解決英國兵艦歷次在中國慘殺同胞懸案，並撤退英國駐華海陸軍。

五、實行對英經濟絕交，必要時各界聯合檢查英國貨物。

六、請政府救濟英美煙廠失業工人，並收回該工廠，一致不吃哈德門香煙。

七、反對漢口英租界無故戒嚴，影響武漢秩序⑬。

---

⑫ 聯席會議第四次記錄，黨史會庫藏。

⑬ 武昌市民反英運動大會呈文，第六次聯席會議附錄，黨史會庫藏。

民國十六年一月三日、六日，漢口、九江事件先後發生，（詳第六節第一目）國人排英高潮達於極點，於是國民政府乃針對十五年十二月十八日，英國政府對華新政策宣言，由代理外交部長陳友仁，於十六年一月二十二日發表正式聲明，作爲答覆。略曰：

英國及其他列强在華所實行之國際共管制度，今已成强弩之末。綜觀歷史，凡以政治上之束縛加諸其他民族者，必不能垂諸久遠。……中國受國民黨之指導及統治恢復自由之日，英國及其他列强，無庸鰓鰓過慮，恐不得適當之保護也。……在此新中國內產生之政府，既抱新見解、新政策，則爲新政府也無疑。此新政府自當規畫恢復國權之政策，而解決中外之事端。其政策一方面在實現中國之主權，及維護國家之利益，而他方面仍將尊重外僑應得之公道觀念。關於此點，有一重要之事實不容忽視者，蓋當今日之外人，欲保護在華僑民之生命及財產，已非區區槍砲所能爲功。……本政府願與任何列强單獨開始談判，討論修改兩國條約及其他附屬之問題，但此項談判，須根據經濟平等之原則，及彼此主權互相尊重之權利。[14]

三月二十二日，國民革命軍完全光復上海，二十三日在蘇俄顧問鮑羅廷操縱下，武漢國民黨中央通過「關於上海外交問題的決議案」，擬於長江下游戰事告一段落後，要求各國自上

[14] 錄自「國民政府行政文件集」，第二輯，外交，民國十八年一月出版。

海撤軍，並經由談判方式與英商談收回上海公共租界。

三月二十六日，蔣總司令自九江進駐上海，受到各界之熱烈歡迎。蔣總司令發表談話，說明其對外人之態度：

一、國民政府所定政策，爲不用武力或任何群衆暴動，以改變租界之地位。政府負責人員曾歷次宣示此意，茲更於此處重行申明，國民政府所採行者，祇爲和平方法，即協商的方法。

二、國民革命之目的與期望，對於外交者，在獲得國際上的平等。故吾人目的，祇在國際社會中佔平等地位，總理遺著已明言之。

三、凡願以平等待我之任何國家，即爲吾人之友，吾人亦願與之合作，與之聯合，縱使該國從前曾壓迫我國⑮。

其態度已顯然較武漢國民政府之暴烈舉措富於理性。四月十八日，南京國民政府成立，寧漢公開分裂，革命外交乃走入正常之途徑。

⑮ 董顯光「蔣總統傳」，上册，頁八九，民國四十一年十月，中華文化出版事業委員會出版。

六、漢潯事件

(一) 漢口「一三事件」與九江「一六事件」

當民國十五年（一九二六）十二月底，武漢各界排英運動逐漸進入高潮時，漢口英國租界當局一面於租界要道遍設鐵絲網與沙包，增派英警加强巡邏；一面另由長江下游增調英國兵艦以厚實力，雙方關係乃驟趨緊張。

民國十六年一月一日起，武漢民衆舉行慶祝北伐勝利紀念會，英租界乃派出義勇隊嚴加戒備。幸一、二兩日尚無事故發生。至三日下午二時許，中央軍事政治學校學生宣傳隊，在漢口江漢關附近毗連英租界廣場上演説，民衆聚聽者千餘人，英水兵登岸干涉，荷槍實彈，向民衆作射擊狀。一時群衆擁擠，與英兵防線漸逼漸近，英水兵與義勇隊，遂用長槍刺刀，向人叢中亂戳。群衆憤不可遏，然皆手無寸鐵，乃擲石子以擊英兵，當場有某政治部宣傳員一人被刺死，負傷者數以百計，其中二人重傷。英兵方面亦傷四、五人，民衆睹此慘狀，乃與英兵相持。晚間民衆人愈聚愈多，高喊：「向租界衝去！」情勢乃不可收拾。

慘案發生時，聯席會議正在漢口南洋大樓舉行。得到報告，當即議決，推定徐謙、蔣作賓爲代表，向一碼頭群衆作如下之報告：

中央執行委員會、國民政府委員會臨時聯席會議，聞英水兵行兇事，我同胞一人被殺，數人被傷，不勝義憤。政府必當採適當方法保護人民，在二十四小時內，當可決定辦法，防止以後再有此等之事發生，及爲人民報仇雪恥。在政府未決定辦法時，望人民離開租界，以免危險。政府一經決定辦法，立即通知人民，在新市場於一月四日午後七時宣佈。❶

並指定由外交部立即向英租界當局提出嚴重交步，要求撤退武裝水兵，保障秩序安全。並對英方切實聲明，如不接受，政府將不負保障英人安全之責任❷。徐謙、蔣作賓乃根據聯席會議議決，立即馳至衝突地點，發佈公告。徐謙立於一張臨時安置在廣場中央桌子上，背向英租界防禦工事，不理會英軍槍口威脅，向群衆激昂慷慨演說，宣佈國民政府反帝反英決心，籲請民衆分別離去，靜候政府依循外交途徑來解決。中共首要張國燾、李立三等，則均在現場從事煽動群衆工作❸。

群衆經勸告後，乃退至三碼頭附近。同時代理外交部長陳友仁召英總領事至外交部，告以英人若不檢束，則民衆將使英租界成爲無價值之物。並令其從速撤退水兵及義勇隊，且解

❶ 聯席會議第九次記錄，黨史會庫藏。
❷ 同上。
❸ 張國燾「我的回憶」，第二册，頁五七四，一九七三年，香港明報月刊社出版。

除武裝，租界由中國軍警接防，以平衆憤。

四日晨，工會宣傳隊及大批市民從各路口衝入英租界，除幾處玻璃被打碎外，尚無過激行爲發生❹。未幾，國民政府委員孫科等亦趕至，英領事見政府民衆步調一致，知非接受國民政府條件不可，英水兵及義勇隊乃盡數撤退至江岸，並全部解除武裝，自動拆除租界週圍鐵絲網、沙包等障礙，通知國民政府速派軍隊接防。是晚七時，政府派兵一營入英租界接防。惟民衆擁入租界者爲數甚多，四處張貼反對帝國主義標語，拆去歐戰紀念碑鋼鍊，英工部局無法維持秩序。五日晚八時，英國婦孺紛紛登船逃離漢口，英租界巡捕及其他公務人員亦逃避一空，租界頓成混亂狀態。是晚由聯席會議議決。組織「英租界臨時管理委員會」，主持英租界內一切公安市政事宜。並由外交部佈告，外人安心營業，保護外人生命財產。六日，租界秩序逐漸恢復❺。

九江爲江西第一口岸，亦爲自上海至漢口長江沿岸重要商埠，其地位僅次於漢口。自咸豐八年（一八五八）中英天津條約開爲商埠後，商務逐漸發達，帝國主義勢力日益强大。民國十五年（一九二六）十一月五日，國民革命軍第七軍李宗仁部克復九江後，由第七軍獨立第二師賀耀組部所戍守。同年十二月，中央黨部與國民政府由廣東北遷南昌，黨政要人雲集江西，九江革命空氣更加濃厚。一時市黨部、工會、農會、學生聯合會、商民協會、婦女協

---

❹ 同上書，頁五七五。

❺ 武漢三中全會陳友仁外交報告，載「政治總報告」，中央政治會議秘書處編印，民國十八年三月出版。

會等組織，紛紛成立。

民國十六年一月三日，有第七軍獨立第二師士兵一名，因武裝經過九江英租界，與巡捕發生衝突，被解除武裝。該士兵返部隊報告後，由排連營長層報團長，團長即派兵數連，對英租界佈防，作包圍形勢，駐泊江面英艦，亦將炮衣卸去，向國軍作示威狀，一時形勢頗爲緊張❻。

漢口事件發生後，消息傳出，九江人民憤慨異常。乃於一月六日召集各界開市民大會，遊行示威，表示援助。其時適英籍稅務司之妻攜帶行李上船，工人糾察隊加以阻止，與海關發生衝突，九江英租界水兵槍傷碼頭工人二人，海關職員亦有一人受傷，引動公憤，九江江面英炮艦鳴空砲二響示威，風潮益形擴大。群衆乃與駐軍賀耀組部共同衝入英租界，英領事及官員無法維持秩序，乃相率逃避，英國商民頗有損失，遂由中國軍警維持治安❼。一月二十二日，國民政府外交部爲接收漢口、九江英租界事，發表聲明。略曰：

茲普告列國：本政府願與單獨任何列强開始談判，討論修改兩國條約，及其附屬之問題。但此項談判，須根據經濟平等之原則，彼此主權互相尊重之權利。今日漢口英租

---

❻ 現代史料，第一集，頁五九至六十，民國二十一年一月，海天出版社印行，一九八〇年七月香港波文書局影印。

❼ 武漢三中全會代理外長陳友仁外交報告，黨史會庫藏。

界之情形已丕然一變，其事前之經過，報張所載者，滋足引起誤會。本政府現嚴重聲明：本政府於漢口事件之處置，與上述之政策完全符合，外間所傳稱漢口事件，係先謀劃佈置，以强力奪回租界爲目的，一似數華人之被刺戮，二人之負重傷，亦爲計劃之一部分者，其荒謬無稽，不得不辭而闢之也。

國民政府權力之展至英租界，初非純粹由於中國軍隊得英當局之允許入駐租界也，尚有重大之原因在焉！蓋一則英人擅召水兵上陸，其引起衝突，致中國愛國志士之流血，乃必然之結果。二則英人對於當時之情形，發生無謂之恐懼，以致英工部局自行放棄其職權，英國婦孺相繼離漢，國民政府不得不成立建設委員，以處理租界之行政也。❽

惟漢口與九江英租界之收回，其性質有所不同，前者係由武漢國民政府直接出面交涉，後者係九江地方民衆駐軍所採取之個別舉動，但均屬於利用群衆之「直接暴力」行爲。

㈡　漢潯兩案之交涉

漢潯兩案發生後，英駐北京公使藍普森（Miles Lampson），一面迅即遣其參贊歐瑪利(O'wen O'Malley)來漢口交涉；一面建議英政府積極進行英國內部及國際間一致反對中國革

❽ 高承元「革命外交文獻」（廣州武漢時期），頁四二，民國二十二年二月，神州國光社出版。

命辦法❾。一月十二日，歐氏首次訪問代理外交部長陳友仁，要求退還漢口、九江英租界，陳氏嚴加拒絕。時英國艦隊源源東來，集中上海。一月二十二日，國民政府外交部發表漢潯案聲明後，(已詳第五節第二目及本節第一目)英國朝野鑒於中國民氣之不可侮，而百年來深受列強之迫害，一時頗爲同情。英勞工運動及政治代表於一月二十六日通過議案：「求得一確定之方法，使中國之地位，立於完全的獨立國家基礎之上。」❿乃致電國民政府外交部曰：「英國勞工運動並致其極誠意之同情於中國工人，而擁護其經濟狀況之增進，且希望中國工人能以堅決和平之談判，而引導其國家脱離眼前之困難與危險，而確立於世界獨立國之林。且能以自由意志，訂立種種條約，促進其國民於幸福莊嚴之域。」⓫「英國勞工援助中國自由聯合會」，亦致電國民政府外交部曰：

本會渴望中英談判，根據國民政府之提議，立即開始。麥克唐氏有言：英國勞工運動非特應與自己政府接近，且須與陳友仁先生接近，並當出勸雙方在用武之前，先開判談。英政府之武裝行動，本會嚴重反對，英國之勞工，當反對任何方式之戰爭。⓬

❾ 革命文獻第十五輯，附錄，頁四五。
❿ 革命外交文獻(廣州武漢時期)，頁四三。
⓫ 同上書，頁四三至四四。
⓬ 同上書，頁四四至四五。

代理外長陳友仁覆英國勞工界電曰：

鄙人方竭力設法，使漢口英租界問題得以和平解決，一方面順應英人之希望，一方面保揚民族主義的中國之尊嚴（至中國民族主義與英帝國主義間之其他大體上重要問題，暫且存而不論）。惟今日英國來華海軍隊集中上海，聲勢洶洶，如臨大敵，為鴉片戰爭以來所未有，此戰爭空氣倘能即行除去，則漢案交涉，必可立時結束。⑬

英政府受國內輿論壓力，乃電令英駐華公使藍普森，以現有狀況進行協商。一月二十七日，英公使代表歐瑪利乃致備忘錄於代理外長陳友仁，聲明：「苟漢口及九江之英租界問題得圓滿之解決，而國民政府益能切實聲明，除用談判之手續外，不許以任何方式變更在華英租界及國際居留地，則英政府立即照附件所開辦法，承認中國國民黨對於英國大部分之要求。」其所提附件如下：

一、英政府準備承認中國之新式法院，為審斷英人原告提起訴訟之適當法院，並放棄英國代表在此種案件蒞庭觀察之權利。

二、英政府準備承認一種合理的中國國籍法。

---

⑬ 同上書，頁四五至四六。

三、英政府準備在可能範圍以內，於駐華英國法庭內，適當用中國之新式法典，及商法，（惟訴訟法及關於人民的地位者除外）及其他正式頒佈之附屬法律；但此種法律須爲中國法院施行，全中國人民均受其制裁者。

四、英國政府準備在可能之範圍以內，使英國在華僑民繳納中國經常及合法之租稅，但此項租稅須爲向全國人民徵收，且由全國人民繳納，非專爲歧視英人而設者。

五、倘中國修訂後刑律須佈實行，英政府準備立即考慮，將該律施行於英國駐華法庭之問題。

六、英國準備按照各口岸之特別情形，討論各英租界市政之修改，並締結協定，使英租界與設立於漢口前租界內之特別區之行政相符合，或討論協商英租界與鄰近他國租界，或現爲華人所管理之前租界合併之問題，或討論協商將各租界區域內警務事宜，交中國當局辦理之問題。

七、英政府準備承認一種原則，即英教士此後不能要求在內地購買土地之權利。華教士須引中國法律爲保護，而不能假條約爲護符，教會教育醫藥各機關，須遵守中國政府頒佈關於同樣中國機關之法律或條例。[14]

時雙方以由中國實行管理漢口、九江英租界爲根據前提下，進行協商，前後已達十六次

---

[14] 同上書，頁四六至四八。

之多，交涉已有頭緒，而忽有英國調集大軍來華消息。其時國民革命軍右翼正向浙江進攻，逼近上海，英兵壓境，形同威迫。國民政府代理外交部長陳友仁，針對英代表之備忘錄，於一月二十九日發表七點聲明，作爲答覆。聲明内容如下：

一、自一月十二日，關於漢口將來地位之談判開始以來，英國之武裝軍隊，聲勢洶洶，向上海直逼而至。此種軍事行動，據稱其目的乃在保護旅滬之僑民。倘中國軍隊欲佔據上海租界之時，使英僑生命財產不受危害。但日本、美國在上海亦有重要利益，與英國同，曷不視武裝軍隊集中上海爲必要，此乃最有意味之事也。

二、一月二十二日，國民政府發表宣言，聲明願以談判協商之手續，解決條約上及其他附屬之問題。此種問題，當然包括上海公共租界將來地位之問題。國民政府始終未嘗以武力之手段，佔據上海之公共租界也。

三、上述聲明，國民政府希望能使來華之英國軍隊完全停止其進行，或至少緩和其來勢，故決議對此威嚇挑釁之行動，不加注意。而關於漢口英租界問題，亦照常進行磋議。

四、但一月二十九日，外交部長覺有正式提出抗議英國軍隊集中問題之必要，外交部長於答覆一月二十七日歐瑪利君提出關於修改某種英國權利之計劃時，稱該項計劃祇能顯示對若干奴隸式條約之零星修改，國民政府不能忍爲滿意或充足，但亦願視爲國民政府及英國間各項事件圓滿合理解決之基礎。惟須附以條件：其一即爲一切討論與談判須完全脫離恫嚇之空氣，如今日英國集中軍隊所造成者。此種威迫行動，不僅爲非必要，實予中國民族主義一種激烈之挑撥。」外交部長復謂上述答覆，雖其效力及於漢口英租界案之談判，但國民政府接英國勞工運動工業及政治方面代表深表同情之來電，仍願繼續談判。

五、此種談判，除尚有數點仍須斟酌外，大致上業已結束，雙方可簽一協定。

六、但英國軍隊繼續在上海集中，且公然賜以遠征隊之名稱，而國民政府今又得英人將加入中國戰爭之傳聞，在此種情形下，國民政府不得不視英國集中軍隊之行動，爲一種對於中國民族主義勒迫之行爲。際此時期，簽訂協定，是受威迫而答覆也。此種答覆，並非眞實之意思表示，故所簽之協定，亦決不能發生效力。

七、非俟此種脅迫之時期已過，國民政府對於漢口地方通稱英租界之中國地域，將來地位之協定，不得不保留其簽字。英政府倘能衡斷此種海陸軍集中行動，對於民族主義之中國心理上之影響，則可立時終止此種脅迫之行動，或無論何時終止之。倘英國目的果爲與中國締結和平之協定，一方面滿足英國民衆之願望，一方面保持民族主義的中國之尊嚴，則未嘗不可重建一種局面，使英國政府與國民政府解決漢口租界之問題，而於民族主義之中國，與抱商業政策之英國間，開闢一國交之新時代也。⑮

⑮ 同上書，頁四八至五〇。

此一聲明之精神，認爲英代表之七種提議，僅能顯示對於中國不平等條約之零星修改，國民政府不能認爲滿意或充足。但在下述兩種情形下，國民政府可以討論七種條件作爲解決中英間各種問題之基礎：㈠凡屬於全國性質之各種問題，英國政府只能與國民政府談判，不能與其他任何地方政府談判。㈡一切談判皆須脫離威嚇之空氣，如英國集中軍隊於上海等。

㈢收回漢口九江英租界協定

武漢國民政府對英交涉態度之堅强，加以英國工黨之支持，迫使英國保守黨政府繼續讓步。國民政府代理外交部長陳友仁，於二月九日在第二十二次聯席會議上報告談判之經過曰：

自從我們拒絕簽字後，已與英代表會見三次。……英方要求先簽字，簽字後即將英兵調開。當答以辦不到，必英方先將調集之兵改換方向，始能言其他。昨(八)日，又有一度重要談話，本人提出一議，可與英交換保證，即英將兵調開，我們則重新聲明以前之宣言。英代表答以當向其政府請示，約三日後當可答覆。如此層辦到，則此次漢潯租界案當可以了結。⑯

⑯ 民國十六年二月九日，武漢聯席會議第二十二次記錄，黨史會庫藏。

英外相張伯倫（Chamberlain），接獲武漢國民政府所提條件後，於二月十日特發表演說，聲明英軍已改道向香港進發，以減輕國民政府之顧慮。略曰：

英政府已預備接受陳友仁君代表國民政府所書面擔保，對於租界及居留地將來之方針，並預備允許歐瑪利君簽字於漢口、九江租界之協定，及關於租界協定之實施，以及中國人民在租界區域之權利等之書面擔保。英國之出兵上海，或有人誤會以為英國之行為，除保護其僑民之生命利益外，且含有參加中國內爭之意味，左袒於一方或他方之軍事領袖或其政府。英國政府為排除此種誤會起見，敢明白宣言，彼對於暴徒之蠢動，軍隊之騷擾，或其他武力襲擊時，因欲保留其權利，採取必要之手段，以保護其僑民之生命利益，但彼絕不計及思利用軍隊以企圖此種必要的保護以外之行為。即其所預備登陸之人數，亦僅以求達此目的所需要者為限也。此項軍隊將駐紮於租界之內，除非有嚴重事變之發生，必不越租界而行動，捲入中國武人競爭之旋渦，而有所左右袒，實與英國政府之政策甚相抵觸。英國政府對中國之內爭，必繼續維持其嚴格之中立。使上述各項協定皆已簽字，上述各項擔保皆已承受，則除自印度出發已在上海途中之軍隊，即將在滬埠登陸外（蓋此乃英政府據所聞知，為保護其僑民之生命計所必要之手段），但其他隊伍之調自地中海，以及英國本土者，將僅在香港集中，除非另有重大之意外危險，將不復往上海矣。⑰

國民政府認為張伯倫之談話，係對國民政府之一種讓步，足以使漢口英租界區域之協定有趨於結束與簽訂之可能。一面於二月十九日由代理外長陳友仁發表聲明書，抗議英國軍隊在上海公共租界之登陸駐紮，實無法律之根據⑱。一面即於當日與英國全權代表歐瑪利完成收回漢口英租界之協定。其全文如下：

英國當局將按照土地章程，召集納稅人年會，於三月一日開會，屆時英國市政機關即行解散，而租界區域內之行政事宜，將由華人之新市政機關接收辦理。在華人之新市政機關於三月十五日接收以前，租界內之警察、工務，及衛生事宜，由主管之中國當局辦理。英工部局一經解散，國民政府即當依據現有「特別區」市政辦法，組織一特別市政機關，按照章程管理租界區域，此項章程由國民政府外交部長通知英國公使，在漢口五租界合併為一區域之辦法未經磋商決定以前，此項章程繼續有效。⑲

---

⑰ 革命外交文獻（廣州武漢時期），頁五〇至五一。

⑱ 同上書，頁五〇。

⑲ 同上書，頁五一至五二。

同日，雙方於簽字收回漢口英租界協定後，舉行換文。英國駐華公使代表歐瑪利，致國民政府代理外交部長陳友仁函曰：

鄙人敬以至誠奉告左右，英國當道對於本日簽訂之漢口英租界區域協定，極願盡其能力之所及，實踐並保證該項協定之施行。英國當道並承認在上述租界區域內之華人，將與英國人民享受同等之權利。⑳

國民政府代理外交部長陳友仁覆英國駐華公使代表歐瑪利函曰：

接奉台函，內述英國當道對於本日簽訂之漢口租界區域協定，極願盡其能力之所及，實踐並保證該項協定之施行。英國當道並承認在上述租界區域內之華人，將與英國人民享受同等之權利等因，敬謹領悉。鄙人敢掬至誠還告左右，在中國當道方面，亦極願盡力所及，以實踐並擔保本協定之施行。且承認在新區域之行政下，對於英國之利益，將不致有所歧視。㉑

---

⑳ 同上書，頁五二。
㉑ 同上書，頁五二至五三。

同日，國民政府特發表宣言：「關於前稱漢口英租界區域之地位所協定之辦法，特以該區內新局勢之事實爲張本。除九江租界區域外，此種辦法非圖作爲在中國他處能解決之英租界或他國租界之前例。」㉒三月十五日，國民政府設立新市政機關，以管理漢口前英租界，並由國民政府參酌漢口第一特區管理法，制定管理規則，設市政局，由外交部呈准國民政府選派局長。並設董事會，以局長爲董事長，另加中國董事三人，英國董事三人，以管理市政事宜。若兩方董事投票相等時，則取決於董事長。此項章程在漢口五租界合併爲區域之辦法未經磋商決定以前，繼續有效。英國當局按照土地章程，召集納稅人年會於三月一日開會，屆時英國工部局即行解散㉓。而漢口英租界之交涉告一段落。

九月二十日，國民政府代理外交部長陳友仁，循漢口英租界解決之成例，與英代表歐瑪利復簽訂收回九江英租界協定，並認可漢口英租界協定辦法，適用於九江英租界。惟九江英租界在擾亂中曾有英國商民蒙受損失，經調查以四萬元作爲賠償，英方同意於本年三月十五日將九江英租界無條件交還。雙方協定如下：

關於漢口英租界所訂之協定，將即時同樣適用於九江英租界。在最近九江之騷亂中，

㉒ 同上書，頁五三。
㉓ 中央政治會議秘書處編印「政治總報告」，下册，民國十八年三月十五日出版。另東方雜誌第二十四卷第五號，民國十六年三月十日出版。

英國僑民若受有直接損失，凡係出自國民政府官吏之行動，或由於其重大之疏忽者，國民政府將擔任賠償。㉔

三月二日，英代表歐瑪利爲履行九江英租界協定，致函國民政府代理外交部長陳友仁，函曰：

關於上月二十日簽字之九江英租界協定，經雙方賡續討論之結果，並爲決定九江租界區域之將來地位起見，鄙人應致函左右聲明，英政府決定將英工部局取消，並自三月十五日起，將九江租界區域行政事宜，無條件移交國民政府辦理。㉕

同日，陳友仁覆函歐瑪利，表示接受。並遵照二月二十日協定，另備函致送四萬元支票一張，以補償九江騷亂期間英國人民所受之損失㉖。

七、南京事件與國民政府外交政策之轉變

㉔ 革命外交文獻（廣州武漢時期），頁五三。
㉕ 同上書，頁五五。
㉖ 同上書，頁五五至五六。

(一) 寧案之發生

漢口、九江英租界之收回，予國民黨左派及共黨份子以極大之鼓勵，民族情緒更加滋漲，迷信非理性手段爲廢除不平等條約之唯一途徑。民國十六年（一九二七）三月二十三日，國民革命軍江右軍總指揮程潛所轄第二、第六軍（按：第二軍長係譚延闓，由副軍長魯滌平代理。第六軍長由總指揮程潛兼代，多湖南籍。）佔領南京。次日在共黨份子第二軍政治部主任李富春、第六軍政治部主任林祖涵主使下，圖謀引起外交問題，破壞國民革命，致有攜械搶掠，對外僑施以暴行之舉❶。進而騷擾領事館，侵擾教堂。引起停泊下關江面英美軍艦開砲轟擊，造成重大之損害。據南京英領事報告，當日事實真象如下：

> 北伐軍於二十三日晚即開砲，北軍先一日（星期三）已離開南京。星期四（次日）六軍四師爲程潛所率，皆湘人，進城後於九時包圍英領事館，英領事在門房，珍貴物品均爲劫去。次日五時半，始由紅十字會營救。同時和記洋行亦遭劫掠，美領事避往美孚油行山上。此時槍聲甚密，在下午三時半，通知美艦開砲，於是程軍亦向山上開砲轟擊，金陵大學之外人衣物亦被劫去，外人由紅十字會營救。日領事館亦被搶劫，所有外人產業物件均被搶劫及搗毀，尤其是對英人十分不好，計死英人三，法人一，意人一，

---

❶ 革命文獻，第十四輯，頁六一五。

美人一(按:金陵大學副校長威廉士),搶劫人數皆湘人,因美領事先與之談話,而識其口音。如此長官不能管轄,並於搶劫後鳴笛召集部隊,自被難人看,此種行為為預定計畫,因搶者告人,謂所攻擊僅限外人。❷

另據四月十一日英、美、法、意、日五國代表所發表之聲明書,略曰:「三月二十四日民軍入南京時,同日午前午後,均有正式服裝之民軍組織的軍隊,對於外國之領事,並僑民之身體財產,為組織的暴動。」❸由「國聞週報」記者事後之調查看,更知南京事件係出於共黨之陰謀:

據親眼見者云:有一二湖南口音士兵,手無槍械,大聲言:要發洋財者統隨我去搶。於是洋車夫、流氓等,千百成群,附之而入外人之教堂、學校、醫院者矣。至實行搶劫工作時,則該兵等身穿制服立於門前,見有搶出者,則取物美者、價高者而強留之,甚至謂我要此物,你去再搶可也。一時滿城風雨,共搶教堂、學校五十餘處,此幫搶去,彼幫再入,一地而再搶不已。……行劫以六軍人數為較多,二軍次之。❹

---

❷ 民國十六年三月三十日,武漢中央政治委員會第七次會議速記錄,陳友仁轉述英領事談話,黨史會庫藏。
❸ 東方雜誌,第二十四卷,第七號,附錄,外艦砲擊南京事件之重要文件,頁九六。
❹ 國聞週報,第四卷,第二二期,民國十六年六月十二日出版。

外艦砲轟南京約一小時，以城內及下關爲目標，國軍曾予還擊。據江右軍總指揮程潛二十五日致電武漢國民政府，報告國民傷亡情形曰：

> 南京有反動分子乘秩序未定之際，煽動逆運及地方流氓，對於外僑掠奪財產，焚燬房屋，並有傷害生命情事，致英美軍艦發砲轟擊下關及城內，當斃我第二軍特務連長一名，士兵三十餘名，轟燬房屋無算。當時我軍正在肅清餘孽，警戒江面，少數士兵睹此，未明眞僞，以爲帝國主義者幫助逆敵，敵意向我挑釁，乃亦向軍艦還擊，經官長發覺，隨令停止。潛於下午五時三十分入城，即派隊鎭壓，並將搶犯就地槍決多名，一面出示保護外人生命財產，一面函知各國領事。❺

程潛當時因入城之初，尚不瞭解實情，報告並不詳盡。四月五日，江右軍總指揮部政治部主任李世璋，致漢口中央黨部、國民政府之報告，則較確實。電曰：

> 查我當日部隊民衆所受損失，異常重大，此間軍民極爲憤慨。茲據南京市黨部、總工會、第二軍政治部損失調查簡報結果：二軍在下關一帶被外砲艦擊斃特務連長一名，士兵死二十三名，重傷七名。老婦死二人，重傷四人。小販商及居民死十三人，重傷

---

❺ 東方雜誌，第二十四卷，第七號，附錄。

命危者十五人。被砲燬壞房屋有石廟口鐘式屋一所，二皇廟後二十八、二十九、三十號門牌三所。此僅調查損失概數，詳確損失，當超過此二倍以上。❻

同年五月三日，外交部秘書韋愨調查後，致漢口外交部代理部長陳友仁之呈文，報告三月二十四日外艦砲擊南京之損失，較李世璋之報告又有出入，均有姓名、職業、地點。計被砲彈炸死者十二人，炸傷者二十人，而以平民爲限，士兵除外。被砲轟燬房屋十五處，什物三處❼。惟韋愨則將肇釁禍首全諉諸奉、魯軍。文曰：

奉、魯軍在南京潰退時，係三月二十三日下午，翌晨我軍陸續入城。當時敵軍雖已大部分退出，殘敵尚未肅清，城內秩序一時未能恢復。寧垣反革命份子乘機鼓動流氓及潰兵，事前取得我軍被虜兵士服裝，假扮革命軍，襲擊英美日三國領事館，並搶劫外僑商店、住宅、學校、醫院，以致外僑生命財產皆有損失。❽

三月二十四日，事件發生之當晚八時，英艦長英格蘭、美艦長施密士，不明南京騷亂真

---

❻ 革命文獻，第十四輯，頁六〇六至六〇七。
❼ 同上書，頁六一四至六一五。
❽ 同上書，頁六一二至六一三。

象，會銜託紅十字會向革命軍提出抗議，指明係第六軍所轄第四師張輝瓚部之單獨行動。要求四項：㈠第四師長張輝瓚須立即約束部下，保護外人生命財產。㈡張輝瓚本晚十一時親來英艦愛莫蘭來號，商議該軍今日在南京之暴動，並請即下令停止向英兵艦開槍。㈢明晨十時須將南京外人，由貴軍最文明軍人護送登艦。㈣如以上要求不能履行，即以最嚴厲手段對待，以下關南京城內爲軍事範圍。當由江右軍總指揮部政治部主任李世璋答覆如下：

㈠保護外人安寧，毋待貴艦長要求，我軍已有具體辦法。㈡是日南京騷擾，張輝瓚不能負責，如有陳述直接由程總指揮辦理。㈢如外僑須要登艦，本軍亦可允許護送。㈣貴艦長所取態度，殊欠失當，敝國人民所受貴艦砲擊損失，亦應要求保留賠償。❾

二十五日，程潛乃派兵護送集合金陵大學外僑百餘人至江岸，轉登英美軍艦。並派第十七師黨代表李隆建，及軍法處長，訪問美日軍艦，詢查情形❿。

是時武漢國民政府，在顧問鮑羅廷授意下，企圖利用程潛部佔領南京地區，俟機逮捕蔣總司令，達成控制長江下游之目的。以南京事件發生，使程氏陷入不利地位。及第一、第七

❾ 同上書，頁六〇三。
❿ 同上書，頁六〇四。

兩軍駛至，程部因外人反對，被迫退出南京，共黨陰謀因之落空⓫。

(二) 蔣總司令之立場與武漢國民政府之交涉

南京事件發生後，蔣總司令自蕪湖乘軍艦抵達南京下關江面。於艦上召見江右軍總指揮程潛，指示處置機宜後，逕駛上海。三月二十六日在滬對外籍新聞記者發表談話，告以對南京之排外事件，業經派員調查，任何官兵凡經犯有暴行者，當予嚴懲；但對英美軍艦之輕率開砲，提出嚴重抗議⓬。蔣總司令並說明其對外僑之立場：

一、國民政府所定政策，爲不用武力或任何群衆暴動，以改變租界之地位。政府負責人曾歷次宣示此意。茲更於此處重行申明，國民政府所採行者祇爲和平之方法，即協商的方法。

二、國民政府革命之目的與期望對外交者，在獲取國際上的平等。故吾人目的祇在國際社會中占平等地位，總理遺囑已明言之。

三、凡願以平等待我之任何國家，即爲吾人之友，吾人亦願與之合作，與之聯合，縱

⓫ 張國燾「我的回憶」，第二册，頁五九三至五九四，一九七三年，香港明報月刊社出版。

⓬ 中央軍官學校編「蔣介石演說集」，頁一五七至一五八，上海民智書局，民國十六年八月版。

使該國從前曾壓迫我國。⑬

蔣總司令此一理性外交態度之聲明，使外人恢復對國民革命軍之信賴。東路軍前敵總指揮白崇禧於收復上海後，拜會各國駐上海領事時，亦解釋國民黨之對外基本態度，並非盲目之排外，而在採取正當途徑，以改善與各國之關係，博得外人之好感。蔣總司令於四月九日進駐南京，繳械參予南京事件第六軍所轄三師部隊，處分參加暴動份子，共黨首要李富春、林祖函等逃奔九江，南京秩序乃恢復正常⑭。

南京事件前後，武漢國民政府在國民黨左派及共黨控制下，仍採取暴力外交手段，並企圖利用軍事將領，組織地方政權，控制東南各省。三月二十三日，武漢國民政府根據共黨份子吳玉章、林祖涵等提議，以程潛爲江蘇政務委員會主席，二十五日以李宗仁爲安徽政務委員會主席，委員中以共黨份子居多數⑮。於是共黨份子張曙時、許甦魂等，在京滬一帶大肆活動。

三月三十一日，外交部長陳友仁爲南京事件以外交部秘書韋慤之報告爲根據，召集漢口英美總領事至外交部，提出口頭抗議曰：

⑬ 董顯光「蔣總統傳」，上册，頁八九，民國四十一年十月，中華文化出版事業委員會出版。
⑭ 同上書，上册，頁九〇。
⑮ 民國十六年三月二十三、二十五日，武漢中央政治會議第四、五兩次速記錄，黨史會庫藏。

國民政府一方面深痛惡於南京之騷擾行爲，致英國及其他領事館之被襲擊，並表示甚深之歉意於外僑生命之傷亡，及英國領事與其他外人之被傷；一方面對於英美兵艦砲擊户口繁多南京之舉，特提出嚴重之抗議。⑯

四月十一日，英駐漢口總領事葛福（Herbert Goffe），代表英、美、法、意、日五國，致抗議書於國民政府外交部，對於三月二十四日南京事件提出下列之要求：

一、致成外人受有死傷侮辱，及財產損失情事之軍隊長官及有關人員，皆當受相當懲罰。

二、國民革命軍總司令應以書面道歉，並書面擔保，以後決無有妨外人生命財產及暴動風潮。

三、個人傷害及財產損失，應完全賠償。⑰

並附聲明書，以加重國民政府之責任。認爲不僅使「現有中外友誼破壞」，而且是「煽動中國

---

⑯ 革命文獻，第十四輯，頁六〇五。
⑰ 同上書，頁六〇七。

國民對於友邦人民不信任及嫌惡之暴行。」⑱ 國民政府於十四日分別以類同之照會答覆五國，其中對英日兩國之措詞尤爲激烈。致英國之照會略曰：

程軍長稱：當攻克南京之時，在南京城內攜有槍械之北軍被包圍者有三萬人之衆，隨軍人等有數千之譜。程軍長並報告業將與騷擾有關多人就地正法。國民政府茲提議：懲辦負責人員問題，當俟調查所得之報告以爲解決。或即採政府遣派調查委員（現正在進行中）之報告，或由國民政府與英國政府立即組織國際調查委員會，共同調查，提出報告。

按：屠殺友邦人民爲國際公法及文明各國通例之所嚴禁，而對友邦人民在其本國領土內者施屠殺之行爲，其情形尤爲重大；至轟擊友邦城市之行爲，更在嚴禁之列。因是國民政府提議，上述之國際調查委員會，亦當調查英國政府海軍於三月二十四日砲擊毫無防禦之南京一案之情形，以及英國歷次所爲之不法行動。如一九二五年英國人主管之武裝兵士所致成之上海五卅慘案，一九二五年六月二十三日，英國武裝水兵及義勇隊在沙面之屠殺，及去年英國海軍之砲擊萬縣等。⑲

⑱ 同上書，頁六〇八。
⑲ 同上書，頁六〇八至六一二。

對日本之照會爲他國照會之所無者，其內容如下：

按國際公法對於國際紛爭，定有和平解決之方法。今謂日本自初即欲於此種方法外更求他種之解決，殊難置信。故國民政府外交部長當聲明：該項通牒送達前，日本既未與外交部長接洽此事，外交部長閱讀該項通牒時，祇可認定其意旨，爲外交上談判之初步提議，以友誼的及迅速的方法，解決三月二十四日南京騷亂中，日本僑民所受之困苦與損失。

今日左右中國時局之勢力，爲歷史上所僅見，與過去五十年間左右日本之勢力，使之脫離不平等條約之束縛者，絕無二致，讓日本人士均能洞見。是以國民政府外交部長，希望日本政府能權衡其自己之利益，在目前之局勢中，拒絕參加任何行動或辦法。足妨國民政府權力之擴張，並使國民政府早日統一全國之計畫受礙者。[20]

因日海軍於南京事件中並未參加砲擊行動，武漢國民政府顯有欲打破其與英美聯合一致對華之用意。四月十八日，南京國民政府正式辦公，取代正統地位，寧漢形成分裂局面，均無暇向各國進行談判，各國則因中國大局未明，利害關係之不一致，亦未主動進行交涉，寧案遂暫懸置。

⑳ 高承元「革命外交文獻」（廣州武漢時期），頁五九至六〇，民國二十二年二月，神州國光社出版。

八、結論

中國國民黨之對外政策，本乎國父孫中山先生一貫之外交思想。由民族獨立，逐漸擴大爲亞洲主義，進而促成世界大同。國父之外交策略不外三端：㈠反對帝國主義，㈡獨立與自主，㈢扶弱與濟傾。民國十三年（一九二四）元月，中國國民黨第一次全國代表大會宣言，正式確定國民黨之外交主臬，揭示民族主義兩大意義：一則中國民族之自求解放，一則中國境內各民族一律平等。

民國十四年（一九二五）三月，國父逝世，遺囑以「求中國之自由平等」，及「廢除不平等條約」激勵國人。同年上海「五卅慘案」發生後，廣州革命政府遵照國父遺囑，積極作精神上物質上之支援。認爲廢除不平等條約，收回租界，爲根本解決之道。特別聲明，「革命政府所知者三民主義，所行者國民黨政綱。」「不獨無共產之事實，抑亦無共產之意思。」致有港粵大罷工之發生。六月二十三日之沙基慘案，係英人蔑絕人道之舉，我無辜學生民衆死傷高達五百餘人。故七月一日國民政府成立時，特發表宣言：「國民革命之最大目的，在致中國於獨立平等自由，故其最先著手即在廢除不平等條約。」是以對英杯葛達一年四月之久。當時廣州之罷工委員會係排英之樞紐機構，救濟罷工工人，實行對英斷絕貿易，使香港政府蒙受重大之損失，惜被共黨份子蘇兆徵等所操縱，顯有激烈之越規行動，一般商民不免蒙受損害。

國民政府希望對英交涉與北京臨時執政政府採取聯合戰線，曾有外交代表團之派遣，由於段祺瑞對外態度之懦弱，毫無功效之可言，沙基慘案之善後，仍賴於國民政府本身之努力。起初由罷工委員會出面對英交涉，國民政府不過立於監督之地位。民國十五年（一九二六）七月後，乃由國民政府代理外交部長陳友仁，直接與英方進行談判。因雙方條件距離過遠，未獲任何具體結果。同年九月，國民革命軍光復漢陽、漢口，江西指日可下，國民政府聲勢大增，而軍費開支龐大，無法兼顧罷工工人救濟，乃於十月十一日終止對英杯葛，對一般入口貨加征特別税二釐半，奢侈品加征特別税五釐，以其收入恤補罷工工人。英國雖否認國民政府新税制，而無進一步行動，沙基慘案乃解決於無形。此一事件之重要意義，不僅響應「五卅慘案」後之反帝國主義運動，且爲取消不平等條約之先聲。至其影響，不僅提高民族意識，嚴重打擊英國在華商業利益，同時擴大工人階段對社會之關注。列强則以對華武力干涉政策之不足恃，而改變其對華之高壓政策，捨棄北京政府而與國民政府直接交涉。共黨則利用機會，擴大聲勢，企圖篡奪國民革命之領導權。

民國十四年十月，北京關税特別會議之召開，乃段祺瑞利用國人反對帝國主義浪潮，基於中國對外現有條約基礎上，採取漸進和平手段，以達成收回關税自主權之目的。企圖增加收入，以爲一己一派内爭之用。惟因北京政局不穩，歷時半載，對於臨時附加税問題，終未能達成正式協議。對於中國關税自主之原則，最後亦未能簽訂一項正式條約。國民政府對於北京關税特別會議之召開，採取反對態度，認爲就軍閥而言，不過希望取得鉅款，繼續從事内戰，反抗革命力量。就列强而言，不願出現統一富强之中國。民國十五年七月，國民政府公開聲明，反對關税會議之重開。同年十月，國民政府趁北京關税特別會議尚未簽定任何條約，以非常手段，宣佈在革命軍控制地區，實行徵收華盛頓會議所允許之關稅附加稅。以國民革命軍北伐進展順利，直系勢力瓦解，各國咸持觀望態度，美國對國民政府表示尤爲友好，北京關稅特別會議乃消滅於無形。民國十六年元月，日、英等國均有同意國民政府徵收附加稅之表示。宰制北京政府之張作霖，亦仿效國民政府，在北方開始實施關稅附加稅。

國民革命軍出師北伐時，蔣總司令書告三軍將士暨海內外同胞，指出革命戰爭之目的，在造成獨立之國家，以三民主義爲基礎，擁護國家及人民之利益，推倒軍閥及軍閥所賴以生存之帝國主義。及國民革命軍克復漢口，因革命軍通過漢口英租界，遂引起雙方主權之交涉。同年十二月，國民政府北遷武漢（按：即所謂武漢政權），在革命外交口號下，思利用農工群衆暴力行動，以達到廢除不平等條約之目的。因長江流域係英國經濟勢力範圍，加以自民國十四年來，英人屢在各地製造慘案，特別著重反英之宣傳，共黨份子實居於煽動之地位。英方爲仇視起見，其水兵顯有越規之行動，致有民國十六年一月三日、六日漢潯案之發生，華民被戮傷者多人，租界由華軍强行接收。英國輿論，尤其工黨，鑒於中國民族運動之高漲，爲保障其在華既得特權，反促請其保守黨政府，建議列强與中國有訂約權之國家，商談條約之修改，了結一切懸案，是以漢口、九江英租界得以順利收回。

由於漢口、九江英租界之收回，予國民黨左派及共黨份子以極大之鼓勵，誤認爲利用群衆之直接暴力行爲，爲廢除不平等條約之不二法門。民國十六年三月二十三日，國民革命軍江右軍程潛部光復南京時，所部在第二軍政治部主任李富春、第六軍政治部主任林祖涵煽動下，致有騷擾外國領事館、搶劫外人、施以暴行之舉，引起二十四日英美兵艦砲擊南京事件，死傷軍民數十人，損毀建築物十餘件處。二十六日，蔣總司令進駐上海，發表談話，提出以理性外交方法，達成廢除不平等條約之目的。四月九日，蔣總司令進駐南京，處分暴動份子，將第六軍予以繳械，故四月十八日南京國民政府成立後，革命外交由暴烈威迫手段，進入正當之途徑。

（臺北，民國史早期討論會論文集，中央研究院近代史研究所，民國七十三年四月，頁一八五至二四五。）

四九　國民政府之國家統一運動

——民國十八年（一九二九）至十九年（一九三〇）——

一、前　言

北伐完成，中國雖表面統一，國民黨內少數野心份子，蓄意製造派系，若干實力軍人終不能置黨國利益於個人利益之上，割據地盤，壟斷財政，擅自任免官吏，擴充私人武力，中國仍陷於分崩離析之局面。

民國十七年十二月十日，蔣主席在中央黨部總理紀念週上，以「北伐成功後最緊要的工作」爲題，强調：「要一個整個的國家，要一個整個的民族，要一個整個的經濟，要一個整個的軍隊，不能四分五裂割據地盤，擁兵自衛，貽害國民。」❶是時國家正規軍高達二百二十萬人，軍費開支佔全國歲入四億五千七百萬元之百分四十一，即一億九千二百萬元。加上必

❶ 革命文獻第二十一輯，頁一七二四至一七三五，黨史委員會出版。

需償還之債務及財務費外，則高達百分之七十八❷。影響國家建設甚鉅；加以軍隊組織龐雜，而反正部隊良莠不齊，爲減輕國庫負擔，乃有裁汰老弱實行精兵主義之必要，是爲民國十八年元月國軍編遣會議召開之背景。會中決定全國現有陸軍步兵至多六十五師，另騎兵八旅，砲兵十六團，工兵八團，共計八十萬人，全部軍費以國家總收入百分之四十爲限。各省得就編餘官兵，改編爲地方警察保安隊，人數自三千至六千人❸，遂啓各地野心軍人叛變之端。

民國十八、九年間，各地軍人之叛變，爲民國史上空前之大內戰，雙方死傷之慘重，人民生命財產損失之鉅大，誠國家之大不幸。而有系統之專著，除陳訓正之「國民革命軍戰史初稿」已出版外，尚無他專書。陳書係採戰史體例，純粹站在官方立場，內容蕪雜，卷帙浩繁，查證參考諸多不便。因以陳書爲架構，簡化其文字，鉤取其精華，配以相關資料，作一扼要之敍述，便於治中國現代史者之探索。但以史才所限，謬誤必所難免，尚待方家指教，以備日後之補正。

二、軍事善後與國軍編遣會議

❷ 財政部長宋子文在國軍編遣會議所提「確定軍費總額實行統一財政辦法案」，載「革命文獻」第二四輯，頁三〇至五〇。

❸ 中央週刊，第三十三、三十四期，民國十八年一月二十一日、二十八日出版。

(一) 軍事之善後

民國十七年春，國民革命軍總司令蔣中正復職後，爲完成北伐，成立四個集團軍，分由蔣中正（兼任，何應欽代行）、馮玉祥、閻錫山、李宗仁任總司令，其餘不屬於四個集團軍戰鬥序列部隊，則由國民政府直接指揮。並經中國國民黨中央政治會議決議，於廣州、武漢、開封、太原設立四個政治分會，分由李濟琛、李宗仁、馮玉祥、閻錫山任政治分會主席。及同年六月，平、津收復後，張學良已遣代表接洽東北易幟，全國將告統一。而李濟琛所部約十二萬人控制廣東，李宗仁所部三十餘萬人控制湖北、湖南、廣西及冀東一帶，馮玉祥所部四十二萬人，控制山東、河南、陝西、甘肅、青海、寧夏六省，閻錫山所部三十餘萬人，控制山西、河北、察哈爾、綏遠四省。蔣總司令爲收束軍事，乃呈請國民政府，設立裁兵善後委員會，略曰：

> 北伐已告完成，軍事應謀結束，裁兵之舉斯其時矣。惟是一切善後敷施，經緯萬端，既須有精密之規畫，尤應有專責之機關，以期事半功倍，成效易於昭著。中正籌思所及，爰擬設立善後委員會，由中央選委重要人員爲主任，協同各部及建設委員會辦理裁兵事宜。一方面設立生產機關，將被裁兵分途收納，以從事於築路、治河、開礦、造林、墾荒等事業。此外並應統計各省警備隊及警察護路隊之總數，挑選士兵中之精

壯者分別訓練。❶

蔣總司令一面分電李宗仁、馮玉祥、閻錫山至北平舉行軍事善後會議，以收束軍事；一面為禮遇起見，特於六月二十八日偕總參謀長李濟琛、中央委員蔡元培、吳敬恆、張人傑、戴傳賢，及隨員張群、陳布雷等二十餘人，自南京抵武漢，親邀李宗仁共同北上，出席北平所舉行之軍事善後會議。李氏疑懼，所部軍長夏威、胡宗鐸、陶鈞等竟拒絕出席是晚之宴會。翌日，蔣總司令檢閱第四集團軍駐武漢部隊，訓話甫畢，身為閱兵總指揮官之胡宗鐸，竟當場厲聲對蔣總司令及中央諸大員大放厥詞，有所指責。批評北伐期間中央政府政潮迭起，影響軍事進展，李則未加阻止，場面至為尷尬❷。

馮玉祥則憾華北軍政機關人事安排，以與閻錫山接近之晉系人物居多，個人僅分得北平市長和崇文門稅局一所，每月收入約二十萬元，心懷不平。其實政府有其不得已之苦衷，一則馮氏與奉軍舊怨甚深，遭到張學良之反對；再則民國十四、五年間，馮部國民軍佔領平、津時，與外交團關係惡劣，政府顧忌與各國之邦交，竟為馮氏所不諒。乃托病致電中央，不能參加善後會議，並派李鳴鐘為代表，與李宗仁有所接觸。七月一日，蔣總司令偕李宗仁自

❶ 引自張其昀「黨史概要」，第二冊，頁六六八，中央文物供應社，民國四十年九月出版。

❷ 李宗仁口述、唐德剛撰寫「李宗仁回憶錄」，頁五七七至五七八，一九八〇年十一月，廣西人民出版社出版。

漢口乘平漢鐵路專車北上，馮氏不得已始自新鄉至鄭州迎晤。觀其外型，身軀結實，滿面紅光，無絲毫病容，竟故意於宴會席上頻頻作假咳嗽狀，迫於無奈，始另乘一車隨蔣總司令專車北上❸。翌日，車抵長辛店，閻錫山率白崇禧、商震諸將領自北平來迎。

閻錫山自民國以來係中國政壇之不倒翁，工於心計，喜慍不形於色，與馮玉祥之粗獷，恰成一强烈之對比❹。或謂政學系領袖楊永泰，其時已經人介紹至蔣總司令幕中，有所策劃，而爲部分黨人所不滿❺。

七月六日，蔣總司令代表中國國民黨及國民政府，在北平西山碧雲寺祭告孫總理之靈，由商震代讀祭文，典禮進行中，蔣總司令回溯往事，念總理付託之重，撫靈柩大慟，熱淚奪眶，在場人員無不感動❻。七月九日，蔣總司令在北平陸軍大學以「中國前途與軍人責任」爲題發表演講，略謂：「中國此時若不努力奮鬥，團結一致，至第二次大戰一起，即爲亡國之日。」「國際戰爭尚未開始的時候，國防上須有確定之佈置，不致受人牽制，則國家不但不亡，並可乘此機會完成獨立。」❼十一日，蔣總司令乃約集謁靈人員馮玉祥、閻錫山、李宗

❸同上書，頁五七九。
❹同上書，頁五八〇。
❺陳公博周佛海回憶錄合編，頁一九七，民國六十年九月，香港春秋出版社出版。
❻國聞週報，第五卷第二十七期，民國十七年七月十五日出版。
❼引自日本產經新聞古屋奎二編著「蔣總統秘錄」，第七冊，頁一一七，民國六十五年八月，中央日報社出版。

仁、李濟琛、蔡元培、張人傑、李煜瀛、吳敬恒、李烈鈞、戴傳賢等，舉行軍事善後會議於湯山，討論整軍方案，歷時四日，商訂要點如下：

一、關於整理者

㈠由各集團軍總司令，會同中央委員，組織國民革命軍編遣委員會，各軍均歸其編遣。

㈡先就各軍精良部隊編成六十師，再加精選，全國軍額由國防會議決定之。

㈢國軍平時以師為最大單位，編制、訓練、經理、槍械、調遣，均直接依編遣委員會之命令行之。

㈣各師下級幹部，須加以統一補習教育。

㈤曾著戰功及資深學富之將領，由編遣委員會審定，補官給俸，或資送出洋。

㈥各師團須易兵而教。

二、編遣部隊之裁遣方法

㈠編遣委員會除必要之組織外，特設五部：曰國軍編練部、曰憲兵編練部、曰警保設計部、曰兵工設計部、曰屯墾設計部。

㈡精選編餘官兵及地方警察，改編憲兵二十萬人，直隸中央。
㈢國軍與憲兵編餘之部隊，再挑選若干，編爲警察與保安隊，直隸於省政府。
㈣兵工設計、研究、兵工技術，及管理方法，與兵工政策實行之步驟。
㈤以冗兵開墾邊荒，而實國防❽。

經與會人員一致簽署，擬於中國國民黨二屆五中全會時作爲提案，由大會通過後採納實行。同年八月四日，二屆五中全會舉行於南京，先爲預備會，八日起舉行正式開幕典禮，至十五日閉幕，關於整理軍事方案，決議如下：

一、軍政軍令必須絕對統一，軍隊之組織更必須十分完備，方能使全國軍隊成爲眞正之國軍，逐漸實行徵兵制，以收内安外攘之效，破除舊日一切以地方爲依據，以個人爲中心之制度及習慣。
二、全國軍隊數量必須於最短期間切實收縮，軍費在整個預算上至多不得超過百分之五十，同時軍隊之經理制度，更必須統一確立。
三、軍事教育之統一，爲完成國軍之基礎，今後整理軍事教育之方案，必須有切實規劃。大學教育及專門教育之建設，尤爲統一各軍之要件，必須將現在各軍中年富

---

❽ 引自「黨史概要」，第二册，頁六七一至六七二。

力强、學識俱優之精壯軍官，以公平而嚴格之方法，調入大學或專門學校，合一爐而冶之，俾得於短期間成信仰堅實、學識淵深之高級幹部，以爲統一軍令軍政、建設健全國軍、完成國防計劃之基礎。各軍各地方，不得自設軍官學校，及類似軍官教育之學校，一切軍事教育，歸中央統一。至於正在進行中之學校，及軍官補習教育，由中央妥定辦法處理之。

四、裁兵爲整軍理財之第一要務，化兵爲工爲總理多年之主張，移兵墾拓亦爲中國向來之良政。第一次代表大會已有殊遇革命軍人之議決案，以後裁兵計劃必須與此原則相合，亦必須與國家人民之能力相應，務須本此主旨，切實施行。

五、在國防上海軍空軍及軍港要塞之建築均爲重要，總理之實業計畫，一方面即建設於國防計劃之上，吾國海岸線既長，版圖又大，現在海軍實力稍弱，空軍尚無基礎，今後之國防計畫中，必須實事求是，發展海軍，建設空軍，俾國防計畫歸於完成❾。

並決定依照上述必須確守之根本原則，交蔣中正、馮玉祥、閻錫山、李宗仁、李濟琛、楊樹莊六同志切實規劃，由國民政府核定施行。同年十二月十日，蔣主席在中央黨部以「北伐成功後最緊要的工作」爲題，發表演講，略曰：

---

❾ 革命文獻第二十一輯，頁一六九六至一六九七。

我們快要開編遣會議了，這一個會就是我們立國的一個很大的關鍵，也是我們革命成功的生死關頭。如果編遣會議開成功之後，編遣委員能夠有一個很好的決議，個個軍人領袖能夠犧牲他自己的權利和個人的地位，服從決議案去實行，使得軍隊有軍額，軍餉有餉額，軍制有編制，能夠做到了這一步，即我們國家一切問題統統可以解決了。

……

目前我們軍費的總數已經佔十分之八了，這樣下去國家是一定將要亡了，所以拿國家支出最多一部分軍費解決下來，國家經濟才可以穩定。經濟穩定之後，政治和社會才可以上軌道。所以必要開這個編遣委員會，使得各軍事領袖明白現在國家的危險情形，大家能夠犧牲個人權利地位，來求國家的建設，來求國家的獨立。❿

十二月十九日，中央政治會議通過「編遣會議組織條例」，主持一切整軍事宜，並定於十八年元日在南京舉行國軍編遣會議。

㈡　國軍編遣會議

民國十八年元旦，國軍編遣會議在南京開幕，由蔣委員長任主席，出席委員計：馮玉祥、閻錫山、李宗仁、李濟琛、何應欽、朱培德、鹿鍾麟、商震、白崇禧、吳敬恆、張人傑、蔡

---

❿ 革命文獻第二十一輯，頁一七二四至一七三五。

元培、胡漢民、李煜瀛、譚延闓、戴傳賢、王寵惠、宋子文、孫科、趙戴文、王伯群。列席委員計：王樹常（代表張學良）、陳季良（代表楊樹莊）、張群、葛敬恩、朱綬光、周亞衛、劉汝賢、曹浩森、陳紹寬、俞飛鵬、賀國光、李鐸、陳儀、古應芬、何成濬、陳調元、王正廷、易培基、蔣夢麟、孔祥熙、薛篤弼、賀耀祖、熊斌、賈景德、李仲公、張華輔⑪。由中央代表吳敬恆致訓詞，指出：「編遣會議是統一中國後應有的一個會議，也就是實行總理的裁兵計畫。」⑫蔣委員長致答詞，認爲：此一會議係中國新生命、軍人新生命之更始，今後全國忠實軍人領袖與黨政軍人領袖，一定要共同負擔中國建設的責任⑬。大會對外宣言，以不偏私、不欺飾、不假借、不中輟四原則昭告國人⑭。大會至二十五日閉幕，先後通過「國軍編遣委員會條例」、「國軍編遣委員會會議規則」、「國軍編遣委員會臨時秘書處組織規程」、「確定軍費總額實行統一財政辦法」、「國軍編遣委員會編遣區辦事處組織大綱」、「國軍編遣委員會服務規程」、「國軍編遣委員會組織系統表」、「國軍編遣委員會編制表」，以及「國軍編遣委員會進行程序大綱」十七條，其中第六條規定：

全國現有軍隊，除中央直轄各部隊及海軍各艦隊，應由編遣委員會逕行派員縮編外，

⑪ 革命文獻第二十四輯，頁一。
⑫ 同上書，頁二。
⑬ 同上書，頁二至三。
⑭ 同上書，頁一五至一八。

其餘應分爲左列六個國軍編遣區，實行編遣：

第一區，專管編遣原隸第一集團之各部隊。

第二區，專管編遣原隸第二集團之各部隊。

第三區，專管編遣原隸第三集團之各部隊。

第四區，專管編遣原隸第四集團之各部隊。

第五區，專管編遣原隸東三省之各部隊。

第六區，專管編遣原隸川、康、滇、黔各部隊。

第八條規定：

縮編全國現有之陸軍，步兵至多不得過六十五師，騎兵八旅，砲兵十六團，工兵八團（共計兵額約八十萬人，海軍空軍另定），其編制應斟酌全國收入總額之比例，務縮減軍費至總收入百分之四十爲止。依此定額，暫定一年經常軍費及預備費，爲一萬九千二百萬元，各編遣區及中央直轄部隊其編留之部隊，至多不得過十一師。

第九條規定：

各省區依地方財力及必要情形，呈候編遣委員會之核准，得就縮餘官兵，改編地方警察保安隊等，歸各省政府、縣政府、市政府管轄指揮，其經費亦由各該省政府等擔任之。保安隊等之編制法，候國民政府制定公佈之，但其人數以三千至六千人爲限。⑮

國軍編遣會議舉行期間，實力軍人李宗仁、馮玉祥、閻錫山等，雖迫於大勢及輿論，出席會議，疑懼兵權之被褫奪，失去政治憑藉，心懷不安。第二集團軍總司令馮玉祥爲達成擁兵自重之目的，乃於會議席上提出裁兵兩原則：㈠裁弱留強，㈡裁無功留有功，並要求第一集團軍所收編南北舊軍十餘萬人首應裁去。蔣委員長特聲明：第一集團軍也有編遣計畫，自不例外；而馮氏頗爲不懌，從此稱病不到軍政部辦公。蔣主席親往探視馮氏病情，馮氏故意臥床榻上，蓋兩床棉被，呻吟不已。趁政府不備，秘密渡江往浦口，乘預先準備之鐵甲車返豫，並留書蔣主席道別。第三集團軍總司令閻錫山，亦托故遄返太原⑯。以故編遣會議之各項決議，未能迅即見諸實行。

先是民國十六年九月，寧漢合作後，汪兆銘因未達成政治慾望，先後煽動唐生智、張發奎叛變於武漢、廣州。及唐、張失敗，汪乃赴歐，合陳公博、顧孟餘、甘乃光等，組織「中國國民黨改組同志會」，通稱改組派，以反抗政府爲號召。十七年十月，國民政府改組，改組派均遭擯斥。十八年三月十五日至二十八日，中國國民黨第三次全國代表大會舉行於南京，

⑮ 錄自「中央週刊」，第三十三及三十四期，民國十八年一月二十一日及二十八日出版。
⑯ 李宗仁回憶錄，頁五九一至五九二。

復通過處分改組派汪兆銘、陳公博、顧孟餘、甘乃光等案⓱。汪等乃與部分西山會議派人士謝持、鄒魯等連絡，企圖利用野心軍人以圖報復。

民國十八年八月一日，國軍編遣實施會議在南京中央黨部大禮堂舉行開幕典禮，其目的在依據編遣會議通過之各項方案，作爲實施辦法之討論。其時李宗仁、馮玉祥等已叛變迭起，閻錫山則首鼠兩端（詳第三項），故均未出席。由蔣委員長親自主持，出席委員計：吳敬恆、胡漢民、何應欽、朱培德、唐生智、趙戴文、鹿鍾麟、楊樹莊（陳季良代）、宋子文、王伯群、張之江、張學良（王樹代常）、李鳴鐘、葛敬恩、周亞衛、朱綬光、周玳、榮臻（鮑文越代）、凌霄、劉峙、何鍵、陳濟棠、李明瑞（周祖晃代）、陳調元、方振武、劉鎮華、韓復榘（李宗弼代）。列席委員計：賀耀祖、陳儀、楊杰、馬福祥、張群、曹浩森、熊斌、俞飛鵬、顧祝同、曹萬順、馬鴻逵、陳策、楊永泰、周佛海、劉珍年、陳琢如、吳鴻昌、陳智侯、任青雲、王蔭椿、王亞特⓲。

蔣委員長所致開幕詞，特別强調：「祇有裁兵乃能完成革命，祇有裁兵乃能實現三民主義，祇有裁兵乃是我們武裝同志保持革命歷史與功績的最上上策。」⓳大會至六日閉幕，通過「國軍編遣委員會編遣實施會議規則」、「國軍編遣委員會編遣實施會議議事規則」、「國軍編遣

⓱ 革命文獻，第七十六輯，頁七五至七六。
⓲ 革命文獻，第二十四輯，頁八六。
⓳ 同上書，頁九〇至九二。

委員會直轄編遣分區辦事處條例」、「國軍編遣委員會點驗實施規則」、「國軍編遣委員會實施編遣懲獎條例」、「陸軍編制原則」、「國軍編遣委員會安置編餘官兵實施辦法」、「國軍編遣委員會編餘官兵分遣辦法」，以及「國軍編遣各部隊裁留標準」七條，其中第三條規定：

官佐有左列之一者，合於留存就編之資格：㈠正式各種軍事學校出身，品學、體格均堪充現役軍職者。㈡正式軍隊行伍出身，品行、體格及格，並富經驗，著有勳勞者。

第五條規定：「士兵年在二十歲以上，三十歲以下，身長四尺八寸（以上用國府頒定新制尺），體格強壯，五官健全，無疾病嗜好者爲合格，得留存就編。」[20] 大會復規定：裁兵額減至八十萬人，限於三個月時間竣事。

八月二十日，蔣主席通電全國，指出裁兵之舉，「事急燃眉，痛逾切膚，民國存亡，視此一舉。」籲請各省政府及民衆團體，共同協助中央，完成國軍編遣大業[21]。

三、民國十八年野心軍人之叛變

---

[20] 革命文獻第二十四輯，頁一一五至一一六。

[21] 同上書，頁一八五至一八六。

(一)　李宗仁之異動與武漢之役

北伐成功後，桂系李宗仁所部第四集團軍兵力約三十萬，控有廣西、湖南、湖北及冀東一帶。另李濟琛所部第八路軍約十二萬人，控有廣東，李濟琛且兼粵省主席❶。政府任命李宗仁爲武漢政治分會主任、軍事參議院院長，李宗仁仍不滿足。其時湖南省主席魯滌平，按期以該省稅款匯繳財政部，大爲桂系所不滿。二月二十日，武漢政治分會疑政府以械彈取道江西陸路接濟魯滌平，計畫切斷武漢與兩廣交通❷，乃藉口魯氏「縱容共黨」，下令免魯氏之職，另派何鍵繼其任，並遣重兵由鄂入湘，二十一日佔據長沙，魯氏被迫率部退至江西。

是時李氏所部以夏威所部第七軍、陶鈞所部第十八軍、胡宗鐸所部第十九軍爲主力，第七軍係桂系主力，原由李氏任軍長，十六年夏東南底定，李氏升所部師長夏威繼任。十九軍係收編吳佩孚所轄劉佐龍部，十八軍係十六年冬桂系西征佔領武漢，收編唐生智殘部，依資望階級應由師長鍾祖培、李明瑞兩人中一人升充，以白崇禧、胡宗鐸力保，李氏竟以旅長陶鈞超升，鍾祖培憤而辭職，返廣西務農，李明瑞則銜恨於心，伺機報復。陶鈞係湖北黃岡籍，胡宗鐸係湖北黃梅籍，遂以鄂人領袖自居，陶鈞於進駐宜昌後，委其軍需處長爲禁煙督察局長，每月稅收平均逾百萬元，除以一部爲十八、十九兩軍公積金，並貼補兩軍官兵服裝及餉

❶ 陳訓正「國民革命軍戰史初稿」，第二輯，卷一，頁七，民國四十一年七月再版。
❷ 李宗仁回憶錄，頁六〇三。

額外，其餘盡入陶鈞私囊。十七年春二次北伐前夕，各軍餉糈均虞不足，獨新成立之十八、十九兩軍官兵生活優於他軍，第七軍將士尤感不平。李宗仁雖深不以爲然，因格於白崇禧情面，未便深究，是爲桂系軍人內部分裂之主要原因❸。況夏威等出身行伍，一旦戰事平息，住入都市，既缺乏政治素養，復貪圖享受，宴安鴆毒，李部士氣墜落，實已無作戰能力❹。

武漢政治分會設立之目的，在利用舊日武漢政權之基礎，監督所轄區域內之黨政。北伐成功後，中央曾迭次申令，政治分會無任免該區域內官員之權，所屬軍隊靜候檢閱，非得編遣委員會命令不得擅自調動。武漢政治分會之舉動，顯與政府之命令相違背。政府以李宗仁身在南京，此事件僅係武漢政治分會若干委員輕舉妄動所致。二月二十八日政府命蔡元培、何應欽、李濟琛等澈查桂系侵湘事件，飭令雙方軍隊駐守原防，不得自由行動。三月二日，爲顧全大局，乃正式任命何鍵暫代湖南省政府主席，僅將武漢政治分會數委員免職，避重就輕，仍冀李氏之覺悟。

李宗仁於二月二十一日晨，接夏威、胡宗鐸、陶鈞軍事發動急電，化裝偕參議季雨農，躲往下關一小旅社，於傍晚秘密搭京滬鐵路三等火車，潛逃上海，匿居法租界海格路融園。政府派蔡元培、李石曾、吳敬恆、張人傑等至上海勸說，希望李氏懸崖勒馬，以黨國爲重，

❸ 李宗仁回憶錄，頁五五八至五六〇。
❹ 同上書，頁五七九。

向中央表示引咎自劾，以資轉圜，李氏竟不能從❺。於三月二十五日乘輪抵粵，原擬乘粵方將領陳濟棠、徐景唐等所備飛機直飛漢口，以天雨大霧無法起飛，乃循陸路返廣西❻。遂將所部編爲五路，分任何鍵、葉琪、夏威、胡宗鐸、陶鈞爲司令，積極備戰。李濟琛表面以調人自居，實參預其陰謀。時中國國民黨第三次全國代表大會已定於三月十五日在南京舉行，李濟琛率粵籍代表一批，於三月十一日抵滬，曾與李宗仁有所密謀，十三日抵南京，政府爲大局著眼，乃於三月二十一日將之扣留，幽禁湯山❼。白崇禧則在冀東唐山一帶，與武漢、兩粵互通消息。其所致李宗仁、李濟琛之密電曰：

> 任、德兩公（按：李濟琛字任潮，李宗仁字德麟）商定大計後，請即秘密各回原防，共籌應付，希望保兄（？）速準備，任公可敷衍言和者，以便離滬。武漢四集之地，決不能守，更無所用其留戀，在相當時機，應全師南返，佔領寶（慶）、衡（陽）、茶（陵）、攸（縣）、贛州之線，準備與敵作强固之持久戰，引誘敵軍深入，以待我兩粵援軍之來到，然後猛烈襲擊，一舉殲滅敵軍，勝算終屬於我。❽

---

❺ 同上書，頁六〇五至六〇七。
❻ 同上書，頁六一〇。
❼ 同上書，頁六〇六至六〇九。
❽ 國民革命軍戰史初稿，第二輯，卷一，頁一六至一七。

是即叛軍之整個作戰計畫。當事件發生時，蔣主席適返奉化省墓，聞變趕回南京。三月十三日，中央政治會議議決裁撤各地政治分會。十九日，中國國民黨第三次全國代表大會議決，命夏威等退回原防，而桂系軍隊竟拒絕接受，四處向國軍挑釁。政府不得已於二十四日下令將夏威、陶鈞、胡宗鐸撤職查辦，二十六日明令申討李宗仁等。並以第八路軍第十一軍長兼南區綏靖委員陳銘樞任廣東省政府主席。

先是二月底桂系異動之時，政府分遣黃郛、邵力子往河南、山西，曉諭馮玉祥、閻錫山以大義，勿爲叛軍之助⑨。蔣主席復電令徐州駐軍師長劉峙，蚌埠駐軍師長顧祝同，兗州駐軍師長繆培南，廬州駐軍師長朱紹良，新蒲駐軍師長蔣鼎文，蕪湖駐軍師長曹萬順，泰州駐軍師長夏斗寅等，密爲準備以應變。三月初，擬定進軍方略，自任總司令，以何應欽爲參謀長，朱培德爲前敵總指揮，由劉峙率第一軍集中太湖、潛山附近，朱紹良率第二軍集中霍山附近，朱培德率第三軍集中九江、南昌附近，另集中總預備隊於安慶，待命增援。

三月十七日，各部隊集中完畢，乃於二十八日下令進攻，得海軍協助，進展迅速，當日克武穴、廣濟，三十日克羅田、蘄春，四月一日克黃岡、麻城。同日，蔣總司令親至黃州督師，士氣振奮，翌日海軍遂克劉家廟。四月三日，叛軍第三路副司令，代理前線總指揮李明瑞（夏威因患白喉，委李代理），因銜未得升遷十八軍長舊恨，受桂系將領俞作柏運動，在黃陂、孝感一帶召開軍事會議，決定向中央投誠，接受中央新任命之第十五師師長。俞作柏本

⑨ 李宗仁回憶錄，頁六〇五。

李宗仁舊部，早年曾任統領、縱隊司令、旅長等職，十五年春北伐前，因與李宗仁、黃紹竑意見不合，改調中央軍校南寧第一分校校長。十六年復被黃紹竑免職，乃逃香港。至是勸李明瑞服從中央，回師武漢。漢口駐軍師長楊騰輝因受中央所派鄭介民運動，亦宣佈服從中央❿，何鍵復就任政府所委第四路總指揮之職，通電擁護中央，夏威、胡宗鐸、陶鈞等以大勢已去，是晚放棄武漢西撤，四月五日國軍劉峙部遂兵不血刃克復武漢，湘鄂自主之局面告以結束⓫。四月七日，國軍繼續向西追擊，空軍大隊司令張靜愚率部助攻，叛軍潰不成隊。四月十八日，國軍迫近宜昌，夏威、胡宗鐸等於二十一日通電出國，殘餘將領表示服從政府。蔣總司令派程汝懷爲鄂西編遣專員，孔庚、何競武等爲委員，辦理歸誠各部隊點編事宜⓬。

是時白崇禧以國民革命軍前敵總指揮名義，統第四集團軍李品仙、廖磊等部，駐紮北寧鐵路沿線，李、廖等本唐生智舊屬，白氏則與東北邊防司令長官張學良之總參議楊宇霆暗中結納，以爲後援。

先是蔣主席聞白氏不穩，一面命保定行營主任何成濬停發白部軍餉，一面命唐生智攜鉅款秘密赴秦皇島，對其舊部從事勸告，提出「打倒桂系回湖南去」口號，並金發放欠餉，全軍暗中已歸唐生智所掌握；而白氏瞶然不知。四月十日，白氏在開平召集第四集團軍營長以

---

❿ 同上書，頁六一〇至六一一。
⓫ 國民革命軍戰史初稿，第二輯，卷一，頁二一至七一。
⓬ 同上書，第二輯，卷一，頁六八至六九。

上將領會議，主張繞道山東，直犯南京。到會將領多明大義，一致反對。十一日，蔣主席發表「告第四集團軍將士書」，勸告勿以一派一系自居，勿爲一派一系所利用，諸將領益受感動。二十三日乃由李品仙領銜，通電擁護政府。白氏以衆叛親離，棄衆逃亡⑬。白氏至天津，乘日輪南下，過吳淞口；淞滬警備司令部，曾派人登船檢查，白氏得第四集團軍駐滬辦事處王季文之助，換乘另一日輪逕駛香港，轉逃回廣西梧州⑭。二十九日，蔣主席任命唐生智爲討逆軍第五路總指揮，統率前第四集團軍移駐石家莊、順德一帶待命。繼任唐氏軍事參議院長，國軍編遣會議編組部主任，以酬其勞⑮。

當武漢戰事發生時，駐粵桂軍廣西省政府主席黃紹竑部兩師力謀響應。黃氏且至廣州與第八路軍總部參謀長鄧世增等，召開軍事會議，決定出兵，由湖南北上支援叛軍，並擁護第八路軍第四軍長兼西區綏靖委員陳濟棠爲第八路軍總指揮。陳濟棠則接受政府所委任之編遣特派員，合廣東江防司令陳策，嚴令所部不得冒然行動。(按：陳銘樞因折腿，在香港療養，表示服從政府。) 鄧世增勢孤，乃被迫離穗⑯。

三月三十日，粵軍將領陳銘樞、陳濟棠、蔣光鼐、蔡廷楷等。受胡漢民影響，通電主和。略曰：「粵省軍隊爲黨國所有，不以供一派一系之指揮驅使。粵省之財皆粵人賣兒貼婦之膏

---

⑬ 古屋奎二「蔣總統秘錄」，第七册，頁一二七，日本產經新聞出版，民國六十五年八月，中央日報社譯印。

⑭ 李宗仁回憶錄，頁六一二。

⑮ 國民革命戰史初稿，第二輯，卷一，頁七〇至七一，頁二二二。

⑯ 陳濟棠自傳稿，頁三二至三四，傳記文學出版社，民國六十三年十月出版。

血，不以供一派一系之浪擲犧牲。」[17]此外在南京出席第三次全國代表大會之海外粵籍代表余景星、劉安、吳公文、鄭螺生、陳楚楠、陳耀垣等五十四人，亦聯名通電粵省，切勿牽入戰爭漩渦，黃紹竑不得已率軍離粵，坐視武漢叛軍崩潰而不能救。

李宗仁敗退廣西後，政府任命陳濟棠爲廣西編遣區主任，飭令黃紹竑將李宗仁、白崇禧遞解中央，縮編其所部第十五軍爲一師一旅，黃氏抗不從命。乘馮玉祥叛變時（詳本目第二項）合李宗仁整頓殘部，五月五日組織「護黨救國軍」，李氏自稱「總司令」通電繼續作戰。李氏赴香港暫住，謀爭取外援，由黃紹竑、白崇禧指揮殘部十三團，沿西江向廣東進犯[18]。連陷封川、江口等地，駐防東江徐景唐部，及廣州水面中山、江大等艦，受其煽動，同時叛變，一時大局頗爲緊張。國民政府正式任命陳濟棠爲第八路軍總指揮，並派文官長古應芬來穗面授機宜，命其合湖南省政府主席何鍵、雲南省政府主席龍雲等，分道討伐桂系。陳濟棠爲表示擁護政府，以九千五百元代價購買青翠玉石一方，請古應芬帶呈送政府，由制印局刻「國民政府玉璽」、「國民黨中央黨部玉印」各一顆，以表示効忠政府及黨如玉之堅貞。陳氏乃調集所部，採內線作戰，沿三水、清遠一帶佈防，並親至前線督戰[19]。白坭、銀盞一役，叛軍大敗，師長黃旭初負重傷。五月十四日，國軍得海空軍之助克桂林，六月二日克梧州，二

[17] 引自雷嘯岑「卅年動亂中國」，上冊，頁一四五，香港亞洲出版有限公司，民國四十四年十二月出版。
[18] 李宗仁回憶錄，頁六一三。
[19] 陳濟棠自傳稿，頁三四至三五。

十四日克南寧。黃紹竑、白崇禧等勢窮力蹙，殘部交師長呂煥炎、梁朝璣統率，向政府乞降，取道龍州，逃亡越南。政府任命俞作柏爲廣西省政府主席，李明瑞爲廣西編遣分區主任，楊騰輝爲副主任，冀以安定桂省，收拾人心⑳。李宗仁因香港政府驅逐出境，乃變姓名，初匿居越南西貢，後轉海防，與黃紹竑、白崇禧會合，企圖伺機捲土重來㉑。

(二) 馮玉祥之抗命

馮玉祥生性反覆，好名多疑，貌似憨直，而矯揉造作，能練兵，而不善馭將。北伐以前本屬直系軍閥，民國十三年十月，第二次直奉戰爭期間，以倒戈回師北京，逼曹錕下野，而實力大增。民國十五年夏，所部國民軍遭奉直聯軍壓迫，敗潰綏遠，其加入國民黨與贊助北伐，乃係機會主義，目的在於實現個人之野心。

北伐成功後，馮氏所部第二集團軍，共轄九個方面軍，計十軍，另八獨立師，及騎兵、砲兵、輜重、工程等特種部隊，合計約四十二萬人㉒，兵力之强，爲全國實力軍人之冠。馮氏所部孫良誠任山東省政府主席，韓復榘任河南省政府主席，宋哲元任陝西省政府主席，劉郁芬任甘肅省政府主席，孫連仲任青海省政府主席，門致中任寧夏省政府主席，何其鞏任北

---

⑳ 參照潘公展「十年來的中國統一運動」，引自中國文化建設協會編「十年來的中國」，頁十至十一，民國二十六年七月，上海商務印書館出版。「卅年動亂中國」，上册，頁一四九。

㉑ 李宗仁回憶錄，頁六一六至六二〇。

㉒ 國民革命軍戰史初稿，第二輯，卷一，頁七。

平特別市長，轄區遼闊。馮氏除截留所控制之黃河流域地區稅收外，每月政府仍匯撥五十萬元（桂系叛變時增至每月一百五十萬元），以維持其龐大軍隊之開支[23]。

民國十七年八月，馮氏赴南京出席國民黨二屆三中全會，在會中提出民食、民衣、民居三項建設，語雖合理，然措詞激烈，別有用心，加以初與南方同志接觸，生活、習慣、思想、背景既多所不同，自身又修養欠缺，乃落落難合。遂以語言、文字、行爲予以諷刺，致人以難堪之境，是故彼此不能相安[24]。

同年十月，國民政府改組，馮氏被選任爲國民政府委員、行政院副院長兼軍政部長。十八年元月國軍編遣會議舉行時，馮氏與中央隔膜愈甚，乃繼閻錫山脫身回山西之後，留書蔣主席，秘密離京，渡江回河南防地。桂系叛變前馮玉祥、閻錫山間早有默契，及桂系叛變，閻錫山竟首先通電反對，馮玉祥且命韓復榘率部進襲武漢，企圖坐收漁人之利。中央軍先韓復榘到武漢兩日，韓部被迫乃向北撤退[25]。及桂系失敗，馮部山東省政府主席孫良誠，因日軍撤退後，接收青島及膠濟沿線之希望落空，政府復分別任命陳調元、方振武爲津浦路南北段警備司令，孫氏有被夾擊之虞，且與財政部長宋子文不睦，彼此斷絕公文往來，孫良誠對政府表示不滿，馮玉祥尤爲憤懣。四月二十四日，馮玉祥在開封召集師長以上舉行軍事會議，

---

[23] 董顯光「蔣總統傳」，上冊，頁一四八，民國四十一年十月，中華文化事業出版委員會出版。

[24] 簡又文「馮玉祥傳」，下冊，頁三二〇，傳記文學出版社，民國七十一年六月出版。

[25] 同上書，下冊，頁三二五。

以全軍防線過長，首尾難顧，乃撤退山東孫良誠部，集中主力於豫陝交界潼關一帶。同時在南京馮部軍政部次長鹿鍾麟、外交部次長唐悦良等亦匆匆離京。五月十四日，馮氏下令破壞平漢鐵路武勝關隧道，及黄河鐵橋，扣留隴海鐵路機車六十餘輛，車皮二千餘輛，炸毀鐵橋二十八座，將電線、枕木、路軌悉數運往西北㉖。五月十五日，馮部將領孫良誠、劉郁芬、韓復榘等二十八將領，聯合通電，擁護馮氏爲「護黨救國西北軍總司令」，藉口政府扣發所部薪餉，及國民黨三全大會所選出之中央委員不公，公開向政府挑釁。二十日，馮氏致電北平各國公使館，宣言保護外人生命財産，請各國中立，並請勿借款國民政府㉗。

馮氏叛變後，駐節華陰，謀壓迫閻錫山與其合作；對李宗仁則早有聯絡（已詳本目第一項），企圖造成連合三個集團軍一致威脅中央之目的㉘。蔣主席屢電馮氏，希望其置國家利益於個人利益之上，服從政府之節制。馮氏否認有不忠於政府之行動，暗中則作各種軍事準備。五月二十三日，中國國民黨中央常務委員會議決開除馮玉祥黨籍，並罷免其中央委員，所有軍事緊急處置，授權國民政府辦理。二十四日，國民政府乃褫去馮氏本兼各職，嚴緝拿辦。

時閻錫山方發起太原會議，商討和平解決辦法，不肯對馮氏作有力之援助。政府命唐生智、方振武由徐州向隴海路西進，劉峙由湖北入豫南，馬廷勷由寧夏攻其後方，鄧錫侯、田

㉖ 國民革命軍戰史初稿，第二輯，卷一，頁一三五至一三七。
㉗ 馮玉祥傳，下册，頁三二八。
㉘ 同上書，頁三二八至三二九。

頌堯由四川阻其南下，對馮氏形成大包圍形勢㉙。蔣主席則致電馮氏所部官兵，號召歸順中央。略曰：

> 歷來軍閥之構成與其覆滅，皆由其視國家軍隊爲私有始，患得患失，以求保其地位終。倒行逆施，以自促其命運。軍閥不足惜，獨惜將佐士兵皆我國家元氣，乃爲軍閥所挾持，人格資其販賣，生命供其孤注，生則同受惡名，死則無人憐惜，此眞可爲痛哭流涕，而不得不謀拯救者。……
>
> 諸將士原隸第二集團軍，但皆中華民國之將士，非馮氏個人之將士也。馮氏與諸將士固有歷史之關係，惟此歷史必依托於革命而存在。……馮氏所以激怒諸將士，使之背棄中央者，無非謂中央故存畛域，坐視第二集團軍之困苦窘迫而不稍加體恤。不知自北伐以來，魯、豫、陝、甘各省之稅款，平漢、隴海等路之收入，中央皆任馮氏取求，且每月由中央協撥五十萬元。討逆軍興以後，尤特加補助，計四月份所撥達一百五十萬元，而本月銑（十六）日，中央尚在滬撥付五十萬元，以中央今日財政之支絀，實已竭盡能力。……據報曾由武漢（按：指李宗仁）取得一百萬元；馮氏果有減除士兵痛苦之心，何至從不發餉？……誠不知其有無心肝也。㉚

㉙「十年來的中國統一運動」，引自「十年來的中國」，頁十二。

㉚引行「蔣總統秘錄」第七冊，頁一三一。

此一電文，使馮部將領軍心爲之動搖。以陝、甘貧瘠，懼受饑寒之苦，加以韓復榘戰略主張與馮氏不合，（按：韓氏建議與孫良誠各率十萬精銳，分別襲攻武漢、南京）遭到馮氏斥責，受政府收買，乃率所部由潼關輾轉至開封，繼續行使河南省政府主席職權。並約仍留駐豫南之石友三、馬鴻逵，通電服從中央。馮氏驟損失主力三分之一，且係百戰精銳，實力大挫，駐紮天津附近楊村歸其指揮劉鎮華之第八方面軍，亦宣佈直隸中央，改爲討逆軍第十一路軍，回師河南，擔任豫北地方綏靖工作㉛。馮氏乃於五月二十七日，由華山發出入山讀書之通電。六月十六日，致電閻錫山等，詐稱十日內出國，所部委託閻錫山收編。

閻錫山當馮玉祥反抗政府時，則作壁上觀，對馮氏且有所責難；但當馮氏衆叛親離時，閻反猩猩相惜，加以援手，竟向中央建議個人辭職下野，請求政府撤消馮氏之通緝令。如能實現，則即相偕出國考察。政府顧全大局，以馮氏過去對革命功績爲理由，於七月六日予以特赦，馮氏乃自請辭去第二集團軍統率權，聲言今後退出政治漩渦。遂將全部軍事交宋哲元主持，自風陵渡口渡過黃河，赴山西太原，與閻錫山有所密謀。閻氏視爲「奇貨」，特別加以「招待」，初居於太原近郊晉祠，後移建安村，而限制其行動。

政府寬大爲懷，不咎既往。七月五日取消馮氏之通緝令，允撥發所欠軍費，先付三百萬元，另給馮氏出國旅費二十萬元，陝、甘、寧、青四省主席照舊。八月，鹿鍾麟、唐悅良均

㉛ 劉茂恩「豫西討逆會戰經過」，載「中原文獻」第二卷第七期，頁一八，民國五十九年七月一日出版。

到京復職，政府復任命馮氏部屬薛篤弼爲衛生部長，大局似已和平解決㉜。

馮氏居住晉祠期間，閻錫山禮遇甚厚，仍有少數隨從，並可利用無線電與外界連絡，馮氏野心未嘗稍戢。是時馮氏所部國民軍總兵力仍有二十餘萬，駐紮陝、甘境內，分由孫良誠、宋哲元、劉郁芬等所統率。國民黨內異端份子汪兆銘所領導之「改組派」人物陳公博、顧孟餘、王法勤等，乃暗中煽動馮氏繼續反抗中央。汪兆銘時在歐洲，竟發表荒謬宣言，主張在廣州組織新政權，以與南京國民政府對抗㉝，益堅馮氏再叛之野心。會同年九月，張發奎受汪兆銘所領導之「改組派」煽動，叛變於宜昌（詳本目第三項），進窺廣州，政府急調兵應付，馮氏乃乘機響應「改組派」，指示宋哲元等機宜，剋期舉事。

同年十月十日，馮部將領鹿鐘麟、宋哲元、石敬亭等二十七人，聯合發表反抗政府通電，推戴閻錫山、馮玉祥導領全軍反抗中央。仍用「國民軍」名號，閻爲總司令，馮副之。其所持理由撲朔迷離，殊不足以聳動視聽。如「中央集權，實行獨裁」。「任用私人，政治腐敗」。「西北饑民二千萬，南京置之不顧，而陸續發行公債四億元，用途不明。」「消滅革命有功者，不惜蹂躪數省。」「編遣計畫純屬虛僞，藉以消滅他人勢力。」「最近中俄糾紛，應付無策。」且有「閻、馮二公不能坐視」等語㉞。其時各地野心軍人多派代表與馮氏連絡，唐生智所統湘

㉜ 馮玉祥傳，下册，頁三三三。

㉝ 參照「蔣總統傳」上册，頁一四九。陳公博「苦笑錄」頁一九六，一九八〇年二月，香港大學亞洲研究中心出版。

㉞ 「卅年動亂中國」，上册，頁一五一。

軍舊部，奉命自北寧路南下，駐紮隴海路沿總，表面受政府節制，暗中則與馮氏有默契，互爲犄角。宋哲元承馮玉祥命，合馮部二十餘萬，以洛陽爲司令部，分九路大舉東犯，對政府構成莫大之威脅。

政府爲求政令之統一起見，十月十一日免鹿鍾麟等職。十四日蔣主席自任討逆軍總司令，決定實行武力討伐。其「告全國將士書」略曰：

漢賊不兩立，革命與反革命不共存，我不消滅逆軍，即將爲逆軍所消滅。各將士應爲黨國而犧牲，爲生存而團結，以剷除反動勢力之根株，而完成革命軍人之天職。[35]

乃以朱培德爲參謀長，命唐生智、方鼎英分率第一、五路軍防豫西，命劉峙率第二路軍防鄂西，命陳調元率總預備隊準備策應，雙方大戰遂以爆發。

豫西方面：國軍唐生智、方鼎英部，與叛軍宋哲元、孫良誠、龐炳勛、石敬亭等部，激戰於洛陽東南臨汝、登封、黑石關之線，戰況劇烈。十一月一日，蔣總司令親至許昌督師，士氣振奮，大敗叛軍，俘虜甚多。十一月八日後，叛軍不支，開始後撤，國軍十六日克登封，十七日克臨汝，二十日克洛陽，叛軍沿隴海線向西撤退。十二月初，叛軍吉鴻昌部與國軍第

---

[35] 引自「蔣總統秘錄」第七冊，頁一四六。

十一路軍第六十六師劉茂恩部對峙於潼關附近[36]。

鄂西方面：國軍劉峙部於十一月初與叛軍田金凱、張維璽等部，激戰於淅川、荆紫關、襄陽、樊城一帶。十六日叛軍因攻勢不利，官兵傷亡慘重，且聞豫西方面失利，乃全線向後退卻[37]。

同年十二月，唐生智在河南鄭州通電反抗中央，（詳本目第四項）國軍第十一路軍總指揮部被唐氏所解決，豫西國軍陷於腹背受敵之勢，國軍劉茂恩部乃自靈寶、陝縣一帶渡河，退入晉南，駐紮平陸一帶[38]。

馮玉祥叛變時，正值蘇俄藉口中東路事件，大舉侵犯東北之時，改組派領袖汪兆銘乘機在歐洲發表改組宣言，部分西山會議派人士鄒魯、謝持等，亦參預其謀。閻錫山雖從中操縱，卻於戰爭激烈進行之時，不肯爲之支援，暗中接受中央任命之「陸海空軍副總司令」職，以「國民軍」之軍事機密，隨時報告於中央[39]。及唐生智叛變，豫西國軍劉茂恩部後路被截斷，閻命其所部關福安軍，掩護渡河退至晉南屯駐，並補給其糧彈[40]。限制馮玉祥於建安村，不得自由行動，馮部遂以群龍無首而失敗。迨十二月戰爭結束，閻氏不免有兎死狐悲之感，於

[36] 劉茂恩「豫西討逆會戰經過」，載「中原文獻」第二卷第七期，頁一八至一九。
[37] 國民革命軍戰史初稿，第二輯，卷一，頁一四七至一六六。
[38] 豫西討逆會戰經過，載「中原文獻」第二卷第七期，頁二一。
[39] 馮玉祥傳，下册，頁三三五至三三六。
[40] 豫西討逆會戰經過，載「中原文獻」第二卷第七期，頁二〇至二一。

接受政府所匯轉給馮玉祥二十萬元出洋考察費後，復決定反抗政府。一面恢復馮玉祥自由，一面暗中約唐生智，採取一致之行動。並遣鄒魯赴瀋陽，煽惑張學良，共同合作反抗政府㊶。

(三) 張發奎鄂西叛變與湘粵桂之亂

民國十六年十二月，因張發奎在廣州叛變，招致中共暴動，事後張氏殘部譁潰殆盡，被政府解除軍職。十八年春，桂系異動時，政府任命其爲第四師長，駐軍宜昌。同年九月，馮玉祥謀叛日亟，政府調張部移駐海州，擔任隴海路東段防務，其所遺防地由國軍新一師曹萬順部接替。時改組派王法勤等，在滬發佈通電，藉口歡迎汪兆銘歸國，改組黨務，煽動各地野心軍人背叛政府，張氏竟爲所愚，疑政府將不利於己，於九月十七日通電，響應改組派主張，要求撤消國民黨第三次全國代表大會議決案，歡迎汪兆銘回國改組黨務。蔣主席懇切曉諭，勸其勿爲親者所痛，仇者所快；而張氏竟襲擊赴宜昌接防之曹萬順部，於九月下旬，由鄂西竄入湘境。經石門、慈利、桃源、辰州，沿途遭國軍截擊，乃停留於溆浦、新化、安化三縣之交㊷。

九月二十七日，廣西省主席俞作柏、師長李明瑞，突然通電響應張氏，並歡迎張氏回桂，合力進犯廣東，廣州局勢頓形緊張。十月五日，政府下令免俞作柏、李明瑞本兼各職，由陳

㊶ 鄒魯「回顧錄」，下册，頁三二二至三二三，民國三十五年七月，獨立出版社出版。

㊷ 國民革命軍戰史初稿，第二輯，卷一，頁七七至七八。

銘樞代籌款五萬元，交桂軍師長呂煥炎，請其內應，呂即宣佈服從政府㊸。政府以呂煥炎為廣西省政府主席，兼討逆軍第八路軍副總指揮，以楊騰輝為第四編遣分區主任。並命第八路軍總指揮陳濟棠率所部及海軍出動討伐。第六路軍朱紹良所部集中浦口準備接應。

十月七日，陳濟棠統香翰屏、余漢謀、蔡廷鍇三師，分三路攻入廣西，叛軍不支，相繼潰散。十二日，桂軍將領楊騰輝表示服從政府，就任第四編遣分區主任。李明瑞部旅長黃權亦在潯州反正，第八路軍遂長驅直入克復桂平，俞作柏、李明瑞知大勢已去，於十三日逃龍州，殘部由呂煥炎、楊騰輝所收編㊹。

張發奎率殘部於十一月十三日竄至桂邊龍虎關，十六日自恭城通電，聲言已與原駐廣西張軍舊部聯合，協力攻取廣州。黃紹竑、白崇禧、李宗仁於十八年秋冬間，先後自越南海防取道廣州灣潛入南寧，召集舊部，聲勢復振。呂煥炎被脅迫不敢遽就廣西省政府主席之職，俞作柏、李明瑞因受中共煽動，已參加中共組織，俞自龍州出走，李明瑞與中共首要張逸雲，及俞作柏弟作豫，分作兩股，各率殘部千餘人，在百色、龍州一帶，組織蘇維埃政權。

李宗仁自稱「護黨救國軍總司令」，黃紹竑副之，兼廣西省政府主席，白崇禧任前敵總指揮，下轄第三、第八兩路軍，第三路軍總司令張發奎，第八路軍總司令李宗仁兼，於是呂煥

㊸　陳濟棠自傳稿，頁三七。

㊹　國民革命軍戰史初稿，第二輯，卷一，頁九六至九七。

炎、楊騰輝復叛，分任叛軍第一、二縱隊指揮官，傾全力向廣東進犯[45]。張發奎部叛軍十一月三十日陷廣寧，十二月一日陷四會、清遠。李宗仁部叛軍亦沿西江東犯，於攻陷梧州後，十二月續陷粵西德慶，逼近祿步，與北江張部相呼應。廣州乃陷入兩面夾攻之下，形勢至爲危急[46]。

當時國軍主力正在豫西對馮玉祥作戰，蔣主席僅命第八路軍陳濟棠部扼守北江待援。及十一月底馮氏敗退，乃將河南軍事善後交第五路軍總指揮唐生智辦理，移第四路軍何鍵、第六路軍朱紹良等部南下。命海軍總司令陳紹寬率第二艦隊隨同援粵，航空隊則集中廣州，協助地面戰鬥，偵察叛軍後方。任何應欽爲廣州行營主任，主持兩粵戰爭全局。

何氏於十二月二日抵廣州，翌日下達作戰命令，六日以後，四、六、八等路軍全線出擊，十日敗敵於花縣，十四日敗敵於清遠，張發奎部傷亡逾半，輜重械彈遺失甚多，叛軍全線崩潰向後退卻，國軍遂於十九日克梧州。乃分兵兩路：第八路軍任北路，攻桂林；第六路軍任南路：攻南寧。時叛軍以補給困難，加以隆冬已屆，無法支持。其第一縱隊指揮官呂煥炎復在鬱林一帶反正，所部師長蒙志、黃權已有不穩情勢，被李宗仁所扣押，倘國軍窮追，不難一鼓蕩平[47]。以石友三、唐生智在浦口、鄭州先後叛變，唐氏且率所部沿平漢線南犯，企圖

---

[45] 李宗仁回憶錄，頁六二〇至六二三。
[46] 國民革命軍戰史初稿，第二輯，卷二，頁九九。
[47] 李宗仁回憶錄，頁六二二至六二三。

奪取武漢，（詳本目第四項）於是政府乃撤消廣州行營，命何應欽復回武漢行營，主持豫南戰事指揮事宜。遂予叛軍以喘息機會，黃紹竑、張發奎合叛軍第八、第三路殘部，襲擊鬱林呂煥炎部，呂部潰敗，呂氏出奔廣州。

民國十九年一月中旬，國軍第六、第八兩路軍，已到達廣西平樂、昭平、籐縣、容縣、北流一帶。張發奎、李宗仁一面利用民團滋擾國軍後方，一面集中所部扼守桂林、貴縣，積極整頓，負隅頑抗，雙方乃形成對峙形勢㊽。

民國十九年二月，張發奎、李宗仁傾全力五、六萬人，再度謀犯廣州，第八路軍總指揮陳濟棠，沿三水、軍田一帶構築堅强工事，政府復派第六路軍總指揮朱紹良率所部三師來援，武漢行營主任何應欽再至廣州坐鎮，花縣附近之決戰，國軍得空軍掩護，一舉破離，廣州轉危爲安。惟亦傷亡萬餘人，僅運返廣州之傷兵即在八千以上。

張、李既敗，陳濟棠奉命追擊入桂，張再糾集殘部，繞道南出容縣，欲沿容江下西江，經陳部與之三日搏鬥，卒將之擊潰㊾。

(四) 石友三與唐生智

石友三、唐生智意志薄弱，素以背信稱著。民國十八年夏馮玉祥抗命時，石氏率部反正，

㊽ 國民革命軍戰史初稿，第二輯，卷一，頁一〇一至一一一。

㊾ 陳濟棠自傳稿，頁三七至三九。

政府示以寬大，任爲第十三路軍總指揮，兼安徽省政府主席。唐生智則於同年秋馮玉祥叛變東犯時，督率湘軍舊部第八軍，以前敵總指揮名義，在豫西黑石關、登封、臨汝一帶，對叛軍作戰。及馮氏失敗，以代理總司令名義，辦理善後事宜。自認功高賞薄，心懷怨望。同年十一月，張發奎、李宗仁進犯粵省，廣州危急，政府調石友三部南下援粵，命唐生智部南下截斷張發奎後路。石、唐爲保全實力，乃互相勾結，響應汪兆銘所領導改組派之蠱惑，陰謀破壞統一，顛覆政府。

十一月底，石友三部集中浦口，候船南運，擬乘蔣主席十二月二日下午至軍中訓話時，扣留爲質，渡江襲取南京。是時首都空虛，僅駐憲兵一團，及軍校學生數千人。果石氏陰謀得逞，則後果不堪設想[50]。是日上午，石氏渡江迎接蔣主席，在陳調元宅打麻將消遣，神色異常，時有隨從邀至室外密談，陳調元疑之，不顧蔣主席午睡，乃至主席官邸告密，蔣主席遂托辭不往。是日傍晚，適有兵艦三艘自長江上游駛來，因風向關係，砲口方向對江北，石知陰謀敗露，乃於是日晚縱部在浦口大肆搶掠，自稱「護黨救國軍第五路司令」，不渡江南下，而北據蚌埠，將政府所撥援粵餉械，作爲反抗政府之用。

唐生智於石友三叛變後，於十二月三日在鄭州通電，自稱「護黨救國軍第四路總司令」，包圍解決國軍劉鎮華之第十一路總指揮部，率部沿平漢路南下，欲乘武漢空虛，加以佔領，

---

[50] 周佛海「盛衰閱盡話滄桑」，引自「陳公博周佛海回憶合編」，頁二〇三，香港春秋出版社，民國六十年九月出版。

恢復民國十六年寧漢分裂時局面。政府不得已於七日下令褫奪石、唐本兼各職，並通緝法辦。蔣主席爲此招待記者，發表談話，略曰：

> 石友三部之譁變，與唐生智之附逆，固非余始料所及。余待人以誠，對唐等皆推心置腹。……以前有謂唐反覆成性，終必叛變，勸余勿加重用者，余絕不懷疑，始終欲引導其入革命之正軌。今竟如此，余實自愧。……但此亦非絕對意外之事，或竟可認爲革命進行中必須經過之程序，尤其是革命將近成功之時，假革命與反革命者常自取淘汰。故爲革命計，對此等叛變，不但不必悲觀，竟可認爲樂觀也。……余受黨國付托，負有重大責任，豈肯爲若輩動搖。[51]

十二月九日，蔣主席發表「告全國將士書」，重申完成革命之決心。略曰：「革命政府決不致因一、二武人之叛變而動搖，且革命政府當危急存亡之秋，更當以革命精神作革命之奮鬥——肅清叛逆，整飭紀綱，始能完成其使命。至中正個人，祇知爲黨負責任，爲國效勞，任何困難俱不足以動搖我革命之決心，任何險惡之企圖，皆不足以更改我奮鬥之意志。當陳逆炯明叛變之時（按：民國十一年），僅餘中山一艦，中正猶復追隨總理，始終不離。況今日革命環境之順利，遠過於昔日，革命勢力之雄厚，遠甚於當年。中央不僅具有消弭叛逆之決

---

51 國民革命軍戰史初稿，第二輯，卷一，頁二二五。

心，且深信有消弭叛逆之把握。望我將士明是非，別順逆，切勿蔽於謠言而墮奸計。」52 十二月二十日，實力軍人閻錫山、張學良等，響應政府號召，聯名通電，「堅決擁護中央統一」，閻且親率步兵四師，騎兵一旅，至鄭州討唐53，石、唐被前後夾擊，遂陷入孤立狀態。自二十六日起，唐氏勾結孫殿英、劉春榮等部，親督五十一師龔浩、五十三師劉興，及騎兵旅安俊才等部，與國軍第二路總指揮劉峙所統第一軍顧祝同、第二軍蔣鼎文、第十三軍夏斗寅、第七軍楊虎城等軍，激戰於遂平、確山之間。時河南大雪，天氣奇寒，爲數十年所未有，唐部被困，餉械均缺，士兵凍傷者日多。十二月三十一日，叛軍孫殿英部被擊潰於臨穎附近。十九年一月一日，叛軍全線被國軍分段擊破，國軍克復駐馬店，叛軍紛紛反正54。唐氏一向迷信，以衆叛親離，與其鐵甲車司令蔣鋤歐（素心），以拆字決吉凶，唐書一「道」字，衆以首領必逃走，勢益不支55。唐氏乃以劉興代總司令，化裝經開封逃避天津日租界，旋乘德輪赴香港。十二日，唐部將領龔浩、劉興，及所部各旅團長，以窮蹙無所歸，乃至漯河車站會商投誠辦法。翌日全部繳械完畢，計投誠官兵一萬六千餘人，馬步槍一萬三千餘枝，山砲三十餘門，迫擊砲一百五十餘門，機關槍二百餘挺，及輜重物品甚夥56。

---

52 同上書，頁二二六至二二七。
53 同上書，頁三〇九。
54 國民革命軍戰史初稿，第二輯，頁二五〇至二六〇。
55 周佛海「盛衰閱盡話滄桑」，引自「陳公博周佛海回憶合編」，頁二〇二。
56 國民革命軍戰史初稿，第二輯，卷一，頁三〇五至三〇六。

唐生智叛變期間，國軍第二十二路馮軼裴部，與叛軍石友三部對峙於津浦路南段滁州、全椒一帶。唐氏既敗，石氏表示悔過，蔣主席不咎既往，於一月二十三日任石氏爲河南清鄉總指揮，石氏電呈中央感謝優容，即日移防就職，而劣性未改。

四、中原大戰

(一)閻錫山之啓釁

閻錫山素工心計，自民國以來割據山西，表裏山河，於政局混亂中，置身事外，投機取巧以自固。北伐成功後，閻氏所統第三集團軍掩有晉、冀、察、綏四省，睥睨自雄。所部共五軍團，計步兵十三軍，五獨立旅，砲兵七旅，工兵三團，及若干零星部隊，合計三十餘萬人❶。

民國十八年，馮玉祥叛變時，閻氏從中操縱，(已詳第一目第二項)以政府禮遇甚厚，任爲陸海空軍副總司令，晉系人物趙戴文爲監察院副院長，趙丕廉爲蒙藏委員會委員長，以故遲疑未發。及馮氏失敗，「改組派」在粵亦一事無成，閻氏感到勢孤，對馮氏反多方迴護，與政府不斷齟齬，貌合而神離。同年十二月，石友三、唐生智叛變期間，閻竟擅委韓復榘、石

❶ 同上書，頁七

友三、何鍵、王金鈺等，爲中華民國陸軍第一、二、三、四等路司令。並以「黨事決諸黨員，國事決諸國人」，密徵東北邊防司令官張學良同意，旋以張氏不肯附和，韓復榘等默無表示，閻氏陰謀遂消弭於無形。及奉命出兵鄭州，夾擊唐生智，對唐部不加一矢，反縱之北逃，又收容叛軍孫殿英、劉春榮等部以爲己用，擅委爲第十四及二十軍長。他若分駐閩、蘇、魯三省之暫編第二師長盧興邦、第四十九師長任應歧、獨立第十旅長高桂滋等，均與閻氏暗通款曲❷。

中國國民黨中央委員會，以民國十八年各地軍人之叛變，改組派及西山會議派部分黨人有幕後策動之嫌，前後永遠開除黨籍者有馮玉祥、李宗仁、王法勤、傅汝霖、王樂平、汪兆銘等數十人，明令通緝者有陳公博、顧孟餘、鄒魯等數十人。及各地方軍人叛變先後失敗，閻錫山遂成爲實力人物，爲失意軍人政客所擁戴。

先是民國十八年九月，張發奎叛變，自宜昌、沙市回師南下，汪兆銘雖居法國，實幕後所操縱。汪氏並致電李宗仁，願損棄前嫌，共圖反抗政府；且建議張發奎所部改易番號，歸李宗仁節制。其後電報往返更多，李氏則勸汪氏早日返國，領導黨務❸。民國十九年春，汪兆銘自法返國，隱爲西山、改組兩派之領袖。會王樂平在滬遇刺身死，汪氏特發表聲明，謂係出於政治之暗殺行爲，乃共推閻錫山爲盟主，一時河北、山西道上，太原、晉祠之間，冠

---

❷ 國民革命軍戰史初稿，第二輯，卷二，頁一至二。
❸ 李宗仁回憶錄，頁六二六。

蓋雲集，各方使者絡繹不絕，凡歷年來不滿意中央之軍人政客，或親自北上，或派代表與閻接洽。改組派人物陳公博、西山派人物鄒魯、謝持等，均親往太原晤閻，廣西方面李宗仁特派葉琪、胡宗鐸、麥煥章等爲代表，前往參加，閻居然成爲全國軍政中心人物❹。閻命鄒魯至瀋陽說張學良，相約合作，得張氏首肯，閻以無後顧之憂，乃公開向政府挑釁❺。

蔣主席對閻氏異動早有所聞，一面派趙戴文至晉勸說，一面於二月九日致電閻氏，瀝陳黨國之危險，慎擇「救國之事，與禍國之罪。」彼此要「一心一德，貫徹始終。」❻十日，閻氏竟以「禮讓爲國」爲理由，電約蔣主席同時下野：略曰：

> 滬粵分裂，三全異議，各執一端，禍亂相尋不息，言之慨然。爲今之計，禮讓爲國，舍此莫由！山竊願追隨鈞座，共息仔肩。黨事決諸黨員，完成整個之黨，自此以後，黨事國事完全實行黨的決議，如有跋扈軍人違抗國家命令者，仍由鈞座以黨國元勳之資格負責糾正。……且禮讓爲國爲黃冑民族固有之精神，在野負責爲救國惟一之途徑。鈞座以仁讓風全國，豈特樹黨國億萬年太平之基，亦可導億萬人禮讓之路。❼

---

❹ 同上書，頁六二五。
❺ 鄒魯「回顧錄」，下册，頁三二二至三二三。
❻ 國民革命軍戰史初稿，第二輯，卷二，頁四六。
❼ 同上書，頁四七至四八。

二月十二日，蔣主席覆電答以革命救國事業乃屬義務，而非權利，不能為個人利害計放棄革命之責任❽。而閻氏於十三日來電竟又多加責難。十五日立法院長湖漢民、行政院長譚延闓、司法院長王寵惠，聯名對閻氏來電加以駁斥，切勸閻氏勿為汪兆銘等所利用。吳敬恆亦電閻氏曉以大義，對閻氏所指國民黨第三次全國代表大會代表人選，多屬指派一節解說甚詳❾。其後雙方電辯不已。二十日，中央宣傳部特發表「告同胞書」，說明中央對時局之態度，如有稱兵作亂者，當以武力討平之。二月二十一日，汪兆銘亦發出通電攻擊中央。二十三日，閻氏竟聯馮玉祥、李宗仁、白崇禧等四十五將領，通電反抗政府，並下動員令，對政府軍發動全面攻勢。二十六日，蔣主席復予閻氏以最後之忠告，戒其懸崖勒馬，維持和平，而閻氏仍執迷不悟。

三月一日，中國國民黨三屆三中全會在南京開幕，議決查明真象，武力制裁。同日，蔣主席電告第三集團軍各將領：「認清是非、力持正義。」共促閻氏及早自拔❿。五日，閻氏聲明偕馮玉祥出國以明初志，而暗中佈置更亟。乃釋放馮玉祥歸陝西，贈現洋八十萬元，手提機關槍二千挺，派兵接收北平、天津中央各機關，查封政府報紙，收繳政府軍軍械。十五日，叛軍鹿鍾麟等五十七將領，通電擁護閻錫山為「陸海空軍總司令」，馮玉祥、李宗仁、張學良

---

❽ 同上書，頁四八至五〇。
❾ 卅年動亂中國，上冊，頁一五四至一五五。
❿ 國民革命軍戰史初稿，第二輯，卷二，頁六五至六六。

爲副司令，（按：張學良曾於三月一日致電政府，以調人自居，二十二日致電政府，對鹿鍾麟等通電一無所知。）蔣主席既謀求和平絕望，痛心國是，曾有引退之想，其三月十九日日記記曰：

> 當此反動派聯合倒我，而我乃回里，必予反動派以造謠機會。實則我心目中本無敵人，蓋吾所信者爲主義。與主義背馳者，其足爲吾敵哉！⑪

四月一日，閻錫山通電就任「中華民國海陸空軍總司令」職，略曰：「軍民堅留環請，即組海陸空軍總司令部，以張撻伐。茲不得已，從黨員之催促，徇軍民之請求，謹於一日就職，統率各軍，陳師中原，以救黨國。今後如尚有挾黨部以作威福者，全國人民將起而討之。願我國人共起圖之，錫山必盡力以赴之。」⑫政府不得已於四月五日下令通緝閻錫山，調集兵力應付，所謂民國以來最大之慘劇「中原大戰」，遂以爆發。

自民國十九年二月十日閻錫山公開啓釁，至五月十一日戰事發生，閻錫山調兵遣將，日不暇給，合計叛軍總兵力約七十萬人，馬一萬二千四，長短槍三十七萬枝，大小砲一千八百

---

⑪ 蔣總統秘錄，第七册，頁一五五。

⑫ 卅年動亂中國，上册，頁一六〇。

門，機關槍三千挺，刀矛二十萬柄，另有鐵甲車飛機助戰⑬。閻錫山設司令部於太原，任劉驥爲總參謀長，以李宗仁爲第一方面軍總司令，由廣西分向湘粵進攻，以廣州爲目標。鹿鍾麟爲第二方面軍總司令，向河南進攻，主力集中鄭州，或南攻信陽襲南陽；或沿隴海路東犯徐州。以徐永昌爲第三方面軍總司令，控制北平、天津、保定、石家莊各地，爲總預備隊，分兵出擊魯西、皖北、津浦路北段，及其左右地區。以石友三爲第四方面軍總司令，由豫東侵魯，北向濟寧。以樊鍾秀爲第八方面軍總司令，固守臨穎、許昌。其他萬選才部向碭山，孫殿英部向宿州。如張學良、何鍵、劉文輝響應，擬任爲第五、六、七等方面軍司令⑭。

政府爲應付非常事變，動員兵力高達百萬，由蔣主席自兼討逆軍總司令，委朱培德爲參謀長，韓復榘爲第一軍團總指揮，由河南退守魯西之線。劉峙爲第二軍團總指揮，防禦蘇北徐州、碭山一帶。何成濬爲第三軍團總指揮，佈署平漢線許昌附近。陳調元爲預備軍團總指揮，擔任黄河南岸各軍之支援。並派何應欽爲武漢行營主任，主持湘鄂軍事⑮。五月一日，蔣主席以陸海空軍總司令名義，發佈討逆命令，限各軍十日以前完成準備，十一日開始總攻擊，於是展開中國近代史上空前之大内戰。

---

⑬ 國民革命軍戰史初稿，第二輯，卷二，頁二至五。
⑭ 同上書，頁八。
⑮ 參照潘公展「十年來的中國統一運動」，載「十年來的中國」，頁十二至十三。

㈡　豫皖之爭奪戰

民國十九年三月十一日，馮玉祥抵潼關，編隴海路沿線所部爲三軍團，以鹿鍾麟爲前敵總司令，孫良誠爲第一軍團司令，劉郁芬爲第二軍團司令，宋哲元爲第三軍團司令，合力東犯。十七日下動員令，二十日叛軍石友三、孫殿英部陷歸德，三十日叛軍僞河南省政府主席萬選才部陷開封。四月底，馮玉祥設司令部於洛陽西工，以僞安徽省政府主席孫殿英部爲先鋒，南陷亳州，進而威脅蚌埠、徐州。五月一日，閻錫山、馮玉祥會於豫北安陽，計畫對政府軍發動全面攻勢。

四月九日，蔣主席抵徐州指揮軍事，二十四日復在漢口召開軍事會議。五月九日，蔣主席乘行營列車由津浦路北上督師，十一日各線開始總攻擊。十二日，國軍第二軍團劉峙部，以第三師爲先鋒，在空軍戰車掩護下，自徐州沿隴海路西攻，十三日克馬牧集，十六日圍商邱，十八日收復之。

先是國軍第十一軍劉鎮華所部其五弟六十六師劉茂恩部，於民國十八年十一月收復洛陽後，追擊叛軍馮玉祥部於潼關，十二月三日唐生智在鄭州叛變，劉茂恩以腹背受敵，渡河退至晉南平陸一帶。（已詳第一目第二項）十一路軍總指揮部被唐氏所解決，所有直屬部隊、騎兵旅、特務團、教導團等，輾轉渡河撤至晉南垣曲。閻錫山副總司令乃命茂恩代理第十一路軍總指揮。時鎮華出國考察，初至日本，知閻氏之反覆，派其三弟茂松攜密函致茂恩，告其仍應隨時向中央請示機宜，然後決定行止⑯。時閻氏對中央背向尚舉棋不定，故對十一路軍極端猜忌，而加以監視。是以官兵饑寒交迫，困難萬狀。

中原大戰既起，蔣主席派總司令部參議茂恩七弟茂修至平陸防地，對茂恩慰勉有加，茂恩深爲感動，表面接受閻命率部離晉，開赴河南前線，改第十一路軍爲第十五軍，出任軍長；暗中先後命其七弟茂修、政治處長韋品方，至南京向政府請示任務。茂恩於四月十七日率部抵達豫東寧陵前線，五月十四日閻命歸晉軍將領楊效歐指揮。五月十八日，僞河南省政府主席萬選才來訪，茂恩曉以大義，勸其歸順中央，選才不聽，乃設計加以扣留，萬部全線乃向柳河以西潰退。十九日茂恩派總參議范滋澤、參議張宗汾，通過中央軍陣地，赴商邱晉謁蔣總司令，聽取指示解決晉軍方略。突聞馮玉祥所部西北軍二十餘萬，將於二十二日到達，以事態緊急，不及候范滋澤等歸，乃於二十一日晨二時，分向晉軍主力孫楚、關福安、楊效歐、趙綬等部發動襲擊。晉軍猝不及防，全線崩潰，昏夜中西潰，獲山砲三十六門，八二迫擊砲十八門，晉造重機槍三十六挺，步手槍三四千枝，騾馬三百餘匹，俘虜五六千名⑰。叛軍士氣爲之一挫，是以馮玉祥部叛軍雖大至，而國軍已取得主動地位。

六月十八日，蔣主席行營列車推進至商邱以西之柳河車站，隨車武裝力量不及三百人。

---

⑯ 中原文獻編輯部「鞏縣劉鎮華將軍事略」，載「中原文獻」第二卷，第十二期，頁六至九，民國五十九年十二月一日出版。

⑰ 劉茂恩「豫東寧陵討逆會戰經過」，載「中原文獻」第二卷第八期，頁十二至十八，民國五十九年八月一日出版。

是夜叛軍馮玉祥部鄭大章軍騎兵掩至，焚毀商邱機場飛機八架，有便衣騎兵五百餘人，竄至行營列車附近，蔣主席臨危不懼，坐鎮藍鋼皮車廂內，從容指揮，苦戰兩時餘，值中央軍校高級班學員一百餘人，自馬牧集開赴前線，準備分發參加戰鬥，與叛軍遭遇，叛軍深夜不知虛實，不敢久戰，乃穿越鐵路，向山東方向逃竄。是役國軍傷亡百餘人，叛軍遺留馬屍百餘匹，死傷不詳⑱。事後七月十五日蔣主席日記記曰：

> 當此之時，唯有忍守鎮靜，維繫軍心，以待其定，而期有濟。若至萬不得已，惟有一死以殉黨國；否則後退一步，革命大業全歸烏有，將成為民族千古罪人矣！⑲

是為勝敗關鍵之所繫，而蔣主席之決心和定力實為制勝疆場之先決條件。

國軍圍亳州久，空軍連日轟炸，城外防禦工事盡燬，偽安徽省主席孫殿英固守不下，叛軍孫連仲部騎兵來援，已近城下，疑孫殿英已向中央輸誠，乃向北趨。七月二十一日，國軍卒克亳州，叛軍前線遂失去憑藉。加以南路叛軍李宗仁、張發奎部已潰於湖南（詳本目第三項），津浦線國軍連戰皆捷，克復濟南（詳本目第四項），叛軍士氣沮喪，國軍遂於九月二十

---

⑱ 周開慶「編遣會議與中原大戰」，頁十五至十八，民國六十七年九月，四川文獻社經售。

⑲ 黃杰「中原大戰柳河車站討逆紀實——從一則日記仰窺總統　蔣公處變不驚的精神修養」，載「傳記文學」第三十一卷第六期，民國六十六年十二月出版。

八日克蘭封，孫良誠、宋哲元等，乃向西北退卻。

總計是役，自五月十二日國軍進攻馬牧集之戰開始，至八月下旬寧陵會戰結束，時近四月，雙方使用兵力達六十萬人，傷亡約二十萬人，極陣地戰之慘烈，盡戰略戰術之運用，而對峙於蘭封、杞縣溝壕之戰者甚久，是爲國軍討逆戰爭全盤勝利之契機⑳。

國軍第三軍團何成濬部，以殲滅平漢線南段叛軍，會師鄭州爲目的。五月中主力集中周家口、郾城、南陽、襄陽一線，分兩翼前進，與叛軍龐炳勛、吉鴻昌、張維璽、孫良誠、張自忠、馮治安、宋哲元、樊鍾秀、劉桂堂、劉汝明等部連日激戰。六月六日，樊鍾秀被國軍空軍炸斃於許昌城下，叛軍士氣一挫。六月七日國軍克許昌，因戰局重心移至豫東、皖北，雙方形成對峙局面㉑。

九月十八日，東北軍進關（詳本目第五項），叛軍士氣大挫。十月初，國軍在河南前線發動全面攻勢，十月三日克開封，叛軍將領吉鴻昌，受馮玉祥舊部李鳴鐘勸說，首先輸誠，梁冠英、張相印等繼之，叛軍全軍因之崩潰。馮玉祥棄軍由鄭州渡河，挈少數衛隊，取道新鄉，經焦作，復入山西，鄭州遂於十月六日被國軍所收復。其時駐紮豫北之孫連仲、張維璽等部猶欲隨之，馮以大勢已去，轉令其投歸中央。馮氏寄居汾陽，政府體念其革命之前功，仍予

⑳ 國民革命軍戰史初稿，第二輯，卷二，頁一三三至五六〇。
㉑ 同上書，第二輯，卷三，頁五六一至六八四。

以寬厚之禮遇㉒。

十月十五日，馮部將領鹿鍾麟、宋哲元等，發表通電，宣佈「遵令撤防」，並聲明：「軍事善後如何妥籌收束，謹當靜候公平措置。」叛軍先後被政府收編者十餘萬人。鹿鍾麟、劉郁芬等通電下野，宋哲元率殘部渡河至晉南者約三、四萬人㉓。十月二十三日，政府任命李鳴鐘爲豫皖鄂三省邊防清鄉督辦，張之江爲江蘇清鄉督辦。民國二十年元月，政府改編宋哲元部，初任爲第三軍長。六月，再改編所部爲第二十九軍，以宋哲元、劉汝明爲正副軍長。

(三) 桂軍挫於湖南

叛軍第一方面軍總司令李宗仁，與北方叛軍閻錫山、馮玉祥議定，以黃紹竑爲副總司令，白崇禧爲總參謀長，下轄第一路指揮官張發奎、第二路指揮官白崇禧兼，第三路指揮官黃紹竑兼，於五月上旬，自動放棄桂南桂平、貴縣、橫縣等地，主力秘密北移，集中桂東，分三路入湘：第一路取道柳州、桂林出全州，直向永州、衡陽前進。第二路出平樂，經永明、道州，亦向永州、衡陽集中。第三路則佈置於遷江一帶，爲一、二兩路軍之掩護，俟兩軍入湘後，跟隨前進，廣西境內則酌留保安隊以維持治安㉔。

㉒ 馮玉祥傳，下册，頁三四四至三四五。

㉓ 劉汝明回憶錄，頁一一〇，傳記文學出版社，民國五十八年八月出版。

㉔ 李宗仁回憶錄，頁六二七。

五月十五日，叛軍分向永州、白水猛攻，與國軍第四路軍何鍵所指揮之第十五、十六、十九等師，及獨立第七旅展開激戰。二十七日，湘軍唐生明（唐生智之弟）率部叛變，叛軍乃攻陷衡陽、寶慶等地，六月三日陷長沙。國軍朱紹良、夏斗寅、錢大鈞等部，倉卒退入湖北境，何鍵部退入江西醴陵一帶。六月八日，岳州、平江復陷，叛軍前鋒進至湖北境內。李宗仁親駐岳州指揮北攻軍事，黃紹竑後繼輜重向衡陽跟進，預計十五日可以佔領武漢。一時武漢震動，大局頗為嚴重㉕。

時武漢空虛，駐兵僅數團，武漢行營主任何應欽設計惑敵，命駐軍夜乘兵車北向，次晨原車開回，列隊穿過市區，叛軍情報不實，誤以援軍大至㉖。加以李宗仁、張發奎對湖南省政府主席人選發生爭執，乃遲疑不進，予國軍以可乘之機㉗。

武漢行營主任何應欽，為應付劇變，命國軍第六路軍朱紹良部第五十師於五月二十九日，由廣州乘輪北運，六月十日到達武漢，第八師繼至南京待命。復命第八路軍陳濟棠部，於五月二十七日由韶關、樂昌向郴州集中，六月二日到達；陳濟棠且親至樂昌督師。十日陳部蔡廷鍇、蔣光鼐師乃佔領衡陽，叛軍頓被腰斬，首尾無法兼顧。李宗仁、張發奎聞後路被襲，乃於六月十八日自長沙引兵還救，國軍海軍艦隊乃於六月十四日收復岳州，十七日第四路軍

㉕ 李宗仁回憶錄，頁六二八。
㉖ 國軍將領胡璉向筆者口述。
㉗ 蔣總統傳，上冊，頁一五四。

藉海軍掩護，收復長沙。二十五日後，叛軍在衡陽洪橋地方與第八路軍主力發生鏖戰。是年湖南大旱，赤地數百里，叛軍輜重給養則滯留於湘、桂邊界。當地購糧不易，械餉兩缺，軍心渙散，雖李宗仁親自督戰，仍無法挽回頹勢。叛軍第七軍師長梁重熙、第四軍副師長李漢烱皆戰死，國軍第八路軍旅長張世德亦不幸中彈陣亡，叛軍傷亡慘重，潰不成隊，係桂系軍隊作戰以來未曾有之挫敗，乃南向回竄零陵，是爲大局之轉捩點㉘。

六月底，國軍第四路軍跟蹤追叛軍至零陵，至七月一日，叛軍全線崩潰，被俘二千餘，獲槍千餘枝，砲兩門。七月五日後，叛軍陸續取道全州退回廣西，精銳盡失，勢難再舉，其與閻錫山、馮玉祥會師中原之計畫完全失敗。國軍第四路軍亟需分兵綏靖地方，第八路軍除蔣光鼐、蔡廷鍇兩師集中漢口，轉調津浦線作戰外，（詳本目第四項），其餘久戰之餘，有待補充休息，致未能進攻廣西，掃蕩殘敵㉙。叛軍則於極端困窘之時，得閻錫山接濟四十萬元，得倖免於覆滅㉚。

同年八月，黃紹竑以前途無望，通電息兵下野，取道安南赴香港。張發奎部原有萬餘人，自十八年秋從宜昌、沙市南犯，首敗於廣東從化，再挫於廣西北流，三潰於湖南衡陽，至是所剩不過五、六百人，經李宗仁撥其所部許宗武、梁重熙兩師殘餘六千人加以補充，復又成

㉘ 參照「陳濟棠自傳稿」，頁三九；「李宗仁回憶錄」，頁六二九。
㉙ 國民革命軍戰史初稿，第二輯，卷三，頁七四七至七七三。
㉚ 李宗仁回憶錄，頁六二九。

隊。其後李、張因購自德國軍械分配問題發生齟齬，貌合而神離。二十年九一八事變後，張表示服從政府，自柳州率部入湘，從此脱離桂系系統。李宗仁、白崇禧則西驅入侵南寧滇軍，趁廣東事變，逐漸恢復對廣西之控制，李宗仁並赴廣州，與粵方通款曲，和平接收梧州以西各地區，對中央仍居於半獨立狀態㉛。

(四) 晉軍潰敗山東

中原大戰既起，閻錫山本擬親自主持津浦路戰事，以傅作義於民國十六年十月至十七年二月，涿州之戰，與奉軍將領張學良有交誼，乃以傅氏任其事。傅氏曾向控制東北四省之張學良借到列車一百輛，以爲運兵之用，山西名將張蔭梧、王靖國等，均率所部至德州前線作戰，統歸傅氏所指揮㉜。國軍以第一軍團韓復榘部當正面之敵，下轄韓復榘所兼之第三路軍，馬鴻逵之第十五路軍，范熙績之第二十六路軍，劉珍年之獨立第二十一師，及鐵甲車四列，航空隊二隊，沿滕縣、金鄉、城武、曹縣、東明、長垣、新鄉佈署陣地，迎擊叛軍㉝。

叛軍僞山東省政府主席石友三當西路，於五月初自長垣、封邱强渡黃河，佔領東明、考城，進迫荷澤，與國軍第二十六軍爭奪於曹縣、鉅野一帶。東路傅作義、李生達所部叛軍，

㉛ 同上書，頁六三二至六三五。
㉜ 陳公博「苦笑錄」，頁二三二，香港大學亞洲研究中心，一九八〇年二月出版。
㉝ 國民革命軍戰史初稿，第二輯，卷三，頁六八五至六八七。

則沿津浦鐵路及其兩側南下，五月四日陷平原、禹城，六月初逼近黃河北岸。六月二十四日自青城偷渡黃河，二十五日陷濟南，分兵兩路：一路沿津浦線南犯，連陷肥城、泰安，與國軍第十五路激戰於泰安、兗州之間。七月初，叛軍進圍曲阜，城中落彈纍纍，勢甚危急。另路叛軍沿膠濟路東犯，國軍第三路被迫退至周村、濰縣一帶㉞。

七月下旬，湖南討逆戰事告一段落，隴海、平漢兩路戰事國軍已取得決定性勝利，蔣主席乃調兩戰場國軍主力北上增援。以六十師蔡廷鍇、六十一師蔣光鼐增援津浦路正面，第五十三師李韞珩增援膠濟路沿線。七月二十八日，第二集團軍總指揮劉峙，集合各軍師長於兗州，決定即晚佯攻，俟至三十一日夜全面行動。時連日大雨，道路泥濘，車輛運轉十分困難。蔣主席親蒞前線督師，士氣爲之大振，八月六日克泰安，八月十二日擊潰叛軍主力於長清，俘虜萬餘人，獲步槍萬餘枝，傅作義、李生達等僅以身免㉟。政府論功，以蔡廷鍇、蔣光鼐兩師合編爲第十九路軍，任蔣光鼐爲總指揮，蔡廷鍇爲軍長。

或謂晉軍官兵多染有海洛英嗜好，身懷香煙，以海洛英置於香煙尖端，仰天吸食，名曰「衝天砲」，適逢大雨多日，官兵在戰壕無所掩蓋，不特「衝天砲」無法使用，即其所懷之海洛英亦潮濕殆盡，不堪吸食，官兵精神困憊欲死，喪失戰鬥能力，一遇國軍反攻，惟有後退

㉞ 同上書，頁七七五。
㉟ 國民革命軍戰史初稿，第二輯，頁八一八至八四九。

之一途，否則將遭全軍覆没[36]。是亦國軍獲致勝利之一因素。

八月十三日，天氣放晴，國軍以六十一師爲先鋒，向濟南追擊前進，十五日下午二時克復濟南，叛軍望風北遁，以黄河鐵橋已被破壞，橋上堵塞列車數十輛，無法通過，黄河南岸船隻均被扣留北岸，叛軍幾全被俘，獲步槍三萬餘枝，大砲二百三十門，飛機三架，輜重彈藥甚多[37]。時值河水氾濫，少數渡河北逃叛軍，秩序大亂，溺斃者甚多[38]，造成討逆戰爭決定性之勝利。

國軍第三路軍韓復榘部，以一部固守濰縣，主力於七月底退至濰河以東，堅守高密一帶陣地。八月三日，援軍李韞珩師自青島登陸，合第三路軍九日渡河向濰縣、安邱追擊前進。時津浦線叛軍已經崩潰，膠濟線叛軍爲之動搖，乃向北徹退。十七日，國軍克周村，是晚韓復榘抵濟南，與第二軍團總指揮劉峙，會商渡河追擊辦法[39]。

石友三則於晉軍潰敗後，不受閻錫山約束，將所部撤至豫北新鄉屯紮[40]。聞東北軍進關，乃通電服從政府。政府不咎既往，仍任其爲第十三路軍總指揮，駐紮河北順德，歸張學良所

---

[36] 見柏文蔚「五十年經歷」，近代史資料，總四〇號，頁五九，中華書局出版。另「卅年動亂中國」上册，頁一六〇至一六一。

[37] 國民革命軍戰史初稿，第二輯，卷三，頁八五〇至八五六。

[38] 蔣總統傳，上册，頁一五四至一五五。

[39] 國民革命軍戰史初稿，第二輯，卷三，頁八五六至八七二。

[40] 苦笑錄，頁二三六。

節制。閻錫山以傅作義代理僞山東省政府主席，收集潰兵於滄州。國軍第二軍團乃轉用於隴海路沿線，第一軍團乘機綏靖地方。九月下旬，與東北軍相呼應，收復黃河北岸各地㊶。

(五) 平定河北與肅清陝西

方中原大戰方酣之際，東北邊防軍司令長官張學良，作壁上觀，一時爲時局推重之關鍵人物，政府與叛軍代表絡繹於途。政府派代表吳鐵城、張群、李煜瀛、宋子文等前往曉以大義；閻錫山派鄒魯、賈景德、薛篤弼、孔繁蔚、覃振等亦至游說。吳鐵城等善交際，爲投其所好，出手大方，餽贈張學良及其左右無虛日。或謂吳氏頻行，上海各珠寶店名貴鑽戒被收購一空㊷。或謂吳氏代政府贈張學良現款五百萬，公債一千萬㊸。或謂政府允張學良海陸空軍副總司令，河北、山西管轄權，及現金六百萬元㊹。鄒魯等則相形見絀，除僅允予張學良「全國海陸空軍副總司令」虛銜外，別無實惠，鄒魯等雖三千元開支，必請示閻錫山批准，始能匯款接濟㊺。加以張學良對民國十四年馮、奉戰爭，及馮玉祥煽動郭松齡之倒戈，舊恨仍在；況政府名正言順，所給予之條件足以引人入勝，而隴海、津浦兩路叛軍已經敗衄，張學

㊶ 國民革命軍戰史初稿，第二輯，卷三，頁八七八。
㊷ 五十年經歷，近代史資料總四〇號，頁六〇。
㊸ 苦笑錄，頁二三六。
㊹ 李宗仁回憶錄，頁六三〇。
㊺ 馮玉祥傳，下冊，頁三四三。

良爲左右少壯軍人所包圍，咸欲入關創新局面，乃於九月十七日發佈進兵關內動員令，以于學忠統第一軍，王樹常統第二軍，胡毓坤統第三軍，張煥相爲前敵總司令，十八日分隊入關㊻。同日張氏上南京中央黨部、國民政府電，略曰：

學良委身黨國，素以愛護民衆維持統一爲懷，不忍見各地同胞再罹慘劫。……凡我袍澤均宜靜候中央措置，海內賢達不妨各抒偉見，共謀長治久安之策。學良如有所得，亦必隨時獻納，藉供採擇。衆志成城，時艱共濟，庶人民生活得免流離之苦，國際地位可無墮落之虞。㊼

東北軍第一軍本駐灤州，乃沿北寧路南進。事前通告晉軍，讓出防地，以避免衝突，晉軍乃不作抵抗，先期撤退㊽。九月二十一日，東北軍第一軍董英斌旅接收天津，二十三日接收北平。董部沿平綏線前進，劉乃昌、白鳳文等旅，則沿平漢線向高碑店、保定追擊。第二軍李福和等旅，則沿津浦線南下，佔領滄州，所有河北境內叛軍，相繼退入晉省㊾。二十七日，政府任命王樹常爲河北省政府主席，于學忠爲平津衛戍司令。張學良則於十月九日在瀋

㊻ 國聞週報，第七卷，第三七期，一週間國內外大事述詳，民國十九年九月二十二日出版。
㊼ 國民革命軍戰史初稿，第二輯，卷二，頁七四。
㊽ 苦笑錄，頁二三六。
㊾ 國民革命軍戰史初稿，第二輯，卷三，頁一二〇五至一二〇六。

陽就任中央所委派之陸海空軍副總司令之職。

先是十月六日，國軍既克鄭州，大軍雲集。七日，蔣主席由開封進駐，指揮各軍分道追擊叛軍馮玉祥殘部，九日黃河以南殘敵完全肅清，乃委何應應欽爲行營主任，主持河南軍事善後。以楊虎城所部第七軍爲「拯陜軍」，以蔣鼎文所部（第六、九、十各師）爲「拯隴軍」，分任司令官，向洛陽、潼關追擊前進。十月七日克洛陽，十日克新安，二十五日克潼關，宋哲元率殘部渡河入晉（已詳本目第二項）。二十八日，國軍先頭部隊抵達西安城郊，西安城防司令陳玉耀表示願和平讓地，地方士紳亦組和平委員會前來迎接，國軍遂於二十九日接防西安。九月二日，楊虎城令陜西參加討逆各軍停止軍事行動，各就現地集結整頓㊿。

山西叛軍徐永昌、孫楚等殘部約二萬人駐璐安，張蔭梧、傅作義等殘部約二萬人駐娘子關，張會詔等殘部約五萬人駐大同，均聽命中央改編。十月十三日，蔣主席爲戡平叛亂昭告國人曰：

> 自桂系倡亂以及最近閻、馮之叛變，此仆彼起，接踵相屬，囂囂擾攘，亘時兩載，政府不得不戡亂以止亂，國民乃不得不犧牲代價以求和平。幸大義已深入人心，將士皆奮勇而效命，空前變亂告平除，海宇再一，祥和重見。……中正認爲目前第一要義爲鞏固國家之統一，故一切可處置以寬大，而破壞統一之事不可恕。一切可容忍，而危

㊿ 同上書，頁一二〇六至一二一一。

害國本之漸不可啓。中正夙昔所懷者如此，今後所秉以努力黨國者，亦仍不外乎此。51

遲至十一月四日，閻錫山、馮玉祥始通電聲明「釋權歸田」。略曰：

原擬俟主張貫澈，再行引退。今者撤兵河北，損失及半，若再欲以戰爭求達目的，已屬不可能。錫山等亦不欲再用武力，致使地方糜爛，苦我民衆。茲將冀、察、綏、甘、寧、青等省政治，交與各該省府，軍隊交與各該總司令，整理結束，以善其後。錫山、玉祥即日釋權歸田，藉遂初服。52

閻錫山經天津化裝逃往大連，馮玉祥匿居汾陽玉帶河附近山中，「每日刻苦讀書寫字」，而野心未歛53。

此次戰役，自民國十九年五月起，至十月底止，時間延長六個月，戰線廣達數千里，叛軍動員兵力約六十萬，政府動員兵力超過百萬。結果叛軍半數輸誠，死傷在十五萬以上，國軍死傷約九萬人。（一說雙方死傷四十餘萬，一說七十萬，疑誇張。）54 戰場破壞之慘烈，目

51 同上書，頁七九至八二。
52 國聞週報，第七卷，第四十七期，民國十九年十月二十七日出版。
53 李雲漢「宋哲元與七七抗戰」，頁二十，傳記文學出版社，民國六十二年九月出版。
54 蔣總統傳，上册，頁一五六。

不忍睹，人民生命財産之損失，難以數計。誠民國以來最大最惡之戰爭，不特四大集團軍一一瓦解，政府實力亦大損折，安内攘外之憑藉爲之削弱。

五、北平擴大會議

㈠擴大會議之由來

擴大會議之醞釀，自民國十八秋馮玉祥在河南叛變時即已開始，以汪兆銘爲首之改組派人物爲之倡導，部份西山會議派附和之。主張團結國民黨所有新舊勢力，冶爲一爐，「改造黨務」，重新創制立法，組織中央黨部，「實行訓政建國工作」。以馮軍迅即失敗，故無所成。及馮氏下野潛赴晉省依閻錫山，被閻氏所羈留，此一運動乃由河南移至平、津一帶閻氏勢力範圍内，進行更趨積極。及十九年二月十日閻氏公開背叛政府，改組派二屆中委陳公博、王法勤，及西山派二屆中委謝持、鄒魯、傅汝霖等，乃先後自香港北上，聯絡閻氏。陳公博、王法勤於三月三十日由天津赴北平，即晚轉道平漢、正太鐵路赴太原，晤閻錫山❶。鄒魯、謝持、傅汝霖遲至四月十一日始抵晉，即與陳、王等會商黨務問題。

陳公博、王法勤等，秉承汪兆銘主張，只承認民國十五年一月中國國民黨第二次全國代

---

❶國聞週報，第七卷，第十一期，一週間國内外大事述詳，民國十九年三月三十一日出版。

表大會在廣州選出之二屆中委爲正統，否認民國十五年三月西山派在上海選出二屆中委之地位，招致西山派之不滿，兩派爲黨統問題而發生爭執。陳公博認爲：「解決黨只有兩條大路：一條大路是維持黨統，一條大路是從新幹過。」「要談黨統，則不能不確認十五年來領導全國革命的二屆中委。」（按：指廣東所選出者）❷鄒魯則表示：「黨統早已破碎，爲事實計，非團結整個之黨，不足以救黨，而欲團結整個之黨，祇有就一屆，或粵滬兩個二屆，或合各方各屆之執監委員，組織一種委員會，以執行黨之職務最爲適當。」❸陳公博在太原停留二十日，復經北平返天津，再與覃振等相會，覃卻主張：「現在要成立一中央幹部委員會，凡係一、二、三屆革命份子一致參加，但並不根據三屆合一之名義，將來一切黨政問題，均取決於中央幹部會。」❹雙方仍相持不下。

四月二十二日，閻錫山派賈景德偕陳公博赴鄭州晤馮玉祥，徵詢擴大會議意見。五月四日陳偕馮氏代表赴津與覃振洽商，始有轉機。乃撇開「法統」不談，專從「非常」二字著眼。五月五日，汪兆銘來電贊同，並將起草之宣言寄津。於是覃振、王法勤、陳公博、傅汝霖、白雲梯、茅祖權等，在北平什剎海會賢堂聚議，討論汪兆銘所擬宣言稿，俱無異辭。十九日鄒魯偕趙丕廉返平，亦表贊同。於是改組派在北平組織「各省市黨部代表聯合會」，公開活

---

❷ 陳公博「護黨救國集」，頁二五至二六，出版時地不詳。
❸ 鄒魯「澄廬文集」，第二集，頁一二九至一四一，民國二十三年廣州出版。
❹ 國聞週報，第七卷，第十一期，一週間國內外大事述詳，民國十九年四月七日出版。

動；西山派則以「孫文主義同志會」爲旗號，網羅一切黨人，彼此一致主張聯合第一、二屆國民黨中央執監委員，共組臨時中央黨部，另行召集「全國第三次代表大會」，選舉第三屆中央委員，以否定南京已舉行之第三屆全國代表大會，而將過去粵滬、寧漢之爭黨統問題一筆勾消，不留痕跡❺。遂由葉琪持閻錫山函，往香港迎汪兆銘北上。

六月一日，汪兆銘忽在香港發表通電，再度强調廣州二屆中委爲合法，復引起西山派鄒魯、謝持等之不滿，並於六月五日發電駁斥，黨統問題一時再陷僵局。後由閻、馮調停，決定其辦法：共同發表聯合宣言，另由廣州二屆中委發表擴大會議宣言，上海二屆中委發表贊成宣言，署名同爲「中國國民黨第二屆中央執行委員會」，始獲得雙方諒解，汪兆銘方於七月二十三日取道日本抵北平，參加擴大會議，其吵嚷與不協於此可見。

(二) 擴大會議之經過

民國十九年七月十三日下午二時，「擴大會議」在北平中海之懷仁堂舉行成立典禮，出席委員陳公博、王法勤、白雲梯、潘雲超、覃振、鄒魯、謝持、傅汝霖、張知本、趙丕廉十人，其他委員或在前線（如閻錫山、馮玉祥、李宗仁），或在海外未及趕到參加（如鄧澤如、汪兆銘、陳璧君、顧孟餘等），多由代表出席，署名者凡三十人，包括廣州一、二屆中委，及上海二屆中委。另有北平市、河北省黨政軍憲警各機關，各民衆團體代表百餘人，中外記者六、

---

❺ 卅年動亂中國，上册，頁一六二至一六三。

七十人。由王法勤擔任臨時主席，其成立宣言，歪曲事實，極盡詆毀蔣主席及政府之能事。略曰：

本黨組織爲民主集權制，某則變爲個人獨裁，僞三全代表大會指派圈定之代表，數在百分之八十以上。本黨政治在扶植民主政治，某則托名訓政，以行專制，人民公私權利，剝奪無餘。甚至生命財產自由，亦無保障，國亦不國，去歲以來分崩離析之禍，皆由此釀成也。某不惟不怍，且方以摧殘異己，屠殺無辜爲快心之具。同人等痛心疾首，務以整個之黨還之同志，統一之國還之國民，在最短期間，必依法召集本黨第三次全國代表大會，解除過去之糾紛，掃蕩現在之障礙，使本黨之主義與政策得以實現。同時並根據總理十三年十一月北上宣言，召開國民會議，使人民迫切之要求得以充分實現，而本黨爲人民謀解放之主義與政策，得以在會議中與人民合爲一體。❻

乃推定汪兆銘、趙戴文、許崇智、謝持、王法勤、柏文蔚、茅祖權七人爲常務委員，下設組織、宣導、民訓三會，民族、海外兩部❼。七月二十三日，汪兆銘抵北平後，二十四日約集謝持、鄒魯、陳公博、傅汝霖等，交換組織政府、民衆運動等問題，意見逐漸一致。並

❻ 國聞週報，第七卷，第二十八期，民國十九年七月二十八日出版。

❼ 卅年動亂中國，上冊，頁一六四。

接見張學良駐北平代表危道豐，相談歡洽。二十八日上午十時，在汪氏主持下，假懷仁堂舉行擴大會議談話會，議決七項基本原則：

一、籌備會議，以各種職業團體爲構成分子。

二、按照建國大綱，制定一種基本大法，（其名稱用約法或憲法再定）確定政府機關之組織，及人民公私權利之保障，此基本大法應由國民會議公決之。

三、民衆運動與組織，應按照建國大綱，由地方自治做起，嚴防共產黨激起階級鬥爭之禍端。

四、各級黨部對於政府及政治，立於指導監督地位，不直接干涉政務。

五、不以黨部代替民意機關。

六、總理遺教所謂以黨治國，乃以黨義治國，集中人才，收群策群力之效。

七、關於中央與地方關係，照建國大綱，採均權制度，不偏於中央集權，或地方分權❽。

七月三十日，擴大會議改在中山行館舉行，由汪兆銘任主席。是時津浦、隴海沿線戰事膠著，華南方面因陳濟棠所部粵軍入湘，李宗仁、張發奎潰退廣西；而共黨趁機擾亂湘、鄂、

❽ 卅年動亂中國，頁一六五。

贛三省，並於七月二十八日陷長沙，擴大會議爲收拾人心計，乃推汪兆銘起草宣言，誣指國民政府不救長沙之非計。

八月四日，汪兆銘特至石家莊晤閻錫山，交換組織政府大政方針。八月七日上午，舉行擴大會議第一次會議，主要討論，黨務方面：黨員重新登記，恢復各省市黨部，籌備第三次全國代表大會。政治方面：擬俟黨務處理完善後，再行建立政府。會八月十五日晉軍退出濟南，咸主提前成立政府以振奮人心。以顧慮東北張學良態度，初派郭泰祺、賈景德、薛篤弼等前往致意，繼命覃振、陳公博從事游說。張氏時避暑北戴河坐觀成敗，乃虛與委蛇，不肯作正面答覆。覃、陳等誤認張氏決不致爲政府之助，乃於二十六日返平覆命❾。其時政府代表吳鐵城、張群等亦在北戴河與張學良有所密談，於覃振、陳公博離開後，仍滯留多日。張學良既決定服從政府，(已詳第二目第五項) 乃於八月三十回瀋陽，召集東北各省軍政要人會議，將對叛軍採取行動，而擴大會議尚瞶然不知。

八月二十九日，覃振、傅汝霖等赴太原，與閻錫山商討組織政府問題，汪兆銘、鄒魯、陳公博、冀貢泉等，則留北平，起草「國民政府組織大綱」。九月一日上午九時，汪兆銘在中山行館主持擴大會議第五次大會，通過「國民政府組織大綱」十六條，依其規定：國民政府設委員會，由中央黨部推舉委員七人至十一人組織之，並推定一人爲主席，在國府之下設立內政、外交、財政、司法、陸軍、海軍、教育、交通、農礦、工商、國營實業等十一部，及

---

❾ 苦笑錄，頁二三五至二三六。

中央監察院、軍事委員會、最高法院、法制委員會、官吏懲戒委員會、考試委員會、蒙藏委員會、僑務委員會等機構，與南京國民政府之遵循國父遺教，實行五種治權之五院制迥然不同。旋即推定閻錫山、唐紹儀、汪兆銘、馮玉祥、李宗仁、張學良、謝持爲國民政府委員，並推定閻錫山爲主席，通令全國，予以公佈⑩。

閻錫山於九月七日抵北平，發表「公平内政，均善外交」談話。九月九日上午九時，閻與汪兆銘、謝持舉行就職典禮於中海之懷仁堂。其所以選定九月九日者，以「九」與「久」諧音，將來即可名之「九九紀念日」。且又適值民國十九年，就職時間定爲上午九時，如此則湊爲四個九字⑪。（按：好事者謂四九合爲三十六，三十六計走爲上著，擴大會議之不能持久，早已定局。）閻就職登臺時，忽有中央飛機向清故宮三海投下炸彈，一枚正中中海之懷仁堂前湖中，衆大驚駭，亦爲不祥之兆⑫。

閻、汪、謝就職後，即電唐紹儀、馮玉祥、張學良、李宗仁各於所在地分別就職，僅馮玉祥於十一日電告在鄭州就職外，其他諸人均無表示。閻就職次日即趕赴前線指揮軍事，數日後擴大會議依據閻、馮之推薦，復於十五日加推「第四方面軍總司令兼山東省政府主席」石友三、「第七方面軍總司令兼四川省政府主席」劉文輝爲國民政府委員，石則一身反骨，毫

---

⑩ 民國十九年九月二日，上海中央日報。
⑪ 國聞週報，第七卷，第三十六期，中外大事評述，民國十九年九月二十二日出版。
⑫ 馮玉祥傳，下册，頁三四一。

無氣節之可言；劉則遠在四川，無關全局。名器濫授，步伐凌亂，規章盡失。

九月十八日，東北軍既入關，二十日汪兆銘等潛離北平，擴大會議委員及高級職員相繼赴太原，亦有逃避天津租界者，距北平僞政府成立僅十日，殆民國史上最短命之政府也。

㈢ 太原約法

民國十九年九月二日下午六時，北平擴大會議舉行臨時會議，推定鄒魯、陳公博、白雲梯、黃復生、陳樹人起草「中國國民黨第三次全國代表大會組織法」，及「籌備委員會組織條例」，互推汪兆銘、張知本、茅祖權、冀貢泉、陳公博、鄒魯、顧孟餘七人爲約法起草委員，另聘法學專家六人參加。迨東北軍入關，擴大會議委員及高級職員多乘車經石家莊轉赴太原，九月二十五日，在太原傅青主祠堂繼續開會。或因軍事失利灰心，或對約法本無興趣，陳公博則十有九次缺席⑬。惟鄒魯自始至終最爲認真⑭。

十月十八日，擴大會議議決通過「國民會議組織條例」十條，規定國民會議以現代實業團體、商會、教育會、大學、各省學生聯合會、工會、農會、自由職業團體、婦女團體、陸海空各軍、各政黨所直接選舉之代表組織之。惟各政黨均需經國民政府註册，每黨有黨員五千人以上者得舉一代表人，十萬人以上者得舉代表五人。

---

⑬ 苦笑錄，頁二四七。
⑭ 鄒魯「回顧錄」，下册，頁三二六。

自十月三日起，約法起草委員會每日開會，直至十月二十七日止，三讀完成草案。全文八章，二百十一條，世稱「太原約法」。約法起草委員會並將約法草案提交擴大會議通過，即日公諸報端，並附以宣言，期以三月，徵求全國人民真實意見及正當批評。宣言中提出約法草案之基本精神，略曰：

> 草案全部以「建國大綱」爲綱領，而根據之以定條目。「建國大綱」注重於滿足人民之需要，訓導人民之智識能力，使之能自決自治。故草案於人民之自由權利義務一章，詳爲保障與規定，使能自動的完成個人之人格，而擔當國民之大任。「建國大綱」注重以縣爲自治單位，及中央與省之權限，採均權制度，故草案於國權及中央制度，地方制度諸章，悉準此旨以爲釐定。務期掃蕩十九年來軍人主政與割據地方之惡習，及使人民得有行使直接民權之根據。此外更依據總理遺教，見諸建國方略及第一次全國代表大會宣言者，訂爲教育、生計兩章，以期養成民德、民智、民力，而馴致於民生主義實行之域。⑮

天津大公報曾刊登「太原約法」全文，並發表一篇社論，對「約法」加以讚賞。指出其優點有五：㈠對犯罪嫌疑人之國家賠償法，採各國最新法例，極合人權法理。㈡一切關於人

---

⑮ 同上書，頁三二一五。

民自由權利義務之規定，比較任何國家現行憲法爲周密。㈢許省制憲，爲集權分權之政爭消弭不少禍源。特許國家對各省之課稅，用法律加以限制或禁止。㈣一掃國軍私有之根蒂。㈤教育、生計兩章均見精彩，求諸現時德、俄憲章，未能有如是之細密⑯。是僅就約法本身而論，亦博得部分社會人士之同情。

十一月一日，汪兆銘、陳公博等離太原，化裝取道平綏路，經北平、天津皆不敢停留，南下逃避香港。十一月十二日，擴大會議各委員於發佈其對國是基本主張宣言後，離太原四散。其宣言略曰：

今日之事，不當斤斤於勝敗，而唯當求內戰原因拔而去之。不然則內戰之賡續無有已時，而國家之危亡，人民之憔瘁，遂終於不可救。……其一，召集國民會議，通過約法草案，於必要時先行頒佈約法，由國民會議追認之。其二，另行召集第三次全國代表大會。其三，於此有須注意者，約法能否實行，須視國民會議及全國代表大會之結果如何？而國民會議及全國代表大會之能否獲得良好結果，又須視其組織法而定。故國民黨必須依據總理當日宣言，以民衆團體由團員直接選出之代表爲構成分子，全國代表大會必須依據總章，由黨員投票選出代表。⑰

⑯ 卅年動亂中國，上册，頁一六九至一七一。
⑰ 同上書，頁一七五至一七六。

鄒魯抵天津後，曾先後撰「解釋約法」、「約法説明」、「治亂之機」等文，送大公報發表，將「太原約法」內容分章加以解釋[18]。惟擴大會議雖失敗，但其主張召開國民會議，制定約法建議，則爲蔣主席寬宏大度所接受。民國十九年十月三日，蔣主席自開封軍次特致電南京中央黨部，建議提前召開第四次全國代表大會，以確定召開國民會議，頒佈憲法日期。略曰：

本黨於此可以徵詢全國公民之公意，準備以國家政權奉還於全國國民，使國民共同負責，以建設我三民主義之國家。其須佈憲法日期，原已規定於訓政綱領中，應再提請國民會議正式決議，並請共同擔負籌備憲法起草會議之責。而憲法未頒佈以前，如須先制定一種臨時適用之約法，使訓政綱領所規定與第一次全國代表大會宣言中之政綱，亦能爲全國國民所了解，亦可由國民會議討論之。[19]

此一提議內容，可説完全採納擴大會議之三項主張，旨在和平統一，消弭內亂，光明而正大。可惜此項極有見地，極具建設性之建議，卻爲立法院長胡漢民所激烈反對，引起黨內另一大政潮，是國民黨之不幸，亦國家之大不幸！

[18] 回顧錄，下册，頁三二六。
[19] 引自「卅年動亂中國」，上册，頁一七九至八〇。

六、結論

自晚清太平天國、捻、回之亂迭作，湘、淮軍將領以戰功得膺疆寄，流風所及，造成民國初年軍閥禍國之端緒。國民革命軍統一全國之速，為歷代所僅見，但向風慕義率部來歸者，因出身中國舊社會，仍欲以軍隊為私人政治資本，達成割據地盤問鼎中央之野心。

北伐成功後，軍事之善後，與國軍編遣會議之舉行，就謀求國家撙節財政從事建設而言，確有其必要；惟操之過急，乃啓民國十八、九年各地軍人之叛變。少數失意政客復從中撥弄，乃一發而不堪收拾。人民生命財產損失之慘重，國家元氣消耗之鉅大，實無法以估計。

政府之所以能敉平大亂，一則實現軍政統一之號召，光明而正大；叛軍則以地方反抗中央，名不正而言不順。再則政府係國際上所共同承認，國軍所到之處，普遍得到民衆之協助；叛軍則不容易獲致外援，復為輿論所不容。三則政府依賴東南富庶之區，上海之稅源資助尤大；叛軍所據係西南、西北貧瘠省份，苦旱連年，赤地千里，補給供應異常缺乏。四則國軍有海軍之支援，運兵便捷，增援較易；加以空軍助戰，處處居於主動地位。叛軍則因缺乏防空能力，而造成重大之傷亡，對士氣影響甚大。樊鍾秀在許昌中炸彈殞命，即其一例。五則國軍指揮統一，官兵待遇豐厚，論功行賞，故能將士用命，所向奏功；叛軍則人心不齊，械劣餉絀；況將領間彼此疑忌，分合無常，官兵對前途茫無信心，一旦服從中央，則待以殊禮，是以叛軍將領乃相繼而反正。韓復榘、石友三、吉鴻昌等之投誠，使馮玉祥實力大為減損；致於張學良所部東北軍之入關，更促成北平擴大會議之瓦解。

此次大內戰，影響所及，對內而言：政府爲接受叛軍召開國民會議制定訓政時期約法要求，從事國民會議之預備與召集，因黨國元老胡漢民之反對，引起黨內另一大政潮，造成寧、粵之對峙，中國國民黨第四次全國代表大會分兩地召開，蔣主席爲促成黨內團結而辭職。侷促贛南井岡山之中共，乃得利用機會，死灰復燃，實力大增，蔓延於多省邊區。政府勞師動衆，歷時數載，迭次圍剿，始追其流竄陝北。其後中共復利用抗戰而坐大，終至赤禍燎原，淹沒整個大陸。對外而言：因張學良率所部入關，東北國防空虛，日本多年處心積慮，乃趁機發動九一八事變，强佔我東北，爲我全面抗日聖戰之前奏，亦爲第二次世界大戰之導火線。戰後人類因民主自由與共產極權陣營對壘，而日在動蕩不安之中。

（臺北，抗戰前十年國家建設討論會論文集，中央研究院近代史研究所，民國七十三年五月。頁三八九至四三一。）

五〇　中國國民黨訓政之實施與憲政之預備

—民國十七年至二十六年—

一、前言

民國十七年六月七日，國民政府以全國統一在即，特對外發表宣言，聲明國民政府所領導之國民革命，其根本目的不在破壞，而在建設一個現代國家。現因國民革命之軍事時期將告終結，國民政府正準備實踐其對中國民衆之約言，從事於一切整頓與建設工作，希望與列强另訂完全平等與互相尊重主權之條約❶。

同月八日，國民革命軍收復北平，十二日收復天津。十八日蔣中正總司令在北平招待各界，說明今後國家建設之途徑，首在組織訓練同胞，不使帝制餘孽、官僚、軍閥，再有活動之餘地。次則廢除不等條約，實行關稅自主，使中華民族自由獨立，不受外人欺侮。爲達成此目的，祇有依照總理遺教，以三民主義作中心思想，建設中國。在訓政時期必須以黨治國，

❶ 民國十七年六月十二日，上海中央日報。

黨員的責任是民衆先鋒，黨員工作比非黨員更要勤苦，更要奮鬥，只有義務，没有權利。至於非黨員，只要信仰三民主義，凡是努力工作，無論在政治、教育、農、工、商各方面，均容許享受一切權利。蔣總司令特別强調：今後建國制度，應本於總理所著「建國大綱」，在國民革命未完成以前，等於中華民國之憲法。人人要守紀律，全國民衆要有組織，有訓練，爲今後救國建國之不二法門❷。是爲北伐統一後，國民政府政治建設最高原則之説明。

自北伐統一，至民國二十六年全面對日抗戰，治中國現代史者慣稱「艱苦建國的十年」，或「黄金十年」。在此期間，雖然内憂外患迄無寧歲，中國國民黨仍遵循既定目標指導國民政府，各項建設齊頭並進。本文主旨在説明該階段中國國民黨實施訓政之努力，與立憲之預備。介紹中國國民黨第三至第五次全國代表大會之成就，討論「訓政綱領」、「訓政時期約法」，以及「五五憲草」之精神。綴輯成篇，疏漏必多，改正增補，俟諸異日。

二、訓政綱領之頒佈與五權制度之施行

(一) 訓政綱領之制定

依照建國程序，訓政時期中國國民黨全國代表大會爲全國最高權力機關，閉會期間由中

❷ 革命文獻，第二十二輯，頁二八八至二九五，黨史委員會出版。

央執行委員會執行之。民國十七年八月四日，中國國民黨第二屆中央執行委員會第五次全體會議在南京舉行，公推蔣中正先生爲主席，先爲預備會議，八日舉行開幕典禮，出席執行委員二十四人，候補執行委員一人，監察委員八人，候補監察委員一人。時值北伐成功之初，意義至爲重大。蔣先生於大會期間，發表對時局意見，略曰：

> 蓋黨非一人之黨，國非一人之國，黨國同志有需中正者，中正肝腦塗地，或不敢辭；其必需團結一切同志，合群策群力以爲者，中正惟當效個人能及之力，隨各同志者一也。
>
> 中正曩所最傷感者，以諸同志間或因主義見解之不同，或因環境所處之有異，而不能一致，遂見日離而日遠，中正深願日後諸同志互諒，以至恕之情，以黨國爲重，以至義爲界，而不互相詆譭，此中正切望於同志者又一也。……
>
> 以黨治國，政府與行政人員斷不能離黨而獨立，黨與黨員又不能離民衆而不顧，民衆與民衆之間，亦不能任其衝突而不問。中正以爲政府行政人員與黨，黨部黨員與民衆，民衆與民衆之間，各宜立一嚴明之標準，使之不能直接之衝突，此中正對於調治各部之見解又一也。❸

❸ 節自「中央週刊」第十期，民國十七年八月十三日出版。

乃針對過去黨人思想之紛歧，行動之分裂而發。至十五日大會閉幕，政治方面議決：依照建國大綱，國民政府設立司法、立法、行政、考試、監察五院。行政院之下設立內政、外交、軍政、財政、教育、交通、工商、農礦八部，及建設委員會、設計委員會、僑務委員會，及其他特種委員會；並設參謀部、訓練總監部、軍事參議會等。軍事方面議決：㈠軍政軍令必須絕對統一，軍隊組織尤應完備。㈡收縮全國軍隊數量，軍費在整個預算上至多不得超過百分之五十。㈢完成國軍軍事統一教育。㈣實現總理化兵為工主張，為整軍理財第一要務。㈤發展海空軍，及建築軍港要塞❹。

民國十七年十月三日，中國國民黨第一七二次中央常務委員會，依據二屆五中全會之決議，通過「訓政綱領」。該綱領係由胡漢民、孫科所擬，其說明書中有云：「本黨以建國大綱明示三民主義實現之步驟，而猶慮國人之不易喻其精義也，更從而稱其旨曰以黨建國，以黨治國，期能喻於全國民衆。夫以黨建國也，本黨為民衆奪取政權，創立民國一切規模之謂也。以黨治國者，本黨以此規模策訓政之效能，使人民自身能確實運用政權之謂也❺。同日由國民政府公佈施行，全文如下：

❹ 錄自民國十八年八月十四日，中國國民黨二屆五中全會第三日議事錄，見革命文獻，第二十一輯，頁一六九六至一六九七，黨史委員會出版。
❺ 李時友：「中國國民黨訓政的經過與檢討」，載「東方雜誌」第四十四卷第二號，民國三十七年二月出版。

中國國民黨實行三民主義，依照建國大綱，在訓政時期訓練人民實行政權，至憲政開始，弼成全民政治，制定如左：

一、中華民國於訓政時期，由中國國民黨全國代表大會代表國民大會領導國民行使政權。

二、中國國民黨全國代表大會閉會時，以政權付託中國國民黨中央執行委員會執行之。

三、依照總理建國大綱所定選舉、罷免、創制、複決四種政權，應訓練國民逐漸推行，以立憲政之基礎。

四、治權之行政、立法、司法、考試、監察五項，付託於國民政府總攬而執行之，以立憲政時民選政府之基礎。

五、指導監督國民政府重大國務之施行，由中國國民黨中央執行委員會政治會議行之。

六、中華民國國民政府組織法之修正及解釋，由中國國民黨中央執行委員會政治會議議決行之。❻

依照「訓政綱領」，訓政時期國家政權由國民黨代表人民行使，整個治權亦由國民黨依建國大綱而執行。是爲國父孫中山先生所憧憬之訓政理想，亦爲訓時期立國精神之所繫。「訓政綱領」係「訓政約法」頒佈前國家之根本大法，於是國家開始步入訓政時期。

---

❻ 錄自民國十七年十月四日，上海中央日報。

(二) 國民政府之改組

訓政綱領制定之日，中國國民黨中央常務委員會復通過「中華民國國民政府組織法」。十月八日，由國民政府公佈施行。凡七章，共四十八條，採委員制及五權分立精神。第一章爲國民政府，第二章爲行政院，第三章爲立法院，第四章爲司法院，第五章爲考試院，第六章爲監察院，第七章爲附則。其序文曰：

中國國民黨本革命之三民主義、五權憲法，建設中華民國，既用兵力掃除障礙，由軍政時期入於訓政時期，尤以建立五權之規模，訓練人民行使政權之能力，以期促進憲政，奉政權於國民。茲謹本歷史上所授予本黨指導監督政府之職責，制定國民政府組織法。❼

國民政府組織法公佈之日，國民黨中央委員會第一七三次常會，由張人傑、吳稚暉、李石曾三委員臨時提議，選任蔣中正、譚延闓、胡漢民、蔡元培、戴傳賢、王寵惠、馮玉祥、孫科、陳果夫、何應欽、李宗仁、楊樹莊、閻錫山、李濟琛、林森、張學良爲國民政府委員，並推定主席及各院院長、副院長人選如下：

---

❼ 錄自「國民政府公報」第九十九期。

國民政主席　蔣中正
行政院長　譚延闓　副院長　馮玉祥
立法院長　胡漢民　副院長　林　森
司法院長　王寵惠　副院長　張　繼
考試院長　戴傳賢　副院長　孫　科
監察院長　蔡元培　副院長　陳果夫❽

十月九日，中國國民黨中央執行委員會為國民政府改組發表告全國民眾書，略曰：「訓政時期之工作，應使政治的建設與經濟的建設相輔並進，茲條舉重要方針六項：即內政、教育，與國民經濟生活之建設，廢除不平等條約，掃除阻礙建國之任何勢力，以及黨的整理與建設。」❾十月十日上午八時，國民政府委員在中央黨部大禮堂舉行宣誓受任典禮，國府委員、中央執監委員皆出席，各機關團體來賓觀禮者甚眾。由監察委員吳稚暉監誓授印，蔣主席代表國府委員致答詞，並宣讀誓詞。誓曰：

余敬宣誓，余將恪遵總理遺囑，服從黨義，奉行國家法令，忠心及努於本職，並節省

❽ 民國十七年十月九日，上海中央日報。
❾ 民國十七年十月十日，上海中央日報。

經費。余決不僱用無用人員，不營私舞弊，及接受賄賂。如違背宣誓，願受本黨最嚴厲處罰。❿

是日適值國慶紀念，蔣主席特發表文告，略曰：「以今日而欲求中國之不亡，達其獨立自由之目的，惟有統一全國之革命思想，以排除階級鬥爭之邪說，團結國民之愛國精神，以杜絕國內武力之戰爭。」並以四事自勉於國人：㈠發育國民强毅之體力，以挽救萎靡文弱之頹風。㈡保持中國固有之德性，以剷除苟且自私之惡習。㈢增進科學必需之常識，以闢除愚蠢錮蔽之迷信。㈣灌進世界最新之文化，以力求國家社會之進步⓫。

同月二十五日，中國國民黨中央執行委員會第一七九次常務會議，通過「中央政治會議暫行條例」十三條，明定中央政治會議爲訓政時期全國最高指導機關。錄其內容如下：

一、政治會議爲全國實行訓政之最高指導機關，對於中央執行委員會負其全責。

二、中央執行委員、監察委員，爲政治會議當然委員。

三、中央執行委員會得推定其他政治會議委員，其人數不得超過前條當然委員名額之半數。

---

❿ 民國十七年十月十二日，上海中央日報。

⓫ 民國十七年十月十一日，上海中央日報。

前項委員須具有左列資格之一者：

㈠爲黨服務十年以上，富有政治經驗者。

㈡負黨國之責任，其地位在特任官以上者。

四、國民政府委員亦爲政治會議當然委員。

五、政治會議討論及決議事項，以左列者爲限：

㈠建國綱領，㈡立法原則，㈢施政方針，㈣軍事大計，㈤國民政府委員，各院長、副院長及委員，各部長，各委員會委員長，各省政府委員、主席及廳長，各特別市長，駐外大使、特使、公使，及特任、特派官吏之人選。

六、政治會議不直接發佈命令及處理政務。

七、政治會議由委員互推一人爲主席。

八、候補中央執行委員、監察委員得列席政治會議。

九、政治會議委員，除特別緊急重要事件，經本會議之許可，得派人代表列席報告外，平時不得派代表出席。

十、政治會議之決議，直接交國民政府執行。

十一、政治會議之決議，有提交國民政府及各院、各軍事最高機關討論決定執行者，由各該長官負責辦理。

十二、政治會議設秘書長一人，秘書三人，辦事員若干人，由主席任命並指揮之。

十三、政治會議議事規則另定之⑫。

同月二十六日，國民政府第四次國務會議，通過訓時期施政宣言。略曰：

中國革命本中國國民黨總理孫中山先生，綜合世界科學，爲東方文明所結晶之三民主義，循革命方略所昭示之軍政、訓政、憲政三大程序以邁進。……軍政時期之告終，不僅在於革命障礙之掃除，尤在於全國人心之統一。訓政時期之開展，不僅在於建國大綱之實施，尤在於實業計畫之推行。在此由軍政向訓政進展之際，中國國民黨本其歷史上所負之使命，適應國家之需要，代行政權，而以治權授諸國民政府，並爲之制定其組織，設立五院，分負責任，庶幾五權憲法之宏模，三民主義之建設，於以更始。……

一國之政治有兩大目的：一曰爲民族求生存，二曰爲人類求進化，而吾人數十年來之努力奮鬥者以此。方茲建設造端之始，實開吾民族歷史上生存進化未有之局，而又值世界科學昌明之時，以我文化優越之民族，據世界獨一廣大之天府，正所謂以有爲之人，據有爲之地，而遇有爲之時也。⑬

---

⑫「東方雜誌」第二十五卷第十九號，民國十七年十一月。

⑬「中央週刊」第二十三期，民國十七年十一月十二日出版。

是爲此後國民政府努力之目標。當此之時，國人經歷軍閥十餘年之蹂躪，驟然獲得自由，無不歡騰。舉國上下朝氣蓬勃，一片新興氣象，無不爲中華民族之前途抱以無窮之希望。

三、中國國民黨第三次全國代表大會

(一) 確定實施訓政基本政策

民國十八年三月十五日，中國國民黨第三次全國代表大會在南京中央陸軍軍官學校大禮堂舉行，到會計有二十五省黨部、海外各總支部、蒙藏、鐵路、軍隊各特別黨部代表三百三十餘人。推定胡漢民、譚延闓、戴傳賢、于右任等九人爲主席團，初爲預備會議，十八日開始正式會議。蔣主席所致大會開幕詞，針對當時政治危機有沉痛之說明。略曰：

黨的病根就是黨內意見分歧，思想複雜。政治的病源就是地方割據，中央法令不行。……地方把持財政，購買軍械，私增兵額，都聽地方爲所欲爲，中央絲毫不能加以干涉，甚至地方常以軍事實力威脅中央，要脅中央，中央對地方如有什麼要做的事，都以協商的方法去徵求同意，而地方對於中央，如果有什麼請求，就可以命令方法來要挾。⑭

大會至二十八日閉幕，重選第三屆中央執行委員三十六人，監察委員十二人，候補中央執行委員二十四人，候補監察委員八人。大會以結束軍政致力訓政建設爲主要任務，通過有關黨務、政治、軍事、外交、教育、經濟建設等凡二十五案，其中有關制定實施訓政之基本政策者有四，其重要內容如下：

一、追認二屆中央第一七二次常會，於十七年十月三日制定之「訓政綱領」。

二、確定總理主要遺敎爲訓政時期中華民國最高根本法案：本案所指總理主要遺敎，係「三民主義」、「五權憲法」、「建國方略」、「建國大綱」，及「地方自治開始實行法」。舉凡國家一切建設之規模，人權民權之根本原則與分際，政府權力與組織之綱要，及行政權行使之方法，皆須以此爲依歸。

三、確定訓政時期黨、政府、人民行使政權之分際及方略案：本案根據「訓政綱領」，確定訓政時期，以政權付託中國國民黨之最高權力機關，以治權付託於國民政府，

⑭ 蔣總統言論彙編編輯委員會，蔣總統言論彙編，卷九，頁一五四至一六一，民國四十五年十月出版，正中書局等發行。

總攬執行，以造成中華民國之憲政基礎。並規定：人民須接受四權之訓練，努力達成地方自法，至訓政終了，由中國國民黨負責召集國民大會，決定憲法頒佈之。

四、確定地方自治之方略及程序，以立政治建設之基礎案：本案根據總理手著「建國大綱」及「地方自治開始實行法」，確定其實行方法及程序爲：㈠確定縣爲自治單位，努力扶植民治，不得阻礙其發展。㈡制定地方自治實行法，規定其強行部分，使地方自治成爲經濟政治的組織體，以達到眞正民權民生之目的。㈢由國民政府選派曾經訓練考試合格之人員，到各縣協助人民，籌備自治。㈣地方自治之籌備，宜逐漸推行，不宜一時並舉，以自治條件之成就，選舉完畢，爲籌備工作之終期⑮。

大會通過宣言，檢討過去本黨之奮鬥歷程，認爲：「已往之苦痛乃在不能確信三民主義，努力實施建設之過，今後之生路亦即在努力實施三民主義之建設。」「本黨今後努力之方向，以服役於全國人民，願全國國民於此訓政開始時期，依照總理所著之建國大綱，與本黨以效忠宣力之贊助，課本黨以效忠宣力之責任，舉國一致，勇往直前，以努力於國民革命之完成。」⑯是爲訓政時期政治建設之一切準繩。

---

⑮ 參考革命文獻，第七十六輯，頁六三至一二八。

⑯ 革命文獻，第六十九輯，頁二〇一至二〇七。

同年六月，中國國民黨三屆二中全會，依據第三次代表大會決議，通過「訓政時期黨務進行計畫」，規定中央黨部應指揮並監督下級黨部，宣傳訓政之方針，開導人民接受四權使用之訓練，以培植地方自治之社會基礎。復通過「人民團體組織方案」、「完成縣自治案」、「治權行使之規律案」，及「訓政時期之規定案」，明確規定訓政期間為六年，責成中央政治會議制定「訓政工作分配年表」，並限於民國二十三年底完成縣自治⑰。

(二)國民會議與訓政時期約法

民國十九年十一月十二日，中國國民黨三屆四中全會在南京開幕，由蔣主席提議，經大會議決，遵照總理遺囑，召開國民會議，俾由全民共同決定訓政時期之根本大法，以奠定實施憲政之基礎。並由全會議決，定於二十年五月五日召開，由黨務委員會籌備一切召集事宜。

民國二十年元月一日，國民政府公佈國民會議代表選舉法，規定代表名額為五百二十名，分配情形如下：(一)各省四百五十名，(二)各市二十名，(三)蒙古十二名，(四)西藏十名，(五)各地華僑二十六名。選舉採職業代表制，各地方代表由下列團體選出：(一)農會，(二)工會，(三)商會及實業團體，(四)教育會、國立大學、教育部立案之大學及自由職業團體，(五)中國國民黨。上述之農會、工會、教育會各團體，以依法設立者為限⑱。二十三日，國民會議選舉事務所正式

---

⑰ 黨史委員會編：民國十八年中國國民黨年鑑，頁一七三至一七九。

⑱ 民國二十年元月二日，上海中央日報。

成立，以戴傳賢爲主任。是時立法院長胡漢民對召開國民會議制訂約法一事採取不同態度，三月二日，蔣主席在國府總理紀念週上特發表聲明：

> 以言國民會議所面臨的一切問題，當以訂定訓政時期約法問題爲首要。我們全體同志都已同意將此一問題提出國民會議討論；但是立法院長胡漢民先生，卻堅持國民會議不得討論約法之訂立與否？他採取這樣立場，就是他不能了解，如果沒有約法，人民生命財產便沒有保障。他不能了解，如果人民生命財產沒有保障，國家便不可能眞正統一，內戰也不可能眞正結束。[19]

四月二十四日，國民政府公佈「國民會議組織法」，凡六章，二十八條[20]。五月五日，國民會議假南京中央大學新建禮堂作議場，舉行開幕典禮。出席代表四四七人，國民黨中央執監委員、國民政府委員，及來賓參加者數百人，儀式極爲隆重。蔣主席所致開幕詞，略曰：

> 今本黨願與全國同胞，更進一步確定建設之自信力，深信中國民族有建設能力，政府

---

[19] 浦薛鳳：「中國的政治建設」，引自薛光前主編：艱苦建國的十年，頁五一至五二，民國六十年元月，正中書局出版。

[20] 革命文獻，第二十三輯，頁六〇八至六一二。

與人民有建設誠意，同心合作，盡全力以赴之。建設事業自無不成，民族地位自得平等，世無能自强自立而不受人敬重者。……

今國內重睹統一之盛，和平之光，遺大投艱，自多重負。然苟能循序而進，自可按日計程，躋於建設美備，訓政開始，憲政完成之域。㉑

六、七兩日爲預備會議，八日舉行正式會議，至十七日閉幕，共開大會八次，計有四百五十四件提案，審查合併討論共四十六案，其中除各種建設性議案外，其最大成就爲通過「訓政時期約法」。大會並於五月十六日第八次會議通過宣言，以六事明詔國人。認爲係「安定國家，復興民族之途徑。」原文甚長，茲節錄其大意如下：

一、孫中山先生之三民主義，不特足以救中國，兼足以救世界，我全國國民當心悅誠服，努力奉行，以造成莊嚴燦爛之民國。

二、爰遵中山先生遺教，制定中華民國訓政時期約法，交由國民政府公佈實行。

三、不平等條約爲各國對我政治侵略、經濟侵略最重要之工具，爰一致決議，中國國民對於各國以前加於中國之不平等條約，概不予以承認。國民政府遵照中山先生之遺教，於最短期內實現中華民國在國際上之完全平等與自由。

㉑錄自國民會議專刊，民國二十年五月二十五日出版。

四、全體國民須知赤匪之禍，爲我民族百世之患，應父詔其子，兄勉其弟，人人以撲滅赤匪爲己任。

五、軍事告終，訓政方始，本會深望國民政府本其犧牲奮鬥精神，領導國民完成訓政，以竟建國之大業。全國國民既知和平統一之可貴，則當全力擁護造成此和平統一局面之國民政府。

六、政府宜扶植人民經濟事業之發展，人民當協助國家經濟建設之成功，以挽救我民族貧弱衰頹之厄運，而開國民經濟發展繁榮之新路㉒。

先是民國二十年三月二日，中國國民黨中央常務委員會推定吳敬恒、王寵惠、于右任等十一人，爲訓政時期約法起草委員會委員，自三月三十日第一次起草委員會議起，至四月二十二日第六次會議，通過草案全文，經五月一日中央委員會臨時全體會議三讀通過，送交國民政府提出國民會議。五月十二日，由國民會議三讀修正通過，全文共八十九條，分爲八章：㈠總綱，㈡人民之權利義務，㈢訓政綱領，㈣國民生計，㈤國民教育，㈥中央與地方權限，㈦政府之組織（分中央、地方兩節），㈧附則。其序文曰：

國民政府本革命之三民主義、五權憲法，以建設中華民國，既由軍政時期入於訓政時

㉒ 革命文獻，第二十三輯，頁六二四至六三〇。

期，允宜公佈約法，共同遵守，以期促成憲法，授政於民選之政府，茲謹遵創立中華民國之中國國民黨總理遺囑，召開國民會議於首都，由國民會議制定中華民國訓政時期約法。㉓

訓政約法之精神，在闡明訓政制度，並規定在訓政時期內，中國國民黨全國代表大會將代表國民大會行使政權。另規定人民在訓政時期內應受選舉、罷免、創制、複決四權行使之訓練，保證人民有集會、出版與言論之自由；並保障私有財產之權力。依照訓政時期約法規定：政府機構仍爲國民政府組織法所採行之五院制，政府行政首長爲國民政府主席與國民政府委員會，由中國國民黨中央執行委員會所選出。約法又規定：各縣儘速設立半自主之自治單位，行使其行政與財政權，僅受國家明確之限制。六月一日，國民政府將約法公佈，並發表宣言。略曰：

政府依照國民會議決議，於本日以約法公佈全國，約法即於本日發生效力。此約法乃全體國民代表所制定，爲訓政時期之根本大法，和平統一之能否保持，國民福利之能否實現，胥視約法之能否推行無阻以爲衡。政府當督率文武官吏遵守約法，奉行約法。約法所禁止者，罔敢踰越；約法所督促者，罔敢懈怠。尤望我全體國民共明此志，養

㉓ 同上書，頁六三〇至六三七。

成守法之習慣，培植法治之精神，對此國家基本大法，一致全力擁護。有敢破壞約法藉便私圖者，政府固當依法制裁，不稍瞻徇，全體國民亦當視同公敵，不存姑息。㉔

訓政約法之通過及實施，係我國歷史上一項意義重大之政治成就，乃憲法公佈前國家之根本大法。同年六月十四日，中國國民黨三屆五中全會，依照「訓政時期約法」，通過「國民政府組織法」，六月十五日國民政府公佈施行，遂奠定中國實施憲政之基礎。

四、中國國民黨第四次全國代表大會

(一) 團結與禦侮

民國二十年夏，因約法問題，部分黨人演成意氣之爭，曾在廣州舉行非常會議，並成立「政府」，造成與中央分庭抗禮局面。同年秋，九一八事變發生，東北淪陷，寧、粵雙方黨政領袖，深感亡國之禍迫於眉睫，非團結禦侮，不足應付變局，因有上海和會之召集，本坦誠合作之精神，解決黨內歷年之糾紛。最後於十一月七日達成協議，決定寧、粵各在南京、廣州舉行第四次全國代表大會，並發表通電，表示黨內意見之一致。雙方全國代表大會之一切

㉔ 同上書，頁六三八至六四〇。

提案，均交在南京舉行之第四屆執行委員會第一次會議加以處理。中央執監委員候選人之產生方法，亦由雙方達成協議。以南京中央爲黨之正統，故本文僅以記載南京四全之大會爲限。

民國二十年十一月十二日上午十時，中國國民黨第四次全國代表大會在南京中央大學大禮堂開幕，先爲預備會議，蔣主席所致開幕詞，特別提出本次大會之兩大使命：一爲團結內部，一爲抵禦外侮㉕。十四日舉行正式會議，出席各地代表三百四十一人，中央執監委員二十四人，列席代表六人，中央候補執監委員三人。（按：粵方之四全大會亦於十一月十二日舉行，後因內部中委發生爭執，汪兆銘所領導之改組派，復於十二月四日在上海舉行所謂「四全代表大會」。）同日，大會發表對外宣言：歷述九一八事變以來日本之暴行，爲國際公法之尊嚴計，向世界各友邦提出五點疑問：㈠國際聯盟是否有效？何以日本悍然不顧，公然違反國際聯盟之決議，國聯是否應援用第十五、第十六兩條之規定，予以正當制裁？㈡非戰公約是否有效？何以日本軍隊公然向中國軍隊進攻？簽約各國是否應速加以糾正？㈢華盛頓九國公約是否有效？何以日本竟得侵犯我領土主權之獨立完整？簽約各國是否有所挽救？㈣日本在中國領土內之租界，是否限於和平通商居住之原則？其天津租界爲破壞中國之陰謀策源地，是否爲條約所許可？㈤日本任意提取中國履行債務之鹽稅，破壞中國之財政，是否爲妨害我履行條約義務之行爲㉖？

㉕ 蔣總統言論彙編，卷十，頁三七至四五。
㉖ 革命文獻，第三十五輯，頁一二三七至一二四〇。

大會至二十三日閉幕，共開大會九次，通過議案二十六件，合併其主要內容如下：

一、團結禦侮方面：大會接受蔣主席所提團結禦侮辦法，消弭北伐以來一連串地區性及黨內糾紛。授與國民政府採取一切必要正當防禦手段之全權，以抵抗日本之侵略，並決議由蔣主席親自北上，力挽危局。

二、黨務方面：遵行三全大會修正通過之中國國民黨總章，中央政治會議有待加强，三全大會決議案有待實施。中央黨部各部會工作互相重複應予改進，黨的革命理論建設應予加强，黨在國際宣傳工作應加改善。

三、政治方面：召開國難會議，延攬黨外英才，共商救國方略，應付外交、救災、經濟、國防等問題。用最嚴厲方法禁絕鴉片，繼續實行地方自治，推行訓政工作。

四、經濟建設方面：決定四年經濟建設計畫，以國防建設爲中心，以假想敵國爲建設對象，以應辦能辦爲建設範圍。依照民生主義原則，對國計民生問題，作澈底而積極的規畫與努力。

五、教育僑務方面：確定三民主義教育之宗旨，提高民族意識。保護安置並救濟失業華僑，及整理華僑教育㉗。

㉗ 節錄革命文獻，第七十六輯，頁一二九至二〇八。

大會所發表之閉幕宣言，認爲當此國難嚴重時期，「我中國民族，若不以決死之心求生路，則國族將永陷於淪亡。本黨同志若不能團結一致，完全負擔救國之重責，誓死前驅，則革命之緒業則自此而中斷。」盼望「全國同胞，全體同志，竭其忠誠，赴以勇毅，集中於三民主義之下，作積極救國之準備。」㉘爲達此一目的，四全大會容納廣州「四全大會」之決議案，並恢復若干黨員之黨籍。於是黨內之糾紛解決，民族精神爲之一振，黨人之心理爲之一變。

㈡國難會議

民國二十年十一月二十二日，中國國民黨第四次全國代表大會第九次會議，通過主席團代表蔡元培臨時動議之提案：「現在國難正急，中央亟應延攬各方人才於中央執行委員會領導之下，組織一國難會議，以期集思廣益，共濟時艱。」㉙經大會議決，交第四屆中央執行委員會籌畫辦理。同年十二月十一日，國民政府布告召集國難會議，文曰：

國家多難，天災匪禍，內憂外患，相繼洊臻，存亡之機，繫於俄頃。政府負此重任，益凜艱虞，夙夜匪懈，誓竭忠誠，並願與國內明達之士，共攄蓋籌，以濟艱危。茲依

㉘ 革命文獻，第六十九輯，頁二五五至二五七。
㉙ 革命文獻，第三十六輯，頁一七三三。

中國國民黨第四次全國代表大會決議，於本月內召集國難會議，對於外交、救災，及經濟、國防諸要端，審察經過，議定方略，並凜覆巢完卵之炯戒，俾樹衆流合匯之宏規。除將開會日期及組織方法另行頒佈外，特此佈告。㉚

民國二十一年一月十八日，國民政府乃決定國難會議於同年二月一日在南京舉行，由行政院妥爲辦理一切㉛。同年一月二十八日，淞滬抗戰爆發，國民政府以南京接近戰地，三十日宣佈遷至河南洛陽辦公。於是國民政府主席林森、行政院長汪兆銘，及中央各機關人員相繼北上。蔣先生則駐節徐州，主持對日作戰整個計畫；國難會議被迫乃改於四月七日在洛陽舉行。三月十一日，國民政府國務會議通過國難會議組織法，並於十七日公佈。錄其原文如下：

一、國民政府依據中國國民黨第四次全國代表大會之決議，爲集中全國意志，共定救國大計起見，召集國難會議。

二、國難會議議員，由國民政府就全國各界富有學識、經驗、資望之人士聘任之。

三、國難會議定於二十一年四月一日，在洛陽行都舉行。（按：三月二十四日，國民政府通令

㉚ 國民政府公報，第九四八號，民國二十年十二月十二日出版。

㉛ 國民政府公報，第九八〇號，民國二十一年一月十九日出版。

改在四月七日舉行。)

四、國難會議會期暫定爲五日，於第一次開會後，由主席團隨時通知繼續開會。

五、國難會議設秘書處，其正副主任，由行政院長呈請國民政府特派之；其職員由正副主任就各機關人員調用之。

六、國難會議議事規則另訂之。

七、本大綱由國民政府公佈施行㉜。

同日，國務會議復通過國難會議議事規則。四月七日，國難會議如期在洛陽西工中央黨部禮堂舉行。洛陽雖爲九朝故都，以飽經戰禍，所需房舍器具均感缺乏。僅利用營房十餘幢，壘土爲炕，砌磚爲桌，以爲國難會議會員寢食憩息之所。計出席國難會議會員一百六十七人，中央執監委員、國府委員、各院部會首長三十餘人，各機關代表來賓五百餘人。由行政院長汪兆銘任主席，首爲預備會議，票選王曉籟、張伯苓、高一涵、劉蘅靜、童冠賢五人爲主席團(按：張伯苓以事未能來洛，以得票次多之臧啓芳遞補)，並推舉章嘉呼圖克圖爲名譽主席。

自四月八日首次會議，至四月十二日大會閉幕，共開大會六次，議決提案一百一十件，以禦侮、救災、綏靖三項爲討論主題。並通過國難期中外交方針、政治制度、軍政改革、促

㉜ 國民政府公報，洛字第三號，民國二十一年三月三十一日出版。

成地方自治、設立中央民意機關、保障自由、對日軍事策略、國防、經濟各要案㉝。戴傳賢於閉幕席上致詞，認爲「人能宏道，非道宏人」，呼籲國人，要在三民主義堅實信仰下，努力奮鬥。中國能自立自存，才可以保障世界人類共存，才可以促成世界人類覺悟㉞。大會特致電全國將士，以四事相勗勉：㈠永息內爭，外禦其侮。㈡長期奮鬥，臥薪嘗膽。㈢絕對服從長官命令。㈣維護財政統一㉟。大會並發表宣言，瀝陳近代中國所遭遇列強之壓迫，及近年日本對中國之侵略。認爲中國在此嚴重局面之下，非集中全國人力財力，共作長期抵抗，無以圖存。對內必須有充實國防之軍備，對外必須有獨立自主之外交。全國國民尤應不分黨派階級，精誠團結，犧牲一切成見，使社會與政治走上光明之前途㊱。

㈢ 四屆三中全會

民國二十一年十二月十五日至二十二日，中國國民黨第四屆中央執行委員會第三次全體會議舉行於南京。時値國難嚴重之秋，其意義至爲重大。舉其主要成就如下：

黨務方面：通過整理黨務、改善黨部組織、指導民衆運動等方案。經濟方面：通過開發西北、發展工業、救濟農村、流通國內米麥、救濟陝災等方案。教育方面：通過教育之原則，

㉝ 國難會議記錄，引自革命文獻，第三十六輯，一七三九至一七四一。
㉞ 同上書，頁一七五一至一七五四。
㉟ 同上書，頁一七五四至一七五五。
㊱ 同上書，頁一七五五至一七五七。

包括國民、生產、師資、人才等項。政治方面：於十二月十九日，經中央黨務委員會提議，通過「定期召集國民參政會，並規定組織要點，交常會切實籌備，以期民意得以集中，訓政早日完成」案，其要點如下：

一、國民參政會於民國二十二年內召集之。

二、國民參政會代表之產生，參用選舉及延聘兩方法。

三、國民參政會之職權，應以訓政時期約法爲基礎，參酌中央政治會議，及國難會議所舉各點規定之。

四、關於國民參政會之一切法規，交由中央執行委員會常務會議，於四個月內，依照立法程序制定，頒佈施行㊲。

二十日，復通過關於憲政之準備。孫科等二十七人提議，擬以二十二年一月至六月爲憲法起草期間，由立法院起草憲法草案，準於二十二年十月十日公佈，以備國民之討論，作爲提交國民大會之準備。並定於二十三年四月召開第一屆國民代表大會，以決定頒佈憲法日期。憲法頒佈後，政府應依照憲法，規定地方制度，切實完成地方自治，及所有訓政時期未盡工作。假定二十三年十月十日爲憲政開始日期。以籌備不及，經大會議決：

㊲ 革命文獻，第七十九輯，頁二九九至三〇〇。

一、爲集中民族力量，澈底抵抗外患，挽救危亡，應於最近期間，積極遵行建國大綱所規定地方自治工作，以繼續憲政開始之籌備。
二、二十四年三月，開國民大會，議決憲法，並決定憲法頒佈日期。
三、立法院應速起草憲法草案，議決憲法，並決定憲法頒佈日期㊳。

大會宣言，鄭重聲明：「本黨負建國之責，繫安危之重，總理遺教，寤寐不忘，全民呼籲，相需益亟。」乃以三點昭告於國人：㈠本黨之責任，爲求中國之自由平等，以鞏固國家領土主權行政之完整。苟有侵犯及此者，誓與國人以全力抵禦而恢復之。㈡本黨之責任，爲集中國族之全力，以保障世界和平，其有危害世界和平者，誓領導全國國民，與世界崇信義之民族，共同努力，以弭輯之。㈢本黨之責任，爲訓政完成以後實現憲政，以歸政權於全民，凡一切有效而又正確之途徑，誓秉總理遺訓與約法成規，以全力赴之㊴。於是立法院組織憲法起草委員會，由院長孫科兼任委員長，張知本、吳經熊副之，陳茹玄、樓桐孫、陳肇英、傅秉常等三十餘位憲法學者專家爲委員，從事於憲法之起草工作。自二十二年二月九日第一次會議，至二十三年二月二十四日憲法草案初步定稿，共開二十次會議，三月一日全文公開披露，廣徵國人意見。同年七月九日公佈審查修正初稿，至二十三年十月十六日，立法院始

㊳ 同上書，頁三〇〇至三〇六。
㊴ 革命文獻，第六十九輯，頁二六三至二六五。

三讀通過「中華民國憲法草案」，共十二章，一百七十八條，是爲中華民國憲法之權輿㊵。

民國二十四年十月二十五日，立法院三讀通過「憲法草案修正案」。全文刪訂爲八章，一五〇條，將原草案加以精簡㊶。十一月一日，中國國民黨四屆六中全會舉行於南京，十一月五日經憲法起草委員會提出，復對憲法草案加以審查，認爲該草案「大體均屬妥善，惟爲適應國家現實情勢，及便於實施起見，尚應有充分時間加以詳盡之研究與討論，議決送請第五次全國代表大會加以大體審查，並決定召集國民大會之期，提請國民大會議決頒佈㊷。

五、中國國民黨第五次全國代表大會

㈠ 忍辱與負重

民國二十四年秋，日本屢次在華北冀、察等省製造事件，要求政府軍警撤離河北。以華北五省（河北、察哈爾、山西、綏遠、山東）自治相煽惑，企圖實現其分割中國之野心。國難已至嚴重關頭，端賴全國上下之團結，忍辱負重，以應付當前之危機情勢。

十一月十二日，中國國民黨第五次全國代表大會在南京隆重揭幕。是日適爲國父孫中山

㊵ 參考潘樹藩：中華民國憲法史，頁二六四至三〇五，上海商務印書館，民國二十四年三月出版。
㊶ 民國二十四年十月二十六日，上海中央日報。
㊷ 革命文獻，第七十九輯，頁三四九。

先生誕辰，故揭幕前先舉行謁陵及總理誕辰紀念典禮，由蔡元培主持。十時正，即在國父靈前舉行大會開幕典禮，由國民政府主席林森擔任主席，出席第四屆中央執監委員及候補委員一百零三人，代表四百零五人，盛況爲空前所未有㊸。蔣委員長於十九日第四次大會中，所作對外關係之報告，略曰：

和平未到完全絕望時期，決不放棄和平，犧牲未到最後關頭，亦決不輕言犧牲。以個人之犧牲事小，國家之犧牲事大；個人之生命有限，民族之生命無窮故也。果能和平有和平限度，犧牲有犧牲之決心，以抱定最後犧牲之決心，而爲和平最大之努力，期達奠定國家，復興民族之目的，深信此必爲本黨救國建國唯一之大方針也。㊹

是蔣委員長早知中日戰爭之不可避免，欲爭取時間從事國防建設之準備，以收復失土，而不肯以小不忍而影響全局也。大會共舉行七次，至十一月二十三日閉幕。選出中央執行委員一百二十人，候補中央執行委員六十人，中央監察委員五十人，候補中央監察委員三十人。通過重要決議案二十八件，舉其重要者如下：

㊸ 志剛：「五全大會誌要」，「東方雜誌」第三十二卷第二十四號，上海商務印書館，民國二十四年十二月出版。

㊹ 蔣總統言論彙，卷十二，頁二七二至二七五。

一、十一月二十二日第五次大會，通過「憲法草案修正要點」，並授權第五屆中央執行委員會，決定宣佈「憲法草案」及召集國民大會日期，務於民國二十五年內實施。並通過「實施憲政程序暨政治制度改革案」，及「切實推行地方自治以完成訓政工作案。」㊺

二、十一月十八日第三次大會，通過「中國國民黨黨員守則案」，凡十二條：（一）忠勇爲愛國之本。（二）孝順爲齊家之本。（三）仁愛爲接物之本。（四）信義爲立業之本。（五）和平爲處世之本。（六）禮節爲治事之本。（七）服從爲負責之本。（八）勤儉爲服務之本。（九）整潔爲強身之本。（十）助人爲快樂之本。（十一）學問爲濟世之本。（十二）有恆爲成功之本。並通過「今後海外黨務應如何改進案」，及「行政官吏公務人員均應施以黨義訓練案」等㊻。

三、十一月十九日第四次大會，通過「接受蔣委員長關於外交建議案」，由大會授權政府，在不違背國家民族利益方針下，政府應有進退伸縮之全權，以應此非常時期外交之需要㊼。

四、十一月十九日第四次大會通過，「請改良兵役制度實行徵兵案」。十一月二十二日

㊺ 革命文獻，第七十六輯，頁二二七至二四三。
㊻ 同上書，頁二一〇至二一四。
㊼ 同上書，頁二四八至二五一。

第六次會議通過，「提請在國難嚴重時期，應集中一切力量充實國防建設案。」[48]

五、他若「統一本黨理論擴大本黨宣傳案」、「研究救黨救國原則案」、「青年黨員應急施軍事訓練案」、「西北國防之經濟建設案」、「積極推行本黨土地政策案」、「全國厲行節約生產案」、「確定文化建設原則與推行方針以復興民族案」、「確定今後教育方針案」等，均為當前之急務[49]。

大會宣言係由戴傳賢草定要點，由陳布雷撰述成文[50]。由蔣委員長於大會閉幕時宣讀通過，舉出「今日要計有關於建設國家挽救國難」之策十端：㈠崇道德以振人心；㈡興實學以奠國本；㈢弘教育以培民力；㈣裕經濟以厚民生；㈤慎考銓，嚴考績，以立國家用人行政之本；㈥尊司法，輕訟累，以重人民生命財產之權利；㈦重監察，勵言官，以肅官方而伸民意；㈧重邊防，弘教化，以固國族而成統一；㈨開憲治，修內政，以立民國確實鞏固之基礎；㈩恪遵總理遺教，恢復民族自信，確立正當之對外關係，以保持國家獨立平等之尊嚴，而達成世界大同之目的[51]。

---

[48] 同上書，頁二二四至二四八。
[49] 同上書，頁二〇九至二七五。
[50] 陳布雷回憶錄，頁一〇七，傳記文學出版社，民國五十六年一月出版。
[51] 戴季陶先生文存，第三冊，頁一〇四七至一〇五八，民國四十六年三月，中央文物供應社印行。另革命文獻，第六十九輯，頁二八二至二九四。

本次大會，富有建國精神，進取精神，以及團結精神。其國防、經濟、教育等方面之決議案，於大會閉幕後次第實行，而奠定下日後全面對日抗戰之基礎。

㈡五屆一中全會之召集與憲法草案之公佈

民國二十四年十二月二日，中國國民黨第五屆中央執行委員會第一次全體會議開幕。十二月四日，第二次大會通過五月五日宣佈憲法草案，十一月十二日召開國民大會，國民大會代表之選舉，應在十月十日以前辦理完竣。並通過設立憲法草案審議委員會，指定葉楚傖、李文範、潘公展、梁寒操、王世杰、陳布雷等十九人爲委員，葉楚傖、李文範爲召集人，負責憲法之審議，於兩個月內修正完畢。憲法起草審議委員會，並草擬國民大會組織法，及代表選舉法，均呈由中常會發交立法院再爲條文之整理㊿。

十二月七日，五屆一中全會第五次大會，推選胡漢民爲中央常務委員會主席，汪兆銘爲中央政治委員會主席，兩會均由蔣中正先生任副主席，並重選政府首長如下：

國民政府主席　林　森

行政院長　蔣中正　副院長　孔祥熙

立法院長　孫　科　副院長　葉楚傖

㊿革命文獻，第七十九輯，頁三八六。

司法院長　居　正　　副院長　覃　振
考試院長　戴傳賢　　副院長　鈕永建
監察院長　于右任　　副院長　許崇智[53]

民國二十五年四月三十日，立法院通過「國民大會組織法」，五月二日通過「國民大會代表選舉法」，五月五日國民政府如期公佈「中華民國憲法草案」（按：即通稱之「五五憲草」），共八章：㈠總綱；㈡人民之權利義務；㈢國民大會；㈣中央政府；㈤地方制度；㈥國民經濟；㈦教育；㈧憲法之施行及修改；凡一百四十八條。於是設置國民大會代表選舉總事務所，辦理代表選舉事宜。同年六月，兩廣事變發生。七月，內蒙僞軍在日人操縱下竄擾綏遠，華北情勢危急。九月，日使川越茂復來華，向我提出苛刻要求，中日關係驟趨緊張。同年十月十五日，中國國民黨中央常務委員會，根據選舉總事務所呈報，以國民大會代表之選舉，勢難如期辦理完竣，乃決議延期召集國民大會。

民國二十六年二月十五日至二十二日，中國國民黨五屆三中全會集會於南京，二月二十日，通過主席團所提「關於國民大會之提案」，其辦法如下：㈠督促該管機關，繼續辦理選舉，於本年十一月十二日召開國民大會，制定憲法，並決定憲法施行之期。㈡關於國民大會組織法及代表選舉法，如有應行修正之處，授權常務委員會辦理。㈢所有關於國民大會之提

---

[53] 民國三十四年十二月八日，上海中央日報。

案，均交常務委員會參考[54]。大會發表宣言，特作如下之聲明：

本黨歷次重要會議，討論決定國民大會之召集，五全大會更鄭重決議，於二十五年內召集國民大會，及宣佈憲法草案。一中全會根據此決議，明定以同年十一月十二日爲期，並成立指揮監督辦理全國選舉事宜之選舉事務所，訂定辦理全部限程。同年十月，限程已居，而各地因種種關係，代表選舉未能如期依法辦竣，始不得已決議國民大會延期舉行，俟全國各地代表依法選出，即行召集。

此次全體會議，以國民大會關係重大，特定於今年十一月十二日舉行。自今以後，惟有督促主管機關依法進行，以期國民大會得以如期召集，議定憲法，共資遵守。蓋不惟團結民衆，於此得其具體的表現，而民權主義亦將於此得其基礎也。[55]

四月二十二日，中國國民黨中央常務委員會，復通過修正「國民大會組織法」，及「憲法草案」中有關條文。同年夏，各地方及人民團體已選出代表一千二百餘名，而對日全面抗戰發生，軍事孔急，憲法之實施乃被迫而延期。

[54] 革命文獻，第七十九輯，頁四一八至四一九。
[55] 錄自革命文獻，第六十九輯，頁三〇八。

六、結語

北伐統一後，國民政府在中國國民黨指導下，實施訓政的目標在臻使中國走向現代化，其方向在於剷除軍閥殘餘勢力，促成全國逐步統一，擺脫帝國主義之羈絆，而致力於民族獨立運動。進而加强民族意識，充實國防，實施訓政時期約法，樹立中央五種治權，推行地方自治，改善司法行政，提高人民生活。十年期間，以東南有限之財力，辦全國之大事業。其中訓政之實施與憲政之預備，進行至爲積極。首先確定國父遺教爲訓政時期中華民國最高根本大法，繼則依照國父所著「建國大綱」，制定「訓政綱領」，謹遵國父遺囑，召開國民會議，制定「訓政時期約法」。並於二十五年五月五日公佈「憲法草案」，二十六年四月，修正「國民大會組織法」，及「憲法草案」中有關條文，辦理國民大會代表之選舉。

在此期間，部分黨政軍領袖，因政見之不同，有民國十八、九年軍人之叛亂，有二十年廣州非常會議之舉行，有二十二年冬之福建事變，有二十五年夏兩廣之異動，以及同年冬蔣委員長之西安蒙難。因日本侵略迄寧歲，國難日趨嚴重，政府寬大爲懷，以最大之決心與毅力雖先後化解於無形，而剿共工作竟功虧一簣。若非抗戰爆發，我國立憲當不至滯留至十年以後，若非中共擴大叛亂，三民主義早已實行於全國，今日我國之國運當又有所不同也。

（臺北，中華民國歷史與文化討論會，民國七十三年六月，第一冊，頁三四〇至三六三。）

五一 訓政時期的中國國民黨

一、引 言

中國國民黨自建黨以來，其奮鬥目標在逐步實現其革命程序。中國同盟會時代，明定軍法之治爲三年，約法之治爲六年，然後進入憲政時期。不幸民國建立後，內則軍閥禍國，目無法紀；外則列强交侵，權益日損。直到民國十七年北伐成功，在中國國民黨指導下，國民政府才一面安內攘外，一面開始實施訓政。三十五年十一月，雖在中共阻撓破壞下，卒召開制憲國民大會。三十七年五月，我國方正式步入憲政之途。其間之坎坷屈折，波瀾迭作。姑撰文以誌之，疏失之處，補正俟諸異日。

二、訓政綱領之頒佈與五權制度之施行

遵照中國國民黨建國程序，訓政時期中國國民黨全國代表大會爲全國最高權力機關，閉會期間由中央執行委員會執行之。民國十七年八月四日，中國國民黨第二屆中央執行委員會

第五次全體會議在南京舉行，至十五日大會閉幕，決議依據 國父所著「建國大綱」，國民政府爲行使五種治權，設立司法、立法、行政、考試、監察五院❶。

民國十七年十月三日，中國國民黨第一七二次常務委員會，依據二屆五中全會之決議，通過「訓政綱領」，由國民政府公佈施行，全文如下：

中國國民黨實行三民主義，依照建國大綱，在訓政時期訓練人民實行政權，至憲政開始，弼成全民政治，制定如左：

一、中華民國於訓政時期，由中國國民黨全國代表大會代表國民大會，領導國民行使政權。

二、中國國民黨全國代表大會閉會時，以政權付託中國國民黨中央執行委員會執行之。

三、依照總理建國大綱所定選舉、罷免、創制、複決四種政權，應訓練國民逐漸推行，以立憲政之基礎。

四、治權之行政、立法、司法、考試、監察五項，付託於國民政府總攬而執行之，以立憲政時民選政府之基礎。

五、指導監督國民政府重大國務之施行，由中國國民黨中央執行委員會政治會議行之。

---

❶ 民國十七年八月十四日，二屆五中全會第三日議事錄，見「革命文獻」第二十一輯，頁一六九六至一六九七，黨史委員會出版。

六、中華民國國民政府組織法之修正及解釋，由中國國民黨中央執行委員會政治會議議決行之❷。

依照「訓政綱領」，訓政時期國家政權由國民黨一黨所專有，整個治權亦由國民黨一黨所專施。是爲　國父所憧憬之訓政理想，亦爲訓政時期立國精神之所繫。「訓政綱領」制定之日，中國國民黨中央政治會議乃通過「中華民國國民政府組織法」，十月八日由國民政府公佈施行。凡七章，共四十八條，採委員制及五權分立精神。同日，國民黨中央委員會選任十六位國民政府委員，並推定主席及各院院長副院長人選如下：

國民政府主席　蔣中正

行政院長　譚延闓　副院長　馮玉祥

立法院長　胡漢民　副院長　林　森

司法院長　王寵惠　副院長　張　繼

考試院長　戴傳賢　副院長　孫　科

監察院長　蔡元培　副院長　陳果夫❸

❷ 錄自民國十七年十月四日，上海中央日報。

❸ 民國十七年十月九日，上海中央日報。

十月十日上午八時，國民政府委員在中央黨部大禮堂舉行宣誓受任典禮，由監察委員吳敬恆監誓授印，蔣主席代表國府委員致答詞，並宣讀誓詞❹，於是我國正式步入訓政時期。

三、國民會議與訓政時期約法

民國十八年三月十五日，中國國民黨第三次全國代表大會在南京中央陸軍軍官學校大禮堂舉行，到會計有二十五省黨部、海外各總支部、蒙藏、鐵路、軍隊各特別黨部代表三百三十餘人。初爲預備會議，十八日開始正式會議，至二十八日閉幕，大會以結束軍政致力訓政建設爲主要任務，通過有關制定實施訓政之基本政策四端：

一、追認二屆中央第一七二次常會，於十七年十月三日制定之「訓政綱領」。

二、確定總理主要遺教爲訓政時期中華民國最高根本法案：本案所指總理主要遺教，係三民主義、五權憲法、建國方略、建國大綱，及地方自治開始實行法。舉凡國家一切建設之規模，人權民權之根本原則與分際，政府權力與組織之綱要，及行政權行使之方法，皆須以此爲依歸。

三、確定訓政時期黨、政府、人民行使政權之分際及方略案：本案根據訓政綱領，確

---

❹ 民國十七年十月十二日，上海中央日報。

定訓政時期以政權付託中國國民黨之最高權力機關，以治權付託於國民政府，總攬執行，以造成中華民國之憲政基礎。並規定：人民須接受四權之訓練，努力達成地方自治，至訓政終了，由中國國民黨負責召集國民大會，決定憲法頒佈之。

四、確定地方自治之方略及程序，以立政治建設之基礎案：本案根據總理手著「建國大綱」，及「地方自治開始實行法」，確定其實行方法及程序爲：㈠確定縣爲自治單位，努力扶植民治，不得阻礙其發展。㈡制定地方自治實行法，規定其強行部分，使地方自治成爲經濟政治的組織體，以達到眞正民權民生之目的。㈢由國民政府選派曾經訓練考試合格之人員，到各縣協助人民籌備自治。㈣地方自治之籌備宜逐漸推行，不宜一時並舉，以自治條件之成就，選舉完畢，爲籌備工作之終期❺。

是爲訓政時期政治建設之一切準繩。同年六月，中國國民黨三屆二中全會，依據第三次全國代表大會決議，通過「訓政時期黨務進行計畫」，規定中央黨部應指揮並監督下級黨部，宣傳訓政之方針，開導人民接受四權使用之訓練，以培植地方自治之社會基礎。復通過「人民團體組織方案」、「完成縣自治案」、「治權行使之規律案」，及「訓政時期之規定案」。明確規定訓政期間爲六年，責成中央政治會議制定「訓政工作分配年表」，並限於二十三年底完成

❺「革命文獻」第七十六輯，頁六三至一二八。

縣自治❻。

民國十九年十一月十二日，中國國民黨三屆四中全會在南京開幕，由 蔣主席提議，經大會議決，遵照 總理遺囑，召開國民會議，俾由全民共同決定訓政時期之根本大法，以奠定實施憲政之基礎。並由全會議決，定於二十年五月五日召開，由常務委員會籌備一切召集事宜。

民國二十年元月一日，國民政府公佈國民會議代表選舉法，規定代表名額爲五百二十名，分配情形如下：㈠各省四百五十名，㈡各市二十名，㈢蒙古十二名，㈣西藏十名，㈤各地華僑二十六名。選舉採職業代表制，各地方代表由下列團體選出：㈠農會，㈡工會，㈢商會及實業團體，㈣教育會、國立大學、教育部立案之大學及自由職業團體，㈤中國國民黨。上述之農會、工會、教育會各團體，以依法設立者爲限❼。二十三日，國民會議選舉事務所正式成立，以戴傳賢爲主任。四月二十四日，國民政府公佈「國民會議組織法」，凡六章二十八條❽。五月五日，國民會議假南京中央大學新建禮堂作會場，舉行開幕典禮。出席代表四四七人，國民黨中央執監委員、國民政府委員，及來賓參加者數百人，儀式極爲隆重。六、七兩日爲預備會議，八日舉行正式會議，至十七日閉幕，共開大會八次，計有四百五十四件提

---

❻ 黨史委員會編「民國十八年中國國民黨年鑑」，頁一七三至一七九。
❼ 民國二十年元月二日，上海中央日報。
❽ 「革命文獻」第二十三輯，頁六〇八至六一二。

案，審查合併討論者共四十六案，其中除各種建設性議案外，最大成就爲通過「訓政時期約法」。大會並於五月十六日第八次會議，通過宣言，以六事明詔國人，茲節錄其大意如下：

一、孫中山先生之三民主義，不特足以救中國，兼足以救世界，我全國國民當心悅誠服，努力奉行，以造成莊嚴燦爛之民國。

二、爰遵中山先生遺教，制定中華民國訓政時期約法，交由國民政府公佈實行。

三、不平等條約爲各國對我政治侵略、經濟侵略最重要之工具，爰一致決議，中國國民對於各國以前加於中國之不平等條約，概不予以承認。國民政府遵照中山先生之遺教，於最短期內實現中華民國在國際上之完全平等與自由。

四、全體國民須知赤匪之禍，爲我民族百世之患，應父詔其子，兄勉其弟，人人以撲滅赤匪爲己任。

五、軍事告終，訓政方始，本會深望國民政府，本其犧牲奮鬥精神，領導國民完成訓政，以竟建國之大業。全國國民既知和平統一之可貴，則當全力擁護造成此和平統一局面之國民政府。

六、政府宜扶植人民經濟事業之發展，人民當協助國家經濟建設之成功，以挽救我民族貧弱衰頹之厄運，而開國民經濟發展繁榮之新路❾。

---

❾ 同上書，頁六二四至六三〇。

國民會議開幕前，同年三月二日，中國國民黨中央常務委員會推定吳敬恆、王寵惠、于右任等十一人，爲訓政時期約法起草委員會委員，自三月三十日第一次起草委員會議起，至四月二十二日第六次會議，通過草案全文，經五月一日中央委員會臨時全體會議三讀通過，送交國民政府，提出國民會議。五月十二日，由國民會議三讀修正通過，全文共八十九條，分爲八章：㈠總綱，㈡人民之權利義務，㈢訓政綱領，㈣國民生計，㈤國民教育，㈥中央與地方權限，㈦政府之組織（分中央、地方兩節），㈧附則⑩。其精神在闡明訓政制度，並規定在訓政時期內，中國國民黨全國代表大會將代表國民大會行使政權。另規定人民在訓政時期內，應受選舉、罷免、創制、複決四權行使之訓練，保證人民有集會、出版與言論之自由；並保障私有財產之權力。依照訓政時期約法規定，政府機構仍爲國民政府組織法所採行之五院制，政府行政首長爲國民政府主席與國民政府委員會，由中國國民黨中央執行委員會所選出。約法又規定：各縣儘速設立半自主之自治單位，行使其行政與財政權，僅受國家明確之限制。六月一日，由國民政府正式公佈。

訓政約法之通過及實施，係我國歷史上一項意義重大之政治成就，乃憲法公佈前國家之根本大法。同年六月十四日，中國國民黨三屆五中全會，依照訓政時期約法，通過國民政府組織法，六月十五日由國民政府公佈施行，逐奠定中國實施憲政之基礎。

---

⑩ 同上書，頁六三〇至六三七。

四、憲法草案之公佈與國民大會之籌備

民國二十一年十二月十五日至二十二日，中國國民黨第四屆中央執行委員會第三次全體會議舉行於南京，通過孫科等二十七人提議，擬以二十二年一月至六月爲憲法起草時期，由立法院起草憲法草案，準於二十二年十月十日公佈，以備國民之討論，作爲提交國民大會之準備。並定於二十三年四月召開第一屆國民代表大會，以決定頒佈憲法日期。憲法頒佈後，政府應依照憲法，規定地方制度，切實完成地方自治，及所有訓政時期未盡工作，假定二十三年十月十日爲憲政開始日期，以籌備不及，經大會決議：

一、爲集中民族力量，澈底抵抗外患，挽救危亡，應於最近期間，積極遵行建國大綱所規定地方自治工作，以繼續憲政開始之籌備。

二、二十四年三月開國民大會，議決憲法，並決定憲法頒佈日期。

三、立法院應速起草憲法草案，議決憲法，並決定憲法頒佈日期⑪。

於是立法院組織憲法起草委員會，由院長孫科兼任委員長，張知本、吳經熊副之，樓桐

---

⑪「革命文獻」第七十九輯，頁三〇〇至三〇六。

孫、傅秉常等三十餘位憲法學者專家爲委員，從事於憲法之起草工作。自二十二年二月九日第一次會議，至二十三年二月二十四日憲法草案初步定稿，共開二十次會議，三月一日全文公開披露，廣徵國人意見。同年七月九日，公佈審查修正初稿，至二十三年十月十六日，立法院始三讀通過「中華民國憲法草案」，共十二章，一百七十八條，是爲中華民國憲法之權輿⑫。

民國二十四年十月二十五日，立法院三讀通過「憲法草案修正案」。全文删訂爲八章，一五〇條，將原草案加以精簡⑬。十一月一日，中國國民黨四屆六中全會舉行於南京，十一月五日，經憲法起草委員會提出，復對憲法草案加以審查，決議送請第五次全國代表大會，決定召集國民大會日期，由國民大會議決頒佈憲法⑭。

民國二十四年十一月十二日，中國國民黨第五次全國代表大會在南京舉行，十一月二十二日第五次，通過「憲法草案修正要點」，並授權第五屆中央執行委員會，決定宣佈「憲法草案」，及召集國民大會日期，務於民國二十五年內實施。並通過「實施憲政程序暨政治制度改革案」，及「切實推行地方自法以完成訓政方案」⑮。同年十二月二日，中國國民黨第五屆一中全會開幕，十二月四日第三次大會，通過二十五年五月五日宣佈憲法草案，十一月十二日

---

⑫ 參考潘樹藩「中華民國憲法史」，頁二六四至三〇五，商務印書館，民國二十四年三月版。
⑬ 民國二十四年十月二十六日，上海「中央日報」。
⑭ 「革命文獻」第七十九輯，頁三四九。
⑮ 「革命文獻」第七十六輯，頁二三七至二四三。

召開國民大會，國民大會代表之選舉，應在十月十日以前辦理完竣。並通過設立憲法草案審議委員會，指定葉楚傖、李文範等十九人爲委員，負責憲法草案之審議，於兩個月內修正完畢。並草擬國民大會組織法，及代表選舉法，均呈由常會發交立法院，再爲條文之整理⑯。

民國二十五年四月三十日，立法院通過「國民大會組織法」，五月二日通過「國民大會代表選舉法」，五月五日國民政府如期公佈「中華民國憲法草案」（按：即通稱之「五五憲草」），共分八章：㈠總綱；㈡人民之權利義務；㈢國民大會；㈣中央政府；㈤地方制度；㈥國民經濟；㈦教育；㈧憲法之施行及修改，凡一百四十八條。於是設置國民大會代表選舉總事務所，辦理代表選舉事宜。同年十月十五日，中國國民黨中央常務委員會，根據選舉總事務所呈報，以國內外情勢緊張，國民大會代表之選舉勢難如期辦理完竣，乃決議延期召集國民大會。

民國二十六年二月十五日至二十二日，中國國民黨五屆三中全會集會於南京，二月二十日，通過主席團所提「關於國民大會之提案」，其辦法如下：㈠督促該管機關，繼續辦理選舉，於本年十一月十二日召開國民大會，制定憲法，並決定憲法施行日期。㈡關於國民大會組織法及代表選舉法，如有應行修正之處，授權常務委員會辦理。㈢所有關於國民大會之提案，均交常務委員會參考⑰。四月二十二日，中國國民黨中央常務委員會，復通過修正「國民大會組織法」，及憲法草案中有關條文。同年夏，各地方及人民團體已選出代表一千二百餘

---

⑯「革命文獻」第七十九輯，頁三八六。

⑰同上書，頁四一八至四一九。

名，因對日全面抗戰發生，軍事孔急，憲政之實施乃被迫延期。

五、黨政間之關係與功能

民國十四年七月一日，國民政府成立之初，依照中國國民黨中央執行委員會議決之「中華民國國民政府組織法」，國民政府受中國國民黨之指導及監督，掌理全國政務。國民政府以委員若干人組織之，並於委員中推定一人爲主席。國民政府設置常務委員五人，處理日常政務，常務委員於委員中推定之。國民政府設置軍事、外交、財政各部，每部設部長一人，以委員兼任之，有添部之必要時，經委員會議議決行之⑱。是時國民政府偏處廣東一隅，人事精簡，政令不繁，及建都南京，爲迎合實際需要，組織法勢必加以擴充與變更。

民國十七年二月四日，中國國民黨二屆四中全會所通過之「中華民國國民政府組織法」，凡十一條，較民國十四年所公佈者組織已具規模，其中第七條規定：「國民政府設內政、外交、財政、交通、司法、農礦、工商等部，並設最高法院、監察院、考試院、大學院、審計院、法制局、建設委員會、軍事委員會、蒙藏委員會、僑務委員會。」第九條規定：「國民政府委員會設秘書處、副官處、印鑄局、參事廳，受主席及常務委員之指揮，其規程另定

---

⑱ 錄自「國民政府法令彙編」，民國十五年十一月出版。

之。」[19]

民國十七年十月三日，中國國民黨中央政治會議所通過之國民政府組織法，其中第一章第八條規定：「國民政府主席代表國民政府接見外使，並舉行或參與國際典禮。」第九條規定：「國民政府主席兼中華民國陸海空軍總司令。」第十一條規定：「國民政府主席爲國務會議主席。」是明白規定國民政府主席爲國家之元首，掌握實際軍政大權。第二章第十五條規定：「行政院爲國民政府最高行政機關。」第二十一條規定：「行政院會議由行政院長、副院長，及各部部長、各委員會委員長組織之，以行政院長爲主席。」明白規定行政院長爲國民政府之最高行政首長。第三章第二十五條規定：「立法院爲國民政府最高立法機關。」第二十七條規定：「立法院設委員四十九人至九十九人，由立法院長提請國民政府任命之。」第六章第四十三條規定：「監察院設監察委員十九人至二十九人，由監察院長提請國民政府任命之。」明白規定訓政時期立法委員、監察委員係由院長所遴選[20]。

民國十八年三月二十一日，中國國民黨第三次全國代表大會第七次會議，通過「確定訓政時期黨政府人民行使政權治權之分際及方略案」，係根據訓政綱領之原則，對於黨、政府、人民行使治權、政權之實際分際與方略，作明確之規定。茲列其治權行使之先後次序如下：

[19] 「革命文獻」第二十二輯，頁二〇三至二〇四。「另革命文獻」第七十九輯，頁八〇至八一。

[20] 「國民政府公報」第九十九期，民國十七年十月出版。

一、中央執行委員會　培植地方自治之社會基礎，宣傳訓政之方針，開導人民接受四權使用之訓練，指導人民努力完成地方自治所必備之先決條件，並促進一切關於地方自治之工作。

二、中央政治會議　決定縣自治之一切原則，及訓政之根本政策與大計，但行使是項職權時，對外不發生直接之關係。中央政治會議在決定訓政大計，在指導政府上，對中央執行委員會負責。

三、國民政府　實施縣政自治，及執行一切訓政之根本政策與方案，由國民政府及其所屬主管機關行之。國民政府在實施訓政計畫與方案上，對中央政治會議負責。

四、人民　中華民國人民須服從擁護中國國民黨，誓行三民主義，接受四權使用訓練，努力地方自治之完成，始得享受中華民國國民之權利。國民黨最高權力機關，爲求達訓練國民使用政權，弼成憲政基礎之目的，於必要時得就人民之集會、結社、言論、出版等自由權，在法律範圍內加以限制。

五、國民大會　實施訓政之成績，由黨最高權力機關考核之，至訓政終了憲政開始之時，由黨最高權力機關負責召集國民大會，決定憲法而頒佈之㉑。

民國二十年十二月二十五日，中國國民黨四屆一中全會，通過「關於中央政制改革案」，

㉑「革命文獻」第七十六輯，頁八〇至八三。

二十六日通過「修正國民政府組織法案。」前者規定國民政府主席爲中華民國元首，對內對外代表國家，但不負實際政治責任，並不兼其他官職，任期二年，得連任一次，於憲法頒佈時應依法改選之。在憲法未頒佈前，行政、立法、司法、監察、考試各院，院長由中央執行委員會選任之，各自對中央執行委員會負責。後者規定國民政府設主席一人，委員二十四人至三十六人，各院設院長、副院長各一人，由中國國民黨中央執行委員會選任之。國民政府主席爲中華民國元首，對內對外代表國民政府，但不負實際政治責任。行政院爲國民政府最高行政機關㉒。是行政院負實際行政責任，而中國國民黨中央執行委員會實總攬政府全權。

六、中央政治會議與國防最高委員會

中央政治會議成立於民國十三年七月十一日，其時國民政府尚未成立，國父孫中山先生以陸海軍大元師名義領導革命政府，曾以國民黨總理名義，指派十二人爲委員，爲黨之諮議機關。初無實權，關於黨事對中央執行委員會負責，或事前報告，或事後請求追認。關於政治及外交問題，報請陸海軍大元帥處理。國父逝世後，其制遂變。十四年六月，中國國民黨中央執行委員會正式設立政治委員會，一切政治方針由政治委員會決定，以政府名義行之。政治委員會議決成立國民政府，通過國民政府組織法，選舉國民政府委員及主席，政治

㉒「革命文獻」第七十九輯，頁二六一至二七六。

委員會遂成爲黨政最高決策機關。其時蘇俄所派來之鮑羅廷爲政治委員會顧問，乃利用其影響力，從中操縱，汪兆銘之當選主席即爲一例㉓。

民國十五年一月，中國國民黨第二次全國代表大會中，曾通過一項決議：「除國民政府所在地設置政治委員會外，各重要地點必要時經中央執行委員會常務委員會之核准，得分設政治指導機關。」同月二十三日，中國國民黨二屆一中全會，乃通過「中央政治委員會組織條例」七條，其內容如下：

一、政治委員會爲中央執行委員會特設之政治指導機關，對於中央執行委員會負其責任。

二、政治委員由中央執行委員推任之。

三、政治委員會認爲必要時初得推任同志在某地方組織分會，其權限由政治委員會定之。

四、政治委員設委員若干人，候補委員若干人，政治委員有缺席時，由出席之候補委員依次遞補，有臨時表決權，餘祇有發言權。

五、中央執行委員會得聘任政治委員會顧問，在政治委員會只有發言權。

六、政治委員會由委員互推一人爲主席。

㉓ 鄒魯「回顧錄」，上册，頁一六七至一六九，獨立出版社，三十五年七月版。

七、政治委員會設秘書主任一人，秘書、辦事員、書記若干人，由主席任命並指揮之㉔。

北伐期間，十六年三月十日，二屆三中全會通過「統一黨的領導機關案」，其中第七條規定：「政治委員會以常務委員會全體委員，及中央執行委員會全體會議選舉之中央執行委員，及候補中央執行委員六人組織之，國民政府部長雖非政治委員會委員，亦得列席政治委員會會議，但無表決權。政治委員會委員中，由中央執行委員會全體會議，指定七人爲主席團。」第八條規定：「政治委員會對於政治問題決議後，交由中央執行委員會，指導國民政府執行之。」㉕中央政治委員會職權更重，組織益加龐大。同月十三日，二屆三中全會復通過「修正政治委員會及分會組織條例案」，全文凡十條，後八條概屬分會之職權，錄其內容如下：

一、政治委員會因適應革命需要，得向中央執行委員會建議，在國內各重要政治地區，設立政治委員會分會。
二、各地政治委員會分會，對中央執行委員會負責。
三、政治委員會分會，不限於中央執監委員，及候補中央執監委員。

㉔「革命文獻」第七十九輯，頁四五至四六。
㉕同上書，頁五八。

四、政治委員會人數，權限、任務，及與當地黨部之關係，由中央執行委員會規定之。

五、政治委員會分會委員，經中央執行委員會指定，得列席政治委員會議，但無表決權。

六、政治委員會分會，對於全國大局有關係之重要決議，須經中央執行委員會認可，方發生效力。

七、政治委員分會，對於地方政治問題之決議，得直接交由地方政府執行之，但須報告中央執行委員會。

八、政治委員會及分會秘書處之組織，由政治委員會及分會自定之㉖。

是以政治委員會分會，儼然地方政府最高之決策機構。十六年九月，寧、漢合作後，中央特別委員會第三次會議，議決取消中央政治會議及各地方會。十七年二月三日，中國國民黨二屆四中全會，議決中央政治會議及各地分會，可仍存在，候第三次全國代表大會決定，各分會應專理政治，不兼管黨務。並決定設立廣州、武漢、開封、太原分會四處。其轄區如下：

廣州分會：廣東、廣西。

㉖ 同上書，頁六一至六二。

武漢分會：湖南、湖北。
開封分會：河南、陝西、甘肅。
太原分會：山西、綏遠、察哈爾。

其不屬於各地政治分會省份，由中央政治會議直接處理。十七年八月十四日，二屆五中全會討論「政治分會存廢案」，決議各地方分會限於本年底一律取消，政治分會不得以分會名義對外發佈命令，並不得以分會名義任免該特定地域內之人員，而遲未實行㉗。十八年春，武漢政治分會擅自改組湖南省政府，政治分會主任李宗仁公開背叛政府。三月十三日，中央政治會議認爲其舉動違背其職權，乃決議各地政治分會於三月十五日以前一律裁撤，即日起停止開會，從此中央政治會議各地分會不再存在。

民國十七年十月、十八年五月、二十年六月，中央政治會議組織條例迭有修改㉘，二十四年十二月，中國國民黨五屆一中全會，將中央政治會議組織條例作大幅度之變更，其組織成員如下：

一、政治會議委員由中央執行委員會，就中委中推定其數目，於主席、副主席各一人

㉗ 同上書，頁一〇二。
㉘ 參考「中央黨務月刊」第十至三十五期，「政治總報告」，民國二十年十一月，出版地不詳。

外，定爲十九人至二十五人。

二、政治會議開會時，中常會主席、副主席，國府主席，五院院長，軍事委員會委員長、副委員長，均應出席。

三、政治委員會所屬各專門委員會主任委員，及國民政府各部會長官，於必要時得通知列席㉙。

先是中央政治會議曾於二十二年議決設立國防委員會，其人數較少，且多爲負有實際軍事政治要員，以行政院長兼委員長，其所作軍事外交決定，每由委員長擇要向中央政治會議報告。二十四年十一月，中國國民黨第五次全國代表大會後，國防委員會一度取消。二十五年七月十三日五屆二中全會復通過設置，以軍事委員會委員長爲議長，行政院長爲副議長，軍事委員會副委員長、參謀總長、軍事參議院長、訓練總監、航空委員會委員長、行政院關係各部部長（軍政、海軍、財政、外交、交通、鐵道）爲委員，依其組織條例第三條規定，其審議事項如下：㈠國防方針，㈡國防外交政策，㈢關於國防事業與國家庶政之協進事宜，㈣關於處置國防緊急事宜，㈤國家總動員事宜，㈥關於戰時之一切組織，㈦其他與國防相關連事項㉚。

㉙ 同上書，第八十九期。
㉚ 「革命文獻」第七十九輯，頁四〇二至四〇三。

民國二十六年七月，抗戰開始。八月，中央常務委員會第五十次會議議決，設置國防最高會議，以代替國防委員會職權，對中央政治會議負責。同年十一月，中央常務委員會第五十九次會議，鑒於中央政治會議組織龐大，事實上已不召集，乃議決停止開會，由國防最高會議代行其職權。依其組織，設主席、副主席各一人，以軍事委員會委員長為主席，中央政治委員會主席為副主席，中國國民黨中央執行委員會常務委員、秘書長、各部部長，中央監察委員會常務委員、中央政治委員會秘書長，五院院長、副院長，行政院秘書長、各部部長，軍事委員會委員、參謀總長、副參謀總長、軍令部、軍政部、軍訓部、政治部各部長，及主席提出經本會議通過者組成之。並由主席指定常務委員九人，其職權如下：㈠國防方針之決定，㈡國防經費之決定，㈢國家總動員事項之決定，㈣其他有關重要事項之決定㉛。國防最高會議常務委員會每星期開會兩次，全體委員會由主席隨時召集之。抗戰期間關於黨政軍一切事項，國防最高會議主席得不依平時程序，以命令為便宜之措施。國防最高會議之下，設立國防參議會，由國防最高會議主席指定或聘任若干人充任之。

民國二十八年一月，中國國民黨五屆五中全會，復通過改國防最高會議為國防最高委員會，為中央黨政軍統一指揮之機構，茲列其組織與職權如下：

一、委員長　由中國國民黨總裁兼任之。

㉛ 參考錢端升、薩師炯等合著「民國政制史」，上冊，頁二一〇，民國三十五年七月，商務印書館出版。

二、委員　中央執行委員會常務委員、監察委員會常務委員，國民政府五院院長、副院長，軍事委員會委員，及委員長提出，經中央執行委員會常務委員會議決者爲委員。

三、常務委員　由委員長於上述委員中指定十一人爲常務委員。

四、執行委員　國防最高委員會爲執行決議案，以下列人員組織執行委員會：㈠中央黨部秘書長、各部部長、訓練委員會主任委員、中央政治委員會秘書長。㈡國民政府文官長。㈢行政院秘書長、各部會長。㈣軍事委員會參謀總長、副參謀總長、各部部長、軍事參議院院長、軍法執行總監辦公廳主任、航空委員會主任、海軍總司令。㈤總動員委員會主任委員、副主任委員。㈥戰地黨政委員會主任委員、副主任委員㉜。

國防最高委員會常務會議每星期開會一次，全體會議由委員長定期召集。執行委員及有關人員，經委員長之指定得列席常務會議。國防最高委員會會議以委員長爲主席，委員長因故不能出席時，指定常務委員一人代理之。國防最高委員會所屬機關有中央設計局、黨政工作考核委員會、動員委員會、物價審議委員會等。

民國三十三年十一月，國防最高委員會復成立憲政實施協進會，由國防最高委員會委員

㉜ 同上書，頁二一一。

長為會長，國民參政會主席團主席為當然委員外，並由國防最高委員會委員長就下列人員中指定：㈠中央委員，㈡參政員，㈢富有政治學識或對憲政有特殊研究之人士。設常務委員九人至十一人，由會長就會員中指定之。並就常務委員中指定三人為召集人。其主要任務為向政府提出與憲政籌備有關之建議，考察地方民意機關，溝通政府與人民團體之政見，及審議一切與憲政實施有關之事項㉝。

七、結語

自民國十七年北伐成功，中國國民黨為促成還政於民，雖在內憂外患交迫情勢下，仍破除萬難，致力於訓政之實施與憲政之預備。同年十月，依照　國父孫中山所著「建國大綱」，制定訓政綱領，通過國民政府組織法，採取五種治權分立精神，以訓練人民行使四種政權。十八年三月中國國民黨第三次全國代表大會，確立訓政之基本政策。二十年五月，國民會議通過訓政時期約法，而奠定中國憲政基礎。

二十四年十一月，中國國民黨第五次全國代表大會，通過憲法草案修正要點，國民政府遂於二十五年五月五日公佈「中華民國憲法草案」。二十六年四月，修正「國民大會組織法」，及憲法草案中有關條文，並開始辦理國民大會代表之選舉。同年夏，全國各地、海外僑胞，

㉝ 同上書，頁二一四。

及人民團體已選出代表一千二百餘名，原期十一月十二日召開國民大會，通過憲法，選舉總統，因對日全面抗戰發生而延期。

訓政時期全國最高權力機關爲中國國民黨全國代表大會，大會閉幕期間由中國國民黨中央執行委員會代行其職權。中央執行委員會復授治權於中央政治會議，監督國民政府實施縣自治，及執行一切訓政之基本政策與方案；由行政院負實際行政責任。迨全面抗戰發生，二十六年十一月，中央常務委員會鑒於政治會議組織龐大，由國防最高會議代行其職權。二十八年一月，復改組爲國防最高委員會，爲中央黨政軍統一指揮之機構。三十二年十一月，國防最高委員會成立黨政協進會，籌備審議有關憲政事宜。

三十四年五月，中國國民黨第六次全國代表大會期間，以抗戰勝利在即，乃通過國民大會召集期間爲同年十一月十二日。因抗戰勝利後中共和平統戰攻勢，經政治協商會議決定，改爲三十五年五月五日舉行。除二十六年已選出之一千二百餘名代表繼續有效外，另增加東北、臺灣區域及職業代表一百五十名，遴選代表七百名。其中國民黨二百二十名，共產黨一百九十名，民主同盟一百二十名，青年黨一百名，社會賢達七十名。關於五五憲法草案，協議組織憲法草案審議委員會，委員名額三十五人，由政治協商會議推舉，另聘專家十人，以兩個月爲完成時間，提供國民大會採納。俟因中共在各地破壞停戰，阻撓國民大會之召開，國民政府再移至十一月十二日舉行，屆時因等待中共及民主同盟代表出席，曾延期三日，至十五日大會始正式開幕。出席代表一千三百五十五人，國民黨、青年黨、民社黨，及無黨派人士代表均出席，中共及民主同盟代表竟拒絶參加。十二月二十五日，三讀通過中華民國憲法草案，三十六年元旦，由政府正式公佈，中國法治精神至此始告建立。上距辛亥革命成功已超過三分之一世紀，離北伐統一近二十年矣！其得來之不易，吾人當善加珍惜焉！

（臺北，國立政治大學「政治文化」，創刊號，民國七十四年四月，頁二〇至三四。）

五二　國民政府訓政之實施與政爭

——一九二八—一九三七——

壹　中國國民黨訓政之實施與憲政之預備

一、訓政綱領之頒佈與五權制度之施行

(一)　訓政綱領之頒行

依照建國程序，訓政時期中國國民黨全國代表大會爲全國最高權力機關，閉會期間由中央執行委員會執行之。民國十七年八月四日，中國國民黨第二屆中央執行委員會第五次全體會議在南京舉行，公推　蔣中正先生爲主席，先爲預備會議，八日舉行開幕典禮，出席執行委員二十四人，候補執行委員一人，監察委員八人，候補監察委員一人。時值北伐成功之初，意義至爲重大。　蔣先生於大會期間，發表對時局意見，略曰：

蓋黨非一人之黨，國非一人之國，黨國同志有需中正者，中正肝腦塗地，或不敢辭；其必需團結一切同志，合群策群力以爲者，中正惟當効個人能及之力，隨各同志者一也。

中正最所最傷感者，以諸同志間或因主義見解之不同，或因環境所處之有異，而不能一致，遂見日離而日遠，中正深願日後諸同志互諒，以至恕之情，以黨國爲重，以至義爲界，而不互相詆譭，此中正切望於同志者又一也。……

以黨治國，政府與行政人員斷不能離黨而獨立，黨與黨員又不能離民衆而不顧，民衆與民衆之間，亦不能任其衝突而不問。中正以爲政府行政人員與黨，黨部黨員與民衆，民衆與民衆之間，各宜立一嚴明之標準，使之不能直接之衝突，此中正對於調治各部之見解又一也。❶

乃針對過去黨人思想之紛歧，行動之分裂而發。至十五日大會閉幕，政治方面議決：依照建國大綱，國民政府設立司法、立法、行政、考試、監察五院。行政院之下設立内政、外交、軍政、財政、教育、交通、工商、農礦八部，及建設委員會、設計委員會、僑務委員會，及其他特種委員會；並設參謀部、訓練總監部、軍事參議會等。軍事方面議決：㈠軍政軍令必需絶對統一，軍隊組織尤應完備。㈡收縮全國軍隊數量，軍費在整個預算上至多不得超過

---

❶ 節自「中央週刊」第十期，民國十七年八月十三日出版。

百分五十。㈢完成國軍軍事統一教育。㈣實現　總理化兵爲工主張，爲整軍理財第一要務。㈤發展海空軍，及建築軍港要塞❷。

民國十七年十月三日，中國國民黨第一七二次中央常務委員會，依據二屆五中全會之決議，通過「訓政綱領」。該綱領係由胡漢民、孫科所擬，其說明書中有云：「本黨以建國大綱明示三民主義實現之步驟，而猶慮國人之不易喻其精義也，更從而稱其旨曰以黨建國，以黨治國，期能喻於全國民衆。夫以黨建國也，本黨爲民衆奪取政權，創立民國一切規模之謂也。以黨治國者，本黨以此規模策訓政之效能，使人民自身能確實運用政權之謂也」❸。同日由國民政府公佈施行，全文如下：

中國國民黨實行三民主義，依照建國大綱，在訓政時期訓練人民實行政權，至憲政開始，弼成全民政治，制定如左：

一、中華民國於訓政時期，由中國國民黨全國代表大會代表國民大會領導國民行使政權。

二、中國國民黨全國代表大會閉會時，以政權付託中國國民黨中央執行委員會執行之。

❷ 錄自民國十八年八月十四日，中國國民黨二屆五中全會第三日議事錄，見「革命文獻」，第二十一輯，頁一六九六—一六九七，黨史委員會出版。

❸ 李時友「中國國民黨訓政的經過與檢討」，載「東方雜誌」第四十四卷第二號，民國三十七年二月出版。

三、依照 總理建國大綱所定選舉、罷免、創制、複決四種政權，應訓練國民逐漸推行，以立憲政之基礎。

四、治權之行政、立法、司法、考試、監察五項，付託於國民政府總攬而執行之，立憲政時民選政府之基礎。

五、指導監督國民政府重大國務之施行，由中國國民黨中央執行委員會政治會議行之。

六、中華民國國民政府組織法之修正及解釋，由中國國民黨中央執行委員會政治會議議決行之。❹

依照「訓政綱領」，訓政時期國家政權由國民黨代表人民行使，整個治權亦由國民黨依建國大綱而執行。是爲 國父孫中山先生所憧憬之訓政理想，亦爲訓時期立國精神之所繫。「訓政綱領」係「訓政約法」頒佈前國家之根本大法，於是國家開始步入訓政時期。

㈡ 國民政府之改組

「訓政綱領」制定之日，中國國民黨中央常務委員會復通過「中華民國國民政府組織法」。十月八日，由國民政府公佈施行。凡七章，共四十八條，採委員制及五權分立精神。第一章爲國民政府，第二章爲行政院、第三章爲立法院，第四章爲司法院，第五章爲考試院，

---

❹ 錄自民國十七年十月四日，上海中央日報。

第六章爲監察院，第七章爲附則。其序文曰：

中國國民黨本革命之三民主義、五權憲法，建設中華民國，既用兵力掃除障礙，由軍政時期入於訓政時期，尤以建立五權之規模，訓練人民行使政權之能力，以期促進憲政，奉政權於國民。茲謹本歷史上所授予本黨指導監督政府之職責，制定國民政府組織法。❺

國民政府組織法公佈之日，中國國民黨中央委員會第一七三次常會，由張人傑、吳稚暉、李石曾三委員臨時提議，選任　蔣中正、譚延闓、胡漢民、蔡元培、戴傳賢、王寵惠、馮玉祥、孫科、陳果夫、何應欽、李宗仁、楊樹莊、閻錫山、李濟琛、林森、張學良爲國民政府委員，並推定主席及各院院長、副院長人選如下：

國民政府主席　蔣中正

行政院長　譚延闓　副院長　馮玉祥

立法院長　胡漢民　副院長　林　森

司法院長　王寵惠　副院長　張　繼

❺ 錄自「國民政府公報」第九十九期。

考試院長　戴傳賢　　副院長　孫　科

監察院長　蔡元培　　副院長　陳果夫❻

十月九日，中國國民黨中央執行委員會爲國民政府改組發表告全國民衆書，略曰：「訓政時期之工作，應使政治的建設與經濟的建設相輔並進，茲條舉重要方針六項：即內政、教育，與國民經濟生活之建設，廢除不平等條約，掃除阻礙建國之任何勢力，以及黨的整理與建設。」❼十月十日上午八時，國民政府委員在中央黨部大禮堂舉行宣誓受任典禮，國府委員、中央執監委員皆出席，各機關團體來賓觀禮者甚衆。由監察委員吳稚暉監誓授印，蔣主席代表國府委員致答詞，並宣讀誓詞。誓曰：

余敬宣誓，余將恪遵總理遺囑，服從黨義，奉行國家法令，忠心及努於本職，並節省經費。余決不僱用無用人員，不營私舞弊，及接受賄賂。如違背宣誓，願受本黨最嚴厲處罰。❽

❻民國十七年十月九日，上海中央日報。
❼民國十七年十月十日，上海中央日報。
❽民國十七年十月十二日，上海中央日報。

是日適值國慶紀念，蔣主席特發表文告，略曰：「以今日而欲求中國之不亡，達其獨立自由之目的，惟有統一全國之革命思想，以排除階級鬥爭之邪說，團結國民之愛國精神，以杜絶國內武力之戰爭。」並以四事自勉於國人：㈠發育國民強毅之體力，以挽救萎靡文弱之頹風。㈡保持中國固有之德性，以剷除苟且自私之惡習。㈢增進科學必需之常識，以闢除愚蠢錮蔽之迷信。㈣灌進世界最新之文化，以力求國家社會之進步❾。

同月二十五日，中國國民黨中央執行委員會第一七九次常務會議，通過「中央政治會議暫行條例」十三條，明定中央政治會議爲訓政時期全國最高之指導機關。錄其內容如下：

一、政治會議爲全國實行訓政之最高指導機關，對於中央執行委員會負其全責。

二、中央執行委員、監察委員，爲政治會議當然委員。

三、中央執行委員會得推定其他政治會議委員，其人數不得超過前條當然委員名額之半數。

前項委員須具有左列資格之一者：

㈠爲黨服務十年以上，富有政治經驗者。

㈡負黨國之責任，其地位在特任官以上者。

四、國民政府委員亦爲政治會議當然委員。

---

❾ 民國十七年十月十一日，上海中央日報。

五、政治會議討論及決議事項，以左列者爲限：

㈠建國綱領，㈡立法原則，㈢施政方針，㈣軍事大計，㈤國民政府委員，各院長、副院長及委員，各部長，各委員會委員長，各省政府委員、主席及廳長，各特別市長，駐外大使、特使、公使，及特任、特派官吏之人選。

六、政治會議不直接發佈命令及處理政務。

七、政治會議由委員互推一人爲主席。

八、候補中央執行委員、監察委員得列席政治會議。

九、政治會議委員，除特別緊急重要事件，經本會議之許可，得派人代表列席報告外，平時不得派代表出席。

十、政治會議之決議，直接交國民政府執行。

十一、政治會議之決議，有提交國民政府及各院、各軍事最高機關討論決定執行者，由各該長官負責辦理。

十二、政治會議設秘書長一人，秘書三人，辦事員若干人，由主席任命並指揮之。

十三、政治會議議事規則另定之⑩。

同月二十六日，國民政府第四次國務會議，通過訓時期施政宣言。略曰：

⑩「東方雜誌」第二十五卷第十九號，民國十七年十一月出版。

中國革命本中國國民黨　總理孫中山先生，綜合世界科學，爲東方文明所結晶之三民主義，循革命方略所昭示之軍政、訓政、憲政三大程序以邁進。……軍政時期之告終，不僅在於革命障礙之掃除，尤在於全國人心之統一。訓政時期之開展，不僅在於建國大綱之實施，尤在於實業計畫之推行。在此由軍政向訓政進展之際，中國國民黨本其歷史上所負之使命，適應國家之需要，代行政權，而以治權授諸國民政府，並爲之制定其組織，設立五院，分負責任，庶幾五權憲法之宏模，三民主義之建設，於以更始。……

一國之政治有兩大目的：一曰爲民族求生存，二曰爲人類求進化，而吾人數十年來之努力奮鬥者以此。方茲建設造端之始，實開吾民族歷史上生存進化未有之局，而又值世界科學昌明之時，以我文化優越之民族，據世界獨一廣大之天府，正所謂以有爲之人，據有爲之地，而遇有爲之時也。⓫

是爲此後國民政府努力之目標。當此之時，國人經歷軍閥十餘年之蹂躪，驟然獲得自由，無不歡騰。舉國上下朝氣蓬勃，一片新興氣象，無不爲中華民族之前途抱以無窮之希望。

二、中國國民黨第三次全國代表大會

⓫「中央週刊」第二十三期，民國十七年十一月十二日出版。

(一) 確定實施訓政基本政策

民國十八年三月十五日，中國國民黨第三次全國代表大會在南京中央陸軍軍官學校大禮堂舉行，到會計有二十五省黨部、海外各總支部、蒙藏、鐵路、軍隊各特別黨部代表三百三十餘人。推定胡漢民、譚延闓、戴傳賢、于右任等九人爲主席團，初爲預備會議，十八日開始正式會議。蔣主席所致大會開幕詞，針對當時政治危機有沉痛之說明。略曰：

黨的病根就是黨內意見紛歧，思想複雜。政治的病源就是地方割據，中央法令不行。……地方把持財政，購買軍械，私增兵額，都聽地方爲所欲爲，中央絲毫不能加以干涉，甚至地方常以軍事實力威脅中央，要脅中央，中央對地方如有什麼要做的事，都以協商的方法去徵求同意，而地方對於中央，如果有什麼請求，就可以命令方法來要挾。❶

大會至二十八日閉幕，重選第三屆中央執行委員三十六人，監察委員十二人，候補中央執行委員二十四人，候補監察委員八人。大會以結束軍政、致力訓政建設爲主要任務，通過

---

❶ 蔣總統言論彙編編輯委員會，蔣總統言論彙編，卷九，頁一五四—一六一，民國四十五年十月出版，正中書局等發行。

有關黨務、政治、軍事、外交、教育、經濟建設等凡二十五案，其中有關制定實施訓政之基本政策者有四，其重要內容如下：

一、追認二屆中央第一七二次常會，於十七年十月三日制定之「訓政綱領」。

二、確定 總理主要遺教爲訓政時期中華民國最高根本法案：本案所指 總理主要遺教，係「三民主義」、「五權憲法」、「建國方略」、「建國大綱」，及「地方自治開始實行法」。舉凡國家一切建設之規模，人權民權之根本原則與分際，政府權力與組織之綱要，及行政權行使之方法，皆須以此爲依歸。

三、確定訓政時期黨、政府、人民行使政權之分際乃方略案：本案根據「訓政綱領」，確定訓政時期以政權付託中國國民黨之最高權力機關，以治權付託於國民政府，總攬執行，以造成中華民國之憲政基礎。並規定：人民須接受四權之訓練，努力達成地方自治，至訓政終了，由中國國民黨負責召集國民大會，決定憲法頒佈之。

四、確定地方自治之方略及程序，以立政治建設之基礎案：本案根據 總理手著「建國大綱」及「地方自治開始實行法」，確定其實行方法及程序爲：㈠確定縣爲自治單位，努力扶植民治，不得阻礙其發展。㈡制定地方自治實行法，規定其強行部分，使地方自治成爲經濟政治的組織體，以達到眞正民權民生之目的。㈢由國民政府選派曾經訓練考試合格之人員，到各縣協助人民，籌備自治。㈣地方自治之籌備，宜逐漸推行，不宜一時並舉，以自治條件之成就，選舉完畢，爲籌備工作之終期❷。

大會通過宣言，檢討過去本黨之奮鬥歷程，認爲：「已往之苦痛乃在不能確信三民主義，努力實施建設之過，今後之生路亦即在努力實施三民主義之建設。」「本黨今後努力之方向，以服役於全國人民，願全國國民於此訓政開始時期，依照總理所著之建國大綱，與本黨以効忠宣力之贊助，課本黨以効忠宣力之責任，舉國一致，勇往直前，以努力於國民革命之完成。」❸是爲訓政時期政治建設之一切準繩。

同年六月，中國國民黨三屆二中全會，依據第三次代表大會決議，通過「訓政時期黨務進行計畫」，規定中央黨部應指揮並監督下級黨部，宣傳訓政之方針，開導人民接受四權使用之訓練，以培植地方自治之社會基礎。復通過「人民團體組織方案」、「完成縣自治案」、「治權行使之規律案」，及「訓政時期之規定案」，明確規定訓政期間爲六年，責成中央政治會議制定「訓政工作分配年表」，並限於民國二十三年底完成縣自治❹。

㈡ 國民會議與訓政時期約法

---

❷ 參考「革命文獻」第七十六輯，頁六三一一二八。
❸ 「革命文獻」六十九輯，頁二〇一一二〇七。
❹ 黨史委員會編，民國十八年中國國民黨年鑑，頁一七三一一七九。

民國十九年十一月十二日，中國國民黨三屆四中全會在南京開幕，由 蔣主席提議，經大會議決，遵照 總理遺囑，召開國民會議，俾由全民共同決定訓政時期之根本大法，以奠定實施憲政之基礎。並由全會議決，定於二十年五月五日召開，由常務委員會籌備一切召集事宜。

民國二十年元月一日，國民政府公佈國民會議代表選舉法，規定代表名額爲五百二十名，分配情形如下：㈠各省四百五十名，㈡各市二十名，㈢蒙古十二名，㈣西藏十名，㈤各地華僑二十六名。選舉採職業代表制，各地方代表由下列團體選出：㈠農會，㈡工會，㈢商會及實業團體，㈣教育會、國立大學、教育部立案之大學及自由職業團體，㈤中國國民黨。上述之農會、工會、教育會各團體，以依法設立者爲限❺。二十三日，國民會議選舉事務所正式成立，以戴傳賢爲主任。是時立法院長胡漢民對召開國民會議制訂約法一事採取不同態度，(詳見本文第四項)三月二日， 蔣主席在國府總理紀念週上特別發表聲明：

以言國民會議所面臨的一切問題，當以訂定訓政時期約法問題爲首要。我們全體同志都已同意將此一問題提出國民會議討論；但是立法院長胡漢民先生，卻堅持國民會議不得討論約法之訂立與否？他採取這樣立場，就是他不能了解，如果沒有約法，人民生命財產便沒有保障。他不能了解，如果人民生命財產沒有保障，國家便不可能眞正

❺ 民國二十年元月二日，上海中央日報。

統一，內戰也不可能眞正結束。❻

四月二十四日，國民政府公佈「國民會議組織法」，凡六章，二十八條❼。五月五日，國民會議假南京中央大學新建禮堂作議場，舉行開幕典禮。出席代表四四七人，國民黨中央執監委員、國民政府委員，及來賓參加者數百人，儀式極爲隆重。蔣主席所致開幕詞，略曰：

今本黨願與全國同胞，更進一步確定建設之自信力，深信中國民族有建設能力，政府與人民有建設誠意，同心合作，盡全力以赴之。建設事業自無不成，民族地位自得平等，世無能自強自立而不受人敬重者。……今國內重瞻統一之盛，和平之光，遺大投艱，自多重負。然苟能循序而進，自可按日計程，躋於建設美備，訓政開始，憲政完成之域。❽

六、七兩日爲預備會議，八日舉行正式會議，至十七日閉幕，共開大會八次，計有四百五十四件提案，審查合併討論共四十六案，其中除各種建設性議案外，其最大成就爲通過

---

❻ 浦薛鳳：「中國的政治建設」，引自薛光前主編，艱苦建國的十年，正中書局，民國六十年元月出版，頁五一—五二。

❼ 「革命文獻」第二十三輯，頁六〇八—六一二。

❽ 錄自國民會議專刊，民國二十年五月二十五日出版。

「訓政時期約法」。大會並於五月十六日第八次會議通過宣言，以六事明詔國人。認爲係「安定國家，復興民族之途徑。」原文甚長，茲節錄其大意如下：

一、孫中山先生之三民主義，不特足以救中國，兼足以救世界，我全國國民當心悅誠服，努力奉行，以造成莊嚴燦爛之民國。

二、爰遵 中山先生遺教，制定中華民國訓政時期約法，交由國民政府公佈實行。

三、不平等條約爲各國對我政治侵略、經濟侵略最重要之工具，爰一致決議，中國國民對於各國以前加於中國之不平等條約，概不予以承認。國民政府遵照 中山先生之遺敎，於最短期內實現中華民國在國際上之完全平等與自由。

四、全體國民須知赤匪之禍，爲我民族百世之患，應父詔其子，兄勉其弟，人人以撲滅赤匪爲己任。

五、軍事告終，訓政方始，本會深望國民政府本其犧牲奮鬥精神，領導國民完成訓政，以竟建國之大業。全國國民既知和平統一之可貴，則當全力擁護造成此和平統一局面之國民政府。

六、政府宜扶植人民經濟事業之發展，人民當協助國家經濟建設之成功，以挽救我民族貧弱衰頹之厄運，而開國民經濟發展繁榮之新路❾。

---

❾「革命文獻」第二十三輯，頁六二四－六三〇。

先是民國二十年三月二日，中國國民黨中央常務委員會推定吳敬恆、王寵惠、于右任等十一人，爲訓政時期約法起草委員會委員，自三月三十日第一次起草委員會議起，至四月二十二日第六次會議，通過草案全文，經五月一日中央委員會臨時全體會議三讀通過，送交國民政府提出國民會議。五月十二日，由國民會議三讀修正通過，全文共八十九條，分爲八章：㈠總綱，㈡人民之權利義務，㈢訓政綱領，㈣國民生計，㈤國民教育，㈥中央與地方權限，㈦政府之組織（分中央、地方兩節），㈧附則。其序文曰：

國民政府本革命之三民主義、五權憲法，以建設中華民國，既由軍政時期入於訓政時期，允宜公佈約法，共同遵守，以期促成憲法，授政於民選之政府，玆謹遵創立中華民國之中國國民黨　總理遺囑，召開國民會議於首都，由國民會議制定中華民國訓政時期約法。❿

訓政約法之精神，在闡明訓政制度，並規定在訓政時期內，中國國民黨全國代表大會將代表國民大會行使政權。另規定人民在訓政時期內應受選舉、罷免、創制、複決四權行使之訓練，保證人民有集會、出版與言論之自由；並保障私有財產之權力。依照訓政時期約法規定：政府機構仍爲國民政府組織法所採行之五院制，政府行政首長爲國民政府主席與國民政

❿同前註，頁六三〇—六三七。

府委員會，由中國國民黨中央執行委員會所選出。約法又規定：各縣儘速設立半自主之自治單位，行使其行政與財政權，僅受國家明確之限制。六月一日，國民政府將約法公佈，並發表宣言。略曰：

政府依照國民會議決議，於本日以約法公佈全國，約法即於本日發生效力。此約法乃全體國民代表所制定，為訓政時期之根本大法，和平統一之能否保持，國民福利之能否實現，胥視約法之能否推行無阻以為衡。政府當督率文武官吏遵守約法，奉行約法。約法所禁止者，罔敢踰越；約法所督促者，罔敢懈怠。尤望我全體國民共明此志，養成守法之習，培植法治精神，對此國家基本大法，一致以全力擁護。有敢破壞約法藉便私圖者，政府固當依法制裁，不稍瞻徇，全體國民亦當視同公敵，不存姑息。⓫

訓政約法之通過及實施，係我國歷史上一項意義重大之政治成就，乃憲法公佈前國家之根本大法。同年六月十四日，中國國民黨三屆五中全會，依照「訓政時期約法」，通過「國民政府組織法」，六月十五日國民政府公佈施行，遂奠定中國實施憲政之基礎。

三、中國國民黨第四次全國代表大會

⓫ 同前註，頁六三八—六四〇。

(一)團結與禦侮

民國二十年夏，因約法問題，部分黨人演成意氣之爭，曾在廣州舉行非常會議，並成立「政府」，造成與中央分庭抗禮局面。同年秋，九一八事變發生，東北淪陷，寧、粵雙方黨政領袖，深感亡國之禍迫於眉睫，非團結禦侮，不足應付變局，因有上海和會之召集，本坦誠合作之精神解決黨內歷年之糾紛。最後於十一月七日達成協議，決定寧、粵各在南京、廣州舉行第四次全國代表大會，並發表通電，表示黨內意見之一致。雙方全國代表大會之一切提案，均交在南京舉行之第四屆執行委員會第一次會議加以處理。中央執監委員候選人之產生方法，亦由雙方達成協議。以南京中央爲黨之正統，故僅以記載南京四全大會爲限。

民國二十年十一月十二日上午十時，中國國民黨第四次全國代表大會在南京中央大學大禮堂開幕，先爲預備會議，蔣主席所致開幕詞，特別提出本次大會之兩大使命：一爲團結內部，一爲抵禦外侮❶。十四日舉行正式會議，出席各地代表三百四十一人，中央執監委員二十四人，列席代表六人，中央候補執監委員三人。（按：粵方之四全大會亦於十一月十二日舉行，後因內部中委發生爭執，汪兆銘所領導之改組派，復於十二月四日在上海舉行所謂「四全代表大會」。）同日，大會發表對外宣言：歷述九一八事變以來日本之暴行，爲國際公法之尊嚴計，向世界各友邦提出五點疑問：(一)國際聯盟是否有效？何以日本悍然不顧，公然違反

---

❶ 蔣總統言論彙編，卷十，頁三七—四五。

國際聯盟之決議，國聯是否應援用第十五、第十六兩條之規定，予以正當制裁？㈡非戰公約是否有效？何以日本軍隊公然向中國軍隊進攻？簽約各國是否應速加以糾正？㈢華盛頓九國公約是否有效？何以日本竟得侵犯我領土主權之獨立完整？簽約各國是否有所挽救？㈣日本在中國領土內之租界，是否限於和平通商居住之原則？其天津租界爲破壞中國之陰謀策源地，是否爲條約所許可？㈤日本任意提取中國履行債務之鹽稅，破壞中國之財政，是否爲妨害我履行條約義務之行爲❷？

大會至二十三日閉幕，共開大會九次，通過議案二十六件，合併其主要內容如下：

一、團結禦侮方面：大會接受　蔣主席所提團結禦侮辦法，消弭北伐以來一連串地區性及黨內糾紛。授與國民政府採取一切必要正當防禦手段之全權，以抵抗日本之侵略，並決議由　蔣主席親自北上，力挽危局。

二、黨務方面：遵行三全大會修正通過之中國國民黨總章，中央政治會議有待加强，三全大會決議案有待實施。中央黨部各部會工作互相重複應予改進，黨的革命理論建設應予加强，黨在國際宣傳工作應加改善。

三、政治方面：召開國難會議，延攬黨外英才，共商救國方略，應付外交、救災、經濟、國防等問題。用最嚴厲方法禁絕鴉片，繼續實行地方自治，推行訓政工作。

---

❷「革命文獻」第三十五輯，頁一二三七—一二四〇。

四、經濟建設方面：決定四年經濟建設計畫，以國防建設爲中心，以假想敵國爲建設對象，以應辦能辦爲建設範圍。依照民生主義原則，對國計民生問題，作澈底而積極的規畫與努力。

五、教育僑務方面：確定三民主義教育之宗旨，提高民族意識。保護安置並救濟失業華僑，及整理華僑教育❸。

大會所發表之閉幕宣言，認爲當此國難嚴重時期，「我中國民族，若不以決死之心求生路，則國族將永陷於淪亡。本黨同志若不能團結一致，完全負擔救國之重責，誓死前驅，則革命之緒業則自此而中斷。」盼望「全國同胞，全體同志，竭其忠誠，赴以勇毅，集中於三民主義之下，作積極救國之準備。」❹爲達此一目的，四全大會容納廣州「四全大會」之決議案，並恢復若干黨員之黨籍。於是黨內之糾紛解決，民族精神爲之一振，黨人之心理爲之一變。

㈡ 國難會議

民國二十年十一月二十三日，中國國民黨第四次全國代表大會第九次會議，通過主席團

---

❸ 節錄「革命文獻」第七十六輯，頁一二九—二〇八。
❹「革命文獻」第六十九輯，頁二五五—二五七。

代表蔡元培臨時動議之提案：「現在國難正急，中央亟應延攬各方人才，於中央執行委員會領導之下，組織一國難會議，以期集思廣益，共濟時艱。」❺經大會議決，交第四屆中央執行委員會籌劃辦理。同年十二月十一日，國民政府布告召集國難會議，文曰：

國家多難，天災匪禍，內憂外患，相繼洊臻，存亡之機，繫於俄頃。政府負此重任，益凜艱虞，夙夜匪懈，誓竭忠誠，並願與國內明達之士，共攄藎籌，以濟艱危。茲依中國國民黨第四次全國代表大會決議，於本月內召集國難會議，對於外交、救災，及經濟、國防諸要端，審察經過，議定方略，並凜覆巢完卵之炯戒，俾樹衆流合匯之宏規。除將開會日期及組織方法另行頒佈外，特此佈告。❻

民國二十一年一月十八日，國民政府乃決定國難會議於同年二月一日在南京舉行，由行政院妥爲辦理一切❼。同年一月二十八日，淞滬抗戰爆發，國民政府以南京接近戰地，三十日宣佈遷至河南洛陽辦公。於是國民政府主席林森、行政院長汪兆銘，及中央各機關人員相繼北上。蔣先生則駐節徐州，主持對日作戰整個計畫；國難會議被迫乃改於四月七日在洛

❺「革命文獻」第三十六輯，頁一七三三。
❻國民政府公報，第九四八號，民國二十年十二月十二日出版。
❼國民政府公報，第九八〇號，民國二十一年一月十九日出版。

陽舉行。三月十一日，國民政府國務會議通過國難會議組織法，並於十七日公佈。錄其原文如下：

一、國民政府依據中國國民黨第四次全國代表大會之決議，為集中全國意志，共定救國大計起見，召集國難會議。

二、國難會議會員，由國民政府就全國各界富有學識、經驗、資望之人士聘任之。

三、國難會議定於二十一年四月一日，在洛陽行都舉行。（按：三月二十四日，國民政府通令改在四月七日舉行。）

四、國難會議會期暫定為五日，於第一次開會後，由主席團隨時通知繼續開會。

五、國難會議設秘書處，其正副主任，由行政院長呈請國民政府特派之；其職員由正副主任就各機關人員調用之。

六、國難會議議事規則另訂之。

七、本大綱由國民政府公佈施行❽。

同日，國務會議復通過國難會議議事規則。四月七日，國難會議如期在洛陽西工中央黨部禮堂舉行。洛陽雖為九朝故都，以飽經戰禍，所需房舍器具均感缺乏。僅利用營房十餘幢，

❽ 國民政府公報，洛字第三號，民國二十一年三月三十一日出版。

壘土爲炕，砌磚爲桌，以爲國難會議會員寢食憩息之所。計出席國難會議會員一百六十七人，中央執監委員、國府委員、各院部會首長三十餘人，各機關代表來賓五百餘人。由行政院長汪兆銘任主席，首爲預備會議，票選王曉籟、張伯苓、高一涵、劉蘅靜、童冠賢五人爲主席團（按：張伯苓以事未能來洛，以得票次多之臧啓芳遞補），並推舉章嘉呼圖克圖爲名譽主席。

自四月八日首次會議，至四月十二日大會閉幕，共開大會六次，議決提案一百一十件，以禦侮、救災、綏靖三項爲討論主題。並通過國難期中外交方針、政治制度、軍政改革、促成地方自治、設立中央民意機關、保障自由、對日軍事策略、國防、經濟各要案❾。戴傳賢於閉幕席上致詞，認爲「人能宏道，非道宏人」，呼籲國人，要在三民主義堅實信仰下，努力奮鬥。中國能自立自存，才可以保障世界人類共存，才可以促成世界人類覺悟❿。大會特致電全國將士，以四事相勗勉：㈠永息內爭，外禦其侮。㈡長期奮鬥，臥薪嘗膽。㈢絕對服從長官命令。㈣維護財政統一⓫。大會並發表宣言，瀝陳近代中國所遭遇列强之壓迫，及近年日本對中國之侵略。認爲中國在此嚴重局面之下，非集中全國人力財力，共作長期抵抗，無以圖存。對內必須有充實國防之軍備，對外必須有獨立自主之外交。全國國民尤應不分黨派

❾ 國難會議記錄，引自「革命文獻」第三十六輯，頁一七三九—一七四一。
❿ 同前註，頁一七五一—一七五四。
⓫ 同前註，頁一七五四—一七五五。

階級，精誠團結，犧牲一切成見，使社會與政治走上光明之前途⑫。

㈢ 四居三中全會

民國二十一年十二月十五日至二十二日，中國國民黨第四居中央執行委員會第三次全體會議舉行於南京。時值國難嚴重之秋，其意義至爲重大。舉其主要成就如下：

黨務方面：通過整理黨務、改善黨部組織、指導民衆運動等方案。經濟方面：通過開發西北、發展工業、救濟農村、流通國內米麥、救濟陝災等方案。教育方面：通過教育之原則，包括國民、生產、師資、人才等項。政治方面：於十二月十九日，經中央常務委員會提議，通過「定期召集國民參政會，並規定組織要點，交常會切實籌備，以期民意得以集中，訓政早日完成」案，其要點如下：

一、國民參政會於民國二十二年內召集之。
二、國民參政會代表之產生，參用選舉及延聘兩方法。
三、國民參政會之職權，應以訓政時期約法爲基礎，參酌中央政治會議，及國難會議所舉各點規定之。
四、關於國民參政會之一切法規，交由中央執行委員會常務會議，於四個月內，依照

⑫ 同前註，頁一七五五—一七五七。

立法程序制定，頒佈施行⑬。

二十日，復通過關於憲政之準備。孫科等二十七人提議，擬以二十二年一月至六月爲憲法起草期間，由立法院起草憲法草案，準於二十二年十月十日公佈，以備國民之討論，作爲提交國民大會之準備。並定於二十三年四月召開第一屆國民代表大會，以決定頒佈憲法日期。憲法頒佈後，政府應依照憲法，規定地方制度，切實完成地方自治，及所有訓政時期未盡工作。假定二十三年十月十日爲憲政開始日期。以籌備不及，經大會議決：

一、爲集中民族力量，澈底抵抗外患，挽救危亡，應於最近期間，積極遵行建國大綱所規定地方自治工作，以繼續憲政開始之籌備。

二、二十四年三月，開國民大會，議決憲法，並決定憲法頒佈日期。

三、立法院應速起草憲法草案，議決憲法，並決定憲法頒佈日期⑭。

大會宣言，鄭重聲明：「本黨負建國之責，繫安危之重，總理遺教，寤寐不忘，全民呼籲，相需益亟。」乃以三點昭告於國人：㈠本黨之責任，爲求中國之自由平等，以鞏固國家領

---

⑬「革命文獻」第七十九輯，頁二九九—三〇〇。

⑭同前註，頁三〇〇—三〇六。

土主權行政之完整。苟有侵犯及此者，誓與國人以全力抵禦而恢復之。㈡本黨之責任，爲集中國族之全力，以保障世界和平，其有危害世界和平者，誓領導全國國民，與世界崇信義之民族，共同努力，以弭輯之。㈢本黨之責任，爲訓政完成以後實現憲政，以歸政權於全民，凡一切有效而又正確之途徑，誓秉總理遺訓與約法成規，以全力赴之⑮。於是立法院組織憲法起草委員會，由院長孫科兼任委員長，張知本、吳經熊副之，陳茹玄、樓桐孫、陳肇英、傅秉常等三十餘位憲法學者專家爲委員，從事於憲法之起草工作。自二十二年二月九日第一次會議，至二十三年二月二十四日憲法草案初步定稿，共開二十次會議，三月一日全文公開披露，廣徵國人意見。同年七月九日公佈審查修正初稿，至二十三年十月十六日，立法院始三讀通過「中華民國憲法草案」，共十二章，一百七十八條，是爲中華民國憲法之權輿⑯。

民國二十四年十月二十五日，立法院三讀通過「憲法草案修正案」。全文刪訂爲八章，一五〇條，將原草案加以精簡⑰。十一月一日，中國國民黨四屆六中全會舉行於南京，十一月五日經憲法起草委員會提出，復對憲法草案加以審查，認爲該草案「大體均屬妥善，惟爲適應國家現實情勢，及便於實施起見，尚應有充分時間加以詳盡之研究與討論」；議決送請第五次全國代表大會加以大體審查，並決定召集國民大會之期，提請國民大會議決頒佈⑱。

---

⑮ 「革命文獻」第六十九輯，頁二六三—二六五。
⑯ 參考潘樹藩，中華民國憲法史，（上海：商務印書館，民國二十四年三月出版），頁二六四—三〇五。
⑰ 民國二十四年十月二十六日，上海中央日報。
⑱ 「革命文獻」第七十九輯，頁三四九。

四、中國國民黨第五次全國代表大會

(一) 忍辱與負重

民國二十四年秋，日本屢次在華北冀、察等省製造事件，要求政府軍警撤離河北。以華北五省（河北、察哈爾、山西、綏遠、山東）自治相煽惑，企圖實現其分割中國之野心。國難已至嚴重關頭，端賴全國上下之團結，忍辱負重，以應付當前之危機情勢。

十一月十二日，中國國民黨第五次全國代表大會在南京隆重揭幕。是日適爲　國父孫中山先生誕辰，故揭幕前先舉行謁陵及總理誕辰紀念典禮，由蔡元培主持。十時正，即在國父靈前舉行大會開幕典禮，由國民政府主席林森擔任主席，出席第四屆中央執監委員及候補委員一百零三人，代表四百零五人，盛況爲空前所未有❶。　蔣委員長於十九日第四次大會中，所作對外關係之報告，略曰：

> 和平未到完全絕望時期，決不放棄和平，犧牲未到最後關頭，亦決不輕言犧牲。以個人之犧牲事小，國家之犧牲事大；個人之生命有限，民族之生命無窮故也。果能和平

❶ 志剛「五全大會誌要」，「東方雜誌」第三十二卷第二十四號，（上海：商務印書館，民國二十四年十二月出版四三）。

有和平限度，犧牲有犧牲之決心，以抱定最後犧牲之決心，而爲和平最大之努力，期達奠定國家，復興民族之目的，深信此必爲本黨救國建國唯一之大方針也。❷

是以蔣委員長早知中日戰爭之不可避免，欲爭取時間從事國防建設之準備，以收復失土，而不肯以小不忍而影響全局也。共舉行大會七次，至十一月二十三日閉幕。選出中央執行委員一百二十人，候補中央執行委員六十人，中央監察委員五十人，候補中央監察委員三十人。通過重要決議案二十八件，舉其重要者如下：

一、十一月二十二日第五次大會，通過「憲法草案修正要點」，並授權第五居中央執行委員會，決定宣佈「憲法草案」及召集國民大會日期，務於民國二十五年内實施。並通過「實施憲政程序暨政治制度改革案」，及「切實推行地方自治以完成訓政工作案。」❸

二、十一月十八日第三次大會，通過「中國國民黨黨員守則案」，凡十二條：（一）忠勇爲愛國之本。（二）孝順爲齊家之本。（三）仁愛爲接物之本。（四）信義爲立業之本。（五）和平爲處世之本。（六）禮節爲治事之本。（七）服從爲負責之本。

---

❷ 蔣總統言論彙，卷十二，頁二七二—二七五。

❸ 「革命文獻」第七十六輯，頁二二七—二四三。

（八）勤儉爲服務之本。（九）整潔爲强身之本。（十）助人爲快樂之本。（十一）學問爲濟世之本。（十二）有恒爲成功之本。並通過「今後海外黨務應如何改進案」，及「行政官吏公務人員均應施以黨義訓練案」等❹。

三、十一月十九日第四次大會、通過「接受蔣委員長關於外交建議案」，由大會授權政府，在不違背國家民族利益方針下，政府應有進退伸縮之全權，以應此非常時期外交之需要❺。

四、十一月十九日第四次大會，通過「請改良兵役制度實行徵兵案」。十一月二十二日第六次大會議通過「提請在國難嚴重時期，應集中一切力量充實國防建設案。」❻

五、他若「統一本黨理論擴大本黨宣傳案」、「研究救黨救國原則案」、「青年黨員應急施軍事訓練案」、「西北國防之經濟建設案」、「積極推行本黨土地政策案」、「全國厲行節約生產案」、「確定文化建設原則與推行方針以復興民族案」、「確定今後教育方針案」等，均爲當前之急務❼。

---

❹同前註，頁二一〇—二一四。
❺同前註，頁二四八—二五一。
❻同前註，頁二二四—二四八。
❼同註三，頁二〇九—二七五。

大會宣言係由戴傳賢草定要點，由陳布雷選述成文❽。由蔣委員長於大會閉幕時宣讀通過，舉出「今日要計有關於建設國家挽救國難」之策十端：㈠崇道德以振人心；㈡興實學以奠國本；㈢弘教育以培民力；㈣裕經濟以厚民生；㈤慎考銓，嚴考績，以立國家用人行政之本；㈥尊司法，輕訟累，以重人民生命財產之權；㈦重監察，勵言官，以肅官方而伸民意；㈧重邊防，弘教化，以固國族而成統一；㈨開憲治，修內政，以立民國確實鞏固之基礎；㈩恪遵總理遺教，恢復民族自信，確立正當之對外關係，以保持國家獨立平等之尊嚴，而達成世界大同之目的❾。

本次大會，富有建國精神，進取精神，以及團結精神。其國防、經濟、教育等方面之決議案，於大會閉幕後次第實行，而奠定日後全面對日抗戰之基礎。

㈡ 五屆一中全會之召集與憲法草案之公佈

民國二十四年十二月二日，中國國民黨第五屆中央執行委員會第一次全體會議開幕。十二月四日，第二次大會通過五月五日宣佈憲法草案，十一月十二日召開國民大會，國民大會代表之選舉，應在十月十日以前辦理完竣。並通過設立憲法草案審議委員會，指定葉楚傖、

---

❽ 陳布雷回憶錄，(臺北：傳記文學出版社，民國五十六年一月出版)，頁一〇七。
❾ 戴季陶先生文存，中央文物供應社印行，民國四十六年三月，第三册，頁一〇四七—一〇五八，另「革命文獻」第六十九輯，頁二八二—二九四。

李文範、潘公展、梁寒操、王世杰、陳布雷等十九人爲委員，葉楚傖、李文範爲召集人，負責憲法之審議，於兩個月内修正完畢。憲法起草審議委員會，並草擬國民大會組織法，及代表選舉法，均呈由中常會發交立法院再爲條文之整理⑩。

十二月七日，五屆一中全會第五次大會，推選胡漢民爲中央常務委員會主席，汪兆銘爲中央政治委員會主席，兩會均由　蔣中正先生任副主席，並重選政府首長如下：

國民政府主席　林　森

行政院長　蔣中正　　副院長　孔祥熙
立法院長　孫　科　　副院長　葉楚傖
司法院長　居　正　　副院長　覃　振
考試院長　戴傳賢　　副院長　鈕永建
監察院長　于右任　　副院長　許崇智⑪

民國二十五年四月三十日，立法院通過「國民大會組織法」，五月二日通過「國民大會代表選舉法」，五月五日國民政府如期公佈「中華民國憲法草案」（按：即通稱之「五五憲草」），

⑩「革命文獻」第七十九輯，頁三八六。
⑪民國二十四年十二月八日，上海中央日報。

共八章：㈠總綱；㈡人民之權利義務；㈢國民大會；㈣中央政府；㈤地方制度；㈥國民經濟；㈦教育；㈧憲法之施行及修改，凡一百四十八條。於是設置國民大會代表選舉總事務所，辦理代表選舉事宜。同年六月，兩廣事變發生。七月，內蒙僞軍在日人操縱下竄擾綏遠，華北情勢危急。九月，日使川越茂復來華，向我提出苛刻要求，中日關係驟趨緊張。同年十月十五日，中國國民黨中央常務委員會，根據選舉總事務所呈報，以國民大會代表之選舉，勢難如期辦理完竣，乃決議延期召集國民大會。

民國二十六年二月十五日至二十二日，中國國民黨五屆三中全會集會於南京；二月二十日，通過主席團所提「關於國民大會之提案」，其辦法如下：㈠督促該管機關，繼續辦理選舉，於本年十一月十二日召開國民大會，制定憲法，並決定憲法施行之期。㈡關於國民大會組織法及代表選舉法，如有應行修正之處，授權常務委員會辦理。㈢所有關於國民大會之提案，均交常務委員會參考⑫。大會發表宣言，特作如下之聲明：

本黨歷次重要會議，討論決定國民大會之召集，五全大會更鄭重決議，於二十五年內召集國民大會及宣佈憲法草案。一中全會根據此決議，明定以同年十一月十二日爲期，並成立指揮監督辦理全國選舉事宜之選舉事務所，訂定辦理全部限程。同年十月，限程已屆，而各地因種種關係，代表選舉未能如期依法辦竣，始不得已決議國民大會延

---

⑫「革命文獻」第七十九輯，頁四一八—四一九。

期舉行，俟全國各地代表依法選出，即行召集。此次全體會議，以國民大會關係重大，特定於今年十一月十二日舉行。自今以後，惟有督促主管機關依法進行，以期國民大會得以加期召集，議定憲法，共資遵守。蓋不惟團結民衆，於此得其其體的表現，而民權主義亦將於此得其基礎也。⓭

四月二十二日，中國國民黨中央常務委員會，復通過修正「國民大會組織法」及「憲法草案」中有關條文。同年夏，各地方及人民團體已選出代表一千二百餘名，而對日全面抗戰發生，軍事孔急，憲法之實施乃被迫而延期。

貳　中央政府與地方政府之職權與功能

一、中央政府

㈠國民政府組織法之演變

民國十四年七月一日，國民政府成立之初，依照中國國民黨中央執行委員會議決之「中

⓭錄自「革命文獻」第六十九輯，頁三〇八。

華民國國民政府組織法」，國民政府受中國國民黨之指導及監督，掌理全國政務。國民政府以委員若干人組織之，並於委員中推定一人為主席。國民政府設置常務委員五人，處理日常政務，常務委員於委員中推定之。國民政府設置軍事、外交、財政各部，每部設部長一人，以委員兼任之，有添部之必要時，經委員會議議決❶。是時國民政府偏處廣東一隅，人事精簡，政令不繁，及建都南京，為迎合實際需要，組織法勢必要加以擴充與變更。

民國十七年二月四日，中國國民黨第二屆中央執行委員第四次全體會議，所通過之「中華民國國民政府組織法」，凡十一條，較民國十四年所公佈者組織已具有規模。其中第七條規定：「國民政府設內政、外交、財政、交通、司法、農礦、工商等部，並設最高法院、監察院、考試院、大學院、審計院、法制局、建設委員會、軍事委員會、蒙藏委員會、僑務委員會。」第九條規定：「國民政府委員會設秘書處、副官處、印鑄局、參事廳，受主席及常務委員之指揮，其規程另定之。」❷

民國十七年十月三日，訓政綱領制定之日，中國國民黨中央政治會議，復通過「國民政府組織法」，十月八日由國民政府公佈施行。凡七章，四十八條，確立五權憲法精神，組織益加完備。第一章國民政府，第二章行政院，第三章立法院，第四章司法院，第五章考試院，第六章監察院，第七章附則。其中第一章第八條規定：「國民政府主席，代表國民政府接見

---

❶ 錄自國民政府法令彙編，民國十五年十一月出版。

❷ 「革命文獻」第二十二輯，頁二〇三－二〇四。另「革命文獻」第七十九輯，頁八〇－八一。

外使，並舉行或參與國際典禮。」第九條規定：「國民政府主席，兼中華民國陸海空軍總司令。」第十一條規定：「國民政府主席，爲國務會議主席。」是明白規定國民政府主席爲國家之元首，並爲三軍總司令。

第二章第十五條規定：「行政院爲國民政府最高行政機關。」第二十一條規定：「行政院會議由行政院長、副院長，及各部長、各委員會委員長組織之，以行政院長爲主席。」明白規定行政院長爲國民政府之最高行政首長。

第三章第二十五條規定：「立法院爲國民政府最高立法機關。」第二十七條規定：「立法院設委員四十九人至九十九人，由立法院長提請國民政府任命之。」

第六章第四十三條規定：「監察院設監察委員十九至二十九人，由監察院長提請國民政府任命之。」明白規定訓政時期立法委員、監察委員，係任命而非選舉產生❸。

民國十八年三月二十一日，中國國民黨第三次全國代表大會第七次會議，通過「確定訓政時期黨政府人民行使政權治權之分際及方略案」，係根據「訓政綱領」之原則，對於黨、政府、人民行使治權、政權之實際分際與方略，作更明確之規定。茲列舉其治權行使之先後次序如下：

一、中央執行委員會　培植地方自治之社會基礎，宣傳訓政之方針，開導人民接受四

❸ 國民政府公報，第九十九期，民國十七年十月出版。另「革命文獻」第二十二輯，頁三一八—三二三。

權使用之訓練，指導人民努力完成地方自治所必備之先決條件，並促進一切關於地方自治之工作。

二、中央政治會議　決定縣自治之一切原則，及訓政之根本政策與大計，但行使是項職權時，對外不發生直接之關係。中央政治會議在決定訓政大計，指導政府上，對中央執行委員會負責。

三、國民政府　實施縣自治，及執行一切訓政之根本政策與方案，由國民政府及其所屬主管機關行之。國民政府在實施訓政計畫與方案上，對中央政治會議負責。

四、人民　中華民國人民須服從擁護中國國民黨，誓行三民主義，接受四權使用訓練，努力地方自治之完成，始得享受中華民國國民之權利。國民黨最高權力機關，爲求達訓練國民使用政權弼成憲政基礎之自的，於必要時，得就人民之集會、結社、言論、出版等自由權，在法律範圍內加以限制。

五、國民大會　實施訓政之成績，由黨最高權力機關考核之，至訓政終了憲政開始之時，由黨最高權力機關，負責召集國民大會，決定憲法而頒佈之❹。

民國十八年六月十七日，中國國民黨三屆二中全會，通過「治權行使規律案」，主要內容如下：

---

❹「革命文獻」第七十六輯，頁八〇—八三。

一、人民之生命財產與身體之自由，皆受法律之保障，非經合法程序，不得剝奪。

二、劃定立法、司法、考試、監察各院之職權範圍，他機關如有侵犯者，以越權論；該院不提出質詢者，以廢職論。

三、各級政府之行政範圍已經劃分者，應各守其範圍，其逾越範圍，以越權論；其受侵越而不提出抗議者，以廢職論❺。

民國十九年十一月十七日，中國國民黨三屆四中全會，通過「中華民國國民政府組織法修正案」，對十七年十月八日國民政府所公佈之「國民政府組織法」，略作修改。原第十三條：「公布法律，發佈命令，經國務會議議決，由國民政府主席，及五院院長署名行之。」修改爲：「公佈法律，由國民政府主席署名，以立法院院長之副署行之。發佈命令，由國民政府主席署名，主管院長之副署行之。」原第二十一條：「行政院會議」修改爲「國務會議」❻。

民國二十年十二月二十五日，中國國民黨四屆一中全會，通過「關於中央政治改革草案」，二十六日通過「修正國民政府組織法案」。前者規定國民政府主席爲中華民國元首，對內對外代表國家，但不負實際政治責任，並不兼其他官職，任期二年，得連任一次，於憲法頒佈時，應依法改選之。在憲法未頒佈前，行政、立法、司法、監察、考試各院院長，由中

❺「革命文獻」第七十九輯，頁一二九—一三〇。
❻同前註，頁一九二—一九七。

央執行委員會選任之，各自對中央執行委員會負責。後者凡九章，五十四條：第一章總則，第二章國民政府，第三章國民政府委員會，第四章行政院，第五章立法院，第六章司法院，第七章考試院，第八章監察院，第九章附則。其中第二章第八條規定：「國民政府五院獨立行使行政、立法、司法、考試、監察五種治權。」第十條規定：「國民政府設主席一人，委員二十四至三十六人，各院設院長、副院長各一人，由中國國民黨中央執行委員會選任之。」第十一條規定：「國民政府主席為中華民國元首，對內對外代表國民政府，但不負實際政治責任。」第四章第十九條規定：「行政院為國民政府最高行政機關。」❼是行政院負實際行政責任，而中國國民黨中央執行委員會實總攬政府全權。

(二) 國民政府組織法之演變

中央政治委員會成立於民國十三年七月十一日，其時國民政府尚未成立，國父孫中山先生以陸海軍大元帥名義領導革命政府。國父乃以國民黨總理名義，指派十二人為委員，組織中央政治委員會，作為黨之諮議機關。初無實權，關於黨事，對中央執行委員會負責，或事前報告，或事後請求追認。關於政治及外交問題，報請　國父處理。國父逝世後，其制遂變。十四年六月，中國國民黨中央執行委員會，正式設立政治委員會，一切政治方針由政治委員會決定，以政府名義行之。政治委員會會議決成立國民政府，通過國民政府組織法，

---

❼ 同註五，頁二六一—二六七。

選舉國民政府委員及主席，政治委員會遂成爲黨政最高決策機關。其時共黨第三國際所派之鮑羅廷（Micheal Markowich Borodin），爲政治委員會顧問，乃利用其影響力，從中操縱，汪兆銘之當選國民政府主席即爲一例❽。

民國十五年元月，中國國民黨第二次全國代表大會期間，中央黨務總報告中，曾通過一項規定：「除國民政府所在地設置政治委員會外，各重要地點必要時，經中央執行委員會常務委員會之核准，得分設政治指導機關。」同月二十三日，中國國民黨二屆一中全會，乃通過「中央政治委員會組織條例」七條，其內容如下：

一、政治委員會爲中央執行委員會特設之政治指導機關，對於中央執行委員會負其責任。

二、政治委員由中央執行委員會推任之。

三、政治委員會認爲必要時，得推任同志在某地組織分會，其權限由政治委員會定之。

四、政治委員會設委員若干人，候補委員若干人，政治委員有缺席時，由出席之候補委員依次遞補。有臨時表決權，餘祇有發言權。

五、中央執行委員會得聘任政治執行委員會顧問，在政治委員會只有發言權。

六、政治委員會由委員互推一人爲主席。

---

❽ 鄒魯，回顧錄，獨立出版社，民國三十五年七月出版，上冊，頁一六七—一六九。

七、政治委員會設秘書主任一人，秘書、辦事員、書記若干人，由主席任命，並指揮之❾。

北伐期間，十六年三月十日，二屆三中全會，通過「統一黨的領導機關案」，第七條規定：「政治委員會以常務委員會全體委員，及由中央執行委員會全體會議選舉之中央執行委員，及候補中央執行委員六人組織之，國民政府部長雖非政治委員會委員，亦得列席政治委員會會議，但無表決權。政治委員會委員中，由中央執行委員會全體會議，指定七人爲主席團。」第八條規定：「政治委員會對於政治問題決議後，交由中央執行委員會指導國民政府執行之。」❿中央政治委員會職權更重，組織益加龐大。同月十三日，二屆三中全會復通過「修正政治委員會及分會組織條例案」，側重分會之職權，全文凡十條，後八條概屬分會之職權，全錄其內容如下：

一、政治委員會因適應革命需要，得向中央執行委員會建議，在國內各重要政治地區，設立政治委員會分會。

二、各地政治委員會分會，對中央執行委員會負責。

---

❾「革命文獻」，七十九輯，頁四五—四六。

❿同前註，頁五八。

三、政治委員會分會委員，不限於中央執監委員，及候補中央執監委員。
四、政治委員分會人數，權限、任務，及與當地黨部之關係，由中央執行委員會規定之。
五、政治委員會分會委員，經中央執行委員會指定，得列席政治委員會會議，但無表決權。
六、政治委員會分會，對於全國大局有關係之重要決議，須經中央執行委員會認可，方發生效力。
七、政治委員會分會，對於地方政治問題之決議，得直接交由地方政府執行之，但須報告中央執行委員會。
八、政治委員會及分會秘書處之組織，由政治委員會及分會自定之⓫。

是以政治委員會分會儼然地方政府最高之決策機構。十六年九月，寧漢合作後，中央特別委員會第三次會議，議決取消中央政治會議及各地分會。十七年二月三日，中國國民黨二屆四中全會，議決中央政治委員會及各地分會仍可存在，等候第三次全國代表大會再作決定。各分會應專理政治，不兼管黨務。並決定設立廣州、武漢、開封、太原四處分會，其轄區如下：

⓫ 同前註，頁六一一—六一二。

廣州分會：廣東、廣西。

武漢分會：湖南、湖北。

開封分會：河南、陝西、甘肅。

太原分會：山西、綏遠、察哈爾。

其不屬於各地政治分會省份，由中央政治委員會處理。十七年八月十四日，二屆五中全會，討論「政治分會存廢案」，議決各地政治分會限於該年底一律取消，政治分會不得以分會名義對外發佈命令，並不得以分會名義任免特定地域內之人員⑫，而遲未實行。十八年春，武漢政治分會改組湖南省政府，政治分會主任李宗仁公開背叛政府。三月十三日，中央政治委員會認爲其舉動違背其職權，乃決定各地政治分會於三月十五日以前裁撤，即日起停止開會。從此中央政治委員會各地分會乃告消滅。

民國十七年十月、十八年五月、二十年六月，中央政治會議組織條例迭有修改⑬，二十四年十二月，中國國民黨五屆一中全會，將中央政治會議組織條例，作大幅度之變更，其組織成員如下：

⑫ 同前註，頁一〇二。

⑬ 參考中央黨務月刊，第十至三十五期，「政治總報告」，民國二十年十一月，出版地不詳。

一、政治會議委員，由中央執行委員會就中委中推定其數目，於主席、副主席各一人外，定爲十九人至二十五人。

二、政治會議開會時，中常會主席、副主席，國府主席，五院院長，軍事委員會委員長、副委員長均應出席。

三、政治會議所屬各專門委員會主任委員，及國民政府各部會長官，於必要時得通知列席⑭。

先是中央政治會議曾於二十二年議決設立國防委員會，其人數較少，且多爲負有實際軍事政治要員，以行政院長兼委員長，其所作軍事外交決定，每由委員長擇要向政治會議報告。二十四年十一月，中國國民黨第五次全國代表大會後，國防委員會一度取消。二十五年七月十三日，五屆二中全會復通過設置，以軍事委員會委員長爲議長，行政院長爲副議長，軍事委員會副委員長、參謀總長、軍事參議院長、訓練總監、航空委員會委員長、行政院關係各部部長（軍政、海軍、財政、外交、交通、鐵道）爲委員，依其組織條例第三條規定，其審議事項如下：㈠國防方針，㈡國防外交政策，㈢關於國防事業與國家庶政之協進事宜，㈣關於處置國防緊急事宜，㈤國家總動員事宜，㈥關於戰時之一切組織，㈦其他與國防相關事

---

⑭ 中央黨務月刊，第八十九輯。

項⑮。二十六年七月，全面抗戰開始。八月，中央常務委員會第五十次會議，議決設置國防最高會議，以代替國防委員會職權，對中央政治會議負責。同年十一月，中央常務委員會第五十九次會議，鑒於中央政治會議組織龐大，事實上已久不召集，乃議決停止開會，由國防最高會議代行其職權。

二、地方政府

㈠ 省及院轄市

民國十四年七月一日，國民政府成立之日，頒佈省政府組織法，採委員合議制，直至北伐統一，省政府組織法雖迭次修改，委員人數及設廳多少雖稍有出入，其基本精神並無不同。民國二十年五月十二日，經國民會議通過，六月一日國民政府所公佈施行之「訓政時期約法」第七十八條：「省置省政府，受中央之指揮，綜理全省政務，其組織以法律定之。」❶依照民國二十年三月二十三日，國民政府所修正之省政府組織法，省攻府設委員七至九人，概由中央簡任，有兼主席及廳長，與不兼之別，其任期法律並無明文規定，委員之去留，皆取決於政治環境。省政府主席之職務，有以下各種：

⑮「革命文獻」第七十九輯，頁四〇二—四〇三。

❶「革命文獻」第二十三輯，頁六三七。

一、召集省政府委員會，於會議時擔任主席。

二、代表省政府，執行省政府之議決案。

三、代表省政府，監督全省行政機關職務之執行。

四、處理省政府日常及緊急事務❷。

省政府爲劃分政務起見，就其性質設立下列各廳處：

一、秘書處　辦理省政府內部人事、文書、庶務等事務。

二、民政廳　辦理縣市行政官吏之提請任免，地方自治及其經費，警察及保衛、衛生行政、選舉、賑災、社會救濟、勞資及佃業爭議，以及禮俗、宗教、禁煙、地政等事務。

三、財政廳　辦理省稅、省公債、省預算決算、省庫數入、省公產保理、省財政事務。

四、教育廳　辦理關於各級學校、社會教育及學術團體、圖書館、博物館、公共體育場，及其他教育行政事項。

五、建設廳　辦理關於公路、鐵路、河上及其他航路工程，不屬於土地行政之測量等

---

❷ 國民政府公報，第七二八期。

事項❸。

各廳因其職務之性質，上承行政院有關各部之指導及監督。其後各省省政府爲實際需要，先後成立保安處、衛生處、社會處、會計處、人事處、地政局、糧食局等機構。

省設臨時省參議會，議員名額各省不同。例如四川一百名，江蘇、湖南、河北、河南五十名。有北伐前早已存在者，如廣東、湖南、四川、河南等省；有直到抗戰期間始成立者，如廣西、雲南、陝西、貴州、甘肅等省。

省政府之下，設置行政督察專員，此制肇始於二十一年八月行政院公布之「各省行政督察專員暫行條例」，及豫鄂皖三省剿共總司令部公佈之「剿匪區內各省行政督察專員公署組織條例」。至二十五年十月，行政院復第二次頒佈「行政督察專員公署組織暫行條例」，通令各省一律施行。於是各省乃酌劃爲若干區，分區設置督察專員公署，代行省政府之一部分監督權。其職權如下：

一、關於轄區內各縣市行政計畫，或中心工作之審核，及統籌事項。

二、預算決算之審核事項。

三、單行法規之審核事項。

---

❸ 同前註。

四、地方行政及自治之巡視及指導事項。
五、行政人員成績之考核事項。
六、行政人員之懲罰事項。（按：以上各項，均指轄區以內而言。）
七、召集區行政會議事項。
八、處理區內各縣市爭議事項。
九、關於省政府交辦事項❹。

專員公署設專員一人，其任務如下：㈠得隨時召集轄區內各縣市長，及所屬局長或科長、視察，舉行區行政會議，討論各縣市應行興革事宜，確定行政計畫方案。㈡應隨時派員考察轄區內各縣市地方行政，專員並應每年輪流巡察轄區內各縣市一週。㈢專員對於區內各縣市長，及所屬工作人員成績，每年舉行考核一次，擬定獎懲，呈報省政府。如所屬各縣市長有違法失職行爲，應隨時密呈省政府❺。

自此制成立以來，因實際需要而有變化。初期行政督察專員兼任該署駐在縣縣長，後以事繁不便取消。又因維持治安需要，專員兼任保安司令，對本督察區內所屬縣市之警察保安團，得節制而調遣之。

❹ 曾資生「五十年來的政治制度」，引自五十年來的中國，勝利出版社發行，民國三十四年五月，頁四八。
❺ 同前註。

特別市之地位與省政府地位相侔，抗戰前夕，直隸於行政院之特別市，有南京、上海、北平、天津、青島、西京、重慶，及威海衛行政區等。市置市政府，設市長一人，各市組織不盡相同，規模大小不一。民國十九年二月十二日，中央政治會議第二一六次會議，通過之「市組織法原則」，其規定如下：

一、各市均以所在地地名稱某某市。

二、具有左列條件之一者，設市，得直隸於行政院。

㈠首都所在地。㈡人口在百萬以上者。㈢在政治上、經濟上有特殊情形者。㈣但具有上列二、三項條件之一者，以非省政府所在地為限。

三、具有左列條件之一者設市，隸屬於省政府。

㈠人口在三十萬以上者。㈡市所收入營業稅、牌照稅、土地稅，每年合計占該市總收入二分之一者。

四、市經上級政府之核准，得設社會、財政、工務、公安、衛生、教育等局。

五、隸屬於行政院之市，市長簡任，局長簡任或薦任；隸屬於省政府之市，市長簡任或薦任。

六、市得設市參議會❻。

---

❻「革命文獻」第二十三輯，頁五三四。

茲舉抗戰前夕南京市爲例，組織至爲龐大。計市長一人，簡任。參事二人至四人，簡任。除秘書處外，設有社會、財政、工務、地政等局，及衛生事務所。秘書長及各局長均爲簡任，各局均分若干科，科長薦任，科之下分股。市政府直屬之機關甚多，有十一個區公所、鐵路管理局、公園管理處、市民銀行、清潔總隊，及各種委員會。至於各局之附屬機關，不計其數❼。

㈡ 縣及省轄市

縣爲我國地方行政基本單位，自秦漢以來數千年相沿不變，依照 國父孫中山先生所著「建國大綱」，確定縣爲自治單位，以訓練人民行使直接選舉、罷免、創制、複決四權，完成地方自治，以達於憲政之治爲目標。故縣除行政任務外，尚負有推行地方自治之功能，亦我國數千年未有之創舉。「建國大綱」第八條規定：

> 在訓政時期，政府當派曾經訓練、考試合格人員，到各縣協助人民籌備自治。其程度以全縣人口調查清楚，全縣土地測量完竣，全縣警衛辦理妥善，四境縱橫之道路修築完成，而其人民曾受四權使用之訓練，而完畢其國民之義務，實行革命之主義者，得選舉縣官，以執行一縣之政事；得選舉議員，以議立一縣之法律，始成爲一完全自治

---

❼ 參考錢端升等，民國政制史，上海，商務印書館，民國三十五年一月出版，下冊，頁三九九—四〇一。

之縣。❽

國民政府於十四年七月一日成立後，十五年十月二十日，中國國民黨中央委員會及各省特別市海外總支部代表聯席會議，通過省政府與縣市政府，及省民會議、縣民會議議決案。議決縣政府採用委員制，由省政府任命委員若干人，分掌教育、公路、公安、財政各局，必要時得增設土地、實業、農工各局，由省政府指定一人爲委員長。縣民議會，採用職業選舉法選舉代表。

民國十六年六月九日，國民政府依中國國民黨中央執行委員會第一百次會議決定，復令各縣一律採用縣長制。十七年五月八日，國民政府公佈戰地各縣縣政府組織暫行條例，係戰地政務委員會所擬定，規定戰地各縣縣政府設縣長一人，受戰地政務委員會之指揮監督，處理全縣之行政事務；下設第一、第二、第三等科，各縣因區域之大小，事之繁簡而酌量增減。

民國十七年九月十五日，國民政府所公佈之縣組織法，係由中國國民黨中央執行委員會中央政治會議第一五三次會議所通過。依此組織，各縣政府設縣長一人，下設二至四科，並得雇用事務員及書記；及設公安、財務、建設、教育四局，於必要時可增設衛生局、土地局。此外更有縣政會議，及縣參議會。縣以下自治機關爲區公所、村里公所、及閭長、鄰長。

民國十八年六月十五日，國民政府更公佈重訂之縣組織法，大體上與十七年九月之組織

---

❽ 國父全集，第一册，頁七五一—七五二，民國六十二年六月，黨史委員會出版。

法相同。惟於縣增設秘書一人，下級自治機關之村里公所，改爲鄉鎮公所。國民政府復依據民國十八年三月二十三日，中國國民黨第三次全國代表大會所通過之「確定地方自治之方略及程序以立政治建設之基礎案」❾，及同年六月十五日，中國國民黨三屆二中全會之「完成縣自治案」，積極從事縣自治之籌備。「完成縣自治案」，原案規定如下：

> 民國十九年依照縣組織法完成縣組織，同時訓政人員初期訓練完畢。二十一年底以前，初期調查户口，清丈土地完畢；二十二年底，各地籌備自治機關完全設立；二十三年底以前，完成縣自治，其實施方案由行政院切實制定。❿

民國二十三年三月十八日至二十日，南昌行營以國難嚴重，召集各地行政人員，於南昌討論縣政府改革意見，決定縣政府需集中權力以增進工作效率，減少機關費，移充事業費，擴大區公所組織，確定區長、區員人選之標準。同年十二月三十一日，南昌行營遂公佈「剿匪省份各縣政府裁局改科辦法大綱」，通令湖北、河南、安徽、江西、福建等省，於三個月内一律實行。其重要内容如下：

---

❾「革命文獻」第七十六輯，頁八三—八六。

❿「革命文獻」第七十九輯，頁一一二九。

一、集中權責　將縣政府下現設之各局一律裁撤，其職權分別歸併縣政府各科管理，一切縣政之設施，悉由縣長總其成。

二、充實組織　縣政府原有組織擴大，另增科添員。

三、建教合一　教育、建設兩項，併爲一科。

四、警衛連繫　編配全縣保甲壯丁團隊等自衛組織。

五、稅收統徵　特大稅源設專局徵收，其餘由縣政府統一徵收。更設縣金庫，以爲收款解款，及保管劃撥之機關⓫。

於是其他各省，如四川、貴州、陝西、甘肅、浙江等省，亦採此制，影響所及，幾遍全國，實爲縣組織改革之一大關鍵。

民國十七年之縣組織法，及十八年重訂之縣組織法，雖皆有縣參議會之規定，然實際上迄未成立。二十一年八月十日，國民政府更公佈縣參議會組織法，及縣參議員選舉法，並定於二十二年三月十二日實行。二十三年元月，內政部雖咨文各省成立縣參議會，截止二十六年全面抗戰發生，實際籌設者寥寥無幾。

與縣地位同等之省轄市，抗戰發生前全國計有：廣州、漢口、杭州、汕頭、濟南、成都、貴陽、長沙、蘭州、廈門、昆明、開封、桂林、衡陽、南昌、韶關、自貢等地。設市政籌備

⓫ 參考錢端升等，民國政制史，下册，頁一七四。

處者，有包頭、武昌、連雲等地。各市組織依其規模，繁簡不一。茲以商業繁盛之廣州爲例：

民國十四年七月，國民政府成立於廣州，以廣州爲革命首都，乃將市政廳改爲市政府。八月十八日，設立市政委員會，取消市長名義，設政務委員長。北伐統一後，十八年八月一日，廣東省政府令市政廳改爲市長制。二十四年六月十三日，市政會議通過各局組織章程，計設社會、公用、教育、財政、衛生、工務、土地七局，及秘書處。局及秘書處下，各有若干課，課之下分股辦事⓬。廣州市政府組織龐大，附屬機構亦多，曾取得特別市資格，以其爲省政府所在地，依市政府組織法，不能不隸屬於省政府，在當時省轄市中，首屈一指。

㈢　地方自治之推行

實施地方自治爲由訓政過渡到憲政必經途徑。依照　國父孫中山先生所著「建國大綱」第八條對地方自治之程序有明白之規定。（已詳上文）⓭復依「建國大綱」第十六條規定：「凡一省全數之縣皆達完全自治者，則爲憲政開始時期，國民代表會得選舉省長，爲本省自治之監督。至於該省內之國家行政，則省長受中央之指揮。」⓮地方自治推行之步驟，　國父所

⓬ 廣州市政府公報，頁四二—七〇，民國二十四年六月二十日出版。
⓭ 國父全集，第一册，頁七五一—七五二。
⓮ 同前註，頁七五二。

著「地方自治實行法」中，曾規定有六種之準備工作：㈠清戶口；㈡立機關；㈢定地價；㈣修道路；㈤墾荒地；㈥設學校。凡此準備工作完成之後，尤當努力完成其他事業，如農業合作、工業合作、交易合作、銀行合作、保險合作等。至於自治區域以外之運輸、交易等，當由自治機關設專局以經營之⑮。是爲訓政時期中國國民黨遵循之最高原則。

民國十八年三月二十三日，中國國民黨第三次全國代表大會第十次會議，通過「確定地方自治之方略及程序以立政治建設之基礎案」。依據 國父所著「建國大綱」及「地方自治實行法」，確定地方自治實行之方略及程序如下：

一、確定縣爲自治單位，努力扶植民治，不得阻礙其發展。

二、制定地方自治實行法，規定其强行部分，使地方自治體成爲經濟政治的組織體，以達到眞正民權民生之目的。

三、由國民政府選派曾經訓練考試及格之人員（限於黨員），到各縣協助人民，籌備自治。

四、地方自治之籌備，宜逐漸推行，不宜一時並舉，以自治條件之成就，選舉完備，爲籌備自治之終期⑯。

---

⑮ 同前註，第二册，頁一六九—一七四。

⑯ 「革命文獻」第七十六輯，頁八三—八六。

三月二十七日，第三次全國代表大會第十六次會議，復通過政治報告之決議案，略曰：「唯有縣及縣以下之自治團體，所行使之四種政權，乃爲真正之直接民權。」「本黨今後實際工作，不特必須確立縣以下之自治制度，尤當扶植地方人民之自治能力。」⑰同年六月十五日，中國國民黨三屆二中全會，通過「完成縣自治案」，規定於民國十九年，依照縣自治法，完成縣級組織，同時訓政人員初期訓練完畢。二十一年底以前，初期調查户口，清丈土地完畢。二十二年底，各地籌備自治機關完成設立。二十三年底以前，完成縣自治，其實施辦法，由行政院切實制定⑱。國民政府據之，於同年十二月十六日，以行政院訓令第四五三二號頒佈「訓政時期完成縣自治實施方案內政部主管事項分年進行程序表」，分門別類，予以論述⑲。民國十九年三月三日，中國國民黨三屆三中全會，爲配合以縣爲地方自治之基礎，特通過「注重縣長人選案」，其要點如下：

一、訓政時期，首重地方自治之工作，故縣長人選比諸任何官吏爲重要，考試院應於最短期間實行考試，嚴格拔取眞才，分發各省任用。

二、各縣長任事後，須經嚴核考成，如無劣跡而能任用者，不得任意更動。

---

⑰ 同前註，頁八九。

⑱ 「革命文獻」第七十九輯，頁一二九。

⑲ 黨史委員會庫藏文件。

三、縣長到任最初三個月爲試用，後六個月爲署理，再後爲實授，任期爲三年（考核成績亦分爲三個月、六個月、三年）。

四、縣長深明黨義，而努力於自治工作之進行，且有相當之成績，在九個月後，應由省政府隨時具報中央，得由中央實授其縣缺。

五、凡實缺縣長，應負該縣籌辦自治之全責，如在中央規定之訓政年限內，能將訓政工作辦理完畢，人民能行使直接民權者，中央應特別獎勵之。

六、縣長得簡任職，並受簡任職之薪俸⑳。

其立意至善；惟以內憂外患，地方主義之不易破除；加以九一八事變後東北淪陷，國難嚴重，地方自治無法依照計畫而推行。復因地方財力困難，民衆對自治事項感覺新異，經驗技術人員缺乏，傳統家庭觀念及鄉土觀念濃厚，以及服務社會集體合作精神之欠缺等，均爲阻撓推行地方自治之逆流。

民國二十三年二月，經中央政治會議議決，由國民政府以命令頒佈，指出地方自治應分三個階段進行：一爲籌備，二爲開始，三爲完成。在第一、第二兩階段中，各縣市長由政府委派。在第三階段中，各地合格選民得選舉當地議員，但縣長可指定其半數候選人㉑。以中

---

⑳ 「革命文獻」第七十九輯，頁一五六——一五七。

㉑ 浦薛鳳「中國的政治建設」，引自艱苦建國的十年，正中書局，民國六十年元月出版，頁五八。

國幅員遼闊，邊陲地區文化落後，人煙稀少，各省政情復不相同，推行地方自治之成果因有顯著之差異。故舉首都南京一地推行地方自治情形，以例其他各地：

民國十九年五月，南京市政府遵照中央頒佈法令，著手籌備自治事宜。二十年三月初，設立自治事務所，綜理全市自治事務，擬定「南京市自治實施計畫大綱」，劃分全市為二十一區，區設區公所，每區設區長、助理員各一人，書記二人，雇用夫役二人。事務所長一人，職員十一人㉒。截至抗戰爆發，主要完成之教養衛自治事業如下：㈠劃分自治區，㈡舉辦戶口調查，㈢舉辦公民宣誓，㈣舉辦人事登記，㈤成立坊公所籌備處，㈥辦理自衛工作，㈦訓練民衆壯丁及自治人員，㈧完成區以下保甲組織㉓。

自國民攻府奠都南京，迄全面抗戰發生，中國地方自治之推行因各種客觀因素所限，雖未能達成建國大綱內所規定之各項目標，但仍有其重大之意義與價值。由於當時地方自治法規之大量頒佈，使得地方自治典章制度燦然大備。地方自治之精義已因此而大放光輝，使國人產生非地方自治不足以建國之信念，奠定下民主憲政之基礎工作，影響日後臺灣地方自治之實施。

㉒ 王煥鑣，首都志，正中書局，民國五十五年五月出版，上冊。

㉓ 參考王人麟「南京市之地方自治」，載民國二十六年六月一日，南京中央日報。

參 訓政時期的政治統一運動（上）

北伐完成，中國雖表面統一，國民黨內少數野心份子，蓄意製造派系；若干實力軍人終不能置黨國利益於個人利益之上，割據地盤，壟斷財政，擅自任免官吏，擴充私人武力，中國仍陷於分崩離析局面。

民國十七年十二月十日，蔣主席在中央黨部總理紀念週上，以「北伐成功後最緊要的工作」爲題，强調：「要一個整個的國家，要一個整個的民族，要一個整個的經濟，要一個整個的軍隊，不能四分五裂割據地盤，擁兵自衛，貽害國民。」❶是時國家正規軍高達二百二十萬人，軍費開支佔全國歲入四億五千七百萬元之百分四十一，即一億九千二百萬元。加上必需償還之債務及財務費，則高達百分之七十八❷。影響國家建設甚鉅；加以軍隊組織龐雜，而反正部隊良莠不齊，爲減輕國庫負擔，實有裁汰老弱實行精兵主義之必要，是爲民國十八年元月國軍編遣會議召開之背景。會中決定全國現有陸軍步兵至多六十五師，另騎兵八旅，砲兵十六團，工兵八團，共計八十萬人，全部軍費以國家總收入百分之四十爲限。各省得就編餘官兵，改編爲地方警察保安隊，人數自三千至六千人❸，遂啓各地野心軍人叛變之端。

---

❶ 「革命文獻」第二十一輯，頁一七二四—十七三五。

❷ 財政部長宋子文在國軍編遣會議所提「確定軍費總額實行統一財政辦法案」，載「革命文獻」第二十四輯，頁三〇—五〇。

❸ 中央週刊，第三十三、三十四期，民國十八年一月二十一日、二十八日出版。

自十八年二月桂系叛變起，至二十五年冬西安事變止，一波未平，一波又起，政局動盪不安，耗損國家元氣甚鉅。所幸野心軍人間，彼此之間利害矛盾，敵友無常，不然政府之處置當更棘手也。加以蘇俄及日本交相侵略，以及中共之割據流竄，均爲實施訓政之障礙。

一、民國十八年野心軍人之叛變

(一)李宗仁之異動與武漢之役

北伐成功後，桂系李宗仁所部第四集團軍兵力約三十萬，控有廣西、湖南、湖北及冀東一帶。另李濟琛所部第八路軍約二十萬人，控有廣東，李濟琛且兼粵省主席❹。政府任命李宗仁爲武漢政治分會主任、軍事參議院院長，李宗仁仍不滿足。其時湖南省主席魯滌平，按期以該省稅款匯繳財政部，大爲桂系所不滿。二月二十日，武漢政治分會藉口魯氏「縱容共黨」，下令免魯氏之職，另派何鍵繼其任，並遣第五十二師葉琪、第十五師夏威部，由鄂入湘，二十一日佔據長沙，魯氏被迫率部退至江西。

武漢政治分會設立之目的，在利用舊日武漢政權之基礎，監督所轄區域內之黨政。北伐成功後，中央曾迭次申令，政治分會無任免該區域內官員之權，所屬軍隊靜候檢閱，非得編遣委員會命令不得擅自調動。武漢政治分會之舉動，顯與政府之命令相違背。政府以李宗仁

---

❹陳訓正，國民革命軍戰史初稿，第二輯，民國四十一年七月再版，卷一，頁七。

並不在武漢，此事件僅係武漢政治分會若干委員輕舉妄動所致。二月二十八日政府命蔡元培、何應欽、李濟琛等澈查桂系侵湘事件，飭令雙方軍隊駐守原防，不得自由行動。三月二日，為顧全大局，乃正式任命何鍵暫代湖南省政府主席，但將武漢政治分會數委員免職，避重就輕，仍冀李氏之覺悟。吳敬恆曾力勸李宗仁向中樞表示引咎自劾，以資轉圜，然李氏竟不能從，藉口目疾，赴滬租界就醫，潛離南京❺。乃改所部為五路，分任何鍵、葉琪、夏威、胡宗鐸、陶鈞為司令，積極備戰。李濟琛表面以調人自居，實參預其陰謀。白崇禧則在冀東唐山一帶，與武漢兩粵互通消息。其所致李宗仁、李濟琛之密電曰：

任、德兩公（按：李濟琛字任潮，李宗仁字德鱗）商定大計，請即秘密各回原防，共籌應付，希望保兄（？）速準備，任公可敷衍言和者，以便離滬。武漢四集之地，決不能守，更無所用其留戀，在相當時機，應全師南返，佔領寶（慶）、衡（陽）、茶（陵）、攸（縣）、贛州之線，準備與敵作強固之持久戰，引誘敵軍深入，以待我兩粵援軍之來到，然後猛烈襲擊，一舉殲滅敵軍，勝算終屬於我。❻

是即叛軍之整個作戰計畫。當事件發生時，蔣主席適返奉化省墓，聞變趕回南京。三

❺ 雷嘯岑，卅年動亂中國，香港亞洲出版有限公司，（一九五五年十二月出版），上冊，頁一三七。
❻ 國民革命軍戰史初稿，第二輯，卷一，頁一六—一七。

月十三日，中央政治會議議決裁撤各地政治分會。十九日，中國國民黨第三次全國代表大會議決，命葉琪等退回原防，而桂系軍隊竟拒絕接受，四處向國軍挑釁。政府不得已於二十四日下令將葉琪、夏威撤職查辦，二十六日明令聲討李宗仁等。時李濟琛已辭廣東省政府主席，政府以第八路軍第十一軍長兼南區綏靖委員陳銘樞續任。李濟琛因在南京參加國民黨第三次全國代表大會，遂被扣留，幽禁湯山；李宗仁倉皇經粵轉道奔回廣西。

先是二月底桂系異動之時，蔣主席已電令徐州駐軍師劉峙，蚌埠駐軍師長顧祝同，兗州駐軍師長繆培南，盧州駐軍師長朱紹良，新蒲駐軍師長蔣鼎文，蕪湖駐軍師長曹萬順，泰州駐軍師長夏斗寅等，密為準備以應變。三月初，擬定進軍方略，自任總司令，以何應欽為參謀長，朱培德為前敵總指揮，由劉峙率第一軍集中太湖、潛山附近，朱紹良率第二軍集中霍山附近，朱培德率第三軍集中九江、南昌附近，另集中總預備隊於安慶，待命增援。

三月十七日，各部隊集中完畢，乃於二十八日下令進攻，得海軍協助，進展迅速，當日克武穴、廣濟，三十日克羅田、蘄春，四月一日克黃岡、麻城。同日，蔣總司令親至黃州督師，士氣振奮，翌日海軍遂克劉家廟。四月三日，叛軍第三路副司令李明瑞受桂系前輩俞作柏運動，在黃陂、孝感表示投誠，接受中央新任命之第十五師師長；何鍵亦就任政府所委第四路總指揮之職，通電擁護中央。叛軍以大勢已去，是晚放棄武漢西撤，四月五日國軍遂克復武漢，湘鄂自主之局面結束❼。四月七日，國軍繼續向西追擊，空軍大隊司令張靜愚率

❼　同前註，第二輯，卷一，頁二一—七一。

部助攻，叛軍潰不成隊。四月十八日，國軍迫近宜昌，夏威、胡宗鐸等於二十一日通電出國，殘餘將領表示服從政府。蔣總司令派程汝懷為鄂西編遣專員，孔庚、何競武等為委員，辦理歸誠各部隊點編事宜❽。

是時白崇禧以國民革命軍前敵總指揮名義，統率第四集團軍李品仙、廖磊等部，駐紮北寧鐵路沿線，李、廖等本唐生智舊屬，白氏則與東北邊防司令長官張學良、總參議楊宇霆暗中結納，以為後援。

先是 蔣主席聞白氏不穩，一面命保定行營主任何成濬停發白部軍餉，一面命唐生智秘密赴秦皇島，對其舊部從事勸告，提出「打倒桂系回湖南去」口號，輩金發放欠餉，全軍暗中已歸唐生智所掌握；而白氏瞶然不知。四月十日，白氏在開平召集第四集團軍營長以上將領會議，主張繞道山東，直犯南京。到會將領多明大義，一致反對。十一日，蔣主席發表「告第四集團軍將士書」，勸告勿以一派一系自居，勿為一派一系所利用，諸將領益受感動。二十三日乃由李品仙領銜，通電擁護政府。白氏以眾叛親離，棄眾逃亡❾。白氏至天津，乘輪南下，過吳淞口；淞滬警備司令部曾派人登船檢查，白氏隱藏船主大衣櫥內，未被發覺，得轉香港，逃回廣西❿。二十九日，蔣主席任命唐生智為討逆軍第五路總指揮，統率前第

---

❽ 同前註，第二輯，卷一，頁六八—六九。

❾ 古屋奎二，蔣總統秘錄，日本產經新聞出版，民國六十五年八月，中央日報社譯印，第七冊，頁一二七。

❿ 卅年動亂中國，上冊，頁一四二。

四集團軍移駐石家莊、順德一帶待命。繼任唐氏軍事參議院長、國軍編遣會議編組部主任，以酬其勞⑪。

當武漢戰事發生時，駐粵桂軍廣西省政府主席黃紹竑部兩師力謀響應。黃氏且至廣州與第八路軍總部參謀長鄧世增等，召開軍事會議，決定出兵，由湖南北上支援叛軍，並擁護第八路軍第四軍長兼西區綏靖委員陳濟棠爲第八路軍總指揮。陳濟棠則接受政府所委任之編遣特派員，合廣東江防司令陳策，嚴令所部不得冒然行動。（按：陳銘樞因腿折，在香港療養，表示服從政府。）鄧世增勢孤，乃被迫離穗⑫。

三月三十日，粵軍將領陳銘樞、陳濟棠、蔣光鼐、蔡廷楷等，受胡漢民影響，通電主和。略曰：「粵省軍隊爲黨國所有，不以供一派一系之指揮驅使。粵省之財皆粵人賣兒貼婦之膏血，不以供一派一系之浪擲犧牲。」⑬此外在南京出席第三次全國代表大會之海外粵籍代表余景星、劉安、吳公文、鄭螺生、陳楚楠、陳耀垣等五十四人，亦聯名通電粵省，切勿牽入戰爭漩渦。黃紹竑不得已率軍離粵，坐視武漢叛軍崩潰而不能救。

李宗仁敗退廣西後，乘馮玉祥抗命時（詳下文「馮玉祥之抗命」），互通聲氣，整頓殘部，於五月五日自稱「護黨救國軍總司令」，通電繼續作戰，合殘部十三團，沿西江向粵境進

---

⑪ 國民革命戰史初稿，第二輯，卷一，頁七〇—七一，頁一二一。
⑫ 陳濟棠自傳稿，臺北：傳記文學出版社，（民國六十三年十月出版，頁三二—三四）。
⑬ 卅年動亂中國，上冊，頁一四五。

攻，連陷封川、江口等地；駐防東江徐景唐部，及廣州水面中山、江大等艦，受其煽動，同時叛變，一時大局頗爲緊張。國民政府正式任命陳濟棠爲第八路軍總指揮，並派文官長古應芬來穗面授機宜，命其合湖南省政府主席何鍵、雲南省政府主席龍雲等，分道討伐桂系。陳濟棠爲表示擁護政府，以九千五百元代價購買青翠玉石一方，請古應芬帶呈送政府，由制印局刻「國民政府玉璽」、「國民黨中央黨部玉印」各一顆，以表示效忠政府及黨如玉之堅貞。陳氏遂調集所部，採內線作戰，沿三水、清遠一帶佈防，並親至前線督戰⑭。白坭、銀盞一役，叛軍大敗，師長黃旭初負重傷。五月十四日，國軍得海空軍之助克桂林，六月二日克梧州，二十四日克南寧。李宗仁、白崇禧等勢窮力蹙，殘部交師長呂煥炎、梁朝璣統率，向政府乞降，取道龍州，逃亡越南。政府任命俞作柏爲廣西省政府主席，李明瑞爲廣西編遣分區主任、楊騰輝爲副主任，冀以安定桂省，收拾人心⑮。

(二) 馮玉祥之抗命

馮玉祥生性反覆，好名多疑，貌似憨直，而矯揉造作，能練兵，而不善馭將。北伐以前本屬直系軍閥，民國十三年十月，第二次直奉戰爭期間，以倒戈回師北京，逼曹錕下野，而

---

⑭ 陳濟棠自傳稿，頁三四—三五。

⑮ 參照潘公展「十年來的中國統一運動」，引自中國文化建設協會編，十年來的中國（上海，商務印書館民國二十六年七月出版），頁一〇—一一。卅年動亂中國，上冊，頁一四九。

實力大增。民國十五年夏，所部國民軍遭奉直聯軍壓迫，敗潰綏遠。其加入國民黨與贊助北伐，乃係機會主義，目的在於實現個人之野心。

北伐成功後，馮氏所部第二集團軍，共轄九個方面軍，計十軍，另八獨立師，及騎兵、礮兵、輜重、工程等特種部隊，合計約四十二萬人⑯，兵力之强，爲全國實力軍人之冠。馮氏所部孫良誠任山東省政府主席，韓復榘任河南省政府主席，宋哲元任陝西省政府主席，劉郁芬任甘肅省政府主席，孫連仲任青海省政府主席，門致中任寧夏省政府主席，何其鞏任北平特別市長，轄區遼闊。馮氏除截留所控制之黄河流域地區稅收外，每月政府仍匯撥五十萬元（桂系叛變時增至每月一百五十萬元），以維持其龐大軍隊之開支⑰。

民國十七年八月，馮氏赴南京出席國民黨二屆三中全會，在會中提出民食、民衣、民居三項建設，語雖合理，然措詞激烈，别有用心。加以初與南方同志接觸，生活、習慣、思想、背景既多所不同，自身又修養欠缺，乃落落難合。遂以語言、文字、行爲予以諷刺，致人以難堪之境，是故彼此不能相安⑱。

同年十月，國民政府改組，馮氏被選任爲國民政府委員、行政院副院長兼軍政部長。十八年元月國軍編遣會議舉行時，馮氏與中央隔膜愈甚，乃繼閻錫山脫身回山西之後，留書

---

⑯ 國民革命軍戰史初稿，第二輯，卷一，頁七。

⑰ 董顯光，蔣總統傳，（臺北，中華文化事業出版委員會），民國四十一年十月出版，上册，頁一四八。

⑱ 簡又文，馮玉祥傳，（傳記文學出版社，民國七十一年六月出版）下册，頁三二〇。

蔣主席，秘密離京，渡江回河南防地。桂系叛變前與馮玉祥、閻錫山早有默契，及桂系叛變，閻錫山竟首先通電反對，馮玉祥且命韓復榘率部進襲武漢，企圖坐收漁人之利。中央軍先韓復榘到武漢兩日，韓部被迫乃向北撤退⑲。及桂系失敗，馮部山東省政府主席孫良誠，因日軍撤退後，接收青島及膠濟沿線之希望落空，政府復分別任命陳調元、方振武爲津浦路南北段警備司令，孫氏有被夾擊之慮，且與財政部長宋子文不睦，彼此斷絕公文往來，孫良誠對政府表示不滿，馮玉祥尤爲憤懣。四月二十四日，馮玉祥在開封召集師長以上舉行軍事會議，以全軍防線過長，首尾難顧，乃撤退山東孫良誠部，集中主力於豫、陝交界潼關一帶。同時在南京馮部軍政部次長鹿鍾麟、外交部次長唐悅良等亦匆匆離京。五月十四日，馮氏下令破壞平漢鐵路武勝關隧道，及黃河鐵橋，扣留隴海鐵路機車六十餘輛，車皮二千餘輛，炸毀鐵橋二十八座，將電線、枕木、路軌悉數運往西北⑳。五月十五日，馮部將領孫良誠、劉郁芬、韓復榘等二十八將領，聯合通電，擁護馮氏爲「護黨救國西北軍總司令」，藉口政府扣發所部薪餉，及國民黨三全大會所選出之中央委員不公，公開向政府挑釁。二十日，馮氏致電北平各國公使館，宣言保護外人生命財產，請各國中立，並請勿借款國民政府㉑。

馮氏叛變後，駐節華陰，謀壓迫閻錫山與其合作。李宗仁則早有聯絡（已詳上文「李宗

⑲ 同前註書，下册，頁三二五。
⑳ 國民革命軍戰史初稿，第二輯，卷一，頁一三五—一三七。
㉑ 馮玉祥傳，下册，頁三二八。

仁之異動與武漢之役」)，企圖造成連合三個集團軍一致威脅中央之目的㉒。蔣主席屢電馮氏，希望其置國家利益於個人利益之上，服從政府之節制。馮氏否認有不忠於政府之行動，暗中則作各種之軍事準備。五月二十三日，中國國民黨中央常務委員會議決開除馮玉祥黨籍，並罷免其中央委員，所有軍事緊急處置，授權國民政府辦理。二十四日，國民政府乃褫去馮氏本兼各職，嚴緝拿辦。

時閻錫山方發起太原會議，商討和平解決辦法，不肯對馮氏作有力之援助。政府命唐生智、方振武由徐州向隴海路西進，劉峙由湖北入豫南，馬廷勷由寧夏攻其後方，鄧錫侯、田頌堯由四川阻其南下，對馮氏形成大包圍形勢㉓。蔣主席則致電馮氏所部官兵，號召歸順中央。略曰：

歷來軍閥之構成與其覆滅，皆由其視國家軍隊爲私有始，患得患失，以求保其地位終。倒行逆施，以自促其命運。軍閥不足惜，獨惜將佐士兵皆我國家元氣，乃爲軍閥所挾持，人格資其販賣，生命供其孤注，生則同受惡名，死則無人憐惜，此眞可爲痛哭流涕，而不得不謀拯救者。……

諸將士原隸第二集團軍，但皆中華民國之將士，非馮氏個人之將士也。馮氏與諸將士

㉒　同前註書，頁三二八—三二九。

㉓　「十年來的中國統一運動」引自：「十年來的中國」，頁十二。

固有歷史之關係，惟此歷史必依托於革命而存在。……馮氏所以激怒諸將士，使之背棄中央者，無非謂中央故存畛域，坐視第二集團軍困苦窘迫而不稍加體恤。不知自北伐以來，魯、豫、陝、甘各省之稅款，平漢、隴海等路之收入，中央皆任馮氏取求，且每月由中央協撥五十萬元。討逆軍興以後，尤特加補助，計四月份所撥達一百五十萬元，而本月銑（十六）日，中央尚在滬撥付五十萬元，以中央今日財政之支絀，實已竭盡能力。……據報曾由武漢（按：指李宗仁）取得一百萬元；馮氏果有減除士兵痛苦之心，何至從不發餉？……誠不知其有無心肝也。㉔

此一電文，使馮部將領軍心爲之動搖。以陝、甘貧瘠，懼受饑寒之苦，加以韓復榘戰略主張與馮氏不合，（按：韓氏建議與孫良誠各率十萬精銳，分別襲攻武漢、南京）遭到馮氏斥責，受政府感召，乃率所部由潼關輾轉至開封，繼續行使河南省政府主席職權。並約仍留駐豫南之石友三、馬鴻逵，通電服從中央。馮氏驟損失主力三分之一，且係百戰精銳，實力大挫，乃於二十七日由華山發出入山讀書之通電。六月十六日，致電閻錫山等，詐稱十日內出國，所部委託閻錫山收編。

閻錫山當馮玉祥反抗政府時，則作壁上觀，對馮氏且有所責難，但當馮氏衆叛親離時，閻反猩猩相惜，加以援手，竟向中央建議本人辭職下野，請求政撤消馮氏之通緝令，如能實

㉔ 引行蔣總統秘錄，第七册，頁一三一。

現，則即相偕出國考察。政府顧全大局，以馮氏過去對革命功績爲理由，於七月六日予以特赦，馮氏乃自請辭去第二集團軍統率權，聲言今後退出政治漩渦。遂將全部軍事交宋哲元主持，自風陵渡口渡過黃河，赴山西太原，與閻錫山有所密謀。閻氏視爲「奇貨」，特別加以「招待」，初幽居於太原近郊晉祠，後移建安村，而限制其行動。

政府寬大爲懷，不咎既往。七月五日取消馮氏之通緝令，允撥發所欠軍費，先付三百萬元，另給馮氏出國旅費二十萬元，陝、甘、寧、青四省主席照舊。八月，鹿鍾麟、唐悅良均到京復職，政府復任命馮氏部屬薛篤弼爲衛生部長，大局似已和平解決[25]。

馮氏居住晉祠期間，閻錫山禮遇甚厚，仍有少數隨從，並可利用無線電與外界連絡，野心未嘗稍戢。是時馮氏所部國民軍總兵力仍有二十餘萬，駐紮陝、甘境內，分由孫良誠、宋哲元、劉郁芬等所統率。國民黨內異端份子「改組同志會」領袖陳公博、顧孟餘、王法勤等，乃暗中煽動馮氏繼續反抗中央。汪兆銘時在歐洲，竟發表荒謬宣言，主張在廣州組織新政權，以與政府對抗[26]。益堅馮氏再叛之野心。會同年九月，張發奎受汪兆銘所領導之「改組派」煽動，叛變於宜昌（詳下文「張發奎鄂西叛與湘粵桂之亂」），進窺廣州，政府急忙調兵應付，馮氏乃乘機響應「改組派」，指示宋哲元等機宜，剋期舉事。

---

[25] 馮玉祥傳，下册，頁三三三。

[26] 參照：蔣總統傳，上册，頁一四九。陳公博，苦笑錄，一九八〇年二月，頁一九六，（香港大學亞洲研究中心）出版。

同年十月十日，馮部將領鹿鐘麟、宋哲元、石敬亭等二十七人，聯合發表反抗政府通電，推戴閻錫山、馮玉祥導領全軍反抗中央。仍用「國民軍」名號，閻爲總司令，馮副之。其所持理由撲朔迷離，殊不足以聳動視聽。如「中央集權，實行獨裁」、「任用私人，政治腐敗」、「西北饑民二千萬，南京置之不顧，而陸續發行公債四億元，用途不明。」「消滅革命有功者，不惜蹂躪數省。」「編遣計畫純屬虛僞，藉以消滅他人勢力。」「最近中俄糾紛，應付無策。」且有「閻、馮二公不能坐視」等語㉗。其時各地野心軍人多派代表與馮氏連絡，唐生智所統湘軍舊部，奉命自北寧路南下，駐紮隴海路沿總，表面受政府節制，暗中則與馮氏有默契，互爲犄角。宋哲元承馮玉祥命，合馮部二十餘萬，以洛陽爲司令部，分九路大舉東犯，對政府構成莫大之威脅。

政府爲求政令統一起見，十月十一日免鹿鍾麟等職。十四日，蔣主席自任討逆軍總司令，決定實行武力討伐。其「告全國將士書」略曰：

漢賊不兩立，革命與反革命不共存，我不消滅逆軍，即將爲逆軍所消滅。各將士應爲黨國而犧牲，爲生存而團結，以剷除反動勢力之根株，而完成革命軍人之天職。㉘

㉗ 卅年動亂中國，上冊，頁一五一。
㉘ 引自蔣總統秘錄，第七冊，頁一四六。

乃以朱培德爲參謀長，命唐生智、方鼎英分率第一、五路軍防豫西，命劉峙率第二路軍防鄂西，命陳調元率總預備隊準備策應，雙方大戰遂以爆發。

豫西方面：國軍唐生智、方鼎英部，與叛軍宋哲元、孫良誠、龐炳勛、石敬亭等部，激戰於洛陽東南臨汝、登封、黑石關之線，戰況劇烈。十一月一日，蔣總司令親至許昌督師，士氣振奮，大敗叛軍，俘虜甚多。十一月八日後，叛軍不支，開始後撤，國軍十六日克登封，十七日克臨汝，二十日克洛陽，叛軍乃向西北逃竄。

鄂西方面：國軍劉峙部於十一月初與叛軍田金凱、張維璽等部，激戰於淅川、荊紫關、襄陽、樊城一帶。十六日叛軍因攻勢不利，官兵傷亡慘重，且聞豫西方面失利，乃全線向後退卻㉙。十二月，鄂西及河南全境已無叛軍蹤跡。

馮玉祥叛變時，正值蘇俄藉口中東路事件，大舉侵犯東北之時，「改組派」領袖汪兆銘乘機在歐洲發表改組宣言，部分西山會議派人士鄒魯、謝持等，亦參預其謀。閻錫山雖中操縱，卻於戰爭激烈進行之時，不肯爲之支援，暗中接受中央任命之「陸海空軍副總司令」職，以「國民軍」之軍事機密，隨時報告於中央㉚。限制馮玉祥於建安村，不得自由行動，所部遂以群龍無首而失敗。迨十二月戰爭結束，閻氏不免有兔死狐悲之感，於接受政府所匯轉給馮玉祥二十萬元出洋考察費後，復決定反抗政府。一面恢復馮玉祥自由，一面暗中約唐生智，採

㉙ 國民革命軍戰史初稿，第二輯，卷一，頁一四七—一六六。

㉚ 馮玉祥傳，下册，頁三三五—三三六。

取一致之行動。並遣鄒魯赴瀋陽，煽惑張學良，共同合作反抗政府㉛。

㈢ 張發奎鄂西叛變與湘粵桂之亂

民國十六年十二月，因張發奎在廣州叛變，招致中共暴動，事後張氏殘部譁潰殆盡，被政府解除軍職。十八年春，桂系異動時，政府任命其爲第四師長，駐軍宜昌。同年九月，馮玉祥謀叛日亟，政府調張部移駐海州，擔任隴海路東段防務，其所遺防地由國軍新一師曹萬順部接替。時「改組派」王法勤等，在滬發佈通電，藉口歡迎汪兆銘歸國，改組黨務，煽動各地野心軍人背叛政府；張氏竟爲所愚，疑政府將不利於己，於九月十七日通電，響應「改組派」主張，要求撤消國民黨第三次全國代表大會議決，歡迎汪兆銘回國改組黨務。蔣主席懇切曉諭，勸其勿爲親者所痛，仇者所快；而張氏竟襲擊赴宜昌接防之曹萬順部，於九月下旬，由鄂西竄入湘境。經石門、慈利、桃源、辰州，沿途遭國軍截擊，乃停留於溆浦、新化、安化三縣之交㉜。

九月二十七日，廣西省主席俞作柏、師長李明瑞，突然通電響應張氏，並歡迎張氏回桂，合力進犯廣東，廣州局勢頓形緊張。十月五日，政府下令免俞作柏、李明瑞本兼各職，由陳

㉛ 鄒魯，回顧錄，獨立出版社出版，民國三十五年七月，下册，頁三二二—三二三。

㉜ 國民革命軍戰史初稿，第二輯，卷一，頁七七—七八。

銘樞代籌款五萬元，交桂軍師長呂煥炎，請其內應，呂即宣佈服從政府㉝。政府以呂煥炎爲廣西省政府主席，兼討逆軍第八路軍副總指揮，以楊騰輝爲第四編遣分區主任。並命第八路軍總指揮陳濟棠率所部及海軍出動討伐。第六路軍朱紹良所部集中浦口準備接應。

十月七日，陳濟棠統香翰屏、余漢謀、蔡廷鍇三師，分三路攻入廣西，叛軍不支，相繼潰散。十二日，桂軍將領楊騰輝表示服從政府，就任第四編遣分區主任。李明瑞部旅長黃權亦在潯州反正，第八路軍遂長驅直入，克復桂平。俞作柏、李明瑞知大勢已去，於十三日逃龍州，殘部由呂煥炎、楊騰輝所收編㉞。

張發奎率殘部於十一月十三日竄至桂邊龍虎關，十六日自恭城通電，聲言已與原駐廣西張軍舊部聯合，協力攻取廣州。李宗仁亦自越南海防潛入南寧，於是新舊桂系合而爲一。李自稱「護黨救國軍」第八路總司令，黃紹竑副之。呂煥炎、楊騰輝趁勢復叛，乃合軍分兩路向廣東進犯。張發奎部叛軍十一月三十日陷廣寧，十二月一日陷四會、清遠。李宗仁部叛軍亦沿西江東犯，於攻陷梧州後，十二月續陷粵西德慶，逼近祿步，與北江張部相呼應。廣州乃陷入兩面夾攻之下，形勢至爲危急㉟。

當時國軍主力正在豫西對馮玉祥作戰，　蔣主席僅命第八路軍陳濟棠部扼守北江待援。

㉝ 陳濟棠自傳稿，頁三七。

㉞ 國民革命軍戰史初稿，第二輯，卷一，頁九六—九七。

㉟ 同前註書，頁九九。

及十一月底馮氏敗退，乃將河南軍事善後交第五路軍總指揮唐生智辦理，移第四路軍何鍵、第六路軍朱紹良等部南下。命海軍總司令陳紹寬率第二艦隊隨同援粵，航空隊則集中廣州，協助地面戰鬥，偵察叛軍後方。任何應欽爲廣州行營主任，主持兩粵戰爭全局。

何氏於十二月二日抵廣州，翌日下達作戰命令，六日以後，四、六、八等路軍全線出擊，十日敗敵於花縣，十四日敗敵於清遠，張發奎部傷亡逾半，輜重械彈遺失甚多，叛軍全線崩潰向後退卻，國軍遂於十九日克梧州。乃分兩路：第八路軍任北路，攻桂林；第六路軍任南路，攻南寧。會石友三、唐生智在浦口、鄭州先後叛變，唐氏且率所部沿平漢線南犯，企圖奪取武漢，（詳下文「石友三與唐生智」）於是政府乃撤消廣州行營，命何應欽復回武漢行營，主持豫南戰事指揮事宜。

民國十九年一月中旬，國軍第六、第八兩路軍，已到達廣西平樂、昭平、籐縣、容縣北流一帶。張發奎、李宗仁一面利用民團滋擾國軍後方，一面集中所部扼守桂林、貴縣，積極整頓，負隅頑抗，雙方乃形成對峙形勢㊱。

民國十九年二月，張發奎、李宗仁傾全力五、六萬人，再度謀犯廣州。第八路軍總指揮陳濟棠，沿三水、軍田一帶構築堅强工事，政府復派第六路軍總指揮朱紹良率所部三師來援，武漢行營主任何應欽再至廣州坐鎮。花縣附近之決戰，國軍得空軍掩護，一舉破敵，廣州轉危爲安。惟亦傷亡萬餘人，僅運返廣州之傷兵即在八千以上。

㊱ 同註三四書，頁一〇二—一一二。

張、李既敗，陳濟棠奉命追擊入桂，張再糾集殘部，繞道南出容縣，欲沿容江下西江，經陳部與之三日搏鬥，卒將之擊潰㊲。

㈣ 石友三與唐生智

石友三、唐生智意志薄弱，素以背信稱著。民國十八年夏馮玉祥抗命時，石氏率部反正，政府示以寬大，任爲第十三路軍總指揮，兼安徽省政府主席。唐生智則於同年秋馮玉祥叛變東犯時，督率湘軍舊部第八軍，以前敵總指揮名義，在豫西黑石關、登封、臨汝一帶，對叛軍作戰。及馮氏失敗，以代理總司令名義，辦理善後事宜。自認功高賞薄，心懷怨懟。同年十一月，張發奎、李宗仁進犯粵省，廣州危急，政府調石友三部南下援粵，命唐生智部南下截斷張發奎後路。石、唐爲保全實力，乃互相勾結，響應汪兆銘所領導「改組派」之蠱惑，陰謀破壞統一，顛覆政府。

十一月底，石友三部集中浦口，候船南運，擬乘 蔣主席十二月二日下午至軍中訓話時，扣留爲質，渡江襲取南京。是時首都空虛，僅駐憲兵一團，及軍校學生數千人。果石氏陰謀得逞，則後果不堪設想㊳。是日上午，石氏渡江迎接 蔣主席，在陳調元宅打麻將逍遣，神

㊲ 陳濟棠自傳稿，頁三七—三九。

㊳ 周佛海「盛衰閱盡話滄桑」，引自「陳公博周佛海回憶錄合編」，香港，春秋出版社，一九七一年九月出版，頁二〇三。

色異常；時有隨從邀至室外密談，陳調元疑之，不顧　蔣主席午睡，乃至　主席官邸告密，蔣主席遂托辭不往。是日傍晚，適有兵艦三艘自長江上游駛來，因風向關係，砲口方向對江北，石知陰謀敗露，乃於是日晚縱部在浦口大肆搶掠，自稱「護黨救國軍第五路司令」，不渡江南下，而北據蚌埠，將政府所撥援粵餉械，作爲反抗政府之用。

唐生智於石友三叛變後，於十二月三日在鄭州通電，自稱「護黨救國軍第四路總司令」，率部沿平漢路南下，欲乘武漢空虛，加以佔領，恢復民國十六年寧漢分裂時局面。政府不得已於七日下令褫石、唐本兼各職，並通緝法辦。蔣主席爲此招待記者，發表談話，略曰：

石友三部之譁變，與唐生智之附逆，固非余始料所及。余待人以誠，對唐等皆推心置腹。……以前有謂唐反覆成性，終必叛變，勸余勿加重用者，余絕不懷疑，始終欲引導其入革命之正軌。今竟如此，余實自愧。……但此亦非絕對意外之事，或竟可認爲革命進行中必須經過之程序，尤其是革命將近成功之時，假革命與反革命者常自取淘汰。故爲革命計，對此等叛變，不但不必悲觀，竟可認爲樂觀也。……余受黨國付托，負有重大責任，豈肯爲若輩動搖。㊴

十二月九日，蔣主席發表「告全國將士書」，重申完成革命之決心。略曰：「革命政府

㊴國民革命軍戰史初稿，第二輯，卷一，頁二二五。

決不致因一、二武人之叛變而動搖，且革命政府當危急存亡之秋，更當以革命精神作革命之奮鬥──肅清叛逆，整飭紀綱，始能完成其使命。至中正個人，祇知為黨負責任，為國効勞，任何困難俱不足以動搖我革命之決心，任何險惡之企圖，皆不足以更改我奮鬥之意志。當陳逆炯明叛變之時（按：民國十一年），僅餘中山一艦，中正猶復追隨　總理，始終不離。況今日革命環境之順利，遠過於昔日，革命勢力之雄厚，遠甚於當年。中央不僅具有消弭叛逆之決心，且深信有消弭叛逆之把握。望我將士明是非，別順逆，切勿蔽於謠言而墮奸計。」[40] 十二月二十日，實力軍人閻錫山、張學良等，響應政府號召，聯名通電，「堅決擁護中央統一」，閻且親率步兵四師，騎兵一旅，至鄭州討唐[41]，石、唐被前後夾擊，遂陷入孤立狀態。自二十六日起，唐氏勾結孫殿英、劉春榮等部，親督五十一師龔浩、五十三師劉興，及騎兵旅安俊才等部，與國軍第二路總指揮劉峙所統第一軍顧祝同、第二軍蔣鼎文、第十三軍夏斗寅、第七軍楊虎城等軍，激戰於遂平、確山之間。時河南大雪，天氣奇寒，為數十年所未有，唐部被困，餉械均缺，士兵凍傷者日多。十二月三十一日，叛軍孫殿英部被擊潰於臨穎附近。十九年一月一日，叛軍全線被國軍分段擊破，國軍克復駐馬店，叛軍紛紛反正[42]。唐氏一向迷信，以衆叛離，與其鐵甲車司令蔣鋤歐（素心），以拆字決吉凶，唐書一「道」字，衆以首

---

[40] 同前註，頁二二六──二二七。
[41] 同前註，頁三〇九。
[42] 同前註三九，頁二五〇──二六〇。

領必逃走，勢益不支㊸。唐氏乃以劉興代總司令，化裝經開封逃避天津日租界，旋乘德輪赴香港。十二日，唐部將領龔浩、劉興，及所部各旅團長，以窮蹙無所歸，乃至漯河車站會商投誠辦法。翌日全部繳械完畢，計投誠官兵一萬六千餘人，馬步槍一萬三千餘枝，山砲三十餘門，迫擊砲一百五十餘門，機關槍二百餘挺，及輜重物品甚夥㊹。

唐生智叛變期間，國軍第二十二路馮軼裴部，與叛軍石友三部對峙於津浦路南段滁州、全椒一帶。唐氏既敗，石氏表示悔過，蔣主席不咎既往，於一月二十三日任石氏為河南清鄉總指揮，石氏電呈中央感謝優容，即日移防就職，而劣性未改。

二、中原大戰

㈠ 閻錫山之啓釁

閻錫山素工心計，自民國以來割據山西，投機取巧以自固。北伐成功後，閻氏所統第三集團軍掩有晉、冀、察、綏四省，睥睨自雄。所部共五軍團，計步兵十三軍，五獨立旅，砲兵七旅，工兵三團，及若干零星部隊，合計三十餘萬人❶。民國十八年，馮玉祥叛變時，閻氏從中操縱，（已詳本節一之二「馮玉祥之抗命」）以政府禮遇甚厚，任為陸海空軍副總司令，

㊸ 周佛海「盛衰閱盡話滄桑」，引自「陳公博周佛海回憶錄合編」，頁二〇二。
㊹ 國民革命軍戰史初稿，第二輯，卷一，頁三〇五—三〇六。
❶ 國民革命軍戰史初稿，第二輯，卷一，頁七。

晉系人物趙戴文爲監察院副院長、趙丕廉爲蒙藏委員會委員長，以故遲疑未發。及馮氏失敗，「改組派」在粵亦一事無成，閻氏感到勢孤，對馮氏反多方迴護，與政府不斷齟齬，貌合而神離。同年十二月，石友三、唐生智叛變期間，閻竟自委韓復榘、石友三、合鍵、王金鈺等，爲中華民國陸軍第一、二、三、四等路司令。並以「黨事決諸黨員，國事決諸國人」，密徵東北邊防司令張學良同意，旋以張氏不肯附和，韓復榘等默無表示，閻氏陰謀遂消弭於無形。及奉命出兵鄭州，夾擊唐生智，對唐部不加一矢，反縱之北逃，又收容叛軍孫殿英、劉春榮等部以爲己用，擅委爲第十四及二十軍長。他若分駐閩、蘇、魯三省之暫編第二師長盧興邦、第四十九師長任應岐、獨立第十旅長高桂滋等，均與閻氏暗通款曲❷。

中國國民黨中央委員會，以民國十八年各地軍人之叛變，「改組派」及西山會議派部分黨人有幕後策動之嫌，前後永遠開除黨籍者有馮玉祥、李宗仁、王法勤、傅汝霖、王樂平、汪兆銘等數十人，明令通緝者有陳公博、顧孟餘、鄒魯等數十人。及各地軍人叛變先後失敗，閻錫山遂成爲實力人物，爲失意軍人政客所擁戴。民國十九年春，汪兆銘自法返國，隱爲西山、改組兩派之領袖。會王樂平在滬遇刺身死，汪氏特發表聲明，謂係出於政治之暗殺行爲，乃共推閻錫山爲盟主，一持河北、山西道上，太原、晉祠之間，冠蓋雲集，各方使者絡繹不絕，凡歷年來不滿意中央之軍人政客，或親自北上，或派代表與閻接洽，居然成爲全國軍政

---

❷ 同註四四，第二輯，卷二，頁一—二。

中心人物❸。閻特派鄒魯至瀋陽説服張學良，相約合作，得張氏首肯，閻以無後顧之憂，乃公開向政府挑釁❹。

蔣主席對閻氏異動早有所聞，一面派趙戴文至晉勸説，一面於二月九日致電閻氏，瀝陳黨國之危險，慎擇「救國之事，與禍國之罪。」彼此要「一心一德，貫徹始終。」❺十日，閻氏竟以禮讓為國為理由，電約蔣主席同時下野，略曰：

滬粵分裂，三全異議，各執一端，禍亂相尋不息，言之慨然。為今之計，禮讓為國，舍此莫由！山竊願追隨鈞座，共息仔肩。黨事決諸黨員，完成整個之黨，自此以後，黨事國事完全實行黨的決議，如有跋扈軍人違抗國家命令者，仍由鈞座以黨國元勳之資格負責糾正。……且禮讓為國為黃胄民族固有之精神，在野負責為救國惟一之途徑。鈞座以仁讓風全國，豈特樹黨國億萬年太平之基，亦可導億萬人禮讓之路。❻

二月十二日，蔣主席覆電答以革命救國事業乃屬義務，而非權利，不能為個人利害計

❸ 馮玉祥傳，下册，頁三三九。
❹ 鄒魯，回顧錄，下册，頁三三二一三三三。
❺ 國民革命軍戰史初稿，第二輯，卷二，頁四六。
❻ 同前註，頁四七一四八。

放棄革命之責任❼。而閻氏於十三日來電竟又多加責難。十五日立法院長湖漢民、行政院長譚延闓、司法院長王寵惠，聯名對閻氏來電加以駁斥，切勸閻氏勿爲汪兆銘等所利用。吳敬恆亦電閻氏曉以大義，對閻氏所指國民黨第三次全國代表大會代表人選多屬指派一節解說甚詳❽。其後雙方電辯不已。二十日，中央宣傳部特發表「告同胞書」，說明中央對時局之態度，如有稱兵作亂者，當以武力討平之。二月二十一日，汪兆銘亦發出通電攻擊中央。二十三日，閻氏竟聯馮玉祥、李宗仁、白崇禧等四十五將領，通電反抗政府，並下動員令，對政府軍發動全面攻勢。二十六日， 蔣主席復予閻氏以最後之忠告，戒其懸崖勒馬，維持和平，而閻氏仍執迷不悟。

三月一日，中國國民黨三屆三中全會在南京開幕，議決查明真象，武力制裁。同日，蔣主席電告第三集團軍各將領：「認清是非、力持正義。」共促閻氏及早自拔❾。五日，閻氏聲明偕馮玉祥出國以明初志，而暗中佈置更亟。乃釋放馮玉祥歸陝西，贈現洋八十萬元，手提機關槍二千挺；派兵接收北平、天津中央各機關，查封政府報紙，收繳政府軍軍械。十五日，叛軍鹿鍾麟等五十七將領，通電擁護閻錫山爲「陸海空軍總司令」，馮玉祥、李宗仁、張學良爲副司令，（按：張學良曾於三月一日致電政府，以調人自居，二十二日致電政府，對鹿

❼ 同前註，頁四八—五〇。
❽ 卅年動亂中國，上冊，頁一五四—一五五。
❾ 國民革命軍戰史初稿，第二輯，卷二，頁六五—六六。

鍾麟等通電一無所知。）蔣主席既謀求和平絶望，痛心國是，曾有引退之想，其三月十九日日記記曰：

當此反動派聯合倒我，而我乃回里，必予反動派以造謠機會。實則我心目中本無敵人，蓋吾所信者爲主義。與主義背馳者，其足爲吾敵哉⑩！

四月一日，閻錫山通電就任「中華民國軍海陸空軍總司令」職，略曰：「軍民堅留環請，即組海陸空軍總司令部，以張撻伐。茲不得已，從黨員之催促，徇軍民之請求，謹於一日就職，統率各軍，陳師中原，以救黨國。今後如尚有挾黨部以作威福者，全國人民將起而討之。願我國人共起圖之，錫山必盡力以赴之。」⑪政府不得已於四月五日下令通緝閻錫山，調集兵力應付，所謂民國以來最大之慘劇「中原大戰」，遂以爆發。

自民國十九年二月十日閻錫山公開啓釁，至五月十一日戰事發生，閻錫山調兵遣將，日不暇給，合計叛軍總兵力約七十萬人，馬一萬二千匹，長短槍三十七萬枝，大小砲一千八百門，機關槍三千挺，刀矛二十萬柄，另有鐵甲車飛機助戰⑫。閻錫山設司令部於太原，任劉驥爲總參謀長，以李宗仁爲第一方面軍總司令，由廣西分向湘、粵進攻，以廣州爲目標。鹿

---

⑩ 蔣總統秘錄，第七册，頁一五五。
⑪ 卅年動亂中國，上册，頁一六〇。
⑫ 國民革命軍戰史初稿，第二輯，卷二，頁二一五。

鍾麟爲第二方面軍總司令，向河南進攻，主力集中鄭州，或南攻信陽襲南陽，減沿隴海路東犯徐州。以徐永昌爲第三方面軍總司令，控制北平、天津、保定、石家莊各地爲總預備隊，分兵出擊魯西、皖北、津浦路北段，及其左右地區。以石友三爲第四方面軍總司令，由豫東侵魯，北向濟寧。以樊鍾秀爲第八方面軍總司令，固守臨穎、許昌。其他萬選才部向碭山，孫殿英部向宿州。如張學良、何鍵、劉文輝響應，擬任爲第五、六、七等方面軍司令⑬。

政府爲應付非常事變，動員兵力高達百萬，由　蔣主席自兼討逆軍總司令，委朱培德爲參謀長，韓復榘爲第一軍團總指揮，由河南退守魯西之線。劉峙爲第二軍團總指揮，防禦蘇北徐州、碭山一帶。何成濬爲第三軍團總指揮，佈署平漢線許昌附近。陳調元爲預備軍團總指揮，擔任黃河南岸各軍之支援。並派何應欽爲武漢行營主任，主持湘、鄂軍事⑭。五月一日，　蔣主席以陸海空軍總司令名義，發佈討逆命令，限各軍十日以前完成準備，十一日開始總攻擊，於是展開中國近代史上空前之大內戰。

(二)　豫皖之爭奪戰

民國十九年三月十一日，馮玉祥抵潼關，編隴海路沿線所部爲三軍團，以鹿鍾麟爲前敵總司令，孫良誠爲第一軍團司令，劉郁芬爲第二軍團司令，宋哲元爲第三軍團司令，合力東犯。十七日下動員令，二十日叛軍石友三、孫殿英部陷歸德，三十日叛軍萬選才部陷開封。

---

⑬ 同前註，頁八。

⑭ 參照潘公展「十年來的中國統一運動」，載「十年來的中國」，頁一二—一三。

四月底，馮玉祥設司令部於洛陽西工，以孫殿英部爲先鋒，南陷亳州，進而威脅蚌埠、徐州。五月一日，閻錫山、馮玉祥會於豫北安陽，計畫對政府軍發動全面攻勢。

四月九日，蔣主席抵徐州指揮軍事，二十四日復在漢口召開軍事會議。五月九日，蔣主席乘行營列車由津浦路北上督師，十一日各線開始總攻擊。十二日，國軍第二軍團劉峙部，以第三師爲先鋒，在空軍、戰車掩護下，自徐州沿隴海路西攻，十三日克馬牧集，十六日圍商邱，十八日收復之。叛軍萬選才部悉被繳械，遂於六月一日逼蘭封，以叛軍兵力大增，而南路李宗仁、張發奎部叛軍侵入湖南，孫殿英堅守亳州，合馮、閻騎兵，騷擾國軍後路，國軍犧牲大，雙方遂成對峙之局。

六月十八日，蔣主席行營列車推進至商邱以西之柳河車站，隨車武裝力量不及三百人。是夜叛軍馮玉祥部鄭大章軍騎兵掩至，焚毀商邱機場飛機八架，有便衣騎兵五百餘人，竄至行營列車附近。蔣主席臨危不懼，坐鎮藍鋼皮車廂內，從容指揮，苦戰兩時餘，值中央軍校高級班學員一百餘人，自馬牧集開赴前線，準備分發參加戰鬥，與叛軍遭遇，叛軍深夜不知虛實，不敢久戰，乃穿越鐵路，向山東方向逃竄。是役國軍傷亡百餘人，叛軍遺留馬屍百餘匹，死傷不詳⑮。事後七月十五日蔣主席日記記曰：

當此之時，唯有忍守鎮靜，維繫軍心，以待其定，而期有濟。若至萬不得已，惟有一

---

⑮ 周開慶，編遣會議與中原大戰，（民國六十七年九月，四川文獻社經售），頁一五—十八。

死以殉黨國；否則後退一步，革命大業全歸烏有，將成為民族千古罪人矣！⑯

是為勝敗關鍵之所繫，而 蔣主席之決心和定力實為制勝疆場之先決條件。

國軍圍亳州久，空軍連日轟炸，城外防禦工事盡燬，偽安徽省主席孫殿英固守不下，叛軍孫連仲部騎兵來援，已近城下，疑孫殿英已向中央輸誠，乃向北趨。七月二十一日，國軍卒克亳州，叛軍前線遂失去憑藉。八月底，閻錫山命第十五軍長劉茂恩率部開赴豫東前線增援擔任寧陵、睢縣一帶防務。劉氏承其兄第十一路總指揮劉鎮華命，早與中央通款曲，派其政訓處長韋品方，間關謁 蔣主席請示機宜。乘判軍不備，扣留偽河南省政府主席萬選才，突襲晉軍楊效歐、關福安、孫楚等部，叛軍腹背受敵，全線崩潰⑰。加以津浦線國軍已克復濟南（詳下文「晉軍潰敗山東」），叛軍士氣沮喪，國軍遂於九月二十八日克蘭封，孫良誠、宋哲元等，乃向西北退卻。

總計是役，自五月十二日國軍進攻馬牧集之戰開始，至八月下旬寧陵會戰結束，時近四月，雙方使用兵力達六十萬人，傷亡約二十萬人，極陣地戰之慘烈，盡戰略戰術之運用，而對峙於蘭封、杞縣溝壕之戰者甚久，是為國軍討逆戰爭全盤勝利契機⑱。

---

⑯ 同前註，頁一七。

⑰ 劉書霖（茂恩）先生事略，載「中原文獻」第九卷第六期，民國六十六年六月出版。

⑱ 國民革命軍戰史初稿，第二輯，卷二，頁一三三—五六〇。

國軍第三軍團何成濬部，以殲滅平漢線南段叛軍，會師鄭州為目的。五月中主力集中周家口、郾城、南陽、襄陽一線，分兩翼前進，與叛軍龐炳勛、吉鴻昌、張維璽、孫良誠、張自忠、馮治安、宋哲元、樊鍾秀、劉桂堂、劉汝明等部連日激戰。六月六日，樊鍾秀被國軍空軍炸斃於許昌城下，叛軍士氣一挫。六月七日國軍克許昌，因戰局重心移至豫東、皖北，雙方形成對峙局面⑲。

九月十八日，東北軍進關（詳下文「平定河北與肅清陝西」），叛軍士氣大挫。十月初，國軍在河南前線發動全面攻勢，十月三日克開封，叛軍將領吉鴻昌，受馮玉祥舊部李鳴鐘勸說，首先輸誠，梁冠英、張相印等繼之，叛軍全軍因之崩潰。馮玉祥棄軍由鄭州渡河，挈少數衛隊，取道新鄉，經焦作，復入山西，鄭州遂於十月六日被國軍所收復。其時駐紮豫北之孫連仲、張維璽等部猶欲隨之，馮以大勢已去，轉令其投歸中央。馮氏寄居汾陽，政府體念其革命之前功，仍予以寬厚之禮遇⑳。

十月十五日，馮部將領鹿鍾麟、宋哲元等，發表通電，宣佈「遵令撤防」，並聲明：「軍事善後如何妥籌收束，謹當靜候公平措置。」叛軍先後被政府收編者十餘萬人。鹿鍾麟、劉郁芬等通電下野，宋哲元率殘部渡河至晉南者約三、四萬人㉑。十月二十三日，政府任命李鳴

⑲ 同前註，第二輯，卷三，頁五六一—六八四。

⑳ 馮玉祥傳，下册，頁三四四—三四五。

㉑ 劉汝明回憶錄，臺北，傳記文學出版社，（民國五十八年八月出版），頁一二〇。

鐘爲豫、皖、鄂三省邊防清鄉督辦，張之江爲江蘇清鄉督辦。民國二十年元月，政府改編宋哲元部，初任爲第三軍長。六月，再改編所部爲第二十九軍，以宋哲元、劉汝明爲正副軍長。

(三) 桂軍挫於湖南

叛軍第一方面軍總司令李宗仁，以白崇禧爲前敵總指揮，合第四軍長張發奎、第七軍長李宗仁（兼）、第八軍長周斕、第十五軍長楊勝輝等部，約三萬人，於五月上旬秘密部署完畢，集中湘南永明一帶。任黃紹竑爲預備隊總指揮，留守廣西，防廣東國軍第八路軍陳濟棠部之襲其後路。十五日叛軍分道向永州、白水猛攻，與國軍第四路軍何鍵所指揮之第十五、十六、十九等師及獨立第七旅，展開激戰。叛軍勢大，五月二十七日陷衡陽、寶慶，六月三日陷長沙。由於湘軍唐生明所部第八軍響應叛軍，六月八日，岳州、平江復陷。國軍第四路軍以兵力分散，自株州、醴陵向後退卻，一時武漢震動，大局頗爲嚴重㉒。

時武漢空虛，駐兵僅數團，武漢行營主任何應欽設計惑敵，命駐軍夜乘兵車北向，次晨原車開回，列隊穿市區，叛軍情報不實，誤以援軍大至㉓。加以李宗仁、張發奎對湖南省政府主席人選發生爭執，乃遲疑不進，予國軍以可乘之機㉔。

㉒ 國民革命軍戰史初稿，第二輯，卷三，頁七三七—七四二。
㉓ 國軍將領胡璉口述。
㉔ 蔣總統傳，上冊，頁一五四。

武漢行營主任何應欽，爲應付劇變，命國軍第六路軍朱紹良部第五十師於五月二十九日，由廣州乘輪北運，六月十日到達武漢，第八師繼至南京待命。復命第八路軍陳濟棠部，於五月二十七日由韶關、樂昌向郴州集中，六月二日到達，陳濟棠且親至樂昌督師。十二日陳部蔡廷鍇、蔣光鼐師已攻抵衡陽附近，李宗仁、張發奎聞後路被襲，引兵還救，國軍海軍艦隊乃於六月十四日收復岳州。十七日第四路軍藉海軍掩護，收復長沙。二十五日後，叛軍在衡陽洪橋地方與第八路軍主力發生鏖戰，叛軍第七軍師長梁重熙、第四軍副師長李漢炯皆戰死，國軍第八路軍旅長張世德亦不幸中彈陣亡。叛軍傷亡慘重，潰不成軍，向南回竄零陵，是爲大局之轉捩點㉕。

六月底，國軍第四路軍退蹤追至零陵，至七月一日，叛軍全線崩潰，被俘二千餘，獲槍千餘枝，砲兩門。七月五日後，叛軍陸續取道全州退回廣西，精銳盡失，勢難再舉，其與閻錫山、馮玉祥會師中原之計畫完全失敗。國軍第四路軍亟需分兵綏靖地方，第八路軍除蔣光鼐、蔡廷鍇兩師集中漢口，轉調津浦線作戰外，（詳下文「晉軍潰敗山東」），其餘久戰之餘，有待補充休息，致未能進攻廣西，掃蕩殘敵㉖。

㈣　晉軍潰敗山東

㉕　參照，陳濟棠自傳稿，頁三九。

㉖　參照國民革命軍戰史初稿，第二輯，卷三，頁七四七—七七三。卅年動亂中國，上冊，頁一六一。

中原大戰既起，閻錫山本擬親自主持津浦路戰事，以傅作義於民國十六年十月至十七年二月，涿州之戰，與奉軍將領張學良有交誼，乃以傅氏任其事。傅氏曾向控制東北四省之張學良借到列車一百輛，以爲運兵之用。山西名將張蔭梧、王靖國等，均率所部至德州前線作戰，統歸傅氏所指揮㉗。國軍以第一軍團韓復榘部當正面之敵，下轄韓復榘所兼之第三路軍，馬鴻逵之第十五路軍，范熙績之第二十六路軍，劉珍年之獨立第二十一師，及鐵甲車四列，航空隊二隊，沿滕縣、金鄉、城武、曹縣、東明、長垣、新鄉佈署陣地，迎擊叛軍㉘。

叛軍僞山東省政府主席石友三當西路，於五月初自長垣、封邱強渡黃河，佔領東明、考城，進迫荷澤，與國軍第二十六軍爭奪於曹縣、鉅野一帶。東路傅作義、李生達所部叛軍，則沿津浦鐵路及其兩側南下，五月四日陷平原、禹城，六月初逼近黃河北岸。六月二十四日自青城偷渡黃河，二十五日陷濟南，分兵兩路：一路沿津浦線南犯，連陷肥城、泰安，與國軍第十五路軍激戰於泰安、兗州之間。七月初，叛軍進圍曲阜，城中落彈纍纍，勢甚危急。另路叛軍沿膠濟路東犯，國軍第三路軍被迫退至周村、濰縣一帶。

七月下旬，湖南討逆戰事告一段落，隴海、平漢兩路戰事國軍已取得決定性勝利，蔣主席乃調兩戰場國軍主力北上增援。以六十師蔡廷鍇、六十一師蔣光鼐增援津浦路正面，第五十三師李韞珩增援膠濟路沿線。七月二十八日，第二集團軍總指揮劉峙，集各軍師長於兗

㉗ 陳公博，苦笑錄，（香港，香港大學亞洲研究中心，一九八〇年二月出版），頁二三二。

㉘ 國民革命軍戰史初稿，第二輯，卷三，頁六八五—六八七。

州，決定即晚佯攻，三十一日夜全面行動。時連日大雨，道路泥濘，車輛運轉十分困難。蔣主席親蒞前線督師，士氣爲之大振，八月六日克泰安，八月十二日擊潰叛軍主力於長清，俘虜萬餘人，獲步槍萬餘枝，傅作義、李生達等僅以身免㉙。政府論功，以蔡廷鍇、蔣光鼐兩師合編爲第十九路軍，任蔣光鼐爲總指揮，蔡廷鍇爲軍長。

或謂晉軍官兵多染有海洛英嗜好，身懷香煙，以海洛英置於香煙尖端，仰天吸食，名曰「衝天砲」；適逢大雨多日，官兵在戰壕無掩蓋，不特「衝天砲」無法使用，即其所懷之海洛英亦潮濕殆盡，不堪吸食，官兵精神困憊欲死，喪失戰鬥能力，一遇國軍反攻，唯有後退之一途；否則將遭全軍覆没㉚。是亦國軍獲致勝利之一因素。

八月十三日，天氣放晴，國軍以六十一師爲先鋒，向濟南追擊前進，十五日下午二時克復濟南。叛軍望風北遁，以黃河鐵橋已被破壞，中塞列車數十輛，無法通過，黃河南岸船隻均被扣留北岸，叛軍幾全被俘，獲步槍三萬餘枝，大砲二百三十門，飛機三架，輜重彈藥甚多㉛。時值河水氾濫，少數渡河北逃叛軍，秩序大亂，溺斃者甚多㉜，造成討逆戰爭決定之勝利。

國軍第三路軍韓復榘部，以一部固守濰縣，主力於七月底退至濰河以東，堅守高密一帶

㉙ 同前註，頁七七五。
㉚ 同前註，頁八一八—八四九頁。
㉛ 卅年動亂中國，頁一六〇—一六二。
㉜ 國民革命軍戰史初稿，第二輯，卷三，頁八五〇—八五六。

陣地。八月三日，援軍李韞珩師自青島登陸，合第三路軍九日渡河向濰縣、安邱追擊前進。時津浦線叛軍已經崩潰，膠濟線叛軍爲之動搖，乃向北撤退。十七日，國軍克周村，是晚韓復榘抵濟南，與第二軍團總指揮劉峙，會商渡河追擊辦法㉝。

石友三則於晉軍潰敗後，不受閻錫山約束，將所部撤至豫北新鄉屯紮㉞。聞東北軍進關，通電服從政府。政府不究既往，仍任其爲第十三路軍總指揮，駐紮河北順德，歸張學良所節制。閻錫山以傅作義代理僞山東省政府主席，收集潰兵於滄州。國軍第二軍團乃轉用於隴海路沿線，第一軍團乘機綏靖地方。九月下旬，與東北軍相呼應，收復黃河北岸各地㉟。

(五) 平定河北與肅清陝西

當中原大戰方酣之際，東北邊防軍司令長官張學良，作壁上觀，一時爲時局推重之關鍵人物，政府與叛軍代表絡繹於途。政府派代表吳鐵城、張群、李煜瀛、宋子文等前往曉以大義，閻錫山派鄒魯、賈景德、薛篤弼、孔繁蔚、覃振等亦至游說。吳鐵城等善言談，潛移默化，出手大方，餽贈張學良甚厚㊱。鄒魯等則相形見絀，雖三千元開支，必請示閻錫山批准，

㉝ 蔣總統傳，上册，頁一五四—一五五。
㉞ 國民革命軍戰史初稿，第二輯，卷三，頁八五六—八七二。
㉟ 苦笑錄，頁二三六。
㊱ 國民革命軍戰史初稿，第二輯，卷三，頁八七八。

始能匯款接濟。❸⓻ 加以張學良對民國十四年馮、奉戰爭，及馮玉祥煽動郭松齡之倒戈，舊恨仍在；況政府名正言順，而隴海、津浦兩路叛軍已經敗衄，張學良顧全大局，乃於九月十七日發佈進兵關內動員令，以于學忠統第一軍，王樹常統第二軍，胡毓坤統第三軍，張煥相爲前敵總司令，十八日分隊入關。[38] 同日張氏致南京中央黨部、國民政府電，略曰：

學良委身黨國，素以愛護民衆維持統一爲懷，不忍見各地同胞再罹慘劫。……凡我袍澤均宜靜候中央措置，海內賢達不妨各抒偉見，共謀長治久安之策。學良如有所得，亦必隨時獻納，藉供採擇。衆志成城，時艱共濟，庶人民生活得免流離之苦，國際地位可無墮落之虞。[39]

東北軍第一軍本駐灤州，乃沿北寧路前進。事前通告晉軍，讓出防地，以避免衝突，晉軍乃不作抵抗，先期撤退[40]。九月二十一日，東北軍第一軍董英斌旅接收天津，二十三日接收北平。董部沿平綏線前進，劉乃昌、白鳳文等旅，則沿平漢線向高碑店、保定追擊[41]。第

[37] 苦笑錄，頁二三六。
[38] 馮玉祥傳，下册，頁三四三。
[39] 國聞週報，第七卷，第三七期，一週間國內外大事述評，民國十九年九月二十二日出版。
[40] 國民革命軍戰史初稿，第二輯，卷二，頁七四。
[41] 苦笑錄，頁二三六。

二軍李福和等旅，則沿津浦線南下，佔領滄州，所有河北境內叛軍，相繼退入晉省[42]。二十七日，政府任命王樹常爲河北省政府主席，于學忠爲平津衛戍司令。

先是十月六日，國軍既克鄭州，大軍雲集。七日，　蔣主席由開封進駐，指揮各軍分道追擊叛軍馮玉祥殘部，九日黃河以南殘敵完全肅清，乃委何應欽爲行營主任，主持河南軍事善後。以楊虎城所部第七軍爲「拯陝軍」，以蔣鼎文所部（第六、九、十各師）爲「拯隴軍」，分任司令官，向洛陽、潼關追擊前進。十月七日克洛陽，十日克新安，二十五日克潼關，宋哲元率殘部渡河入晉（已詳前述）。二十八日，國軍先頭部隊抵達西安城郊，西安城防司令陳玉耀表示願和平讓地，地方士紳亦組和平委員會前來迎接，國軍遂於二十九日接防西安。九月二日，楊虎城令陝西參加討逆各軍停止軍事行動，各就現地集結整頓[43]。

山西叛軍徐永昌、孫楚等殘部約二萬人駐潞安，張蔭梧、傅作義等殘部約二萬人駐娘子關，張會詔等殘部約五千人駐大同，均聽命中央改編。十月十三日，　蔣主席爲戡平叛亂召告國人曰：

> 自桂系倡亂以及最近閻、馮之叛變，此仆彼起，接踵相屬，囂囂擾攘，亘時兩載，政府不得不戡亂以止亂，國民乃不得不犧牲代價以求和平。幸大義已深入人心，將士皆

---

[42] 國民革命軍戰史初稿，第二輯，卷三，頁一二〇五—一二〇六。

[43] 同前註，頁一二〇六—一二一一。

奮勇而効命，空前變亂卒告平除，海宇再一祥和重見。……

中正認爲目前第一要義爲鞏固國家之統一，故一切可置以寬大，而破壞統一之事不可恕。一切可容忍，而危害國本之漸不可啓。中正夙昔所懷者如此，今後所秉以努力黨國者，亦仍不外乎此。」㊹

遲至十一月四日，閻錫山、馮玉祥始通電聲明「釋權歸田」。略曰：

原擬俟主張貫澈，再行引退。今者撤兵河北，損失及半，若再欲以戰爭求達目的，已屬不可能。錫山等亦不欲再用武力，致使地方糜爛，苦我民衆。茲將冀、察、綏、甘、寧、青等省政治，交與各該省府，軍隊交與各該總司令，整理結束，以善其後。錫山、玉祥即日釋權歸田，藉遂初服。㊺

閻錫山經天津化裝逃往大連，馮玉祥匿居汾陽玉帶河附近中山，「每日刻苦讀書寫字」，而野心未斂㊻。

㊹ 同前註，頁七九—八二。
㊺ 國聞週報，第七卷，第四十七期，民國十九年十月二十七日出版。
㊻ 李雲漢，宋哲元與七七抗戰，頁二〇，（臺北：傳記文學出版社，民國六十二年九月出版）。

此次戰役，自民國十九年五月起，至十月底止，時間延長六個月，戰線廣達數千里，叛軍動員兵力約六十萬，政府動員兵力超過百萬。結果叛軍半數輸誠，死傷在十五萬以上；國軍死傷約九萬人。（一說雙方死傷四十餘萬，一說七十萬，疑誇張。）47 戰場破壞之慘烈，目不忍覩，人民生命財產之損失，難以數計。誠民國以來最大最惡之戰爭，不特四大集團軍一一瓦解，政府實力亦大損失，安內接外之憑藉爲之削弱。

三、北平擴大會議

(一) 擴大會議之由來

擴大會議之醞釀，自民國十八秋馮玉祥在河南叛變時即已開始，以汪兆銘爲首之改組派人物爲之倡導，部份西山會議派附和之。主張團結國民黨所有新舊勢力，冶爲一爐，「改造黨務」，重新創制立法，組織中央黨部，「實行訓政建國工作」。以馮軍迅即失敗，故無所成。及馮氏下野潛赴晉省依閻錫山，被閻氏所羈留，此一運動乃由河南移至平、津一帶閻氏勢力範圍內，進行更趨積極。及十九年二月十日閻氏公開背叛政府，改組派二屆中委陳公博、王法勤，及西山派二屆中委謝持、鄒魯、傅汝霖等，乃先後自香港北上，聯絡閻氏。陳公博、王

---

47 蔣總統傳，上冊，頁一五六。

法勤於於三月三十日由天津赴北平，即晚轉道平漢、正太鐵路赴太原，晤閻錫山❶。鄒魯、謝持、傅汝霖遲至四月十一日始抵晉，即與陳、王等會商黨務問題。

陳公博、王法勤等，秉承汪兆銘主張，只承認民國十五年一月中國國民黨第二次全國代表大會在廣州選出之二屆中委爲正統，否認民國十五年三月西山派在上海選出二屆中委之地位，招致西山派之不滿，兩派爲黨統問題而發生爭執。陳公博認爲：「解決黨只有兩條大路：一條大路是維持黨統，一條大路是從新幹過。」「要談黨統，則不能不確認十五年來領導全國革命的二屆中委。」（按：指廣東所選出者）❷鄒魯則表示：「黨統早已破碎，爲事實計，非團結整個之黨，不足以救黨；而欲團結整個之黨，衹有就一屆，或粵滬兩個二屆，或合各方各屆之執監委員，組織一種委員會，以執行黨之職務最爲適當。」❸陳公博在太原停留二十日，復經北平返天津，再與覃振等相會，覃卻主張：「現在要成立一中央幹部委員會，凡係一、二、三屆革命份子一致參加，但並不根據三屆合一之名義，將來一切黨政問題，均取決於中央幹部會。」❹雙方仍相持不下。

四月二十二日，閻錫山派賈景德偕陳公博赴鄭州晤馮玉祥，徵詢擴大會議意見。五月四日陳偕馮氏代表赴津與覃振洽商，始有轉機。乃撇開「法統」不談，專從「非常」二字著眼。

---

❶ 國聞週報，第七卷，第十一期，一週間國內外大事述詳，民國十九年三月三十一日出版。
❷ 陳公博：護黨救國集，出版時地不詳，頁二五—二六。
❸ 鄒魯：澄廬文集，（民國二十三年廣州出版），第二集，頁一二九—一四一。
❹ 國聞週報，第七卷，第十一期，一週間國內外大事述詳，民國十九年四月七日出版。

五月五日，汪兆銘來電贊同，並將起草之宣言寄津。於是覃振、王法勤、陳公博、傅汝霖、白雲梯、茅祖權等，在北平什刹海會賢堂聚議，討論汪兆銘所擬宣言稿，俱無異辭。十九日鄒魯偕趙丕廉返平，亦表贊同。於是改組派在北平組織「各省市黨部代表聯合會」，公開活動；西山派則以「孫文主義同志會」爲旗號，網羅一切黨人，彼此一致主張聯合第一、二屆國民黨中央執監委員，共組臨時中央黨部，另行召集「全國第三次代表大會」，選舉第三屆中央委員，以否定南京已舉行之第三屆全國代表大會，而將過去粵滬、寧漢之爭黨統問題一筆勾消，不留痕跡❺。遂由葉琪持閻錫山函，往香港迎汪兆銘北上。

六月一日，汪兆銘忽在香港發表通電，再度强調廣州二屆中委爲合法，復引起西山派鄒魯、謝持等之不滿，並於六月五日發電駁斥，黨統問題一時再陷僵局。後由閻、馮調停，決定其辦法：共同發表聯合宣言，另由廣州二屆中委發表擴大會議宣言，上海二屆中委發表贊成宣言，署名同爲「中國國民黨第二屆中央執行委員會」；始獲得雙方諒解，汪兆銘方於七月二十三日取道日本抵北平，參加「擴大會議」，其吵嚷與不協於此可見。

(二) 擴大會議之經過

民國十九年七月十三日下午二時，「擴大會議」在北平中海之懷仁堂舉行成立典禮，出席委員陳公博、王法勤、白雲梯、潘雲超、覃振、鄒魯、謝持、傅汝霖、張知本、趙丕廉十人，

---

❺ 卅年動亂中國，上册，頁一六二—一六三。

其他委員或在前線（如閻錫山、馮玉祥、李宗仁），或在海外未及趕到參加（如鄧澤如、汪兆銘、陳璧君、顧孟餘等），多由代表出席，署名者凡三十人，包括廣州一、二兩屆中委，及上海二屆中委。另有北平市、河北省黨政軍憲警各機關，各民衆團體代表百餘人，中外記者六、七十人。由王法勤擔任臨時主席，其成立宣言，歪曲事實，極盡詆毀 蔣主席及政府之能事。略曰：

本黨組織爲民主集權制，某則變爲個人獨裁，僞三全代表大會指派圈定之代表，數在百分之八十以上。本黨政治在扶植民主政治，某則托名訓政，以行專制，人民公私權利，剝奪無餘。甚至生命財產自由，亦無保障，國亦不國，去歲以來分崩離析之禍，皆由此釀成也。某不惟不怍，且方以摧殘異己，屠殺無辜爲快心之具。同人等痛心疾首，務以整個之黨返之同志，統一之國還之國民，在最短期間，必依法召集本黨第三次全國代表大會，解除過去之糾紛，掃蕩現在之障礙，使本黨之主義與政策得以實現。同時並根據總理十三年十一月北上宣言，召開國民會議，使人民迫切之要求得以充分實現，而本黨爲人民謀解放之主義與政策，得以在會議中與人民合爲一體。❻

乃推定汪兆銘、趙戴文、許崇智、謝持、王法勤、柏文蔚、茅祖權七人爲常務委員，下

---

❻ 國聞週報，第七卷，第二十八期，民國十九年七月二十八日出版。

設組織、宣導、民訓三會，民族、海外兩部❼。七月二十三日，汪兆銘抵北平後，二十四日約集謝持、鄒魯、陳公博、傅汝霖等，交換組織政府、民衆運動等問題，意見逐漸一致。並接見張學良駐北平代表危道豐，相談歡洽。二十八日上午十時，在汪氏主持下，假懷仁堂舉行「擴大會議」談話會，議決七項基本原則：

一、籌備會議，以各種職業團體爲構成分子。

二、按照建國大綱，制定一種基本大法（其名稱用約法或憲法再定），確定政府機關之組織，及人民公私權利之保障，此基本大法應由國民會議公決之。

三、民衆運動與組織，應按照建國大綱，由地方自治做起，嚴防共產黨激起階級鬥爭之禍端。

四、各級黨部對於政府及政治，立於指導監督地位，不直接干涉政務。

五、不以黨部代替民意機關。

六、總理遺教所謂以黨治國，乃以黨義治國，集中人才，收群策群力之效。

七、關於中央與地方關係，照建國大綱，採均權制度，不偏於中央集權，或地方分權❽。

---

❼ 卅年動亂中國，上册，頁一六四。

❽ 同前註，頁一六五。

七月三十日，「擴大會議」改在中山行館舉行，由汪兆銘任主席。是時津浦、隴海沿線戰事膠著，華南方面因陳濟棠所部粵軍入湘，李宗仁、張發奎潰退廣西，而共黨趁機擾亂湘、鄂、贛三省，並於七月二十八日陷長沙（詳本文第五項），爲收拾人心計，乃推汪兆銘起草宣言，誣指國民政府不救長沙之非計。

八月四日，汪兆銘特至石家莊晤閻錫山，交換組織政府大政方針。八月七日上午，舉行擴大會議第一次會議，主要討論，黨務方面：黨員重新登記，恢復各省市黨部，籌備第三次全國代表大會。政治方面：擬俟黨務處理完善後，再行建立政府。會八月十五日晉軍退出濟南，咸主提前成立政府以振奮人心。以顧慮東北張學良態度，初派郭泰祺、賈景德、薛篤弼等前往致意，繼命覃振、陳公博從事游說。張氏時避暑北戴河坐以觀變，乃虛與委蛇，不肯作正面答覆。覃、陳等誤認張氏決不致爲政府之助，乃於二十六日返平覆命❾。其時政府代表吳鐵城、張群等亦在北戴河與張學良有所密談，於覃振、陳公博離開後，仍滯留多日。張學良既決定服從政府（已詳前述），乃於八月三十回瀋陽，召集東北各省軍政要人會議，將對叛軍採取行動，而「擴大會議」尚瞶然不知。

八月二十九日，覃振、傅汝霖等赴太原，與閻錫山商討組織政府問題，汪兆銘、鄒魯、陳公博、冀貢泉等則留北平，起草「國民政府組織大綱」。九月一日上午九時，汪兆銘在中山行館主持「擴大會議」第五次大會，通過「國民政府組織大綱」十六條，依其規定：國民政

❾ 苦笑錄，頁二三五—二三六。

府設委員會，由中央黨部推舉委員七人至十一人組織之，並推定一人爲主席。在國府之下設立內政、外交、財政、司法、陸軍、海軍、教育、交通、農礦、工商、國營實業等十一部，及中央監察院、軍事委員會、最高法院、法制委員會、官吏懲戒委員會、考試委員會、蒙藏委員會、僑務委員會等機構。與南京國民政府之遵循國父遺教，實行五種治權之五院制迴然不同。旋即推定閻錫山、唐紹儀、汪兆銘、馮玉祥、李宗仁、張學良、謝持爲國民政府委員，並推定閻錫山爲主席，通令全國，予以公佈[10]。

閻錫山於九月七日抵北平，發表「公平內政，均善外交」談話。九月九日上午九時，閻與汪兆銘、謝持舉行就職典禮於中海之懷仁堂。其所以選定九月九日者，以「九」與「久」諧音，將來即可名之「九九紀念日」。且又適值民國十九年，就職時間定爲上午九時，如此則湊爲四個九字[11]。（按：好事者謂四九合爲三十六，三十六計走爲上著，「擴大會議」之不能持久，早已定局。）閻就職登臺時，忽有中央飛機向清故宮三海投下炸彈，一枚正中中海懷仁當前湖中，衆大驚駭，亦爲不祥之兆[12]。

閻、汪、謝就職後，即電唐紹儀、馮玉祥、張學良、李宗仁各於所在地分別就職，僅馮玉祥於十一日電告在鄭州就職外，其他諸人均無表示。閻就職次日即趕赴前線指揮軍事，數

---

[10] 民國十九年九月二日，上海中央日報。
[11] 國聞週報，第七卷，第三十六期，中外大事評述，民國十九年九月二十二日出版。
[12] 馮玉祥傳，下册，頁三四一。

日後「擴大會議」依據閻、馮之推薦，復於十五日加推「第四方面軍總司令兼山東省政府主席」石友三、「第七方面軍總司令兼四川省政府主席」劉文輝爲國民政府委員。石一身反骨，毫無氣節之可言，劉則遠在四川，無關全局。名器濫授，步伐凌亂，規章盡失。

九月十八日，東北軍既入關，二十日汪兆銘等潛離北平，「擴大會議」委員及高級職員相繼赴太原，亦有逃避天津租界者，距北平僞政府成立僅十日，殆民國史上最短命之政府也。

(三) 太原約法

民國十九年九月二日下午六時，北平擴大會議舉行臨時會議，推定鄒魯、陳公博、白雲梯、黃復生、陳樹人起草「中國國民黨第三次全國代表大會組織法」及「籌備委員會組織條例」，互推汪兆銘、張知本、茅祖權、冀貢泉、陳公博、鄒魯、顧孟餘七人爲約法起草委員，另聘法學專家六人參加。迨東北軍入關，「擴大會議」委員及高級職員多乘車經石家莊轉赴太原，九月二十五日，在太原傅青主祠堂繼續開會。或因軍事失利灰心，或對約法本無興趣，陳公博則十有九次缺席⑬。唯鄒魯自始至終最爲認真⑭。

十月十八日，「擴大會議」議決通過「國民會議組織條例」十條，規定國民會議以現代實業團體、商會、教育會、大學、各省生聯合會、工會、農會、自由職業團體、婦女團體、陸

⑬ 苦笑錄，頁二四七。
⑭ 鄒魯，回顧錄，下册，頁三二六。

海空各軍、各政黨所直接選舉之代表組織之。惟各政黨均需經國民政府註冊，每黨有黨員五千人以上者得舉代表一人，十萬人以上者得舉代表五人。

自十月三日起，約法起草委員會每日開會，至十月二十七日止，三讀完成草案。全文八章，二百十一條，世稱「太原約法」。約法起草委員會並將約法草案提交「擴大會議」通過，即日公諸報端，並附以宣言，期以三月，徵求全國人民真實意見及正當批評。宣言中提出約法草案之基本精神，略曰：

> 草案全部以「建國大綱」爲綱領，而根據之以定條目。「建國大綱」注重於滿足人民之需要，訓導人民之智識能力，使之能自決自治。故草案於人民之自由權利義務一章，詳爲保障與規定，使能自動的完成個人之人格，而擔當國民之大任。「建國大綱」注重以縣爲自治單位，及中央與省之權限，採均權制度，故草案於國權及中央制度、地方制度諸章，悉準此旨以爲釐定。務期掃蕩十九年來軍人主政與割據地方之惡習，及使人民得有行使直接民權之根據。此外更依據總理遺教，見諸建國方略及第一次全國代表大會宣言者，訂爲教育、生計兩章，以期養成民德、民智、民力，而馴致於民生主義實行之域。⑮

---

⑮ 同前註，頁三二一五。

天津大公報曾刊登「太原約法」全文，並發表一篇社論，對「約法」加以評論。指出其優點有五：㈠對犯罪嫌疑人之國家賠償法，採各國取新法例，極合人權法理。㈡一切關於人民自由權利義務之規定，比較任何國家現行憲法爲周密。㈢許省制憲，爲集權分權之政爭消弭不少禍源。特許國家對各省之課稅，用法律加以限制或禁止。㈣一掃國軍私有之根蒂。㈤教育、生計兩章均見精彩，求諸現時德、俄憲章，未能有如是之細密⑯。是僅就約法本身而論，亦博得部分社會人士之同情。

十一月一日，汪兆銘、陳公博等離太原，化裝取道平綏路，經北平、天津皆不敢停留，南下逃避香港。十一月十三日，「擴大會議」各委員於發佈其對國是基本主張宣言後，離太原四散。其宣言略曰：

今日之事，不當斤斤於勝敗，而唯當求内戰原因拔而去之。不然則内戰之賡續無有已時，而國家之危亡，人民之憔瘁，遂終於不可救。……其一，召集國民會議，通過約法草案，於必要時先行頒佈約法，由國民會議追認之。其二，另行召集第三次全國代表大會。其三，於此有須注意者，約法能否實行，須視國民會議及全國代表大會之結果如何？而國民會議及全國代表大會之能否獲得良好結果，又須視其組織法而定。故國民黨必須依據總理當日宣言，以民衆團體由團員直接選出之代表爲構成分子，全國

---

⑯ 卅年動亂中國，上册，頁一六九—一七一。

代表大會必須依據總章，由黨員投票選出代表。⑰

鄒魯抵天津後，曾先後撰「解釋約法」、「約法說明」、「治亂之機」等文，送大公報發表，將「太原約法」內容分章加以解釋⑱。惟「擴大會議」雖失敗，但其主張召開國民會議，制定約法建議，則爲　蔣主席寬宏大度所接受。民國十九年十月三日，　蔣主席自開封軍次特致電南京中央黨部，建議提前召開第四次全國代表大會，以確定召開國民會議，頒佈憲法日期。略曰：

> 本黨於此可以徵詢全國公民之公意，準備以國家政權奉還於全國國民，使國民共同負責，以建設我三民主義之國家。其頒佈憲法日期，原已規定於訓政綱領中，應再提請國民會議正式決議，並請共同擔負籌備憲法起草會議之責。而憲法未頒佈以前，如須先制定一種臨時適用之約法，使訓政綱領所規定與第一次全國代表大會宣言中之政綱，亦能爲全國國民所了解，亦可由國民會議討論之。⑲

---

⑰ 同前註，頁一七五—一七七。

⑱ 回顧錄，下冊，頁三二六。

⑲ 引自卅年動亂中國，上冊，頁一七九—八〇。

此一提議內容，可說完全採納「擴大會議」之三項主張，旨在和平統一，消弭內亂，光明而正大。可惜此項極有見地、極具建設性之建議，卻爲立法院長胡漢民所激烈反對，引起黨內另一大政潮，是國民黨之不幸，亦國家之大不幸！

肆　訓政時期的政治統一運動（下）

一、約法之爭與寧粵對峙

㈠ 湯山事件

民國十九年十月三日，蔣主席爲容納叛軍「擴大會議」主張，在開封車站致電南京中央黨部、國民政府，建議提前召開第四次全國代表大會，以確定召開國民會議頒佈憲法日期，謀澈底消弭內亂，促成全國和平。而負黨國重任之立法院長胡漢民，則不以爲然，囑中央通訊社不得將原電對外發表，認爲應經中央黨部討論決定後，才可公開。消息傳至開封，蔣主席將原電送至上海各報刊出，胡氏深爲不快❶。十月六日，胡氏在立法院總理紀念週上，以「國家統一與國民會議之召集」爲題，表示意見，認爲國民會議在總理遺教上，並無制定

❶ 雷嘯岑，卅年動亂中國（香港，亞洲出版有限公司，一九五五年十二月出版），上册，頁一八一。

約法根據，召開國民會議之先決條件，須各地方脫離軍閥淫威和壓迫❷。於是開封、南京間，電報往還，互相詰責。同月二十七日，汪兆銘在太原以「約法之必要」爲題，發表非難黨治之言論。十一月一日，胡漢民以「和平」爲題，著文予以駁斥，指責汪氏爲「沒有廉恥，沒有貞操」，曾經煽動叛亂無恥的官僚政客❸。迨蔣主席由前線回到南京，爲約法問題曾與黨內各重要人物再三交換意見，大多數皆不置可否，惟有胡氏堅持反對態度。十一月十二日，中國國民黨三屆四中全會在南京開幕，會中討論召開國民會議及制定約法問題，胡氏與吳敬恆、李煜瀛等發生激列之爭論❹。 蔣主席鑒於黨政領袖意見之分歧，十二月初曾在廬山小住，嘗語人云：「不願回南京，離南京越遠越好，想到西北去。」❺其內心之苦悶於此可見。加以張學良任陸海空軍副總令，及奉系人物來中央任職問題，胡氏堅持己見，「守道不渝」，處亂世「正而不譎」，遂與 蔣主席發生觀念上之偏差。其時譚延闓已於去年逝世，中央缺乏疏導斡旋人物，情勢乃日漸惡化❻。

民國二十年一月五日，胡氏在立法院講述「遵依 總理遺教開國民會議」，不贊成立刻有

---

❷ 中央週報，第一二四期。

❸ 中央半月刊，第三卷，第一期，民國十九年十一月一日出版。

❹ 中國國民黨三屆四中全會速記錄，黨史委員會庫藏。

❺ 周佛海「盛衰閱盡話滄桑」，載「陳公博周佛海回憶錄合編」（香港，春秋出版社，一九七一年九月出版），頁二〇八。

❻ 參照蔣永敬，胡漢民先生年譜（黨史委員會，民國六十七年十一月出版），頁五〇三—五〇四。

約法或憲法，並反對由國民會議制定約法。認爲：「有約法而不能行，或行而枉之，祇於人民有害，不會於人民有益。」人民真正要求，「希望實行建設，減少些苛捐雜稅，摧毀軍閥暴力，努力把交通、農業、工商業等充分發展起來，使人民食、衣、住、行四大需要漸次解決，人民的希望便滿足了。」❼二月二十四日，胡漢民、戴傳賢、吳敬恒、張群等，在 蔣主席官邸討論約法問題，胡氏盡量發揮其意見，衆皆同意。蔣主席也表示：「祇有照胡先生的話去作，不要約法。」❽惟好事之徒，乘機造作蜚語，播弄是非，自不免增加雙方之猜忌。

二月二十八日，胡氏被軟禁於陸海空軍總司令部，翌日辭去本兼各職，移居南京近郊避暑勝地湯山。關於此事經過，胡氏所撰「革命過程中的幾件史實」，有極詳細之敘述，惟語多偏激，文嫌瑣碎。茲依張俶儔（香宇）之「胡展堂（漢民）先生別傳」，記其事曰：

> 二月二十六日，先生（按：指胡漢民）接到蔣總司令（按：蔣主席時兼陸海空軍總司令）請柬，邀在二十八日晚到總司令部晚餐。二十八日適爲星期六，立法院例會，討論銀行法案。由上午八時起，到下午八時止，還沒有完結，便宣告休會。休會後先生回到辦公室，辦理主要公務後，即坐汽車到總司令部。進門時，戴季陶（傳賢）、朱益之（培德）、吳稚暉（敬恒）、王亮疇（寵惠）、何敬之（應欽）、葉楚傖、劉蘆隱、陳果夫、陳立夫

---

❼胡漢民「革命過程中的幾件史實」，原刊美國舊金山少年中國晨報。

❽同前註。

等已在，旋由高凌百接了先生的呢帽及手杖，一面說請先生過那邊坐。一入室，只有首都警察廳長吳思豫靜靜的坐在那裏。先生便向正中一坐，高凌百、吳思豫在兩旁站著。未幾，蔣總司令出來，與先生晤談長久。嗣以政見不合，第二天（三月一日），先生便寫了一封信，只說因身體衰弱，所有黨務及政府職務概行辭去等語。另有一信云：『能往湯山亦好。』在這天九點鐘，由吳思豫、邵元沖陪往湯山。先生並告訴邵元沖，要求鄧眞德醫生來。鄧醫生來後，先生之女公子木蘭，亦由上海趕到。三月一日，吳稚暉、戴季陶來視先生，鄧醫生亦每日來。❾

三月二日，國民黨中央常務委員會舉行臨時會議，通過吳敬恆、蔡元培、丁淮汾、戴傳賢等十二委員，提議召開國民會議，制定約法案。並選舉林森爲立法院長，邵元沖爲國民政府委員兼立法院副院長，林森未回京前，由邵元沖代理院長。八日，胡漢民因精神困頓，由吳思豫、邵元沖陪同自湯山回雙龍巷寓邸。至七月十三日遷往香舖營孔祥熙住宅，直到十月十四日下午返居上海，爲時八個月又十四天之久❿。此一約法之爭，遂植下此後政治之若干動亂因子。

㈡ 廣州非常會議

胡漢民辭去立法院長後，海內外國民黨各級黨部，紛紛要求恢復胡氏職位，其中美國、

❾ 香宇「胡展堂先生別傳」，見香港「天文臺」，民國五十一年二月二十四日出版。
❿ 革命過程中的幾件史實。

加拿大、古巴、南洋、歐洲各地黨部主張尤力。留京粵籍要人除古應芬先行回廣州外，鐵道部長孫科、南京市長劉紀文，及其他負有黨政職務者，亦先後出京。或息影上海租界，或循海道南下。新當選立法院長林森並未就職，一時蟄居津、滬、港澳失意黨政領袖，如汪兆銘、唐生智、陳友仁、許崇智、鄒魯等，紛紛乘機活動。盤據廣西之李宗仁、白崇禧等，則與廣東當局棄嫌修好，暗中聯絡，政局爲之動盪不安⓫。

四月三十日，部分國民黨監察委員鄧澤如、古應芬、蕭佛成等忽由廣州發出彈劾 蔣主席通電，詞意蕪雜，然其主旨則在聲援胡漢民。惟所指斥民國以來政學系領袖楊永泰、章士釗、湯漪等之爲禍黨國，亦非盡屬子虛。章士釗時任總司令部高等顧問，楊永泰亦追隨 蔣主席左右，均參預機密者也⓬。

五月三日，廣東第八路軍總指揮陳濟棠，通電附和鄧澤如等，其他陸海空軍將領陳策、黃任寰、張瑞貴、陳慶雲、黃光銳等，亦於八日聯名發表詆毀政府電文，形勢甚爲緊張。五月二十四日，西南黨政領袖，致電南京，要求 蔣主席四十八小時內辭職。五月二十七日，唐紹儀、汪兆銘、鄒魯、陳友仁等齊集廣州，決定另設國民政府，通過「國民政府組織大綱」，並成立「中央執監委員會非常會議」，包括一、二、三屆中央執監委員。同時推選唐紹儀、汪兆銘、蕭佛成、林森、古應芬、孫科、李宗仁、蔣尊簋、陳濟棠、鄒魯、許崇智、鄧

⓫ 卅年動亂中國，上冊，頁一九八—一九九。
⓬ 同前註，頁一九九—二〇一。

澤如、唐生智、李烈鈞、陳友仁等十五人爲委員，以陳友仁兼外交部長，鄧召蔭爲財政部長，陳融爲國府秘書長。五月二十八日，宣告成立；各委員並於三十日發表就職通電。乃以李宗仁爲第一集團軍總司令，陳濟棠爲第二集團軍總司令，北犯湘、贛；並推鄒魯北上，與閻錫山、馮玉祥連絡。鄒氏由香港動身，經大連到天津，受到日本少壯軍人士肥原等熱烈歡迎，企圖利用鄒氏，實現其割裂我東北之野心，惟被鄒氏所峻拒⑬。

其時廣東省政府主席陳銘樞，因態度傾向和平，不安於位，於五月下旬被迫離粵。所部在江西剿共之十九路軍蔡廷楷、蔣光鼐兩師，亦不贊同背叛中央⑭。廣東當局竟進一步與江西之共軍相妥協，謀合力以顚覆政府。同年夏，蔣主席方在江西前線督師圍剿共軍，一日車行過南昌市街，遭到匿於近旁廣東所派之三名刺客襲擊，幸未命中，不得已抽調國軍兩師馳援湖南⑮。七月二十日，石友三接受廣東方面五十萬元收買，在河北順德發動叛變。二十四日，蔣主席書告全國同胞，略曰：

石逆叛變，實受粵中叛徒五十萬之收買，且有帝國主義之軍官及贛匪（中共）首領出入其軍中，爲之主持，隱與帝國主義者之侵略，及贛、鄂赤匪之擾亂，彼此遙爲呼應。

⑬ 鄒魯，回顧錄（獨立出版社，民國三十五年七月出版），下册，頁三二七。
⑭ 陳濟棠自傳稿，臺北，（傳記文學出版社，民國六十三年十月出版），頁四一。
⑮ 董顯光，蔣總統傳，臺北（中華文化事業出版委員會，民國四十一年十月出版），上册，頁一六三。

……又於寧都赤匪之總部搜獲毛澤東致彭德懷之電文，內稱：「兩廣日內出兵湘、贛，接濟子彈五十萬粒，即可解來。我軍（中共）務須固守寧都半月，待粵軍入贛，即可解圍反政」等語。⑯

同日，政府下令褫除石友三本兼各職，經國軍張學良及商震部夾擊，石部不支潰散。八月八日自德州通電下野，經青島逃亡大連，殘部由韓復榘所收編。兩廣叛軍雖於九月十三日侵入湖南，除唐生明以第八軍名義，略有騷擾性攻擊外，並無大規模軍事行動。

先是粵變既起，國民會議仍如期於五月五日在南京舉行。（已詳第一項第二目「國民會議與訓政時期約法」）在開始討論「訓政時期約法」時，蔣主席特向新聞界發表聲明：國府組織仍照舊章，約法中不列「總統」一項目，以澄清當時所謂「蔣胡衝突是總統之爭」謠言，使廣東方面減少一種攻訐口實。七月，南京黨政領袖張繼、吳鐵城等，首先電粵「悔禍蠲嫌，合力剿匪，以謀黨內團結。」八月，粵方古應芬首先復電表示和平⑰。會九一八事變發生，全國人心悲憤，團結禦侮、共赴國難之呼聲響澈雲霄，使寧、粵雙方皆有相忍爲國感受，蔣主席尤對粵方採取妥協態度。九月二十四日，政府派蔡元培、張繼、陳銘樞等南下，廣東方

---

⑯ 引自古屋奎二，蔣總統秘錄，（日本產經聞出版，民國六十五年八月，中央日報社譯印）第七冊，頁一八五。

⑰ 張繼「回憶錄」，引自張溥泉先生全集，中央文物供應社印行，民國四十年十月，頁二四五。

面以恢復胡漢民自由，及陳銘樞率十九路軍擔任京滬路衛戍責任爲先決條件，俾粵方領袖至京有安全感，經感政府允諾，胡漢民乃於十月十四日被釋抵滬。十五日胡氏致電廣州當局，略曰：

> 現在外患急迫，不弱於甲午，而國內不調整之現象，則爲甲午所未有。其以致此之由，在於過去黨內糾紛迭乘，政治舉措失當，人每欲挾黨之一部力量爲已有，黨即失去團結之本體；人每欲自私，即互相排詆，排詆則糾紛愈多。而各人忙於對人，忽於對事，使　總理昭示我人領導人民以求國家自由平等之目的，無由達到。而奸黠者流，乘虛以入，肆其惡行，亦遂未由過問。……
>
> 今日正爲吾黨同志澈底覺悟力圖團結之急要時機，蓋非各自覺悟以改正已往之錯失，無以求黨內之團結；非黨內團結之堅固，無以集合全國之力量以禦外侮。⑱

胡氏亦能從大處著眼，以國事爲重，寧、粵對立之情勢乃趨於緩和。

㈢ 蔣主席之辭職與國民政府之改組

十月二十一日，粵方代表汪兆銘、孫科、鄒魯、伍朝樞、陳友仁、李文範，偕寧方代表

---

⑱ 民國二十年十月十六日，上海中央日報。

蔡元培、張繼等抵滬。十月二十五日與政府所派代表李煜瀛、陳銘樞、張人傑，以及蔡元培、張繼等，舉行團結會議，廣東方面以 蔣主席下野及國民政府改組作要脅，凡開會議七次，至十一月七結束，達成協議如下：

一、寧、粵雙方各召開第四次全國代表大會，新選中央執監委員名額按比例分配。（預定粵方佔執委五名，監委三名。）

二、國府主席不以軍人充任，推選黨內年高有德文人承其乏。

三、革命軍總司令一職撤消，改爲委員制⑲。

十一月十二日上午十時，中國國黨第四次全國代表大會舉行於南京，蔣主席以「黨內團結是我們唯一出路」爲題，致開幕詞，呼籲全國上下團結內部，抵禦外侮⑳。廣東方面「四全代會」亦於十一月十八日舉行，出席海內外各級黨部代表五百餘人，滬上議和代表乃推孫科、李文範回粵向「大會」報告一切。「大會」以未實現 蔣主席下野之先決條件，並反對國民會議所制之訓政時期約法，對上海會議達成之三項協議加以否認，引起內訌，孫科當場退席，汪兆銘趁機在滬發表談話，支持訓政時期約法存在，認爲 蔣主席不下野是顧全事實，

⑲ 卅年動亂中國，上册，頁二〇九。

⑳ 蔣總統言論彙编，卷十，（蔣總統言論彙编編輯委員會，民國四十五年十月發行），頁三七—四五。

鄒魯對蔣主席下野亦極不同意，以見好蔣氏。鄒魯記其事曰：

> 在和平會議中，南京代表中有人說蔣先生表示願辭去黨政各職，專任監察院院長。我聽了非常高興，以為蔣先生的態度真是光明磊落。但是廣東方面沒有同意，我仍堅持自己的立場，以為中央與廣東合作，完全為的團結禦侮，蔣先生願意辭去其他黨政軍一切責任，專任於監察院的職務，確實是最誠懇的合作表示。如若要他完全下野，可說沒有理由；因為既是團結合作，就不該再分彼此，否則你上台的時候我打倒你，我上台時的時候你又來打倒我，循環報復，國與民均受其害，所以我認為主張蔣先生應該下野的，簡直等於造成將來紛爭的根源，而在外侮日增之情形下，不該有這種現象。㉑

一時蔣、汪合作甚囂塵上。胡漢民不滿於汪兆銘之反覆行徑，從此避見新聞記者，於十一月二十九抵達廣州，粵方「四全代會」乃決定撤消「非常會議」及「國民政府」，改設「西南執行部」及「西南政務委員會」，為黨政最高機關，汪兆銘一派均被排除。南京國民黨四全代會，則表示接納全黨團結三大方案，通電粵方中委入京，共策進行，解決一切善後問題。其時汪兆銘所領導之「改組派」份子，在廣州退席「四全代會」後，連合仍留滬並未參加南

㉑ 鄒魯，回顧錄，下冊，頁三二一—八三二九。

京之四全代表，乃假上海「大世界」娛樂場共和廳於十二月四日亦舉行所謂國民黨「四全代會」，自行選舉中央監委員十人，於是形成寧、粤、滬三方面之不同立場。其後亦照比例名額參加統一後之中央黨部，成爲正式之中央執監委員。

十二月五日，粤方由胡漢民領銜，發出通電，必須　蔣主席宣告下野，解除兵柄，始能合作。蔣主席不願以個人關係影響國民黨內之團結，乃於十二月十五日向中央常務委員會辭去國民政府主席、行政院長，及陸海空軍總司令職務。其辭呈略曰：

> 現在國勢如此，若非從速實現團結，完成統一，實無一策對外之勝利，慰國民之期望，權衡輕重，不容稍有須臾。……中正許身革命，進退出處一以黨國利害爲前提，解職以後仍當本國民之天職，盡黨員之責任，指縻頂踵，同赴國難，以無負於總理之教訓。㉒

經中常會決定，推林森代理國民政府主席，陳銘樞代理行政院長，十九路軍調駐京滬沿線。蔣主席乃於十二月二十二日上午十二時四十分，飛離南京，退休於奉化溪口故里。蔣主席離京之日，國民黨四屆一中全會在南京開幕，二十五日通過「關於中央政制改革案」、「修正國民政府組織法案」，並改組國民政府。經修改過之「國民政府組織法」，凡九章，五十四

㉒ 卅年動亂中國，上册，頁二〇九—二一〇。

條，其要點如下：

一、國民政府主席爲中華民國元首，對內對外代表國家，但不負實際政治責任，不得兼任其他官職，任期二年，得連任一次，但於憲法頒佈得依法改選之。

二、國民政府委員會設委員二十四至三十六人，各部院長不得兼任國府委員。

三、在憲法未頒佈前，五院獨立行使職權，各自對中央執行委員會負責，行政院長負實際行政責任。

四、司法行政改隸行政院，設部管理。

五、國民政府主席、國府委員、五院院長、副院長，均由中央執行委員選任之㉓。

二十八日，全會選舉　蔣中正、胡漢民、汪兆銘等九人爲中央執行委員會常務委員，林森爲國民政府主席，孫科爲行政院長，張繼爲立法院長，伍朝樞爲司法院長，戴傳賢爲考試院長，于右任爲監察院長。並推　蔣中正、胡漢民、汪兆銘三人爲中央政治會議常務委員，輪流會議主席，不負實際行政責任㉔。民國二十一年元旦，國民政府主席林森，及五院院長、各部首長，宣誓就職，全國表面復呈統一之局面。

㉓ 革命文獻，第七十九輯，黨史委員會出版。

㉔ 民國二十年十二月二十九日，上海中央日報。

當是時東北大部淪陷，日軍方在遼西新民、錦州一帶發動猛攻。抗日怒潮瀰漫全國，各地請願學生結隊至京，社會秩序大受影響，一時盛傳部份野心軍人有推翻現政府之企圖。民國二十一年元月二日，中央政治會議召集緊急會議，決定邀請　蔣先生返京共商大計。十一日張繼、何應欽等赴寧波迎蔣先生入京。汪兆銘亦自上海至杭州與　蔣先生相晤，誤會冰釋。會淞滬情勢緊急，日軍進犯如箭在弦上，　蔣先生以大局所關，乃於一月二十一日毅然入京，奮赴國難。二十五日，孫科以對日交涉失敗及財政困難辭職，二十八日中央政治會議改選汪兆銘繼任。是夜淞滬戰爭發生，二十九日中央政治會議推舉　蔣中正、馮玉祥、閻錫山、張學良為軍事委員會委員。三十日，國民政府宣佈遷至洛陽辦公。三月六日，中央政治會議復議決，選任　蔣先生為軍事委員會委員長，舉國團結，合力禦侮。

二、「福建人民政府」

(一)　陳銘樞陰謀叛國

陳銘樞為人志大而才疏，好高而騖遠❶。以所部十九路軍為政治資本，出任廣東省政府主席。民國二十年夏廣東事變，陳氏未曾附逆，以奔走調停之功，任京滬衛戍總司令。迨汪兆銘接長行政院，任陳氏為副院長兼交通部長，儼然時局之中心人物。一二八淞滬事變發生

---

❶　陳公博，苦笑錄，（香港大學亞洲研究中心，一九八〇年二月出版），頁三〇四。

後，十九路軍英勇抗敵，陳氏人望益高，而野心大熾。一時共黨份子、第三黨人士、失意政客、落拓軍人，麇集其門。陳氏乃暗中組織「社會民主黨」以拉攏群衆，成立「神州國光社」、「孤軍社」以網羅左側文人。發行「讀書雜誌」，編印「中國内亂外患歷史叢書」，淆亂人心，宣揚社會主義。

陳氏與第三黨領袖鄧演達過從密切，曾函告鄧氏，謂其入京之目的係「入虎穴，取虎子。」勸鄧氏表面與中央合作，投身政府內部，便於「進行革命」。及鄧氏被刺而死，事牽陳氏，陳氏狐疑，無以自遣，遂蒙異志❷。

淞滬抗戰結束後，政府或爲拱衛首都起見，或爲便於集中訓練，國軍逐漸向南京附近集中。十九路軍將領蔣光鼐、蔡廷楷等，疑十九路軍已陷入包圍圈中，並有人離間其部下分裂，極力運動調往福建整訓。陳銘樞則以經辦招商局變產契約，及簽訂電信合同受賄之故，爲時論所指責，不安於位，對政府態度惡劣，乃棄職離京赴滬。政府顧惜陳氏聲名，爲緩和計，派石瑛、段錫朋等到上海挽留，擬任其爲參謀總長，竟被陳氏所拒卻。不得已於十一月二十九日改組福建省政府，以蔣光鼐爲主席，蔡廷楷爲福建綏靖公署主任，示之以公，而息謠諑。於是十九路軍全軍四萬餘人悉數移防閩省，陳銘樞表面遠赴歐美遊歷，實暗挾十九路軍以自重。

先是同年八月六日，汪兆銘通電痛詆張學良喪失東北。宣佈辭行行政院長職，雖經　蔣

---

❷ 卅年動亂中國，上冊，頁二一二—二一三。

委員長堅決挽留，仍藉口療疾於十月二十二日遠赴歐洲，及與陳銘樞有所勾結，院長職務政府則暫命宋子文代理❸。汪氏遲至張學良辭職後，始於二十二年三月十七日返國，至行政院恢復辦公。

民國二十二年春，日軍侵陷熱河，長城要隘盡失，冀東各縣紛紛淪陷，政府忍辱負重，欲爭取時間，充實國力，徐圖匡復，乃於五月三十一日與日本簽訂「塘沽協定」。遂爲野心政客所藉口，攻擊政府委曲求全。於是馮玉祥在張家口組織「民衆抗日同盟軍」，方振武亦組織「抗日救國軍」，北上增援察省。一時盛傳胡漢民在西南有另組政府，改組國民黨事，由胡漢民任領袖，鄒魯任書記長，以「抗日」、「剿匪」、「倒蔣」三主張相號召，且與十九路軍有所接觸、胡氏對政府派來解釋塘沽協定代表南京市長石瑛、教育部次長段錫朋等雖力闢並無其事，然認塘沽協定僅能偏安於一時，且對行政院長汪兆銘多所責難❹。外界不明真象，竟有「新中國國民黨」之稱。鄒魯記其事曰：

我認定日本這次侵略，是要滅亡中華民族，若不力予抵抗，則國家民族必將陷於萬劫不復之地。所以對中央這種外交措施十分憤慨。於是我便到香港，和胡漢民先生等商量，決定約集志同道合的同志，重新把黨整理起來。凡加入者均需宣誓，以示隆重。

❸ 蔣總統傳，上冊，頁一七二。
❹ 民國二十二年七月十二日，中央政治會議石瑛報告，黨史委員會庫藏。

公推胡漢民先生做黨的領袖，我擔任書記長，這當然以抗日反共爲鮮明的標幟。就是對於容納親日派的蔣先生，也不客氣的反對。所提出『抗日』、『剿匪』、『倒蔣』三個主張。當時擁護這種主張的，除兩廣外，還有由淞滬到福建的十九路軍。其他贊成的亦不少，外間不明眞象，稱我們爲新中國國民黨。❺

同年五月，陳銘樞返國抵福建，乃合廣西之李宗仁均派代表至廣州，與胡漢民連絡，約定聯兵北上抗日，以廣東當局陳濟棠表示擁護政府，致未實現❻。

是時除胡漢民具有左右兩粵勢力外，馮至祥在泰山，以華北之宋哲元爲背景。閻錫山居太原，以晉省爲根本。中共居瑞金，擾及贛南、閩西，及豫、鄂、皖邊區。故陳銘樞誤認爲一旦舉事，必然應者四起，成功無疑。陳氏座上客，除「神州國光社」份子外，最著者有胡漢民親信朱蘊山（按：即民國三十八年春，由北平飛南京，勸李宗仁接受共黨和談條件之所謂神秘客）、馮玉祥代表余新清、第三黨份子譚平山、黃琪翔、章伯均，以及沈鈞儒、楊杏佛；另由朱蘊山介紹中共駐滬代表李世章，與陳銘樞懇商，決定組織「抗日聯合戰線」，共同反抗國民政府。由李世章與瑞金中共中央通聲氣；時任內政部長之黃紹竑，則代表廣西李宗仁、白崇禧參預其謀。

---

❺ 鄒魯，回顧錄，下冊，頁三三一。
❻ 同前註，頁三三二。

陳氏自忖資望不足以號召，初透過中央研究院總幹事楊杏佛，擬挽隱居上海之中央研究院院長蔡元培出山，以蔡氏拒絕，乃改推李濟琛。同年八月，陳氏偕黃紹竑潛赴香港，與李濟琛會盟，共舉大事，中共方面且指派駐香港「中華蘇維埃政府外交部副部長」潘漢年（潘健行）為全權代表，負責接洽，將來擬隨陳氏到福州，代表中共常駐，以示切實合作之誠意。

同年十月，十九路軍及福建省政府，派全權代表徐名鴻（按：徐係蔡廷楷之秘書），至贛南「蘇區」瑞金，十月二十六日，與中共代表潘漢年簽訂「反日反蔣的初步協定」，規定：「雙方立即停止軍事行動，暫時劃定軍事疆界線」，「恢復輸出入商品貿易」，「準備進行反日反蔣的軍事同盟」，並「立即進行反日反蔣軍事行動之準備」，「雙方應於最短期間另定反日反蔣具體作戰協定」。❼陳銘樞乃有恃無恐。

陳、李在香港，並與徐謙、陳友仁等有所密商，值同年六月十八日楊杏佛在上海被刺殞命；楊嘗與宋慶齡在滬組織「人權保障同盟」，「神州國光社」、「讀書雜誌」諸人，先後逃至香港，促陳氏儘速發動❽。至是陳銘樞左右咸感自危，陳氏臨行，曾與「西南執行部」、「西南政委會」有所接洽，一致同意反對政府，另創新局❾。陳銘樞乃於十月底由香港抵福州。

十一月十九日，李濟琛、陳友仁、章伯鈞、黃琪翔等繼至。

---

❼ 中共「中央蘇維埃政府」機關報「紅色中華」，第四十九期，一九三四年二月十四日出版。

❽ 卅年動亂中國，上册，頁二一三—二一四。

❾ 同前註，頁二一五。

先是黃紹竑之參加陳銘樞叛國活動，係奉中央之命從事「反間」工作，暗與政府通消息。九月二十七日，以內蒙醞釀自治，中央命黃氏赴張家口，會同察哈爾、綏遠兩省政府主席，宣慰內蒙蒙胞。黃氏自粵抵京，於十月二十一日北上，政府盡得陳銘樞等之叛國虛實，不動聲色，聽其活動，密令浙江省政府趕築浙閩公路，名為建設地方，實則專備軍用。另命蔣鼎文統國軍精銳第二、第四、第五等路軍，共十一師，駐紮閩浙邊區，以備不測，陳銘樞等遂成被動之局。

(二) 閩變之發生

陳銘樞等既抵福州，糾合黨羽，組織「生產黨」，積極籌組「人民政府」。其活動目標有二：一為儘力拉攏中共，派徐明鴻為代表，秘密赴上海，攜帶李濟琛、陳銘樞、蔡廷楷聯合書信致毛澤東、朱德，要求協商合作辦法。中共中央則表示須請示第三國際始能有所決定。繼得莫斯科指示：「不能用共產黨整個名義對等講話，只可作軍事上之連絡⑩。乃由彭德懷妻及羅炳輝，於十月二十六日在福州與閩方代表，簽訂一項純軍事之秘密協定，相約如政府軍政閩，共軍即以全力協同十九路軍夾擊之。閩方供給中共九十萬元，其中三十萬現款，三十萬購槍械，三十萬購其他軍用品⑪。閩方對中共糧食及其他必需品應予便利，並予以物質

⑩ 同前註。

⑪ 蔣總統秘錄，第九冊，頁一三五。

之接觸。⑫ 陳公博「苦笑錄」對閩方與中共之關係有較詳細之說明，認爲雙方之不能切實勾結，亦爲陳銘樞招致失敗之一主要因素，其謂：

> 福州方面更於一九三三年十月，派徐明鴻代表與共方談判，要求合作，共同抗日。中共中央因而召開緊急會議，共方對福州方面態度，一直爲史家所爭論。有一說以爲共方分爲兩派：周恩來等主張立刻派兵赴福建，協助人政府；但毛澤東則主張愼重，要求十九路軍先配合紅軍消滅駐閩西國軍，然後紅軍方能援閩。其後中共史家卻說毛一直主張援閩，後因國際派所反對而採觀望態度。但各項史料顯示，毛澤東與國際派當時均主張愼重，待閩方有實際反蔣及「民主化」行動，才積極援閩。
>
> 基於以上立場，中共派潘健行與福建方面簽訂「反日反蔣初步協定」。此項決定只能視爲「互不侵犯協定」，雙方在軍事及經濟上並沒有具體的合作條款。對於隻方在軍事同盟及經濟合作等問題，尚待福建方面「表現積極反蔣及進行民主改革」後，共方才願意具體訂定。基本上共黨對於福建方面合作並不樂觀，對於福州方面的軍人領袖聯共的誠意十分懷疑。福州方面對於中共的聯合也並不熱切，也沒有著意實踐「反日反蔣初步協定」的條款。一九三三年十二月二十日，朱、毛聯合發出電報，指責閩方於初步協定簽訂後月餘，仍未採取「反日反蔣行動」，要求閩方集中武裝與國軍決戰，組織

---

⑫ 國聞週報，第十卷，第五十期，民國二十二年十二月十七日。

義勇軍，予人民以各種自由。此外共方認爲福建政權在土地政策方面，只談「計口授田」，而讓農民沒收土地，尚欠革命性。並表示這些要求達到後，共方隨時準備與閩方訂立軍事同盟。閩方對共方的各項要求，不單不作任何反應，反而在上海報章上否認與中共有任何關係。結果當十九路軍面對蔣軍强大攻勢時，共軍並不加以援助，而十九路軍方面也不採取積極抵抗，以致大部份都不戰而潰。在一九三四年一月中旬，福建終爲中央軍所佔領。⑬

因之陳銘樞雖送許多鹽布給中共，但當閩變發生時，共軍則作壁上觀，不肯爲十九路軍之助。

閩方之另一活動目標則爲爭取日本之支持。中國駐日公使蔣作賓於同年十一月十九日，自東京致電　蔣委員長，主要內容如下：㈠近有人欲在福州作溥儀第二。㈡中日浪人如張鷗、山田純三郎等，奔走甚久，似以臺灣爲策源地。㈢臺灣日軍司令官松井石根前晤報界，謂：「滿洲工作已了，應向南部進行，尤以福建爲重要。」⑭乃由廣州沙面日領事，與陳銘樞磋商，由臺灣日總督付陳三百萬元爲發動費，一時傳聞在華日海軍當局，與陳訂立條件：㈠保證消滅抗日排斥日貨運動。㈡保障日本人及僞滿人生命、財產、經商、住居之絕對安全與自由。

---

⑬ 苦笑錄，頁二七六—二七七。

⑭ 蔣總統秘錄，第九冊，頁一三四。

㈢廢止美國與南京訂立在閩建築之機場協定。並約定：「獨立政府成立後之進展，須隨時接受日方詢問，但日方不得干涉各事之處置；駐閩之海軍亦不以武力干預或阻止獨立政府之行動⑮。國民政府外交部曾向上海日本領事館查詢是否有此事實，領事館承認福建與日本海軍之間確有協定，但對臺灣日總督資助陳銘樞三百萬元一節則加以否認。閩方暗中聯共勾結日本之行徑既與其號召大相逕庭，自難卜得國人之同情。

十一月二十日，陳銘樞等在福州城內舉行「中國人民臨時代表大會」，由黃琪翔、戴戟、方振武、章伯鈞等十二人任主席團，陳銘樞、李濟琛、蔡廷揩等若干人，以來賓資格參加。通過三項基本議決案：

甲項：㈠中國爲中華全國生產的人民之民主共和國，中國最高權力掌於全國生產的農工，及共同支持社會結構的商學兵代表大會。㈡中國國家之獨立，爲不可侵犯的最高原則。㈢全國人民不論種族性別及職業，除背叛民族、剝削農工者外，有絕對之自由平等權。

乙項：㈠實現農工生產人民生活之澈底解決。㈡否認一切帝國主義者强制訂立之不平等條約，首先實行關稅自主。㈢實行計口授田，以達到農業共營國營之目的，一切森林、礦產、河道、荒地概歸國有。㈣發展民族資本，獎勵工業建設，凡

⑮ 同前註，頁一三五。

有關民族生存，民生日用之重要企業，概歸國營。㈤人民有勞動之權利義務，肅清軍閥官僚豪紳地主等寄生蟲，肉體勞動及精神勞動，均受最大之保護。㈥人民有身體居住、言論出版、結社集會、信仰、示威、罷工之自由。㈦人民有武裝保衛國家之權利義務。

丙項：㈠否認南京政府。㈡號召全國反南京政府之革命勢力，立即組織人民革命政府，打倒以南京爲中心的國民黨系統。㈢於最短時間，召集第一次全國生產人民大會，制定憲法，解決國是。㈣組織「中華共和國」人民革命政府。㈤取消青天白日旗，另行製定上紅下藍中間一顆黃色五角星之新國旗⑯。

於是取消黨旗、國旗，毀棄總理遺像，及三民主義等書籍。十一月二十一日，陳銘樞、蔣光鼐、蔡廷楷、李濟琛等，通電脱離中國國民黨。同日宣佈成立「中華共和國人民政府」，改稱「中華共和國元年」。由李濟琛任主席，下設五委員會，計：政治委員會主席陳銘樞，軍事委員會主席蔡廷楷，財政委員會主席許崇清，教育委員會主席章伯鈞，外交委員會主席陳友仁。另發出「人民政府」成立宣言，揭示五大政綱：㈠求中華民族之解放，形成真正獨立自由之國家。㈡消滅反革命之南京國民政府，建立生產人民之政權。㈢實現國內各民族之平等權利。㈣保障一切生產人民之絕對自由平等權。㈤剷除帝國主義在中國之勢，打倒軍閥，

---

⑯ 卅年動亂中國，上册，頁二一五—二一六。

剷除封建制度，發展國民經濟，解放農工勞苦群衆[17]。十一月二十四日，改十九路軍爲「人民革命軍」，任蔡廷楷爲「人民革命軍總司令」。十二月十四日，將福建分爲「閩海」、「延建」、「興泉」、「龍江」四省，以遂其割據之野心[18]。

先是所謂「中國人民臨時代表大會」通過「計口授田」辦法後，閩省工商企業與金融界大起恐慌，紛紛將資金向滬、港、粤轉移。農村地主、富農、自耕農更形騷動，社會秩序頓告不安。「人民政府」雖於十一月二十六日宣佈暫緩實行，而人心已失，無法挽回。十九路軍實力共五個師，總兵力四萬餘人，主力佈置漳州一帶，部分佈置在閩北地區。官兵們對「人民政府」成立均莫名其妙，對更換旗幟，廢棄總理遺像及三民主義，更一致反對。而蔡廷楷粗心浮氣，自料國軍必二十餘日始能到達福建，尚逍遙至閩南閱兵，固不知國軍之掩至也[19]。

(三) 閩變之平定

閩變既發生，十一月二十一日國民政府明令行政院、軍事委員會迅速處理。二十二日蔣委員長發表告十九路軍全體將士書，勸即自拔來歸。陳銘樞等原以爲國內各方面不滿意中央之團體或個人，必多響應者；固不料其行爲荒謬，倒行逆施，雖一向敵視政府之失意政客

---

[17] 同前註，頁一三五。
[18] 民國二十二年十二月十五日，上海中央日報。
[19] 苦笑錄，頁三〇八。

黨人，亦表示憤慨。廣州「西南政務委員會」討論反對閩變之議案時，僅李宗仁一人持異議，謂不可遽行通過，主張暫時靜觀待變，而衆人一致贊同通電討伐⑳。十一月二十二日，乃由「西南執行部」黨政領袖胡漢民、蕭佛成、鄧澤如、陳濟棠、鄒魯等，聯名通電，加以指責。略曰：

> 兄等號（二十）日在閩垣開會，竟宣言打倒中國國民黨，廢止青天白日旗，外與日本接近，內與共匪勾結，頒佈政綱，公然以推翻黨治，組織農工政府相號召。……抑且背叛主義，招致外寇，煽揚赤燄，爲患無窮。此等謬舉，何能得內外之同情！弟等本三民主義立場，不忍苟同，且以兄等盡喪失其所守，而深所痛惜也。……十九路軍全體將領，與弟等久共患難，頻年以來沐主義之薰陶，出生入死，爲黨國奮鬥，偉烈豐功，內外共仰，當猶有深明大義，不自暴棄，羞與匪黨爲伍，自陷絕境者。㉑

同日，又由「西南執行部」通電國內外各級黨部，對陳銘樞等之叛國行爲決不苟同附和。粵軍黃任寰、張瑞貴、鄧龍光三師，乃奉命佈防東江一帶，以示警戒。政府一面派人至廣州

⑳ 陳濟棠自傳稿，頁五一—五二。

㉑ 卅年動亂中國，上冊，頁二一七—二一八。

連絡，並匯款接濟陳濟棠軍費；一面擬派蔡元培南下，邀胡漢民入京主持大政，惟被胡氏所堅拒[22]。十一月二十三日，蔣委員長在南昌發表「告剿匪將士及各軍事長官書」，揭發閩變之真象。略曰：

陳銘樞企圖反叛中央，本蓄謀已久，世所共知。……中正慮其誤入歧途，念其前勞，於陳抵閩之初，兩電勸諭，冀戢逆謀。林（森）主席在閩，亦諄諄告誡。詎陳等罔知悔悟，一意孤行，於二十日在福州由黃琪翔、方振武等爲主席，開僞「人民臨時代表大會」，及所謂「人民革命政府」之僞組織遂以出現。……各軍改稱「人民革命軍」，宣佈廢除國民黨，改用上藍下紅嵌黃色五星爲旗徽，廢青天白日旗。高叫「聯俄」、「聯共」，實行「農工政策」、「打倒中國國民黨」等口號。湊合社會民主黨、第三黨、國家主義派，及共產黨份子，一爐共冶，另組一黨，名曰「生產黨」。聚蛇蝎於一窩，矛盾複雜，不可究詰，前途如何變幻雖不可料，然彼輩實破壞黨國，藉抗日之名以與日妥協，藉剿共以與共合作，事實昭然。[23]

二十六日，政府復派飛機至福州上空空投文告，促十九路軍將士從速反正。以陳銘樞等

[22] 同前註，頁二二〇。
[23] 同前註，頁二一八—二二〇。

執迷不悟，十二月十五日，政府乃下令褫奪陳銘樞、李濟琛、蔡廷楷等本兼各職，授命蔣委員長討伐叛軍。二十八日，蔣委員長親赴閩西前線督戰，以第五軍、第十四軍爲主力，分兵三路攻入福建：一路由浙江進攻福建北部；一路由江西東進；一路進攻江西福建邊界，肅清山區共軍，將福建叛軍與閩西共軍隔斷。另派海軍南下，進攻廈門、福州。並遣空軍利用溫州、處州臨時趕築之機場，掩護地面部隊作戰㉔。

江西瑞金中共中央，於福建「人民政府」成立後，初佯稱派共軍第三、第五、第七等軍前往援助，以國軍大至，料陳銘樞之必敗，於中途折回㉕。十二月五日，中共中央發表「爲福建事變告全國民衆書」，略曰：

> 一個月人民革命政府的存在，事實證明，這一政府還不是人民的，而且還不是革命的。……它不會同任何國民黨的反革命政府有什麼區別。那它的一切行動將不過是一些過去反革命的國民黨領袖們與政客們企圖利用新的方法來欺騙民衆的把戲。他們目的不是爲了要推翻帝國主義與中國地主資產階級的統治，而是爲了要阻止全中國民衆的革命化，與他們向著蘇維埃道路的邁進。㉖

㉔ 蔣總統傳，上册，頁一七四—一七五。

㉕ 蔣總統秘錄，第九册，頁一三八。

㉖ 「中國共產黨中央委員會爲福建事變告全國民衆書」，載中共蘇區中央機關報「鬥爭」第三十八期。一九三二年十二月十五日出版。

其駐福州代表乃悄然離去㉗。政府復命駐日公使蔣作賓向日本政府提出交涉，要求日本政府及日人，對於閩變不得有所干預。日本外務省懼日本支持陳銘樞叛亂真象暴露，乃表示：「我們認爲閩變將如曇花一現。」同時承諾：「日本政府決不給予援助，日本人也不致參與其事。」㉘叛軍乃成孤立無援之勢。

十二月上旬，叛軍召集幹部會議，討論向外發展計畫。蔡廷楷主張回師廣州，奪取作爲根據地，再行揮戈北上，逕入湘、鄂。蔣光鼐建議兩策：一則全力入贛，消滅中共以建奇勳；一則大軍由延平直衝浙江，破釜沉舟，下杭州，趨淞滬。經討論後，以後者易行，乃決定採取進攻浙江之計畫。是時國軍空軍連日轟炸福州、漳州、泉州各城市，社會秩序大亂，叛軍文武機構完全陷入癱瘓狀態，中上層階級人士相率逃亡，資金外流一空。日本軍方則懼福建「人民政府」之迅速崩潰，特派日艦一艘駛至福州城外，遣一中將拜訪「外交委員會主席」陳友仁，表示：「日本願意於十二小時内先以空軍援閩，解除空襲危險，然後應人民政府需要，隨時以械彈資金相助。」惟要求：「事成之後，兩國合作建設大東亞新秩序，驅逐西方勢力。」「人民政府」領袖即夕召集緊急會議，對依賴日本扶植之利弊爭論不能決，事遂擱置㉙。

㉗ 卅年動亂中國，上册，頁二二八。

㉘ 蔣總統秘錄，第九册，頁一三七。

㉙ 卅年動亂中國，上册，頁二二二—二二三。

陳銘樞等不堪空襲之苦，乃於十二月下旬，集中十九路軍主力於延平，從古田、水口疾駛入浙，進入仙霞嶺，不見國軍地面部隊，卻遭國軍空軍飛機按日跟踪炸射，死傷枕籍。及聞國軍已自贛邊入閩，襲其後路，倉皇回救延平，沿途橋樑已悉被國軍預伏特勤人員及空軍破壞，只得分道循山麓小徑而行，師老兵疲，輜重盡失，不成戰鬥序列[30]。

民國二十三年元月初，國軍全線發動攻擊。五日，以逸待勞，大破叛軍於延平，叛軍被俘極衆。七日克水口，十日海軍收復廈門，十三日海軍收復福州，叛軍由陳銘樞、李濟琛、蔡廷楷等率領，分別向泉州、漳州潰退。臨行將福州所有銀行存款搶劫一空。重要幹部王禮錫、梅龔彬、劉叔牟等逃避不及，得日本駐福州領事館之助，匿居一日本旅社，翌日護送出城，乘日艦循海道南下，所謂「人民政府」乃消滅於無形。

一月十四日，國軍克泉州。二十一日克漳州，陳銘樞等先逃鼓浪與，繼由廈門變姓名乘飛機逃香港[31]。十九路軍殘餘不及萬人，將領毛繼壽、譚啓秀、沈光漢等表示悔過歸誠，二十六日遵照政府指示集中待命，靜候改編。三十日，軍事委員會將十九路軍改編爲第七路軍，任命毛繼壽爲總指揮，而福建全部平定。

中共乘福建事變，坐收漁人之利，擴大閩西佔領區，卻於陳銘樞等失敗後，於二十三年元月二十六日，發表「爲福建事變第二次宣言」，竟稱：「福建所謂人民政府曇花一現的歷史，及其最後慘酷的破產，更一次證明中國共產黨主張的正確。」指責陳銘樞等，「阻止民衆

---

[30] 同前註。

[31] 同前註，上冊，頁二二三—二二四。

革命鬥爭的發展，麻痺與欺騙群衆，使反帝反蔣的鬥爭陷於失敗，而幫助帝國主義國民黨鞏固自己的統治。」㉜可爲陳銘樞等企圖利用中共叛國，自食惡果之鐵證。

三、兩廣之異動

㈠兩廣事變之發生

自民國二十年寧、粵發生約法之爭，廣東所設之「西南執行部」與「西南政務委員會」，推定五常委共同負責，陰奉胡漢民爲領袖，對中央形成半獨立狀態。胡氏晚年雖與中央有所誤會，終其一生能從大處著眼，以黨國爲重。胡氏於二十五年五月十二日病逝廣州，海內外各報紛紛著論哀悼，認爲胡氏之逝世，實黨國之重大損失。如上海「時事新報」之「評壇」曰：

> 綜先生（按：指胡氏）之一生，剛毅堅貞，可爲革命政治家之典型。不苟同，不屈撓，秉其公忠之自信，惡其所惡如仇，律已極嚴，而不自寬假，皎潔崇高如一塵不染之深秋皓月，故其人格表現尤爲世稱。❶

㉜「中國共產黨中央委員會爲福建事變第二次宣言」，載「鬥爭」第四十五期，一九三四年二月二日出版。

❶民國二十五年五月十五日，上海時事新報。

「西南政務委員會」常務委員陳濟棠，以所部第八路軍爲憑藉，自民國十七年北伐成功，盤據廣東達八年之久。假「西南執行部」擁護胡漢民之名，行割據地方之實。縱容其兄陳維周利用兵艦走私，其妻莫秀英則作投機買賣，驕奢浪費，置粵民生活於不顧。陳氏迷信，用人行政取決於扶乩。及胡漢民逝世，乃以西南領袖自居❷。自日本購來大批軍火，並有飛機數十架，托詞抗日，陰謀實現其奪取政權之野心❸。

廣西之李宗仁、白崇禧則自民國十九年侵湘失敗後，仍據有該省。歷年整軍經武，對政府始終立於半獨立狀態，謀俟機以逞報復之志。廣西舊時收入，大部來自川、滇、黔三省鴉片經由該省至海口之通過稅；自二十三年中共遭國軍追擊經西南北竄後（詳第五項），中央在三省實施禁煙，廣西之非法收入銳減，對政府益感怨望❹。乃與陳濟棠勾結，企圖顛覆政府。

或謂陳濟棠兄維周，曾偕相士翁半玄至南京晉謁蔣委員長，觀蔣委員長氣色，流年不利，陳濟棠乃扶乩以決吉凶。乩上大書「機不可失」，於是陳氏遂下決心，電李宗仁至廣州會議，資助李氏數百萬軍費，決定假抗日之名，分兵出湖南、江西❺。

六月二日，「西南執行部」及「西南政務委員會」，致電中央黨部、國民政府，略曰：「外侮侵陵愈急，請中央領導全國奮起抗戰。」同時兩廣軍隊即向湘邊進發，於六月五日侵入

---

❷ 苦笑錄，頁三四六－三四八。
❸ 蔣總統傳，中册，頁二二八。
❹ 同前註，頁二二九。
❺ 苦笑錄，頁三四八。

湖南永州。七日，兩廣軍隊改稱「抗日救國軍」。八月入郴縣，九日下總動員令，十日逼近衡陽。二十二日粵桂組織獨立軍事委員會，陳濟棠自任「委員長兼抗日救國軍總司令」，李宗仁副之，公開背叛政府。兩廣軍隊經陳、李多年整頓，總數在三十萬人以上，實爲政府莫大威脅❻。加以冀察政務委員會會長宋哲元、山東省政府主席韓復榘，受兩廣事變影響，會於冀、魯邊界，聯合宣佈：「假若内戰爆發，冀、魯將嚴守中立。」❼不啻對大局有火上加油之勢。

政府以禦侮救國爲我國家當前最重要問題，必須集全國人之意志，有整個計畫，取一致之步驟，始克有濟，乃決定召集五屆二中全會商討國家大計。六月七日，蔣委員長致電陳濟棠，懇切宣示國是意見。中央執行委員會及政府領袖，亦紛紛致電陳氏，嚴戒所部自由行動❽。至於兩廣各界，在陳、李公開反對政府之前，已有不滿之表示。中山大學校長鄒魯以國難當頭，堅持對政府一切問題，應從事於和平解決，絕對應該擁護蔣委員長領導抗日❾。復爲表示對陳、李之抗議，於胡漢民開吊第二天，即秘密赴香港，轉赴歐洲。瀕行對香港記者發表談話，其要點如下：

㈠全國各黨各派値茲國難當前，應放棄一切意見，單純爲抗日工作。㈡消弭内戰，以

---

❻ 國聞週報，第十三卷第二十四期，「兩廣時局」，民國二十五年六月二十二日出版。
❼ 李雲漢，宋哲元與七七抗戰（臺北，傳記文學出版社，民國六十二年九月出版，頁一七一）。
❽ 何應欽「粵陝事變之經過，載「革命文獻」第三十輯，頁八九一—八九三。
❾ 鄒魯，回顧錄，下册，頁四五四。

便全力抵抗日本。㈢喚起民衆，使學生、農民、工人、商人、兵士，一致團結起來，爲長期之普遍抵抗。㈣聯合世界上以平等待我之民族，共同奮鬥。蓋除自身奮鬥外，凡助我抗日者皆認爲友好。⑩

兩廣旅京人士皆以陳、李之叛變爲國家之大不幸，勸告文電交馳於道，呼籲陳、李置國家利益於個人利益之上。甚至廣西境內，農民反抗該省軍事領袖徵兵之舉亦時有所聞⑪。

㈡　粵變解決與廣西內附

六月十日，中國國民黨中央常務委員會議決，於七月一日舉二中全會。同日，蔣委員長再電陳濟棠曉以大義，飭其嚴令部隊歸返原防；告以中央已有定期開會之決定，如仍固執成見，自由行動，則世人將謂此非中國軍隊禦侮之舉動，而爲地方將吏抗命之佐證。六月二十五日，蔣委員長對記者談話，重申和平之決心，表示政府對兩廣事件處理方針，以整個國家大局爲前提。二十六日，政府高級將領何應欽、朱培德、程潛、唐生智、陳調元五人，聯名致電陳濟棠，復盡忠言，而陳氏仍執迷不悟，政府以地方秩序有礙，不得已遣軍扼駐衡

⑩ 同前註，頁四六五。

⑪ 蔣總統傳，中冊，頁二二九—二三〇。

陽一帶⑫。

廣東方面：陳濟棠左右受政府感召，多不贊同其反抗中央之舉。七月四日，廣東空軍飛行員數十名，由黃光鋭率領，駛機離粵飛南昌。六日發表通電，痛斥兩廣軍閥與日本勾結，表示竭誠服從政府，報效黨國。（按：應驗陳濟棠「機不可失」之乩語）同日，粵、桂五中央委員北上，出席中國國民黨五屆二中全會。七日，廣東第二副軍長期廣東東區綏靖委員李漢魂，宣言擁護政府。八日，粵軍第一軍長余漢謀，自大庾防次飛京，陳述一切。（按：或謂由政府代表蔣伯承所連絡）九日通電全國，表示服從中央之志，並勸廣東將領團結禦侮，以國事爲重。於是粵軍將領鄧龍光、巫劍雄等相繼有服從中央表示。廣東艦艇兩艘，分由艦長鄺文光、鄧瑞功率領離粵，陳濟棠遂成衆叛親離之勢。

七月十二日，中國國民黨五屆二中全會在南京舉行。十三日　蔣委員長在第二次全體會議中，以「救亡禦侮的步驟與限度」爲題，發表演説，强調對日政策：「和平未到完全絶望時期，決不放棄和平，犧牲未到最後關頭，亦不輕言犧牲。」認爲全國上下不能爲一時意氣或個人榮名，作孤注之一擲，葬送國家民族前途⑬。大會支持　蔣委員長國是主張，即日通過如下之決議案：㈠撤消「西南執行部」及「西南政委會」。㈡組織國防會議，及通過「國防會議條例」。㈢免除陳濟棠本兼各職，改任余漢謀爲廣東綏靖主任。七月十四日大會閉幕，發

⑫「粵陝事變之經過」「革命文獻」第三十輯，頁八九二。
⑬蔣總統言論彙編，頁三七七—三八〇。

表宣言，對內以最大容忍與苦心，祈求全國團結；對外決不容有任何侵害領土主權之事實[14]。

七月十七日，粵軍余漢謀部撤離韶關、英德。同日，陳濟棠電呈　蔣委員長，願遵命將粵省軍事交余漢謀主持，並派師長陳漢光至京請示辦法；旋於十九日離開廣州赴香港，並發表告國人書以自譴。二十三日，余漢謀自大庾飛廣州，重新分配粵軍防務。二十八日，政府改組廣東省政府，以黃慕松爲主席。並爲國防便利起見，特設軍事委員會委員長廣州行營，以何應欽兼行營主任，陳誠爲行營參謀長，代行行營主任職務[15]。陳濟棠則於八月三十日領得政府護照後，赴歐洲考察[16]。

廣東局勢既已澄清，廣西將領乃陷於孤立，表面仍持抗命態度，而陰以優厚條件相要脅。政府寬大爲懷，當七月十三日國民黨五屆二中全會通過任命余漢謀爲廣東綏靖主任同時，中央分任李宗仁、白崇禧爲廣西爲廣西綏靖正副主任；惟李、白仍堅持如故。二十四日，政府特任李宗仁爲軍事委員會常務委員，白崇禧爲浙江省政府主席，黃紹竑、李品仙爲廣西綏靖正副主任，李、白依然持頑強態度。三十日，宣佈組織「軍政府」，以李濟琛爲主席，並遣第七路軍（原十九路軍）窺伺廣東欽、廉一帶。翁照垣部且佔領北海，宣佈戒嚴，引起對日本交涉事件。

---

[14] 民國二十五年七月十五日，南京中央日報。

[15] 「粵陝事變之經過」，「革命文獻」第三十輯，頁八九二—八九三。

[16] 陳濟棠自傳稿，頁五五—五六。

八月二日、五日，蔣委員長屢電李、白爲大局著想，接受新職，李、白咸置之不顧。八月十一日，蔣委員長乃飛抵廣州，親自處理桂局。十六日，黃紹竑接受政府感召抵達廣州，晉謁　蔣委員長，請示廣西善後辦法。李宗仁竟於十九日悍然宣佈成立「獨立政府」，自任主席，以白崇禧、蔡廷楷爲副主席。二十日，黃紹竑派人赴南寧，勸李、白就範。二十一日，蔣委員長復派鄧世增赴廣西加以開導。二十三日，李、白始以劉維章爲代表，攜帶桂方和平條件至廣州，晉謁　蔣委員長。蔣委員長對其一切要求悉表同意。二十四日，政府乃明令撤消陳濟棠、李濟琛通緝令。

九月初，居正、朱培德持蔣委員長親筆函至南寧，代表　蔣委員長懇切勸諭，李、白爲蔣委員長之恢宏氣度所感動，深表示悔悟。九月四日，居正等自南寧飛返廣州，劉維章攜李宗仁、白崇禧上蔣委員長函同行。九月六日，政府依李、白要求，改任李宗仁爲廣西綏靖主任，白崇禧爲軍事委員會常務委員，黃紹竑爲浙江省政府主席。同月十日，李、白接受中央新任命，十六日宣誓就職。十七日，李宗仁、黃旭初自南寧飛抵廣州，晉謁　蔣委員長，表示服從中央，廣西事件始告解決⑰。

伍　剿共與陝變

⑰ 參考民國二十五年七、八、九月份，南京中央日報。

一、共產國際與中共蘇維埃組織之建立

民國十六年秋，寧漢合作後，中共在各地從事暴動。國民政府以十二月十一日中共廣州之暴動係俄人從中所操縱，十二月十四日乃宣佈對蘇俄絶交；蘇俄則以從未承認國民政府爲藉口，否認與中國斷絶外交關係。乃利用第三國際，企圖達成赤化中國之陰謀。

民國十七年七月，中共在第三國際指導下，在莫斯科召開第六次全國代表大會，通過所謂十大政綱：㈠推翻帝國主義統治。㈡没收外國資本之企業和銀行。㈣統一中國，承認民族自決。㈣打倒國民黨政府。㈤建立工農兵代表會議—蘇維埃政府。㈥實行八小時工作制，增加工資失業救濟，社會保險。㈦没收一切地主階級土地，實現耕地農有。㈧改善士兵生活，發給士兵土地與工作。㈨取消苛捐雜稅，實行統一累進稅。㈩聯合世界無產階級與蘇聯❶。是爲實力派李立三路線之根據。

第三國際復鑒於中共各地暴動之失敗，內部之不協，罷免瞿秋白中央總書記職，改以工人出身之向忠發繼其任，實權則操諸李立三、周恩來之手。民國十八年二月，共產國際執行委員會致「中國共產黨書」，指示其目前第一個基本任務，要加强黨的組織與威信，及其領導

❶ 中國國民黨中央組織部調查科編，中國共產黨之透視，民國五十一年六月，文星書店影印版，頁一二三—一二四。

與影響力。第二個基本任務，活動勞動群衆去反對國民黨，以推翻國民黨的統治❷。此一指示，助長中共冒險主義之發展，是爲李立三路線之端緒。

同年夏，以東北當局搜查哈爾濱蘇俄領事館，發現赤化中國鐵證，乃派兵接收中東鐵路，俄軍一面大舉侵犯東北沿邊，一面積極支持中共之叛亂。同年十二月，雙方簽訂「伯力協定」，中東鐵路恢復七月十日以前之原狀。中共則以上海租界爲根據地，計畫利用農民，以游擊戰流竄方式，從事暴動與破壞活動。

先是民國十六年九月，毛澤東於「兩湖秋收暴動」失敗後，率領殘餘「工農紅軍第一師」四百餘人，流竄至湘、贛邊界之井崗山，合當地土匪王佐、寧岡土匪袁文才等部二百餘人（各約六十枝破槍），逐漸赤化附近各村莊，成立所謂「湘贛邊區工農政府」，由毛澤東任主席。十七年三月，前在南昌暴動失敗活動於粵北、湘南之朱德、陳毅、林彪等部，復來匯合，人數超過三千，乃成立所謂「中國工農紅軍第四軍」，由朱德任軍長，毛澤東任「政治委員」。同年七月，湘南國軍何鍵部團長彭德懷、營長黃公略叛變，成立「中國工農紅軍第五軍」，全部約八百人，復來參加❸。因國軍第九師長楊池生、第二十七師長楊汝軒之作戰不力，中共實力發展至爲迅速。乃在井崗山設造幣廠、兵工廠、紅軍學校，在附近各鄉村實行土地革命，發展游擊戰爭，擾及贛南各縣，南昌爲之震動。

---

❷ 延安中共中央編印，中國問題指南，第一册，頁五五。

❸ 中共淮北教育出版社，中國紅軍發展小史（一九四五年八月出版），頁一八。

民國十八年一月，政府任命何鍵爲「剿匪總指揮」，督師進剿贛南共軍，共軍迭遭挫敗，被迫退出井崗山，流竄閩、粵、贛三省邊區。同年四月，乘桂系叛變，復回竄贛境，侵陷贛州，勢力蔓延閩西龍巖、長汀一帶。於是李立三以鉅款接濟各地土匪，煽動國軍叛變，聲勢益形猖獗。茲表列各地共軍番號及其騷擾地區如下❹：

番號	軍長	騷擾地區	番號	軍長	騷擾地區
僞第一軍	許繼慎	河南安徽湖北交界	僞第五軍	彭德懷	湘鄂交界
僞第二軍	賀　龍	湘西	僞第六軍	周逸群	湘西及鄂西
僞第三軍	伍仲豪	贛西	僞第七軍	俞作夷	廣西
僞第四軍	林　彪	贛西	僞第八軍	黃公略	鄂東

他若浙江衢州一帶之胡公冕部，中共中央改編爲「第十三軍」。江蘇南通一帶之潘開渠部，中共中央改編爲「第十四軍」，另委李超時任軍長。廣東豐順一帶之古大存部，中共中央則改編爲「第十二軍」。此外鍾天心崛起於江西撫州，黃鰲崛起於湖南衡陽，段德昌崛起於湖

❹ 中國共產黨之透視，頁一三四—一三五。

北宜昌（段旋繼周逸群任僞「第六軍長」兼紅軍學校校長），傅柏翠崛起於福建上杭，方志敏、邵式平崛起於贛東。由於桂軍將領李明瑞、川軍將領曠繼勛之叛變投共，加以國軍因應付各地軍人的叛變，共軍聲勢爲之大張。

民國十九年七月二十七日，共軍彭德懷部乘國軍他調，侵陷長沙，奪獲軍械彈藥及戰略物質甚多。別路共軍亦於三十一日逼近南昌，一時大局頗爲嚴重。中共在長沙組織蘇維埃政府，由李立三任主席，破壞市區，殘殺無辜，外僑及各國領事館多被洗劫。八月三日，經國軍何鍵部進攻，五日收復長沙，共軍傷亡慘重，敗退萍鄉、瀏陽一帶。八月底，共軍分由朱德、毛澤東、彭德懷、黃公略、林彪等率領，合力分七路再猛撲長沙，以火牛爲先驅衝鋒，相持旬日，遭國軍海軍砲擊，折損無算，朱德負傷，復退回江西。歸途中，於十月五日陷吉安，盤踞達一個半月，城內居民多數慘遭殺害，劫掠金銀達數千萬之鉅❺。復竄回贛南，是爲李立三路線之極盛時代。

第三國際對李立三「城市領導農村」路線造成重大之傷亡，深表不滿。上海共黨組織本極健全，當立三路線開始時，共有八區委（滬中、滬東、滬西、閘北、法南、浦東、吳淞、海上），黨員三千餘人，至是摧殘殆盡。優秀幹部又多調往蘇區，降至七百餘人，御用之民衆組織亦破壞無餘。乃復派瞿秋白返國，於九月二十八日在上海召集中共中央「六屆三中全

❺ 參照國防部史政局編印，剿匪戰史（民國五十一年九月出版），第一册，頁七六。古屋奎二，蔣總統秘錄（臺北，中央日報社譯印，民國六十五年八月出版），第七册，頁一七〇—一七一，日本「産經新聞」連載。

會」，罷免李立三，由瞿秋白、周恩來等暫時主持。是時各地共黨人數增加，黨內實際工作派、留俄派、老幹部派之間鬥爭不已。民國十九年十二月，江西「富田事變」，被誣爲A、B團（Anti－Bolshvik），死者八百餘人。二十年九月，湖北「黃陂事變」，中共重要幹部紅軍第一軍長許繼愼等一百七十餘人，被指爲A、B團遭毛澤東所槍殺，中下級幹部處死者達四、五百人。共產國際乃派米夫（Pavel Mif）來華，於民國二十年一月十三日，在上海召集中共「六屆四中全會」，以解決爭端。結果留俄派獲得勝利，通過議案四條：㈠肅清立三路線，接受國際路線。㈡另行審查中央局成分。㈢準備召集第七次全國代表大會，並委託新的政治局開始準備工作。㈣取消三中全會補選之中委。（按：認爲係李立三派）由工人出身之向忠發任總書記，留俄派陳紹禹（王明）任中央常委（兼江蘇省委書記），沈澤民任中央宣傳部長，趙雲（康生）任中央組織部長，周恩來任中央軍事部長，張聞天兼中央農民部長、中央婦女部長、中央黨報編輯委員會主席，秦邦憲任「中國社會主義青年團」中央總書記❻。

中共實際工作派何孟雄，反對米夫及留俄派操縱「六屆四中全會」，一月十八日約集其親信李求實等十七位重要幹部，假東方旅館秘密開會，全部被上海治安當局逮捕，於二月七日槍決。（按：一說係陳紹禹告密）❼於是中共改以「農村包圍城市」策略，以流寇方式作爲暴

❻ 中國共產黨之透視，頁一四一——一四三。

❼ 張國燾，我的回憶（香港，明報月刊，一九七三年出版），第二冊，頁八六六——八六七。

動主要路線❽。

民國二十年六月，由於中共特務領導人顧順章之自首，中共在京滬所有機關和組織全部被破壞。同月二十二日，中共中央總書記向忠發在上海法租界被捕獲，向氏已表示悔過自新，政府亦已同意寬恕，而中共賄通淞滬警備司令部承辦人員，於二十四日遽予槍決，乃改由留俄派陳紹禹繼任總書記。其時第三國際已停止對中共之補助，中共中央之經費全賴中共所盤據「蘇區」之供應。接受中共中央指揮幹部僅二百人，另在莫斯科者亦僅二百人❾。而贛南實力派朱德、毛澤東等對陳氏反對甚力，故陳氏不能大有所作爲。

是時各地共軍之番號復有所變動，計有：江西東南部朱德、毛澤東所統率之「第一軍」，湘西、鄂西洪湖地區賀龍所統率之「第二軍」，贛西地區彭德懷所統率之「第三軍」，豫、鄂、皖邊區鄺繼勛所統率之「第四軍」，贛西地區黃公略所統率之「第五軍」，湘、鄂邊境蕭克所統率之「第六軍」，廣西西南李明瑞所統率之「第七軍」，俞作柏所統率之「第八軍」，贛南羅炳輝所統率之「第九軍」，贛東方志敏所統率之「第十軍」，以及湘、鄂、贛邊境孔荷寵之「第十六軍」等。（按：「第十一軍長」古大存在廣東，「第十二軍」羅炳輝在上杭，「第十三軍長」董振堂在興國，「第十四軍長」鄧子恢在寧都，「第十五軍長」趙博生在瑞金。「二十軍長」曹炳春在泰和，「第二十二軍長」陳毅在瑞金，「第二十五軍長」羅桂坡在尋鄔，「第二十

❽ 蔣中正，蘇俄在中國（臺北，中央文物供應社，民國四十五年十二月出版），頁六〇。
❾ 「轉變」雜誌，頁三四，民二十二年十二月出版。

六軍長」楊岳斌在寧都，「新編第十六軍長」劉德新在永新，「預備第三軍長」曾正初在寧都。）此外另有一些獨立師、縱隊司令番號，惟均千數百人不等。只有三處力量稍具規模：即江西朱德、彭德懷等部合計約一萬五千枝槍，豫、鄂、皖邊區「第四軍」鄺繼勛部約一萬枝槍，以及湘、鄂西部賀龍之「第二軍」約七千枝槍[10]。

同年夏，中共中央鑒於上海機關迭遭破壞，決定「中央政治局」遷往江西共軍控制地區，由周恩來、秦邦憲、張聞天前往領導。另於豫、鄂、皖和湘、鄂西南兩地區，分別設立「中央分局」，前者由張國燾、沈澤民、陳昌浩主持，後者由夏曦、關向應主持[11]。

同年十一月一日，中共在瑞金召開「蘇區黨第一次代表大會」，所通過之「政治決議案」，檢討過去肅反錯誤[12]。七日復在瑞金舉行「第一次全國蘇維埃大會」，選舉毛澤東爲蘇維埃執行委員會主席，項英、張國燾爲副主席，毛並兼「人民委員會」委員長。周恩來爲「軍事委員會」主席，朱德爲紅軍總司令，劉伯承爲參謀團主任，實力派取得實際領導地位。民國二十一年夏，毛澤東設計誘陳紹禹至贛南共區，加以軟禁，經共產國際米夫之調停，二十二年夏，派至莫斯科，任中共駐第三國際代表，中共總書記改由秦邦憲繼任，毛澤東逐漸掌握實權。是時各地共軍總數僅十四萬四千一百人，槍枝四萬八千七百枝[13]。

---

⑩ 我的回憶，第二冊，頁八八八—八八九。
⑪ 同前註，頁八九三。
⑫ 蘇區中央局「蘇區黨第一次代表大會通過政治決議案」，一九三一年十一月出版。
⑬ 中國共產黨之透視，頁一六〇—一六四。

二、國軍對中共之圍剿

中共實力之擴張，與內憂外患相呼應。民國十九年冬，討逆戰爭告一段落，十二月九日蔣主席在南昌召開軍事會議，決定第一次剿共作戰計畫，以攻擊贛南、閩西所謂「中央蘇區」爲目標。此一地區共軍，計朱德之「第一軍團」、彭德懷之「第三軍團」，總兵力約四萬二千人。二十五日，蔣主席歸京過漢口，發表「告湘鄂贛皖閩豫六省縣長書」，凡棄城委共軍者，決依軍法從事❶。二十六日，政府任命魯滌平爲陸海空軍總司令南昌行營主任，指揮第六、第九、第十九各路軍，約計四萬四千人，及航空隊，大舉進剿。二十九日發動攻擊，第九路軍第十八師張輝部向龍岡搜索前進，共軍利用地形，化裝農民，設伏以待。三十日，張部中伏，全軍覆沒，張氏被俘遇害。第九路軍第五十師譚道源部，自東韶突圍而出，官兵犧牲慘重，遺棄步槍千餘枝，機槍四十餘挺❷。

二月十日，政府改以軍政部長何應欽爲南昌行營主任，以賀國光、王綸爲正副參謀長，對贛南中共實行第二次圍剿。參加作戰兵力計整補後之第六、第九、第十九等軍，及新由湖南、山東調來之第五、第二十六軍精銳部隊，共十一個師，約十一萬三千人，以寧都爲進攻目標。是時贛南中共亦擴充至十一個軍，約六萬六千人以應戰。

❶ 民國十九年十二月二十六日，上海中央日報。
❷ 剿匪戰史，第二册，頁九七—一〇九。

四月一日，國軍分七路協同前進，與共軍苦戰於富田、水南、滕田一帶。共軍化整爲零，利用山岳地形，引誘國軍深入，各個擊破。五月二十七日，共軍二萬餘人猛撲廣昌，第八師毛炳文部傷亡慘重，第五師長胡祖玉兵敗殉職，廣昌、雩都、寧都、建寧、泰寧、黎川等地相繼失守，國軍被迫後撤，恢復圍剿以前態勢❸。

六月二十一日，蔣主席親蒞南昌，主持第三次剿共軍事，調整戰鬥序列，以何應欽爲剿共前敵總司令兼左翼集團軍總司令，陳銘樞爲右翼集團軍總司令，蔣光鼐爲第一軍團總指揮，孫連仲爲第二軍團總指揮，朱紹良爲第三軍團總指揮。並以陳誠、趙觀濤爲第一、二路總指揮。六月三十日發表「出發剿匪告全國將士書」，申明全國革命軍人必須明認篤信：㈠戒除內戰，保障統一。㈡剿滅赤匪，安定社會❹。士氣爲之一振。七月一日頒佈動員令，軍中實行連坐法，大舉進攻。七月十三日克廣昌，十九日克寧都，八月四日克興國，十二日克雩都。九月九日陳誠部克瑞金，共軍潰散山區，死傷八千餘人，繳獲槍械五、六千枝❺。因九一八事變發生，東北淪陷，國軍北調禦侮，共產國際趁機電示中共中央，誣稱：「號召推翻出賣民族、污辱民族的國民黨政府，民衆革命推翻國民黨是反帝國主義民族革命戰爭勝利先決條件。」「只有蘇維埃中國，與中國紅軍，才能保證中國民族獨立與解放，及統一中國。」❻

❸ 同前註，頁一一七—一三七。
❹ 蔣總統言論彙編（臺北，正中書局等發行，民國四十五年十月出版），卷二十一，頁一〇—一三。
❺ 剿匪戰史，第二冊，頁一四五—一六一。
❻ 錄自中共中央組織部編，中共中央文件，一九三一年十二月二十九日收。

於是共軍乘勢發動反攻，與國軍對峙於吉安東南東固鎮附近。十二月十四日，國軍第二十六路軍孫連仲部董振堂、李振國兩旅兩萬餘人，在寧都、廣昌一帶叛變投共，編爲「紅軍第五軍」，國軍得地復失，中共氣燄復熾，其中央蘇區共軍實力，由民國十九年李立三時代之六萬二千人，增加至十萬人左右❼。

中共乘「一二八」淞滬抗戰爆發，四處竄擾，擴大「蘇區」。中共中央先後發表「中國共產黨關於上海事件的鬥爭綱領」和「請看反日戰爭如何能夠得到勝利」文告，謬指：「國民黨軍閥們的領導作戰，不是爲了要使這一戰爭得到澈底的勝利，而是要在抗日招牌下，侵吞民衆的捐款，來向帝國主義投降。」號召國軍，「殺掉你們的長官加入紅軍」、「武裝擁護蘇聯」、「必須推翻國民黨軍閥這一領導。」❽於是各地共軍大肆蠢動，其豫、鄂、皖邊區「第四方面軍」，由鄺繼勛率領，張國燾任中央分局書記，陳昌浩任政委，設大本營於金家寨，威脅蚌埠、信陽等地。與段德昌所率鄂中共軍，賀龍所率鄂西、湘西共軍，李明瑞所率湘東、贛西共軍，互相聯繫，企圖包圍武漢，勢甚猖獗。

五月二十一日，蔣委員長受命兼任豫、鄂、皖剿匪總司令，決定先自肅清華中一帶共軍著手。六月十五日，蔣委員長在廬山召開豫、鄂、皖、贛、湘五省清剿會議，國軍主要

---

❼ 中共中國現代史研究委員會編，中國現代革命運動史（一九三七年延安抗日大學，中共中央黨校講義），下冊，頁三一一四六。

❽ 中共中央文件，轉引自郭華倫，中共史論（國立政治大學國際關係研究中心、東亞研究所，民國七十一年十月出版，第二冊，頁三二四—三二七。

將領何應欽、何成濬、陳誠等咸出席。確定第四次圍勦計畫，以「七分政治，三分軍事」兼施並進；並實行保甲制度，以鞏固地方基層基織。二十八日，　蔣委員長抵漢口，設立勦匪總司令部，先後頒發「共匪自新悔過條例」，勦匪地區「農村土地處理條例」、「屯田條例」。並於省縣之間設置行政督察專員，督導地方政令之推行。乃分兵三路：右路軍司令官李濟琛，副司令官王鈞。中路軍司令官，　蔣總司令兼，副司令官劉峙。左路軍司令官何成濬，副司令官徐源泉。　蔣總司令親統中路軍，圍勦盤據豫、鄂、皖邊區共軍主力鄺繼勛之「第四方面軍」，右路軍進攻安徽霍邱、六安共軍側背，左路軍則迎擊進窺武漢賀龍所屬中共之「第二軍團」。

七月十二日，國軍右路軍徐廷瑤部，與共軍「第四方面軍」鄺繼勛，苦戰於霍邱，鄺氏採取主力防守戰略，城破後傷亡被俘各千餘人。八月六日，中路軍陳繼承部克宣化店，別部十日克河口鎮，九月初克新集，九月十四日克商城。中共中央撤鄺繼勛職，初由蔡申熙代爲指揮，繼由徐向前接其任。十一月，國軍合圍克其總部所在地之金家寨，徐向前、張國燾、陳昌浩等，因豫、鄂、皖邊區無法立足，乃率部突圍西竄，經豫省西南、陝南，於民國二十一年十二月，流竄至川北通江。原有一萬六千餘人，槍枝一萬三千餘件，機關槍百餘挺，經國軍沿途追擊，僅餘九千人，八千枝槍，機槍只剩一半，大小砲三十餘門全部拋棄❾。惟以川軍將領心力不齊，勢力發展至爲迅速。二十二年二月，前後侵陷巴中、綏定、宣漢、萬源

❾ 張國燾，我的回憶，第三冊，頁一〇二九—一〇五二。

等縣，至同年秋，實力增至五萬餘人❿。乃成立「川陝省蘇維埃」，及「西北革命軍事委員會」，均由張國燾任主席，「工農紅軍第四方面軍」總指揮爲徐向前，副總指揮爲王樹聲，政治委員爲陳昌浩。二十三年八月，「紅四方面軍」擊敗川軍六路圍攻，川軍損失人槍三萬，川省共軍實力擴充至八萬人，「川陝蘇區」擴充至嘉陵江東沿，成都、重慶感受威脅⓫。

豫、鄂、皖剿匪總司令所轄左路軍何成濬部，於民國二十一年七月初自應城、天門一線向西進擊，七月十四日克京山及下洋港，二十四日克潛江。二十二年春，鄂中、鄂北共軍次第肅清。鄂中洪湖克復後，其「蘇維埃政府主席」魯易被擒伏法。「紅二方面軍第六軍長」段德昌受傷撤職。「第三軍長」賀龍進窺沙市不成，率殘部五千餘人，回竄鄂省西南鶴峰山區。鄂東黃梅、大冶本有土共騷擾，至是亦完全肅清，豫、鄂、皖三省共禍乃告一告落⓬。

豫、鄂、皖剿共之同時，江西剿共軍事繼續進行。民國二十一年四月十九日，政府任命何應欽爲贛、粵、閩邊區剿匪總司令，第四次圍剿贛南中共之根據地。何氏將所部分組爲九路，而以余漢謀（第一路軍在贛南）、陳誠（第二路軍在贛西南）、蔡廷楷（第四路軍，即第十九路軍在閩西南）三部爲主力，合計兵力十五萬三千五百人，對中共「中央蘇區」進行猛攻。七月中，共軍被迫竄入粵北，十四日陷南雄，遭國軍陳誠部追擊，傷亡慘重，同月底復

---

❿ 同前註，頁一〇九二—一〇九三。
⓫ 國聞週報，第十一卷，第四十四期，民國二十三年十一月五日出版。
⓬ 中國共產黨之透視，頁一六四。

回竄贛境。十月十七日，余漢謀部克崇義，二十三日陳誠部克金谿、南城。民國二十二年一月三十日，蔣委員長在南昌召開軍事會議，針對過去剿共經驗，策定作戰方略，以黨政軍密切配合，齊頭併進，於是各路展開激烈戰鬥。共軍受國軍壓力，陸續竄入閩西山區。

同年元月三日，日軍攻陷山海關，沿長城西犯，中共趁機響應，分五路自閩西回竄贛省。元月四日，集中兵力萬餘人襲擊南城北方之黃獅渡，國軍第五師周士達旅官兵傷亡過半，損失慘重。五日陷金谿，九日集合主力三萬餘人，進襲臨川。二月十二日，其第一、第三、第五軍團主力，約四萬餘人，包圍國軍中路軍最前線據點南豐。二十七日，國軍第五十二師因急於援救南豐，至距城六十公里蛟湖地方，遭林彪所統「第一軍團」二萬餘人所伏擊，損失幹部三分之二，士兵六千餘人，師長李明瑞負傷自戕。在北面揮師併進之國軍第五十九師，亦在霍源中伏，全師官兵損失殆盡⑬。同年三月，熱河淪陷，長城沿線戰事激烈，國軍紛紛北調增援，蔣委員長親蒞北平指揮抗日軍事，第四次剿共戰事遂半途而廢。

民國二十二年五月，華北局勢穩定後，政府擬定對中共圍剿計畫，任命陳濟棠爲贛、粵、閩、湘、鄂剿匪南路總司令，白崇禧爲副司令。何鍵爲西路司令，顧祝同爲北路司令，蔡廷楷爲東路司令，劉鎮華爲豫、鄂、皖邊區剿匪總司令。首先實行經濟封鎖，斷絕中共物資來源。十月二日，蔣委員長在南昌召集軍事會議，決定採取「三分軍事，七分政治」，即政治超越軍事策略，一面建築碉堡，截斷共軍交通；一面開拓公路，便利大軍之進行，步步爲營，

⑬ 剿匪戰史，第三冊，頁一六九—二二三六。另蔣總統秘錄，第九冊，頁七—二七。

節節前進⓮。共計使用兵力近百萬人，各種飛機一百五十餘架。

中共中央爲應付國軍第五次大圍剿，一面整編共軍，提出「創造百萬紅軍」口號，加强徵集農民參軍，建立反圍剿戰術原則，及反碉堡政策，並廣泛實行游擊戰。計其全部「工農紅軍第一方面軍」實力約十五萬人，馬步槍九萬餘枝，輕重機槍各三百餘梃，駁壳槍三百餘枝，迫擊砲四十八門，山砲八門，飛機五架（但無汽油）⓯。民國二十三年一月十八日，中共在瑞金舉行「六屆五中全會」，通過「目前之形勢與黨的任務」。議決「在中央蘇區內動員一切力量，一切資源，以擴大鞏固紅軍。」在政府統治區內，用最大力量領導工人階級，實行罷工鬥爭，發展農民群衆，反對稅捐，奪取土地⓰。同年一月二十四日，中共在瑞金舉行「第二次全國蘇維埃大會」，通過仍由毛澤東任中央執行委員會主席，兼人民委員會委員長。項英爲中央執行委員會副主席，朱德爲革命軍事委員會主席，周恩來爲副主席。毛澤東對大會所作之報告，聲稱：「動員廣大群衆，參加革命戰爭。」指出江西長岡鄉成年男子中百人中有八十人參加紅軍，福建才溪鄉百人中有八十八人參加紅軍。僅長岡鄉全鄉一千五百人中，竟銷售四千五百元公債票⓱，可見中共爲應付國軍之第五次圍剿，已竭盡其搜羅及脅迫人民參加

⓮ 蘇俄在中國，頁六四。

⓯ 剿匪戰史，第三册，附表十七、十八。

⓰ 錄自中共蘇區中央機關報「鬥爭」，第四十七期，一九三四年二月十六日出版。

⓱ 見中共「中央蘇維埃政府」機關報「紅色中華」，第二次全蘇大會特刊，第五期，一九三四年一月三十日出版。

之能事。

民國二十二年十月十六日，北路國軍轄第三路軍陳誠部，首先在硝石、資溪正面發動攻勢，各路繼之。十一月十日克宜黃，十二月三日克黎川，以福建事變發生，剿共軍事一度停頓。

民國二十三年一月底，國軍對贛南共軍完成包圍圈，除公路碉堡外，新築碉堡二千九百餘個。二月二十六日克永新，三十一日克南豐。自四月九日起，陳誠所部與中共彭德懷所統之「第三軍團」進行廣昌大會戰。中共中央總書記秦邦憲（博古）、中央軍委會主席周恩來、紅軍總司令朱德、國際顧問李德、前敵總指揮彭德懷、總參謀長劉伯承等，均趕赴前線督戰。中共「中央委員會」、「中央人民委員會」，並於四月二十四日發出「給戰地黨和蘇維埃的指示信」，號召共軍「動員一切力量爲保衛廣昌、會昌而戰鬥。」⑱

國軍自甘竹奮勇直攻廣昌，經二十次之激戰，和反覆衝殺肉博，戰鬥慘烈，死傷枕籍，共軍所憑藉頑抗之堡壘工事，被國軍空軍與砲兵一一摧毀。陣地凡六度易手，至四月二十八日，國軍卒冒傾盆大雨，以山砲、迫擊砲集中轟擊，步兵勇衝殺，攻入廣昌。共軍主力盡殲，傷亡四千餘衆，國軍亦犧牲二千五百人。至六月中，贛境共區僅餘五縣，閩境四縣，總面積不過四千平方里。糧食、鹽、布及一切軍需品逐漸短缺，中共乃陷入最艱難之困境。

九月底，國軍全線發動總攻，十月六日克石城，十日克龍崗，二十六日克寧都，十一月

---

⑱「鬥爭」第五十八期，一九三四年五月五日出版。

十日國軍遂攻克中共赤都瑞金。

中共殘餘約九萬人（包括家屬五千人，工作人員九千人），以林彪所統第一軍團、彭德懷所統第三軍團爲先鋒，早於十月二十一日在信豐附近突破國軍南路包圍圈，向西方逃竄，於是贛南各地大致肅清，惟到處殘垣斷壁，哀鴻遍野，慘不忍覩。十一月十二日，蔣委員長蒞臨南昌，嘉慰作戰各部隊。十三日任命何鍵爲追勦司令，指揮第一路軍劉建緒、第二路軍薛岳、第三路軍周元渾、第四路軍李雲杰、第五路軍李韞珩，繼續追擊西竄共軍⑲。

三、中共逃亡與國軍之追擊

民國二十三年十月，中共受第三國際所指示，留項英指揮「中央蘇區」黨政軍一切事宜，潛伏贛南，任陳毅爲「中央蘇區」軍區司令員，以紅二十四師爲主力，配合地方土共，繼續進行游擊活動，中央各單位及工廠、醫院等，乃自「中央蘇區」突圍西竄。以「第一方面軍」爲骨幹，重新編組軍事系統如下：中央軍事委員會主席兼總司令朱德，副主席周恩來、王稼薔，總參謀長劉伯承。中央縱隊司令員周恩來兼，政治委員羅邁。第一軍團長林彪，政治委員聶榮臻。第三軍團長彭德懷，政治委員楊尚昆。第五軍團長董振堂，政治委員蔡樹藩。第八軍團長周昆，政治委員何克全。第九軍團長羅炳輝，政治委員何長工❶。行列長達數十里，

⑲ 參照勦匪戰史，第四、五兩册。

❶ 參照，中共史論，第三册，頁四—七。

用聲東擊西之法，於十月二十一日突破南路粵軍陳濟棠部封鎖線，渡過信江，經南康、大庾，涉章水，於十一月上旬經湘南汝城、宜章、藍山向西奔竄。二十五日佯犯全縣，主力偷渡湘水。遭國軍第二路薛岳部追剿，傷亡三千餘人，乃經西延、通道、錦屏、劍河苗人區域，於十二月底竄抵貴州施秉、黃平間。繼由修文、息烽，於二十四年一月五日攻陷遵義。沿途盡是崇山峻嶺，羊腸小道，人馬擁擠，疲病交加，死亡相繼，以逃避國軍，所攜笨重器材通訊設備盡失。故抵達遵義時，僅餘三萬五千人左右❷。以貴州地方部隊缺乏戰鬥能力，遂予中共以喘息之機會。

贛南共軍主力西竄後，留守其「中央蘇區」及其附近各「蘇區」共軍殘餘力量，先後被國軍擊潰或消滅。共黨重要人員項英、陳毅等逃入深山潛伏，陳潭秋化裝轉往莫斯科，何叔衡踉蹌失足墜崖而死。二十四年二月二十三日，瞿秋白在長汀水口遭逮捕，六月十八日被處死。拘禁期間撰寫「多餘的話」，滿紙哀怨，內有「但願以後的青年，不要學我的樣子」字句。認爲參加共黨十餘年，是「一齣滑稽劇」、「不願冒充烈士而死」、「終究不能成爲無產階級的戰士」，深悔誤入歧途之非計❸。

自民國二十四年元月六日至八日，中共在貴州遵義舊城，召開「政治局」擴大會議，由中央總書記秦邦憲（博古）主持，出席「政治局委員」及「候補委員」秦邦憲、張聞天、周

---

❷ 劉伯承，回顧長征，載「星火燎原」（香港，三聯書店出版），一九六〇年七月，頁三—四。

❸ 載「國聞週報」，第十二卷，第二十六期。

恩來、陳雲、朱德、何克全，及「中央委員」毛澤東、劉少奇、李維漢（羅邁）、彭德懷，及指定列席者劉伯承、林彪等二十餘人。共產國際所派軍事顧問李德亦參加。會中秦邦憲遭到嚴厲之批判，認爲國軍五次圍剿其「中央蘇區」期間，中共中央所採取之防禦戰術錯誤，因而遭受慘重之損失；而西竄途中行軍遲緩，復招致鉅大之犧牲。議決：㈠免除秦邦憲中共中央總書記職務，由國際派張聞天繼任。㈡撤除周恩來中央軍事委員會主席職務，由毛澤東接替。㈢補選毛澤東爲政治局委員及政治局常務委員。㈣調秦邦憲爲總政治部主任，李維漢爲總政治部長，何克全爲總政治部宣傳部長。㈤派陳雲赴蘇俄，向共產國際報告中共西撤，及此次改組中央情形。㈥派潘漢年赴白區，以香港、上海爲中心，聯絡整頓白區黨務組織工作。㈦準備向北發展，相機在川南渡過長江，與「第四方面軍」會合，電知張國燾配合行動。㈧就地擴大紅軍，整編隊伍，撤消師級單位，精簡機構，下放幹部，加强團級指揮能力，充實連隊戰鬥力。㈨傳達會議決議，進行政治動員，提高士氣，肅清悲觀情緒❹。從此毛澤東掌握中共中央真正領導權；惟其對軍事仍一知半解，周恩來則以「中華蘇維埃革命軍事委員會副主席」名義，繼續負指揮之責。

中共在遵義停留十餘日，留賀龍、蕭克繼續在貴州活動，大隊於四月底竄入滇境，攻曲靖、霑益皆不克，二十七日陷宣威，二十九日陷尋甸。五月初，分道渡金沙江，北竄西康，連陷會理、西昌等地。二十五日越大渡河，陷瀘定。六月初，連陷天全、蘆山、寶興等地，

---

❹中共史論，第三冊，頁一八—一九。

企圖與川北中共之「第四方面軍」會合。「第四方面軍」依照中共中央指示，其「軍事委員會主席」張國燾、「總指揮」徐向前，糾衆渡嘉陵江南下接應，沿途與川軍作戰，傷亡近萬人。六月十八日，兩軍會師於懋功以北九十里之撫邊。其時中共「第一方面軍」僅餘一萬人上下，計，林彪「第一軍團」約三千五百人，彭德懷「第三軍團」約三千人，董振堂「第五軍團」不足二千人，羅炳輝「第十二軍」僅剩數百人。所有砲類盡失，機槍所餘無幾，每枝步槍平均纔五顆子彈❺。與其「第四方面軍」七萬餘兵力相比較，顯然相形見絀。於是中共之勢復熾，連陷川北茂縣、理番、北川等地，以川省軍人之分裂，勢力發展至爲迅速。

蔣委員長以西南軍人不相統屬，未能發揮清剿力量，首派賀國光參率謀團於民國二十三年十二月赴成都，指導剿共工作。任命四川剿匪總司令劉湘爲省政府主席兼保安司令。民國二十四年三月一日，軍事委員會武昌行營成立，以張學良爲剿匪總司令，錢大鈞爲參謀長，繼續清剿華中殘餘共軍。三月二日，蔣委員長飛抵重慶，二十四日飛抵貴陽，佈署堵截入滇共軍。四月十六日，任命吳忠信爲貴州省政府主席，中央命令乃得達於黔省。五月十日，蔣委員長飛抵昆明，指示雲南剿共及建設方針，與雲南省政府主席龍雲推誠相接，龍氏深受感動，乃決心服從政府。五月二十六日，蔣委員長移節成都，親自指揮川、黔、康三省剿共軍事。七月，蔣委員長移居峨嵋山，八月初開辦峨嵋訓練團，分批調集西南將領參加受訓，聘

---

❺ 張國燾，我的回憶，第三冊，頁一一二三—一一二四。

請專家講授，培養其軍事知識，及服從愛國精神，西南軍人始獲得新生命，有抗敵禦侮之能力❻。

民國二十四年六月二十五日，中共「中央政治局」，在撫邊兩河口舉行會議，「第四方面軍」軍事委員會主席張國燾、政治委員陳昌浩等，恃兵力雄厚，反對遵義會議改組「中央」之決議。主張南下，在川、康邊境建立根據地，相機攻佔成都平原。「第一方面軍」毛澤東、周恩來等，則主張北上陝北，與當地土共劉志丹合流。八月五日，再會於川邊毛兒蓋，雙方歧見益深。最後北上論獲得通過，張國燾、陳昌浩、徐向前等，被迫接受「中央軍事委員會」直接指揮。於是分兵兩路：毛澤東、徐向前、陳昌浩等，率「右路軍」，張國燾、朱德等率「左路軍」，於八月二十三日自毛兒蓋北上，越過川北、青海、隴東之大草原，陰雨連綿，道路泥濘，加以困於瘧疾、蚊蟲、瘴氣；復遭國軍第四十九師突襲，出發僅六天，病死者五百餘人，作戰傷亡在五千人以上。惟國軍犧牲亦超四千人，受傷者難以數計❼。張國燾恐遭全軍覆没，堅主回師南下，毛澤東竟率幹部及周恩來、林彪、彭德懷、葉劍英、張聞天、董必武，並所屬部隊一、三兩軍團約萬人（原一、三兩軍團和中央機關人員約七千五百人，加上「第四方面軍」抽調補充四團之大部分），悄然北上。張國燾則率其所指揮之「第四方面軍」約六萬人，仍經沮洳地帶，返回毛兒蓋。乃喊出「打倒毛澤東」、「打倒逃跑主義中央」、「南

❻ 陳布雷回憶錄（臺北，傳記文學出版社，民國五十六年元月出版），頁九九—一〇五。
❼ 中共第三十軍長程世才「包坐之戰」，載「星火燎原」，頁三八五—三八九。

下打成都吃大米」等口號，成立另一個「中共中央」組織。以張國燾爲總書記，中央委員除張國燾、朱德、陳昌浩，及兩河口會議增補之八名中委外，另增補「第一方面軍」劉伯承、李卓然、何長工、邵式平爲中委，共十五人，執行最高領導任務❽，雙方乃成對峙之局。

同年九月，毛澤東率疲殘共軍，衝出大草原臘子口，突破國軍包圍線，以所賸無幾，乃取消軍團番號，改稱工農紅軍陝甘游擊支隊，以彭德懷爲司令員，毛澤東自任政委。十月初翻越六盤山，二十日前後竄抵陝西北部瓦窰堡附近，與當地土共徐海東、劉志丹兩股匯合，實力不足四千人❾。

張國燾則率部沿川、康邊境意圖進犯川西平原，十月復陷天全、蘆山等地，十一月二十三日再陷滎經，連絡當地土匪，竄至大渡河以南地區，擬與活動黔省中共「第二方軍面」賀龍、蕭克部合流，重建黨政組織，計畫會攻成都，全蜀爲之震動。

同年底，國軍薛岳部移師西向，迭經苦戰，於民國二十五年元月十五日收復滎經，擊斃共軍四千，俘虜千餘。二月中，得空軍助戰，蘆山、天全、始陽、寶興一帶共軍大致肅清❿。

賀龍、蕭克之「第二方面軍」，殘餘約五千人，於民國二十五年六月，與張國燾所部「第四方面軍」，會師於西康雷波以南。七月，張國燾以西康地瘠民貧，無法供養大批部隊，乃統

❽ 中共史論，第三冊，頁六六四。
❾ 張國燾，我的回憶，第三冊，頁一一九七。
❿ 參照薛岳，剿匪紀實（臺北，文星書店，民國五十一年六月出版），「黔滇川南追剿」、「川西截剿」。

紅二、四兩方面軍，自甘孜、道孚一線，經西康東北，越雪山草地，於八月進入隴西洮河流域。十月底，紅一、二、四方面軍乃正式合流於甘肅靜寧、會寧一帶⓫。

張國燾憤北方中共仍以中央自居，且未改組西北局，藉口陝北荒涼，無法供應三個方面軍，決定組織西路軍，渡黃河向甘肅走廊進軍，目的在與新疆外蒙取得連絡，打通國際交通線，接受蘇聯援助。乃自靖邊利用奪自商人毛皮筏數十艘，搶渡黃河。遭國軍攻擊，及空軍轟炸，全軍三萬五千人，歷時三星期，僅渡過二萬二千人(包括董振堂之第五軍，孫玉清之第九軍，程世才之第三十軍等部)，由總指揮徐向前、政治委員陳昌浩率領西犯，餘軍一萬三千人，由張國燾、朱德率領，被迫逐漸東移，靠近陝北「蘇區」，得以倖存。

中共「西征軍」，於十一月二十日，陷古浪，並向威武、永昌進攻。十一月二十四日，國軍馬步芳部騎兵，集中兵力大舉反攻，經一晝夜爭奪戰，終於將共軍擊潰，收復古浪。西竄武威、永昌之共軍，亦大部爲國軍消滅，其第五軍長董振堂戰死。張國燾要求中共中央出兵援救，爲毛澤東所拒絕，西征軍餘部再竄張掖、高台，終於二十六年一月爲國軍所消滅。殘餘千餘人進入祁連山，零星個別陸續逃回陝北保安歸隊⓬。除陳昌浩等化裝潛返外，越戈壁沙漠進入新疆到達迪化者僅七百餘人，其中包括徐向前、李先念、李天煥等。其後由蘇聯編

⓫ 劉伯承，回顧長征，載「星火燎原」，頁一二一一三。另剿匪戰史，第十一册，頁九九七—九九九。

⓬ 張國燾，我的回憶，第三册，頁一二一一一二六一。

為戰車團，加以裝備和訓練，抗戰開始後才遣送返延安⓭。

中共「西征軍」之覆沒，予毛澤東攻擊張國燾之藉口，指其為「右傾機會主義」，應負「西征軍」失敗之嚴重責任，張氏遭到「公審」與「批判」，亦為民國二十七年四月，其幡然反正，投奔政府區之主要原因。

四、所謂「抗日民族統一戰線」

民國二十四年七月二十五日至八月二十日，共產國際第七次大會在莫斯科舉行，中共駐共產國際代表陳紹禹代表中共出席。鑒於中國政府剿共之勝利，陳氏報告宣稱：「中國共產黨為了對帝國主義斷然進行毫不留情的鬥爭，要使所有人民總動員，組成統一戰線。」第三國際執行人季米特洛夫（Georgi Dimitrov），遵照史達林指示，在大會上對中國問題發言，主張應「為維護和平，保護蘇聯而鬥爭。」並「建立人民統一戰線，以維護和平，和反對挑戰者。」❶其用意在利用聯合抗日為掩飾，以挽救中共垂危之命運。

同年八月一日，中共中央遵照第三國際指示，命陳紹禹在莫斯科以「中國蘇維埃政府、中國共產黨」名義，發表「為抗日救國告全國同胞書」（按：即所謂「八一宣言」，或謂中共西竄途中，在川邊毛兒蓋所發表。是時毛澤東、張國燾失和，對外通訊斷絕，疑不確。）提出

⓭ 李天煥「走出祁連山」，載「星火燎原」。頁四三七—四四一。

❶ 延安中共中央出版「共產國際第七次世界大會底決議案」。

「抗日人民統一路線」口號，並提議組織「全國人民聯合國防政府」。民國二十四年十一月，中共駐蘇俄赤色職工組織代表林育英（張浩），自莫斯科回到陝北，傳達第三國際第七次大會決議要旨，及「八一宣言」內容，中共乃於十二月十五日召開「中政治局會議」，確認所謂「抗日民族統一戰線」之政治路線❷。

是時日本增兵華北，煽動華北五省自治，嗾使內蒙古脫離中國，國難嚴重達於極點，舉國上下無不憤慨。中共乃利用此一心理，提出「停止內戰，一致抗日」主張，各大城市青年及知識份子，不明真象，基於愛國之心，竟有受其迷惑者。中共首要周恩來、劉少奇、秦邦憲等，則潛伏各地，作幕後之操縱。民國二十四年九月十八日，「上海抗日救國大同盟」，發表「九一八」四週年紀念宣言，儼然以中立恣態，調停國共衝突自居，十二月九日，北平教育界爲反對冀東自治僞組織，遊行請願，要求團結一致救亡。十九日各地學生復大規模遊行示威，要求政府抗日，維護國家領土完整，於是華北各地抗日民衆團體紛紛出現，總數在三十個以上，若「華北各界救國聯合會」、「北方人民救國大同盟」、「平津學生救國聯合會」、「平津文化界救國會」等，出版各種刊物，千篇一律，爲共產國際指示之「人民陣線」作宣傳之活動；華南各地亦不例外。於是挑撥地方軍與中央軍感情，唆使地方軍在「抗日不剿共」、「中國人不打中國人」口號下，對政府與中共間採取中立路線，而張學良之東北軍，及楊虎城

❷ 張國燾，我的回憶，第三册，頁一一九七—一一九八；蔣總統秘錄，第十册，頁二一—二三。

之西北軍，則爲主要之爭取目標。企圖引起中國全面抗日戰爭，便於中共之生存發展❸。

民國二十四年秋，周恩來經人介紹，在香港與政府駐港負責人曾養甫商談，表示中共但願從速「停戰」，一致抗日，別無他求。九月一日，周氏復致函陳果夫、陳立夫，重申中共抗日立場❹。惟其言行則大相逕庭。

民國二十五年二月二十一日，中共中央迫於陝北糧荒，毛澤東發表「東征抗日」宣言，以劉志丹爲「紅軍抗日前鋒隊」，渡河侵入晉西產糧區，以一部圍攻中陽、石樓，一部北向離石，其主力則南下向隰縣推進。三月八日，國軍閻錫山部敗之於孝義，共軍被擊斃者三千餘人。二十二日離石之戰，劉志丹戰死。三月下旬至四月底，國軍對竄擾晉西共軍，展開全線攻擊，在石樓之水頭殲滅共軍約千餘人，在隰縣、大寧間之午城鎮，殲滅共軍二千餘人，俘虜千餘人，共軍全線崩潰。五月初，共軍殘部由毛澤東率領，分途退回陝北❺。而中共之求和益亟。

同年五月五日，中共中央發出「停戰議和」通電，要求政府組織「抗日統一戰線」，並派周恩來代表中共、潘漢年代表共產國際，到上海與政府代表張沖會商。潘漢年旋至南京，與陳立夫進行談判，政府方面提出下列四條件：㈠遵奉三民主義。㈡服從蔣委員長指揮。㈢取

---

❸ 蘇俄在中國，頁六七—六八。

❹ 同前註，頁七三。

❺ 剿匪戰史，第十一冊，頁九八三—九八九。

消「紅軍」，改編爲「國軍」。㈣取消蘇維埃政府，改爲地方政府❻。中共表面表示接受，而暗中與西北剿匪副總司令張學良、西北綏靖主任楊虎城勾結，欲有所行動。

中共與楊虎城連絡，早在民國二十一年八月，張國燾、徐向前所率之「第四方面軍」流竄川北之際，雙方協議互不侵犯。楊甚至引用留英歸國共產黨員王炳南爲私人秘書，以便與中共中央有所接觸❼。中共與張學良接觸，則在二十四年九月，東北軍第一一〇師及一〇七師一部分在甘泉之戰，被共軍擊潰，一一〇師師長何立中戰死後。中共禮遇被俘團長萬毅、高福源等，及士兵數千人，並加以釋放，由於萬等苦諫張氏停止剿共，張氏頗爲所動。同年十一月，直羅鎮之戰，東北軍一〇九師復被擊潰，師長朱元峰被俘後，再度送還。中共中央乃先後派葉劍英、周恩來秘密至西安，與張學良有所接洽❽。中共並成立「白軍（政府軍）工作委員會」，由周恩來、張浩任正副書記，加强對東北軍之煽動分化工作。

民國二十五年七月十三日，蔣委員長在國民黨五屆二中全會，以「禦侮之限度」爲題，發表演講，聲明：「政府沒有一時一刻不在救亡工作上用心，也沒有一時一刻不在救亡工作上用力。」但「和平未到絕望時期，決不放棄和平；犧牲未到最後關頭，亦不輕言犧牲。」「對外所抱最低限度，就是保持領土主權完整。」政府絕不簽訂任何侵害領土主權協定，「假如有

❻ 蘇俄在中國，頁七三—七四。
❼ 張國燾，我的回憶，第三册，頁一〇九二。
❽ 同前註，頁一二〇二，及一二〇九。

人強迫我們欲訂承認僞國等損害領土主權的時候，就是我們不能容忍的時候，就是我們最後犧牲的時候。」❾八月二十五日，中共針對 蔣委員長演講，在陝北保安發表「中國共產黨致中國國民黨書」，略曰：

蔣委員長這種解釋是非常需要的，因爲中國人民始終不了解如何方可稱爲「和平的絕望時期」，與「犧牲的最後關頭」的最低限度，我們承認蔣委員長的這種解釋，較之過去有了若干進步，我們誠懇的歡迎這種進步。❿。

顯然表示中共表面對政府態度之轉變。是時中共之外圍組織「第三黨」、「學生聯合會」、「抗日救國會」等，公開在各地作反動之宣傳。十一月九日，日本人在上海所經營之「上海紡績」、「東華紡績」等八工廠，發生一萬餘名華工之聯合大罷工，幕係係「抗日救國會」沈鈞儒、章乃器、王造時、鄒韜奮、李公樸、沙千里、史良等所謂「七君子」所煽動。一時仇日情緒瀰漫全國，於是中共乃積極煽動張學良，企圖利用時機，誘禁 蔣委員長，發動叛變。

張學良承襲其父張作霖餘蔭，少年得志，負方面重任，不僅對共黨缺乏認識，即對國民黨之歷史與理論亦所知不多。但基於國恨家仇，有濃厚之排日情緒，視剿共爲非必要之舉，

---

❾ 蔣總統言論彙編，卷十二，頁三七七—三八〇。

❿ 蔣總統秘錄，第十冊，頁一四二—一四三。

遂被中共所利用⑪。所部政工主管黎天才，原係共產黨員，而張氏竟留用之，任以秘書之職。民國二十四年九月、十一月，東北軍第一一〇師與一〇九師剿共敗沒，東北軍銳氣盡挫，張氏信心更加動搖，受中共煽動，益觸發「和平」之念。二十五年一月二十五日，中共以紅軍總部名義發表「給東北軍全體官兵公開信」，極盡分化離間之能事，誣指政府派東北軍剿共，係一石二鳥之計，張氏遂決心聯絡中共，與楊虎城合作，謀有所異動。張氏乃被共黨份子高崇民、苗劍秋、孫銘九、應德田等所包圍，言行日趨偏激。

楊虎城，陝西蒲城人，出身綠林，性反覆。民國以來，先後隸屬于右任之靖國軍，馮玉祥之西北軍。十八年以後反對馮玉祥、唐生智之抗命中央（已詳本文第三項），升第十七路軍總指揮。十九年升陝西省省政府主席，二十一年兼西安綏靖主任，而野心大熾。二十二年政府命楊專任西安綏靖主任，以邵力子爲陝西省政府主席。二十四年十月，政府設西北剿匪總司令部，張以權力被奪，加以所部剿共損耗過多，心懷怨忿，共黨份子高崇民奔走於楊與張學良二人之間，遂被中共利用而不自覺。惟張部二十餘萬，楊部名爲兩軍，實僅兩師，張只留一衛隊營在西安城內，以釋楊疑，雙方乃一拍即合⑫。

民國二十五年上半年，張學良與共黨份子曾有四次接觸。第一次係二月，在上海與潘漢年相見，談判未得要領。第二次由所部六十七軍軍長王以哲介紹，在洛川與中共聯絡局長李

⑪ 張學良，西安事變反省錄，未刊稿。

⑫ 李金洲，西安事變親歷記，（臺北，傳記文學出版社，民國六十一年九月出版），頁一八—二〇。

克農會晤，日期不詳。雙方曾協議張氏與中共首要毛澤東、周恩來直接晤面時間。第三次係四月九日，張氏如約赴由東北軍一二九師駐守之延安，在天主堂與周恩來談判，並達成諒解，訂立條件如下：㈠共黨武裝部隊接受點編集訓，準備抗日。㈡擔保不欺騙，不繳械。㈢江西、海南、大別山等地，共黨武裝同樣受點編。㈣取消紅軍名稱，同國軍待遇一律。㈤共產黨不能在軍中再從事工作。㈥共產黨停止一切鬥爭。㈦釋放共產黨人，除反對政府，攻擊領袖外，准自由活動。㈧准其非軍人黨員居住陝北。㈨待抗日勝利後，共黨武裝一如國軍，復員遣散。㈩抗日勝利，准共黨爲一合法政黨，一如英美各民主國家⓭。第四次係西安事變前，葉劍英應張學良之邀秘密至西安，在張學良公館附近與張研究東北軍改造問題，提出東北軍政訓工作改進意見，張氏深以爲然⓮。於是赤氛籠罩西安，共黨及左傾份子公開活動，西安近郊王曲東北軍軍官訓練團，充滿反政府空氣，一時如「東北人民救國會」、「西安學生救國聯合會」、「西北民族解放前鋒隊」、「陝西援綏戰地服務團」等所謂「救國團體」，日夕遊行叫囂；大衆傳播工具，如「文化日報」、「西安民報」、「文化週刊」等，均在共黨掌握之中，散佈各項荒謬文件，淆亂視聽。張氏乃決心伺機向　蔣委員長進言，要求放棄剿共政策，共同抗日。

⓭ 西安事變反省錄。

⓮ 范長江「陝北之行」，頁九九，載黃峰編，第八路軍行軍記—長征時代。（漢口，光明書店經售，一九三八年一月）。

五、蔣委員長西安蒙難

民國二十五年秋後，日軍不時在華北舉行野戰演習，並嗾使內蒙僞軍進犯綏遠東部，大局異常嚴重。蔣委員長特於十月二十二日自南京飛西安，接見張學良、楊虎城、邵力子等，垂詢剿共情況，指示安內攘外方略；張學良竟提出對共黨妥協聯合抗日之主張。二十九日，蔣委員長移節洛陽。三十一日，蔣委員長五十華誕，全國各界均派代表至洛陽獻機祝壽，晉、陝將領閻錫山、張學良等，亦同車前來申賀。張早先曾派秘書李金洲兩度赴太原，探詢閻錫山對剿共之態度，雙方有所諒解，故閻先飛西安，然後與張聯袂至洛陽。張邀閻再向蔣委員長力爭，要求「停止內戰，一致對外」，遭蔣委員長痛斥，頗感沮喪。是夕晚飯後，兩人曾在軍校操場有所密談，內容無所得悉❶。十一月七日，蔣委員長自南京飛抵太原，晤閻錫山，策劃抗日軍事，旋返洛陽有所佈置。而張學良竟受中共煽動，進行其叛變之陰謀。

十二月三日，張學良至洛陽，晉謁蔣委員長，詐稱所部不穩，請求蔣委員長親蒞西安加以安撫。十二月四日，蔣委員長偕張學良自洛陽飛西安，下機時東北軍官數百人麕集，態度不馴，嘩稱欲向蔣委員長陳述意見，蔣委員長拒其要求，但允由張學良轉陳❷。蔣委員長按日接見陝、甘將領，咨詢戰況，指示機宜。七日，嚴飭張學良、楊虎城加緊進剿中

---

❶ 西安事變親歷記，頁二三—二四。
❷ 董顯光，蔣總統傳（臺北，中華文化出版事業委員會，民國四十一年十二月出版），中册，頁二四六。

共，並決定在西安召開軍事會議，以徹底消滅陝北殘餘中共為主題。中央將領陳誠、蔣鼎文、陳調元、陳繼承、萬耀煌等，先後到達者二十餘人。一時傳聞東北軍將調往安徽、蘇北整訓，張學良、楊虎城疑懼益深，乃促成西安事變之爆發❸。

蔣委員長駐節西安以東之臨潼華清池，隨帶隊僅二十名，另有憲兵五十名保護，臨潼周圍則由東北軍一旅防守，政府將領則均住西安城內之西京招待所。陳誠對張氏之陰謀已有所聞，曾秘密請求蔣委員速乘特快車離開西安，而 蔣委員長鎮定如恆，一無所恐，或謂張氏聞西安車站專車十一日午間升火，誤認為 蔣委員長翌日離開西安，乃於十二月十二日晨發動叛變❹。由其所部騎兵第六師長白鳳翔、第一○五師第二旅長唐君堯、團長劉桂五、衛隊第二營長孫銘九等，率領叛軍進攻行轅。衛士奮勇抵抗，死傷逾四十人， 蔣委員長越行轅圍牆，走避行轅後面驪山，昏暗中失足墜壕溝，背部受傷頗重❺。後陷身山腹滿佈荊棘一巖穴中，叛軍搜索 蔣委員長挺身呵叛軍，不得無禮，乃由唐君堯、孫銘九等護送，登車疾馳西安，被軟禁於新城大樓綏靖公署❻。政府將領之留西安者，則被楊虎城之西北軍所拘留。西安城內西北軍除包圍西京招待所外，復封鎖飛機場，解除警察武裝，搶掠銀行及政府機

---

❸ 西安事變親歷記，頁二五—二六。
❹ 郭增愷「一個歷史問題的交代」，引自西安事變三憶（香港，大地出版社出版），一九六二年九月，頁四十。
❺ 蔣總統傳，中冊，頁二五一及二六七。
❻ 蔣中正「西安半月記」，載蔣總統言論彙編，卷二十四，頁三八—四一。

構❼。是役中央委員兼黨史史料編纂委員會主任委員邵元沖，及蔣委員長隨從秘書蕭乃華、憲兵團長蔣孝鎮、區隊長毛裕禮、侍衛官蔣瑞昌、湯根良、張華、汪家榮等遇難，總司令部參謀長錢大鈞、侍衛官竺培基、施文彪等重傷。

張學良於西安事變發動時，命各地所駐紮之東北軍同時暴動。僅蘭州東北軍五十一軍于學忠部接受亂命，包圍中央駐蘭州軍政機關，並將中央留守部隊繳械，搶掠之慘有過於西安者❽。其餘分駐豫、鄂、蘇、冀各省東北軍，則表示服從政府。駐洛陽砲兵第六旅長黃永安，以張學良密電送呈洛陽軍分校主任兼鞏洛警備司令祝紹周，祝因得制敵先機，通知駐咸陽之萬耀煌部回軍西安，並命第二十八師董釗部先西北軍馮欽哉部四小時搶駐潼關，以扼陝西咽喉，叛軍遂成坐困之局❾。

同日，張、楊通電全國，提出八項政治主張：㈠改組南京政府，容納各黨派負責救國。㈡停止一切「內戰」。㈢立即釋放上海被捕之愛國領袖。㈣釋放全國一切政治犯。㈤保障人民集會結社一切自由。㈥開放民衆愛國運動。㈦確實遵行總理遺囑。㈧立即召開救國會議❿。張氏迭次晉謁　蔣委員長，陳述兵變之目的，堅欲　蔣委員長承認其條件，蔣委員長正氣凜然，嚴然拒絕，並爲之剖陳抗日救國目標，張氏感動，已有悔悟之心。

---

❼　西安事變親歷記，頁三〇—三一。

❽　白雲峰（白雪草堂）編，蘭州事變紀略（民國二十六年三月出版），頁一—二。

❾　西安事變親歷記，頁三四。

❿　「西安半月記」，引自蔣總統言論彙編，卷二十四，頁五〇。

是時中共份子乘機大肆活動，彭德懷首先至西安，面告楊虎城，可以出動四萬戰鬥兵相助⓫。十二月十四日，西安宣佈組織「軍事委員會」，成立「聯合抗日軍」，張學良為總司令，楊虎城為副司令，馬占山為東北挺進軍司令。並改組陝西省政府，由張氏任主席，容納中共份子參加。十六日，張氏調集軍隊，佈防渭南、華縣一帶，以謀頑抗。陝北之東北軍則自動撤出延安，中共中央遂自保案遷入，作為其軍政樞紐。

十二月十二日上午十時，南京國民政府首接洛陽祝紹周來電，知西安發生事變，但不明真象⓬。下午三時五十分，始獲得確實消息。當晚十二時，國民黨中央召開中央常務委員會及中央政治委員會聯席會議，議決如下：㈠由孔祥熙副院長代理行政院長。㈡軍事委員會常務委員改為五至七人，加推何應欽、程潛、李烈鈞、朱培德、唐生智、陳紹寬為常務委員。㈢軍事委員會由副委員長及常務委員負責。㈣關於調動軍隊，由軍事委員會常務委員兼軍政部長何應欽擔任。㈤張學良褫奪本兼各職，交軍事委員會嚴辦，所部軍隊歸軍事委員會直接指揮⓭。十三日，政府空軍開始在隴海鐵路沿線渭南、華縣等處轟炸。十六日，政府以何應欽為討逆軍總司令，明令討伐張學良、楊虎城。十七日，政府任命劉峙、顧祝同為討逆軍東西兩路集團總司令，分督大軍西進，對西安採取包圍形勢。

⓫ 郭增愷「一個歷史問題的交代」，引自西安事變三憶，頁一〇〇。
⓬ 總統府機要檔案—西安事變，來電。
⓭ 何應欽「粵陝事變之經過」，載「革命文獻」第三十輯，頁八九三，黨史委員會出版。

當此之時，舉國輿論同聲申討張、楊，即素來反對政府之李宗仁、馮玉祥等，鑒於外患之嚴重，知非　蔣委員長領導不足以救亡圖存，張、楊遂成孤立無援之勢。獨韓復榘於十二月二十一日，發佈一通暗示和平解決、聯共政策之「漾電」，此舉為黨政領袖、全國各界所同憤，咸認為此乃民國以來軍人藉事端要脅中央之慣技。此事對韓復榘與中央間之關係，造成相當之損害⓮。

十二月十四日，　蔣委長顧問端納（William Henry Donald）（按：端納，澳洲人，曾任張學良顧問）偕黃仁霖飛抵西安，張學良於閱讀　蔣委員長日記及有關重要文件後，確知　蔣委員長已作全面抗日之準備。其「手擬稿件」中一項「軍事方案」，曾列有七路軍隊指揮官姓名，如「第一路軍兼總司令蔣中正」、「第二路軍總司令張學良」等。並有令參謀總長程潛、訓練總監唐生智，和軍政部長何應欽，合擬抵抗計畫「呈核」電文⓯。張氏益加感動，更覺慚愧，乃懇求　蔣委員長於是晚移居金家巷張學良官邸比鄰之高桂滋師長新建住宅，由張氏衛隊加以保護。翌日端納飛返洛陽，國人始悉　蔣委員長之安全。

蔣委員長抱成仁之決心，於十五日託黃仁霖致函蔣夫人，告以：「余既為革命而生，自當為革命而死，必以清白之體還我天地父母。」⓰惟被張氏所扣留，且阻黃氏回京；其用意以

⓮ 全電文見秦德純，「海澨談往」，（臺北自印本，民國五十一年出版），頁七八。
⓯ 郭增愷「一個歷史問題的交代」，引自西安事變三憶，頁八五。
⓰ 「西安半月記」，引自蔣總統言論彙編，卷二十四，頁五三。

蔣夫人在京，當可緩和國軍之攻陝也。十六日端納再度自洛陽飛西安，同日張氏將蔣鼎文釋放，翌日邀其同謁蔣委員長，要求國軍三日內停止進攻轟炸⑰。蔣鼎文乃於十八日持　蔣委員長分致蔣夫人、何應欽手函，飛返南京。二十日，與張學良有交誼之宋子文飛抵西安，於晉謁　蔣委員長後，翌日飛反南京。二十二日，蔣夫人乃偕宋子文、蔣鼎文、戴笠等飛西安，諄告張學良曰：「目前應討論者，如何使此事件迅速結束」，因「　蔣委員長留此愈久，國家之損失亦愈大。」⑱ 時國軍已逼近西安，而張氏所部東北軍與楊虎城之西北軍復發生摩擦，張氏惶懼不安，乃決定將　蔣委員長釋放。初欲　蔣委員長化裝離陝，被　蔣委員長所拒絕，乃同意　蔣委員長公開返京。宋子文往各處對張、楊所部各將領反覆解說，衆疑均釋，楊亦終於贊成。十二月二十五日下午三時，　蔣委員長召見張、楊加以訓誡，告以：「此次爾等悔悟之速，足見尚知國家爲重」，今後「應絕對服從中央命令，一切惟中央之決定是從，共同挽救我垂危之國運，此即所謂轉禍爲福之道也。」⑲　蔣委員長乃於下午四時許飛離西安。臨行，張堅請同行，　蔣委員長再三阻之，謂：「爾行則東北軍無人統率，且此時到中央亦不便。」張云：「一切已囑楊虎城代理」，遂登機，陪送　蔣委員長，五時二十分抵洛陽，二十六日飛抵南京。其他政府官員亦於二十七日返抵首都。

---

⑰ 同前註。

⑱ 參照蔣夫人，西安事變回憶錄（民國二十六年初版，民國六十六年十月，中央文物供應社再版）。

⑲ 蔣總統言論彙編，卷十二，頁三八一—三八四。

張學良既抵京，寄居宋子文寓，表示願受國法之制裁。是時舉國歡欣若狂，各地自動熱烈慶祝。十二月二十九日，中國國民黨中央常務委員會議決，免除張學良本兼各職，交軍事委員會嚴辦。蔣委員長則以西安事變之責，雖由張學良所發動，而個人爲全國最高統帥，應負一部分責任，乃呈請國民政府辭去軍事委員會委員長職務，國民政府令勿庸議。三十日，蔣委員長再向中央執行委員會請辭，當經一致議決挽留，並給假一月，以資休養。三十一日，軍事委員會組織高等軍事法庭會審，由二級上將李烈鈞任審判長，朱培德、鹿鍾麟爲審判官，判處張學良有期徒刑十年，褫奪公權五年[20]。蔣委員長以張氏悔過甚速，呈請國民政府予以特赦。

民國二十六年一月四日，政府特赦張學良，免除其徒刑，惟仍交軍事委員會嚴加管束[21]。五日，行政院政務委員會議決：㈠裁撤西北剿匪總司令。㈡任命顧祝同爲軍事委員會委員長西安行營主任。㈢西安綏靖主任楊虎城、甘肅省政府主席兼第五十一軍長于學忠，革職留任。㈣陝西省政府主席邵力子辭職照准，由孫蔚如繼任。㈤甘肅綏靖主任朱紹良職辭照准，由王樹常繼任[22]。

楊虎城、于學忠等，初以要求釋放張學良爲藉口，對政府仍持頑抗態度。蔣委員長迭

---

[20] 「李烈鈞自傳」，引自李烈鈞先生文集（黨史委員會，民國七十年十二月出版），頁九九—一〇四。
[21] 國民政府公報，第二二四四號。
[22] 民國二十六年一月六日，上海中央日報。

函告戒，至一月二十六日始表示接受政府命令。二月二日，西安東北軍衛隊營長孫銘九及少數激烈份子發生暴動，將六十一軍長王以哲弒害，翌日敉平。二月五日叛軍自西安撤至三原附近，臨行搶去銀行現款二百餘萬。二月九日，顧祝同率行營人員進駐西安，受到各界之熱烈歡迎，陝、甘兩省各地秩序相繼恢復。

六、西安事變與中共

西安事變之突然發生，事前中共中央並不知曉。是晚保安中共中央始得消息，中共幹部歡喜若狂，漏夜討論此事。旋接張學良來電，邀周恩來到西安共商決策，並即派飛機至保安迎接中共代表至西安，希望共軍向延安及其附近地區銜接前進❶。中共乃於十三日動員其「紅軍大學」學員和各機關幹部，在紅軍大學前平地，趕修飛機場，以備飛機降落。十四日機場草草完成，但因山谷太窄，飛機仍無法著陸。專機在保安上空盤旋後，又飛回西安。故中共所派正式代表周恩來、秦邦憲等，遲至十五日始離開保安，取道陸路於十七日到達西安。

先是中共中央於西安事變後，一面草擬致莫斯科電報，請示對策，一面決定下列各點：㈠致電張學良表示贊許，保證今後行動馬首是瞻。㈡派周恩來、秦邦憲、葉劍英三人爲代表，經過延安飛西安。㈢電彭德懷等部，向延安及其以南地區挺進，沿途與友軍密切合作。㈣電在西安連絡人員，除對日宣言表示某些具體意見以外，一切俟周恩來等到後再議。㈤周恩來

---

❶ 西安事變反省錄。

等在西安，應俟莫斯科回電再作具體表示❷。以毛澤東爲首之激烈派，曾於十二月十三日集合三百餘人，在紅軍大學附近小溪旁草坪上聚會，由毛代表中共中央發表得意忘形類似瘋狂之叫罵，强調西安事變是中共抗日戰略成功之重大表現。大聲疾呼：「必須把蔣委員長解至保安，交全國人民公審，給予應得制裁，以償還十年的血債。」❸但十三日深夜，莫斯科第三國際拍來電令，卻與毛等願望相違。原電內容分爲三段：

一、肯定西安事變是日本陰謀所製造，並説明張學良左右及其部隊中，暗藏一些日本間諜，利用張野心及抗日口號，製造中國混亂，若聽任其發展，中國將出現長期內戰，抗日力量因之完全喪失，日本可坐享其利，蘇聯決不會爲這種陰謀所利用，更不會給予任何支援。

二、中國目前所急需，是一全國性抗日民族統一戰線，最重要是團結與合作，而不是分裂與內戰。張學良不能領導抗日，蔣委員長如能回心轉意，倒是能領導抗日唯一人物。

三、中共應爭取和平解決西安事變，利用這一時機與蔣委員長作友善商談，促使其贊

❷ 張國燾，我的回憶，第三册，頁一二三七—一二三八。
❸ 中共史論，第三册，頁一七〇。

成抗日，並在有利和平解決基礎上，自動將蔣釋放❹。

此一電報，無異對中共是晴天霹靂。惟爲爭取蘇聯之支援，不得不遵守第三國際之指示。乃決定將莫斯科之來電轉告周恩來，命令其依照原則進行，但必需替中共留出迴旋餘地。隨周恩來至西安共黨份子人數在二十人上下，受到張學良之熱烈歡迎，住於張學良官舍，備受款待。周等並參加已成立之「軍事委員會」，與東北軍、西北軍結成「三位一體」之組織。周等表示，萬一和平絕望，共黨決不袖手旁觀，彼此利害與共，武裝部隊願聽受張指揮調遣。及周接到第三國際指示後告張，張因本身處境及其他各種因素，並未發生反感。乃協議僅堅決要求實現八項要求，勿再使事件擴大，俾早日和平解決，保護　蔣委員長回京。同時調動共軍，集中耀縣、三原一帶，以備萬一❺。於是陝北共軍開始從東北軍、西北軍手中接收陝北延安等地，原駐張、楊部隊，奉命南撤。

周恩來曾由張學良說項引見，晉謁　蔣委員長，向　蔣委員長恭敬行禮，仍依在黃埔軍校習慣，稱蔣委員長爲「校長」。周氏陳訴，中共願擁護　蔣委員長爲全國領袖，決無不服從政府想法，亦未提出希望　蔣委員長簽字於八項政治主張要求。蔣委員長態度凝重而嚴肅，

❹ 張國燾，我的回憶，第三冊，頁一二四〇。
❺ 西安事變反省錄。

留心靜聽。❻

中共中央則於西安事變一週內，迭次電令其各地方組織，用各種方法（包括使用東北軍代表、救國會代表等名義），徵詢各地方實力派對於處置　蔣委員長意見，特別是山西、山東、四川、兩廣當局。並於十二月十五日密電南京國民政府，提出和平解決西安事變主張，均未獲得任何反應。遲至十二月十九日，始發出對「西安事變通電」，受電者爲南京黨政領袖及西安之張、楊。主張召開「和平會議」解決一切爭端。其四項提議如下：

一、雙方軍隊暫以潼關爲界，南京軍隊勿向潼關進攻，西安抗日軍亦暫止陝甘境內，聽候和平會議解決。

二、由南京立即召集和平會議，除南京、西安各派代表外，並通知全國各黨、各派、各界、各軍代表參加，本黨、本政府亦準備參加。

三、在和平會議前，由各黨、各派、各界、各軍，先提出抗日救亡草案，「並討論蔣介石先生處置問題」，但基本綱領總是團結全國，反對一切內戰，一致抗日。

四、會議地點，暫定南京❼。

---

❻ 張國燾，我的回憶，第三册，頁一二四四—一二四五。

❼ 見王健民，中國共産黨史稿（民國五十四年十月，自印本），第三編，頁一〇一。

由此可見中共企圖利用「和平會議」，動搖政府之用心，昭然若揭。因張學良受 蔣委員長精神感召而悔悟，已決定送 蔣委員長返京；加以全國輿論所不容，中共之通電不發生任何作用。故蔣委員之離開西安，張學良事前並未通知周恩來，至於親自陪同赴南京，周氏更無所悉。及接孫銘九密報，周恩來、葉劍英等聞訊趕至飛機場謀加以阻止時，時間上已遲一步。

民國二十六年二月，西安行營主任顧祝同計劃收編共軍。關於黨及政治問題，周恩來曾兩次到南京續行商談，仍以政府所提四項原則爲基礎。二月十五日，中國國民黨五屆三中全會在南京開幕，中共中央根據商談結果，致電三中全會，提出以下四點保證：

一、在全國範圍內，停止推翻國民政府之武裝暴動方針。

二、蘇維埃政府改名爲中華民國特區政府，紅軍改名爲國民革命軍，直接受南京中央政府與軍事委員會之指揮。

三、在特區內實施普選的澈底民主制度。

四、停止沒收土地政策，堅決執行抗日民族統一戰線之共同綱領❽。

同時要求中國國民黨執行下各政策：㈠停止一切「內戰」，集中全國資源以對抗外國之侵

---

❽ 蘇俄在中國，頁八。

略。㈡保證言論自由，釋放一切政治犯。㈢召集各黨各派各軍隊之救國會議。㈣儘速完成抵抗日本侵略之一切準備。㈤改善人民生活❾。二月二十一日，中國國民黨五屆三中全會第六次大會，通過「關於根絶赤禍之決議案」，針對中共要求，決定目前最低限度之辦法四項：

一、一國軍隊必須統一編制，統一號令，才能收指臂之效，斷無一國家許主義絶不相容軍隊同時並存著，故須澈底取消其所謂「紅軍」，以及其他假借名目之武力。

二、政權統一爲國家統一之必要條件，世界任何國家，斷不許一國之內有兩種政權之存在者，故須澈底取消所謂「蘇維埃政府」，及其他一切破壞統一之組織。

三、赤化宣傳與救國救民之三民主義絶對不能相容，即與吾國人民生命與社會生活亦極端相背，故須根本停止其赤化宣傳。

四、階級鬥爭以一階級之利益爲本位，其方法將整個社會分成種種對立之階級，而使之相殺相讎，故必出於奪取民衆與武裝暴動之手段，而社會因以不寧，民居爲之蕩析，故須根本停止其階級鬥爭❿。

二十二日，國國民黨五屆三中全會閉幕時，特發表宣言，聲明本黨今後對外之方針，以

❾ 蔣總統傳，中册，頁二六九。
❿ 「革命文獻」第七十九輯，頁四一九—四二一。

最大之忍耐與決心，保障我國家生存與民族復興之生路。對內共守和平統一信條，「必以自力使赤禍根絕於中國，免貽將來無窮戚；而永奠民族復興之基。尤當以最大之決心，遵守民主之原則，務使社會利益相互調和，平均發達，以馴至於共有、共治、共享之域，決不縱容階級鬥爭之謬說，以召致社會之擾亂；亦決不釀成貧富不均之厲階，以重貽將來之糾紛。」⓫ 遂以國難嚴重，剿共之軍事乃告一段落。

（臺北，中華民國政治發展史，第二冊，近代中國出版社，民國七十四年十二月，頁八九一——一〇六三。）

⓫ 「革命文獻」第六十九輯，頁二〇五——三一一。

五三　閩變之研究

一、引　言

民國十九年北平擴大會議失敗後，由於日本對華侵略之加劇，國人有感於外患的嚴重，截止二十六年全面對日抗戰爆發，各地雖迭有野心軍人抗命中央，多以和平而解決。若二十年之廣東事變，二十五之兩廣事變，西安事變等。惟獨二十二年之福建事變，十九路軍將領舉措荒謬，對內建立所謂「農工政權」，實行計口授田，剷除資產階級，變易國號國旗，反對國民黨，廢棄孫中山先生遺像與三民主義；對外表面反對帝國主義，實則聯俄、聯共、聯日、以壯聲勢。中央既勸告無效，乃實行武力制裁。計其自十一月二十日在福州舉行「中國人民臨時代表大會」起事，至崩潰不足兩個月，熙熙攘攘，不啻爲一幕歷史滑稽鬧劇。十九路軍將領自毀其光榮歷史，徒爲野心政客及社會主義幻想者所利用，殊爲世人所惋惜。

此一事變，去今不遠，且涉及時人，向無專文加以研究，茲值香港珠海書院舉辦「中國近六十年來之憂患與建設」國際學術會議，不揣愚拙，參考相關資料，連綴成篇，濫竽充數，固不能算爲成熟作品也。

二、十九路軍之淵源

十九路軍起源於民國九年陳炯明之粵軍，初駐閩南，總數約五萬人，分爲兩軍，陳以粵軍總司令兼第一軍長，許崇智任第二軍長。同年八月，自漳州回師廣州，驅逐桂系後，許崇智所部第二軍分出，直隸於革命政府，陳炯明以廣東督軍兼省長、陸軍部長、內務部長，編所部爲三師，第一師長由總參謀長鄧鏗兼任，第二師長洪兆麟，第三師長魏邦平。陳銘樞任第一師第四團團長，蔣光鼐任團副，蔡廷鍇、戴戟、沈光漢、毛維壽、區壽年等，分任該團副官、連長、排長、司書等職。

民國十年夏，孫大總命陳炯明出兵廣西，陳銘樞部嘗破桂軍沈鴻英部於涵洸。九月，桂省底定，陸榮廷出逃，桂系勢力瓦解。十一年三月，第一師長鄧鏗因暗中接濟北伐軍，遭陳炯明嫌忌，被刺殺於廣九鐵路大沙頭車站，孫大總統自桂林移大本營於韶關，回師廣東，改道贛南北伐，陳銘樞部隨大軍與江西督軍陳光遠部激戰於贛州城南之王霸嶺，六月十三日贛州遂被革命軍所收復。❶及陳炯明叛變，孫大總統廣州蒙塵，陳銘樞離職，學佛南京，遺缺由陳濟棠接任。十二年元月，陳炯明被驅出廣州。二月孫先生由滬返粵，重組大本營，委陳銘樞爲粵軍第一旅長，蔣光鼐爲該旅第二團長，蔡廷鍇、沈光漢、毛維壽、區壽年等，分任

---

❶ 陳訓正「國民革命軍戰史初稿」，第一輯，卷一，頁六三，民國四十一年七月，台北再版。

營長、連長等職。十四年春，革命軍第一次東征，三月中陳銘樞部破叛軍林虎部主力於興寧神岡山，二十日合教導團第二團克復興寧。❷五月革命軍回師廣州，粵軍第一旅參預平定滇軍楊希閔、桂軍劉震寰之亂。

七月一日國民政府成立，三日成立軍事委員會，八月二十六日組織國民革命軍，陳銘樞任第四軍李濟琛部第十師師長，蔣光鼐副之，轄二十八團蔡廷鍇、二十九團范漢傑、三十團戴戟。十月，破陳炯明餘黨鄧本殷主力於鶴山單水口，乘勝追擊，平定南路。其時國民革命軍六個軍中，除第一軍外，以第四軍作戰能力最强，該軍自設講武堂於肇慶，培養下級幹部，師長陳銘區、張發奎、陳濟棠、徐景唐，團長葉挺、黃琪翔，皆以能戰稱著，其他帶兵官俱爲一時之選。❸

民國十五年春，廣西服從國民政府，編桂軍爲國民革命軍第七軍，以李宗仁爲軍長。同年夏，吳佩孚所部師長代理湖南省長唐生智，受吳逼迫放棄長沙，求援於國民政府。六月初就任國民革命軍第八軍長兼前敵總指揮，蔣中正總司令乃命第四、第七兩軍先期往援。七月十一日克長沙，八月底陳銘樞所部第十師，協同張發奎之第十二師，破敵汀泗橋、賀勝橋，十月十日光復武昌。移師入贛，進攻馬迴嶺，截斷南潯鐵路，促成革命軍第一、三、七等軍得以迅速戡定江西。是年冬，陳銘樞升國民革命軍第十一軍軍長，兼武漢衛戍司令。蔣光鼐

❷ 同上書，頁二七六至二七七。

❸ 李宗仁口述、唐德剛撰寫「李宗仁回憶錄」，上冊，頁二一七，一九八六年三月，香港南粵出版社出版。

爲副軍長兼第十師師長，范漢傑爲副師長，戴戟爲第二十四師師長，蔡廷鍇爲副師長。

民國十六年春，寧漢分裂，陳銘樞、蔡光鼐、戴戟脫離武漢政權出走，蔡廷鍇升任第十師師長，仍撥歸第四軍指揮。五月二十七日破吳佩孚精銳於臨穎，與馮玉祥部國民軍會師隴海路。旋感武漢政權受制於共黨，蔡氏率第十師直走福建，電請陳銘樞、蔡光鼐復職。同年冬，南京中央政府重任陳銘樞爲第十一軍軍長，蔡廷鍇爲第十師師長，張世德副之，黃質勝爲新編第二十四師師長。十七年春，陳銘樞奉命率部返粵，再編成第二十六師，由戴戟任師長。陳氏在廣州創辦第十一軍軍官教導隊，積極從事訓練工作。❹

北伐成功後，民國十八年元月，國軍編遣會議舉行於南京，中央任命陳銘樞爲廣東省政府主席，陳部第十一軍遵命縮編爲一個師及一個獨立旅，蔣光鼐爲廣東編遣區第三師師長，戴戟副之，兼第八旅旅長。陳維遠爲第七旅旅長，蔡廷鍇爲獨立旅長，統歸第八路軍總指揮李濟琛節制。

三月，桂系李宗仁叛變，李濟琛涉嫌同謀被扣留南京，第八路軍總參謀長鄧世增等召開軍事會議，決定出兵由湖南北上支援叛軍，並擁護第八路軍第四軍長兼西區綏靖委員陳濟棠爲第八路軍總指揮，陳氏則接受中央所委任之編遣特派員，合廣東江防司令陳策，嚴令所部不得冒然行動。陳銘樞因折腿在香港療養，亦表示服從中央，鄧世增勢孤，乃被迫離穗。❺

❹ 丘國珍「十九路軍興亡史」，頁五至七，民國五十八年自印。
❺ 陳濟棠自傳稿，頁三二至三四，民國六十三年十月，台北，傳記文學出版社出版。

三月底，陳銘樞、陳濟棠、蔡光鼐、蔡廷鍇等，受胡漢民影響，乃通電主和。❻

五月初，李宗仁自稱「護黨救國軍總司令」，集合十三團之衆，沿西江向粵境進攻，連陷封川、江口等地，駐防東江徐景唐師受其煽動，同時叛變。中央任命陳濟棠爲第八路軍總指揮，陳氏親率陳維遠之第七旅、蔡廷鍇之獨立旅，大破徐景棠師於東江之派尾。戴戟則率第八旅大破桂軍白崇禧部於花縣之白坭。李宗仁、白崇禧勢蹙，殘部交師長呂煥炎、梁朝璣統率，逃亡越南，中央以兪作柏爲廣西省政府主席，李明瑞爲廣西編遣分區主任。❼同年秋，中央命粵軍第三師改稱六十一師，以蔣光鼐爲師長，戴戟爲副師長。擴充獨立旅爲六十師，以蔡廷鍇爲師長，李盛宗爲副師長。❽此兩師表面雖不相統屬，然其歷史淵源與陳銘樞有不可分割之關係。

民國十八年九月，駐防宜昌之第四師長張發奎，引兵南下，合廣西省政府主席兪作柏、廣西編遣分區主任李明瑞，共同反抗中央，併力進犯廣東。陳銘樞承中央命代籌五萬元，運動桂軍師長呂煥炎，呂乃宣佈服從中央。❾中央以呂爲廣西省政府主席，兼第八路軍副總指

---

❻ 同上書，頁三四至三五。

❼ 參照潘公展「十年來的中國統一運動」，引自中國文化建設協會編「十年來的中國」，頁一〇至一一，民國二十六年七月，上海商務印書館出版。雷嘯岑「三十年動亂中國」，上册，頁一四九，民國四十四年十二月，香港亞洲出版公司出版。

❽ 十九路軍興亡史，頁八。

❾ 陳濟棠自傳稿，頁三七。

揮，楊騰輝爲廣西編遣分區主任。十月，第八路軍總指揮陳濟棠，親統蔡廷鍇、香翰屏、余漢謀三師，分三路攻入廣西，俞作柏、李明瑞出逃，殘部由呂煥炎、楊騰輝所收編。⑩同年十一月，李宗仁、白崇禧自越南潛返廣西，呂煥炎、楊騰輝復叛，合張發奎部於十九年二月再逼廣州。陳濟棠指揮蔣光鼐之六十一師，蔡廷鍇之六十師，香翰屏之六十二師，於破敵之後窮追入桂，再挫敵於北流。

同年五月，中原大戰既起，李宗仁、張發奎與閻錫山、馮玉祥相呼應，合力自廣西北出湖南，連陷衡陽，長沙等地。中央急調蔡廷鍇之六十師，及陳濟棠所轄李揚敬之六十三師，分由梧州集中韶關，追躡叛軍之後，叛軍回救，六月底重創叛軍於衡陽，是爲大局之轉捩點。⑪七月下旬，中央命六十三師留守衡陽，調六十師、六十一師增援山東津浦路前線。八月，擊潰叛軍閻錫山部，連克泰安、濟南等地。⑫中央論功行賞，以六十師、六十一師合編爲第十九路軍，任蔣光鼐爲總指揮，蔡廷鍇爲軍長。六十一師師長由副師長戴戟代理，六十師師長由沈光漢接充。中央除賞兩師官兵一百萬元外，特別支給蔣光鼐、蔡廷鍇數萬元以酬之。蔣、蔡等則以中央任第一軍團總指揮韓復榘爲山東省政府主席，心懷不平，遂與中央發生嫌隙。⑬十月，十九路軍奉命南調江西剿共，仍歸右集團軍剿赤總司令陳銘樞指揮。另擴

---

⑩ 國民革命軍戰史初稿，第二輯，卷一，頁九六至九七。
⑪ 陳濟棠自傳稿，頁三九。
⑫ 國民革命軍戰史初稿，第二輯，卷三，頁六八五至八五六。
⑬ 蔡廷鍇自傳，頁二二八，黑龍江人民出版社，一九八二年六月出版。

編七十八師一師，以區壽年爲師長。

民國二十年十月，廣東事變和平解決，雙方達成協議，十九路軍調駐京滬沿線，陳銘樞以奔走調停之功，任京滬衛戍總司令。同年十一月，中國國民黨第四次全國代表大會舉行於南京，陳銘樞、蔣光鼐、蔡廷鍇均被推爲代表，蔣則拒不出席，蔡受陳銘樞所託，爲其競選中央委員起見，勉强到會，但並不甘心。⓮

同年十二月，日軍侵犯黑龍江，馬占山部迎戰嫩江橋，十九路軍各師竟自選志願兵（計六十師二千五百人，六十一師二千七百人，七十八師二千四百人），號稱「西南國民義勇軍」，由蔡廷鍇任總指揮，編成兩獨立旅，一特務營，藉口收復東北，要求北上抗日。時蔣中正先生已下野，南京形成無政府狀態，得其書面報告，知其別有用心，與大局無補，回示：「其勇可嘉，其事必敗，千萬不可行。」⓯蔣、蔡等憾之益深。

民國二十一年一二八淞滬抗戰，除十九路軍外，中央另組第五軍，以張治中爲軍長，轄八十七、八十八兩師，增援作戰。復有第九師及稅警團協助防守，並非十九路軍一軍單獨作戰之功。只因中央顧全大局，作爲地方事件，概用十九路軍番號，外界不明真象，因之十九路軍聲譽噪起，蔣光鼐、蔡廷鍇等被誦爲民族英雄。計淞滬之役十九路軍所得各界之慰勞金，

⓮ 同上書，頁二六五。

⓯ 同上書，頁二六八至二六九。

一說九百餘萬；[16]一說在三千萬以上，另有公積金三百萬。[17]及三月一日敵軍自瀏河上游登岸，國軍後路受到威脅，十九路軍被迫向南翔轉進，第五軍則撤退至常熟一帶。中央顧全大局，爭取時間，以爲抗日之準備，五月五日與日方簽訂淞滬停戰協定，蔡廷鍇等竟誤認爲中央「無決心，無準備，似屬可恨。」甚至聲稱「有親日派混入政府裏頭把持，只有一天一天地破壞抗日情緒，並不會有人助成抗日的陣容。」[18]蔣、蔡等與中央隔閡益深，陳銘樞人望既高，而野心大熾。

當淞滬抗戰之際，中共幹部化裝學生平民，前來投効者頗多，組織團體，暗中從事兵運工作。印發宣言，反對停戰定，對十九路軍士氣頗有影響。[19]

三、閩變之醞釀

民國二十二年之福建事變，陳銘樞實居於關鍵之地位。陳氏爲人志大而才疏，好高而騖遠。[20]一二八事變後，汪兆銘任行政院長，陳氏爲副院長兼交通部長，突負盛譽，驟躋高位，

---

[16] 同上書，頁三〇〇。
[17] 十九路軍興亡史，頁一七六。
[18] 蔡廷鍇自傳，頁二九八至二九九。
[19] 十九路軍興亡史，頁六六至六八。
[20] 陳公博「苦笑錄」，頁三〇四，香港大學亞洲研究中心，一九八〇年二月出版。

喜與上海租界內倡言社會主義講壇派人物相往還，如黃禮錫、梅龔彬、周一志、彭芳草、劉叔牟等。一時共黨份子、第三黨人士、失意政客、落拓軍人，麇集其門下。陳氏乃暗中組織「社會民主黨」以拉攏群衆，成立「神州國光社」、「孤軍社」，以網羅左側文人。發行「讀書雜誌」，編印「中國內亂外患歷史叢書」，煽動人心，宣揚社會主義。

陳氏與第三黨領袖鄧演達過從密切，曾函告鄧氏，謂其入京之目的，係「入虎穴，取虎子。」勸鄧氏表面與中央合作，投身政府內部，便於「進行革命」。及鄧氏死，事牽陳氏，陳氏狐疑，無以自遣，遂蒙異志。㉑有人向陳獻議：「要革命應即在京發動，目前南京空虛，事輕而易舉。況汝身爲衛戍司令兼交通部長，權力在握，指揮調遣，操縱自如」㉒陳氏有所顧慮而不能決。

淞滬抗戰結束後，中央或爲拱衛首都起見，或爲便於集中訓練，國軍逐漸向南京附近集中。十九路軍將領蔣光鼐、蔡廷鍇等，疑十九路軍已陷入包圍圈中，且有人離間其部下分裂，極力運動調往福建整訓。中央從其請，六月中命十九路軍全軍四萬餘人，悉數移防閩省。在鎮江、南京等處乘船南運，六十一師在泉州登陸，其餘在廈門、嵩嶼、海澄登陸，七月二十日左右輸送完畢。時十九路軍中潛伏共黨份子甚多，到福建後紀律更加廢弛，閩人大感失

㉑ 雷嘯岑「卅年動亂中國」，上册，頁二一二至二一三，民國四十四年十二月，香港亞洲出版社有限公司出版。

㉒ 十九路軍興亡史，頁一二〇至一二一。

望。㉓中央改組福建省政府，初任蔣光鼐爲福建綏靖公署主任，蔡廷鍇爲十九路軍總指揮。十一月二十九日，改以蔣光鼐爲省政府主席，兼民政廳長，蔡廷鍇爲福建綏靖公署主任，示之以公，而息謠諑。會陳銘樞以經辦招商局變產契約，及簽訂電信合同受賄之故，爲時論所指摘，不安於位，對中央態度惡劣，棄職離京赴滬。中央顧惜陳氏聲明，爲緩和計，特派石瑛、段錫朋等到上海挽留，擬任其爲參謀總長，竟被陳氏所拒却。陳氏表面遠赴法國游歷，實暗挾十九路軍以自重。陳氏瀕行，在上海告蔡廷鍇曰：「因環境不好，擬旬内放洋，汪某（按：指汪兆銘）執政以來，鬼鬼祟祟，極峰又不滿，我不得不走。」「各方對十九路軍均有妒忌，請你留意。」㉔蔡則自感「懷不賞之功，戴震主之威」，㉕更堅其謀叛之志。

民國二十一年十月，蔡廷鍇藉口考察民團，派所部第八十七師一五六旅上校參謀主任丘國珍赴廣西，與桂系李宗仁連絡。返回之後，成立「福建省團務處」，積極訓練民團幹部，收編游雜部隊，以擴充實力。

同年八月六日，汪兆銘通電痛詆張學良喪失東北，宣佈辭行政院長職，雖經蔣委員長堅決挽留，仍藉口療疾，於十月二十二日遠赴歐洲，曾與陳銘樞有所接觸，院長職務中央命宋

㉓ 同上書，頁八六。
㉔ 蔡廷鍇自傳，頁三〇六。
㉕ 同上書，頁三〇九。

子文代理。㉖汪氏遲至張學良辭職後，始於二十二年三月十七日返國，至行政院恢復辦公。會日軍侵陷熱河，長城要隘盡失，冀東各縣紛紛淪陷，中央忍辱負重，欲爭取時間。充實國力，徐圖匡復，乃於五月三十一日與日本簽訂「塘沽協定」，遂爲野心政客所藉口，攻擊中央委曲求全。於是馮玉祥在張家口組織「民衆抗日同盟軍」，方振武亦組織「抗日救國軍」，北上增援察省。十九路軍乃派先遣隊，假道廣東，擬經過湖南北上。一時盛傳胡漢民在西南有另組政府，改組國民黨之計劃。由胡漢民任領袖，鄒魯任書記長，以「抗日」、「剿共」、「倒蔣」三主張相號召，與十九路軍經常有所聯絡。雙方議定：「團結粵桂閩三省軍事力量，以抗日救亡爲名義，既不擁護中央，亦不反對中央，實行軍事互助，三省中任何一省被敵侵犯時，其他兩省應以全力援助。」師長以上均署名。㉗胡氏對中央派來解釋塘沽協定代表南京市長石瑛、教育部次長段錫朋等，雖力闢並無其事，然認塘沽協定僅能偏安於一時，且對行政院長汪兆銘多所責難。㉘外界不明真象，竟有「新中國國民黨」之稱。鄒魯記其事曰：

> 我認定日本這次侵略，是要滅亡中華民族，若不力予抵抗，則國家民族必將陷於萬劫不復之地。所以對中央這種外交措施十分憤慨。於是我便到香港，和胡漢民先生等商

㉖董顯光「蔣總統傳」，上册，頁一七二，民國四十一年十二月，中華文化出版事業委員會出版。
㉗蔡廷鍇自傳，頁三〇七至三〇九。
㉘民國二十二年七月十二日，中央政治會議石瑛報告，中國國民黨中央黨史委員會庫藏文件。

量，決定約集志同道合的同志，重新的把黨整理起來。凡加入者均需宣誓，以示隆重。公推胡漢民先生做黨的領袖，我擔任書記長。這當然以抗日反共爲鮮明的標幟，就是對於容納親日派的蔣先生，也不開氣的反對，所以提出「抗日」、「剿共」、「倒蔣」三個主張。當時擁護這種主張的，除兩廣外，還有由淞滬到福建的十九路軍。其他贊成的亦不少，外間不明眞象，稱我們爲新中國國民黨。㉙

同年五月，陳銘樞返國抵香港，與當時負責「西南執行部」和「西政務委員會」主要人物有所接觸，協議團結一致，反對中央，另創局面。㉚蔡廷鍇親自相迎，陳氏詢問福建行政、軍事、經濟等事甚詳，乃相偕抵福建。蔡氏返漳州總部，陳氏乃日夕奔走，來往閩南、閩西、閩北之間，表面以抗日救國爲號召，暗中與中共相拉攏。㉛乃合廣西之李宗仁，均派代表至廣州，與胡漢民、鄒魯約定，聯兵北上抗日，以廣東當局陳濟棠表示擁護中央，未能作成決定。㉜

是時除胡漢民在粵繫華南重望外，李濟琛居香港，對廣西李宗仁、白崇禧有影響力。馮玉祥居泰山，以華北宋哲元爲背景。閻錫山居太原，以晉省爲根本。中共居瑞金，擾及贛南、

㉙ 鄒魯「回顧錄」，下册，頁三三一，民國三十五年七月，獨立出版社出版。
㉚ 卅年動亂中國，上册，頁二一五。
㉛ 蘇廷鍇自傳，頁三〇九。
㉜ 鄒魯「回顧錄」，下册，頁三三二。

閩西，及豫、鄂、皖邊區。故陳銘樞誤認爲一旦舉事，必然應者四起，成功無疑。陳氏座上客除神州國光社份子外，最著者有胡漢民親信朱蘊山（按：即民國三十八年春，由北平飛南京，勸李宗仁接受中共和談條件之所謂神秘客。）馮玉祥代表余新清、第三黨領袖譚平山、黃琪翔、章伯鈞，以及沈鈞懦、楊杏佛等。另由朱蘊山介紹中共駐滬代表李世章，與陳銘樞懇商，決定組織「抗日聯合戰線」，共同反抗中央政府。由李世章與瑞金中共中央通消息。時任內政部長之黃紹竑，則代表廣西李宗仁、白崇禧參預其謀，陳銘樞頗信任之。陳氏自忖資望不足以號召，初透過中央研究院總幹事楊杏佛，擬挽隱居上海之中央研究院院長蔡元培出山，因蔡氏拒絕，乃改推李濟琛。同年八月，陳氏偕黃紹竑潛赴香港，與李濟琛三人歃血會盟，誓共生死以圖大事。中共方面且指派駐香港「中華蘇維埃外部副部長」潘漢年（潘健行）爲全權代表，負責接洽，將來且擬隨陳氏到福州，代表中共常駐，以示切實合作之誠意。㉝

同年十月，十九路軍及福建省政府，派全權化表徐名鴻（按：徐係蔡廷鍇之秘書），至贛南蘇區瑞金，十月二十六日與中共代表潘漢年簽訂「反日反蔣的初步協定」，規定：「雙方立即停止軍事行動，暫時劃定軍事疆界線」，「恢復輸出輸入商品貿易」，「準備進行反日反蔣的軍事同盟」。並「立即進行反日反蔣軍事行動之準備」，「雙方應於最短期間另定反日反蔣具體作戰協定。」㉞陳銘樞乃有恃無恐。

㉝ 卅年動亂中國，上册，頁二一四。

㉞ 中共「中共蘇維埃政府」機關報，「紅色中華」，第四十九期，一九三四年二月十四日出版。

陳銘樞在香港時，曾與徐謙、陳友仁等有所密商，值同年六月十八日楊杏佛在上海被刺殞命，楊嘗與宋慶齡在滬組織「民權保障同盟」，至是陳銘樞左右咸感自危，「神州國光社」、「讀書雜誌」諸人，先後逃至福州，促陳氏儘速發動。十一月十九日，李濟琛、陳友仁、章伯鈞、黃琪翔等自香港繼至。

先是黃紹竑之參加陳銘樞叛國活動，係奉中央之命從事「反間」工作，暗中與中央通消息。九月二十七日，以內蒙古受日人煽動醞釀自治，中央命黃氏赴張家口，會同察哈爾、綏遠兩省政府，宣慰內蒙蒙胞。黃氏自福州北上，頻行語陳銘樞，謂將對多方面從事策反工作，陳氏信之不疑。中央盡得陳銘樞等叛國之虛實，乃派兩架飛機飛福州接蔣光鼐、蔡廷鍇至南京作最後之疏通，因被叛軍所扣留，[35]乃不動聲色，聽其活動。密令浙江省政府趕築浙閩公路，及溫州、處州等處機場，名爲建設地方，實則專備軍用。另命蔣鼎文統率國軍精鋭第二、第四、第五等路軍，共十餘師，駐紮浙閩邊區，以備不測，陳銘樞等遂成被動之局。

四、閩變之發生

陳銘樞等在福州，組織「生產黨」，積極籌組政府。其活動目標有二：一爲儘力拉攏中共，派徐明鴻爲代表，秘密赴上海，攜帶李濟琛、陳銘樞、蔡廷鍇等聯名函致送毛澤東、朱

---

[35] 十九路軍興亡史，頁一五五。

德，要求協商合作辦法。中共中央則表示須請示第三國際始能有所決定。繼得莫斯科指示：「不能用共產黨整個名義對等講話，只可作軍事上之連絡。」㊱乃由彭德懷妻及羅炳輝，於十月二十六日在福州與閩方代表，簽訂一項純軍事之秘密協定，相約如中央軍攻閩，共軍即以全力協同十九路軍夾擊之。閩方供給中共九十萬元，其中三十萬現款，三十萬購槍械，三十萬購其他軍用品。㊲閩方對中共糧食及其他必需品應予便利，並給以物資之接濟。㊳陳公博「苦笑錄」對閩方與中共之關係有較詳細之説明，認爲雙方之不能切實合作，亦爲陳銘樞招致失敗之一主要因素。略曰：

福州方面更於一九三三年十月，派徐明鴻代表與共方談判，要求合作，共同抗日。中共中央因而召開緊急會議，共方對福州方面態度，一直爲史家所爭論。有一説以爲共方分爲兩派：周恩來等主張立刻派兵赴福建，協助人民政府；但毛澤東則主張愼重，要求十九路軍先配合紅軍消滅駐閩西國軍，然後紅軍方能援閩。其後中共史家卻説毛一直主張援閩，後因國際派所反對而採觀望態度。但各項史料顯示，毛澤東與國際派當時主張愼重，待閩方有實際反蔣及「民主化」行動，才積極援閩。

㊱ 卅年動亂中國，頁二一五。

㊲ 日本產經新聞連載、中央日報社譯印「蔣總統秘錄」（中日關係八十年之證言），第九册，頁一三五，民國六十五年十月出版。

㊳ 國聞週報，第十卷，第五十期，民國二十二年十二月十七日。

基於以上立場，中共派潘健行與福建方面簽訂「反日反蔣初步協定」。此項決定只能視爲「互不侵犯協定」，雙方在軍事及經濟上並沒有具體的合作條款。對於雙方在軍事同盟及經濟合作等問題，尚待福建方面「表現積極反蔣及進行民主改革」後，共方才願意具體訂定。基本上共黨對福建方面合作並不樂觀，對於福州方面的軍人領袖的聯共的誠意十分懷疑。福州方面對於中共的聯合也並不熱切，也沒有著意實踐「反日反蔣初步協定」的條款。一九三三年十二月二十日，朱、毛聯合發出電報，指責閩方於初步協定簽訂後月餘，仍未採取「反日反蔣行動」，要求閩方集中武裝與國軍決戰，組織義勇軍，予人民以各種自由。

此外共方認爲福建政權在土地政策方面，只談「計口授田」，而不讓農民沒收土地，尚欠革命性。並表示這些要求達到後，共方隨時準備與閩方訂立軍事同盟。閩方對共方的各項要求，不但不作任何反應，反而在上海報章上否認與中共有任何關係。結果當十九路軍面對蔣軍强大攻勢時，共軍並不加以援助，而十九路軍方面也不採取積極抵抗，以致大部份都不戰而潰。在一九三四年一月中旬，福建終爲中央軍所佔領。㊴

因之陳銘樞雖送許多鹽布給中共，但當閩變發生時，共軍則作壁上觀，不肯爲十九路軍之助。

㊴ 陳公博「苦笑錄」，頁二七六至二七七。

閩方之另一活動目標則爲爭取日本之支持。中國駐日公使蔣作賓，於同年十一月十九日自東京致電蔣委員長，主要內容如下：㈠近有人欲在福州作溥儀第二。㈡中日浪人如張鷗、山中純三郎等，奔走甚久，似以台灣爲策源地。㈢台灣日軍司令官松井石根前晤報界，謂：「滿洲工作已了，應向南部進行，尤以福建爲重要。」[40] 乃由廣州沙面日領事，與閩方磋商，由台灣日總督付陳銘樞三百萬元爲發動費，一時傳聞在華日海軍當局與陳訂立條件如下：

一、保證消滅抗日排貨運動。

二、保障日本人及「滿洲國」人生命、財產、經商、住居之絕對安全與自由。

三、廢止美國與南京訂立在閩建築機場之條約。

並約定「『獨立政府』成立後之進展，須隨時接受日方詢問，但日方不得干涉各事之處置；駐閩之日海軍亦不得以兵力干預或阻止『獨立政府』之行動。」[41] 中央政府外交部曾向上海日本領事館查詢是否有此事實，領事館承認福建與日本海軍之間確有協定，但對台灣日總督資助陳銘樞三百萬元一節則加以否認。[42] 閩方暗中聯共勾結日本之行徑既與其號召大相逕庭，自難卜得國人之同情。

十一月二十日拂曉，叛軍扣留服從政府之福建建設廳長孫希文。同日上午九時，福州城

---

[40] 蔣總統秘錄，第九冊，頁一三四。

[41] 同上書，頁一三五。

[42] 同上書。

內舉行「中國人民臨時代表大會」，李濟琛、陳銘樞、蔡廷楷、蔣光鼐、黄琪翔、戴戟、方振武、章伯鈞、陳友仁、徐謙、李章達、薩鎮冰、何公敢等，或以主席團，或以來賓資格參加，通過預先擬定之「人民權利政綱」十八條：

一、中國爲中華全國生產的人民之民主共和國，中國最高權力屬於全國生產的農工及共同支持社會結構的商學兵代表大會。

二、中國國家之獨立，爲不可侵犯之最高原則。

三、全國人民不論種族、性別及職業，除有背叛民族剝削農工者外，有絕對之自由平等。

四、實現農工生產人民之澈底解放。

五、否認一切帝國主義者强制訂立之不平等條約，首先實現關稅自主。

六、實行計口授田，以達到農業共管、國營之目的，一切森林、礦產、河道、荒田概歸國有。

七、發展民族資本，獎勵工業建設，凡有關民族生存、民生日用之重要企業，概歸國營。

八、人民有勞動之權利義務，肅清軍閥、官僚、豪紳、地主等寄生分子，及地痞、流氓等游民分子，肉體及精神勞工均受最大之保護。

九、人民有身體、居住、言論、出版、集會、結社、信仰、示威、罷工之自由。

十、人民有武裝保護國家之權利義務。

十一、否認南京政府。

十二、號召全國反蔣、反南京政府之革命勢力，立即組織人民革命政府，以打倒南京爲中國中心之國民黨系統。

十三、于最短期間内召集第一次全國生產人民代表大會，制定憲法，解決國是。

十四、求中華民族之解放，形成眞正獨立之自由國家。

十五、消滅反革命之南京政府，建立生產人民之政權。

十六、實現國内各民族之平等權利。

十七、保障一切生產人民之絕對自由平等權。

十八、鏟除帝國主義，打倒軍閥，鏟除封建制度，發展國民經濟，解放農工勞苦群衆。[43]

内容空洞重覆之處甚多。並決定取消青天白日滿地紅國旗，另行製定上紅下藍中嵌五角黃星之國旗，毀棄黨旗及三民主義等書藉，不懸掛孫中山先生遺像。據司儀丘國珍記載，所謂「中國人民臨時代表大會」形同兒戲：

---

[43] 蔡廷鍇自傳，頁三一二。

十幾個重要人物齊集於台上，而所謂各省的人民代表，文化界代表，農民代表，工人代表，新聞記者代表，婦女代表，士兵代表，學生代表，自由職業代表……，和許多看熱鬧的民衆，數約萬人，都麕集於台下。我當時被臨時指定爲唱禮者，著我依著已定的大會次序，一聲一聲的叫喊。這似乎事先已有計劃的要把我來染些羊羶。主席李濟琛宣佈開會理由畢，台下有人提議，取消「青天白日滿地紅國旗」，經全體舉手吶喊的形式贊成，就照通過，把舊旗扯下，而由黃琪翔衣袋中取出一面早已準備的上藍，下紅，中鑲五角黃星的新國旗，並由翁照垣協助拉開，又經群衆熱烈拍掌，就把它升起了。跟著由陳銘樞宣讀「革命宣言」，嗣由各黨各派代表演說；跟著又是人民各界代表上台講演；旋由幾隻新由法國購來而無武裝的飛機，在會場上空盤旋低飛幾次；最後就是叫口號，散會。㊹

丘氏並記第三黨登台講話時，叫了二句口號：㈠鄧演達精神不死；㈡第三黨萬歲！同時在會場散發小傳單，宣傳該黨政策。原來各黨各派來參加「革命」，是以「革命大同盟」組織來參加，規定各黨各派不能單獨活動。如今第三黨單獨活動，觸犯「革命大同盟」規約，大爲蔡廷鍇所不滿，即刻命黃琪翔、李章達等，到三橋俱樂部第三黨總部提出質問，並要求黃琪翔取銷第三黨。黃當時請求給三天時間，開幹部會議決定再答覆。結果，黃等表示已無第

㊹ 十九路軍興亡史，頁一三七。

三黨組織，其所領導之革命行動委員會可以登報停止活動，但要求國民黨份子也要脱黨。於是爲「革命團結」起見，李、陳、蔣、蔡等，答應即刻通電退出國民黨。不料此一來，不僅離開各省國民黨勢力，十九路軍內部國民黨員，也不能不爲之動搖。㊺ 十一月二十日，陳銘樞、蔣光鼐、蔡廷鍇、李濟琛等，遂通電脱離中國國民黨。同日宣佈成立「中華共和國人民革命政府」，改稱「中華共和國元年」，首都設於福州，以李濟琛、陳銘樞、蔣光鼐、蔡廷鍇、戴戟、黃琪翔、薩鎮冰、徐謙、李章達、何公敢、陳友仁爲國府委員，由李濟琛任主席，下設五委員會，計：

政治委員會主席　陳銘樞
軍事委員會主席　蔡廷鍇
財政委員會主席　許崇清
教育委員會主席　章伯鈞
外交委員會主席　陳友仁

十一月二十四日，改十九路軍爲「人民革命軍」，由蔡廷鍇兼「人民革命軍第一方面軍總司令」，其改編序列如下：㊻

兼總司令　蔡廷鍇

㊺ 同上書，頁一三六。
㊻ 蔡廷鍇自傳，頁三一三。

參謀長　鄧世增
政治部主任　徐名鴻
參謀處長　范漢傑
經理處長　葉少泉
軍法處長　陳　權
副官處長　謝東山
交通處長　唐德煌
閩東警備司令　丘兆琛
特務團長　李金波
獨立團團長　馬鴻興

第一軍

軍　長　沈光漢
副軍長　兼參謀長　李盛宗
參謀處長　陳心棻
政治部主任　魏育懷
第一師師長　劉占雄
第一團團長　黃茂權

第二團團長 劉漢忠
第三團團長 梁佐勛
第二師師長 鄧志才
第四團團長 華兆東
第五團團長 湯毅生
第六團長 譚 忠

第二軍

軍　長 毛維壽
副軍長 張 勵
參謀長 趙錦雯
參謀處長 黃 衡
政治部主任 陶若存
第三師師長 龐 成
第七團團長 石抱奇
第八團團長 廖起榮
第九團團長 黃 鎮
第四師師長 梁世驥
第十團團長 丘昌朝

第十一團團長　鄭爲揖
第十二團團長　吳康南

第三軍

軍　長　區壽年
副軍長　黃　固
參謀長　李　抗
參謀處長　李　擴
政治部主任　林一元
第五師師長　雲應霖
第十三團團長　丁榮光
第十四團團長　雲昌才
第十五團團長　黃瑞能
第六師師長　張君嵩
第十六團團長　鄒　融
第十七團團長　鍾經瑞
第十八團團長　賴芬榮

第四軍

軍　長　張　炎

參　謀　長　余仲祺
參謀處長　高華麟
政治部主任　鄭　豐
第七師師長　阮賓洪
第十九團團長　滌鼎新
第二十團團長　楊昌黄
第二十一團團長　周士第
第八師師長　謝瓊生
第二十二團團長　譚光球
第二十三團團長　鄭星槎
第二十四團團長　梁美南

第五軍

軍　長　譚啓秀
參　謀　長　沈重熙
參謀處長　容天石
政治部主任　譚冬菁
第九師師長　趙一肩
副師長　陳任之

第二十五團團長　廖木雲
第二十六團團長　曾滌平
第二十七團團長　蕭　組
第十師師長　司徒非
第二十八團團長　蔣靜菴
第二十九團團長　孫蘭泉
第三十　團團長　楊富强

蔡廷鍇素重同鄉關係，五個軍長中，三個屬粵藉，即沈光漢、區壽年、譚啓秀。總司令部處長以下官佐更不勝枚舉，師、團、營、連長所佔比例更多。其中政治部主任徐名鴻係共黨份子，參謀處長范漢傑係黃埔軍校第一期畢業生，替中央從事策反工作，家中裝有秘密電台，與其助手中校參謀黎庶望，將十九路軍情報隨時報告中央，始終未被發覺。軍長毛維壽亦暗中向中央輸誠，以故中央對閩方軍事動態瞭如指掌。[47]

十二月十一日，福建「人民革命政府」將福建分爲四省，以薩鎮冰爲閩北（廷平）省長，省會設建甌。戴戟爲泉海（興泉）省長，省會設晉江，何公敢爲閩海省長，省會設霞浦。許友超爲龍漳（龍汀）省長，省會設漳州。其時各黨派人物匯集福州，除中共代表不公開露面外，重要人物如下：

---

[47] 李宗仁回憶錄，下册，頁四三三。十九路軍興亡史，頁一三七至一三八。

一、老四軍元老派：首領李濟琛，幹部彭澤湘、張文等。
二、第三黨：首領黃琪翔，幹事李章達、章伯鈞、梅龔彬等。
三、生產黨：首領陳銘樞，幹部神州國光社主要份子黃禮錫等。
四、青年黨：首領曾琦，幹部謝澄平、姜蘊光、林可機等。[48]

先是所謂「中國人民臨時代表大會」通過「計口授田」辦法後，福省工商企業與金融界大起恐慌，紛紛將資金向滬、港、穗轉移，一般小資產階級亦相率驚惶逃避。農村地主、富農、自耕農更形騷動，社會秩序頓告動搖。「人民革命政府」雖於十一月二十六日宣佈暫緩實行，而人心已失，無法挽回。計自十一月二十五日到三十五日之內，僅廈門一地銀行匯至滬港穗各地現金即千餘萬，未經銀行匯兑外流資金更無法估計。[49]

至於取消國號國旗，當初陳銘樞與各省聯絡，並未提及。等到發動後，因共黨份子及左翼黨派堅持要改，始臨時決定，以致引起各省之不滿。[50] 叛軍名爲五軍，實力不足五個師，主要駐紮漳州一帶，部分佈置在閩北地區。官兵們對「人民革命政府」成立均莫名其妙，對更換國旗，廢棄孫中山先生遺像及三民主義，更一致反對。而蔡廷鍇粗心浮氣，自料中央軍必二十餘日始能到達福建，尚逍遙至閩南閱兵，固不料國軍之掩至也。[51]

[48] 十九路軍興亡史，頁一三五。
[49] 卅年動亂中國，上册，頁二二二。
[50] 十九路軍興亡史，頁一三六。
[51] 苦笑錄，頁三〇八。

五、閩變之平定

閩變發生後，陳銘樞等原以爲廣東、廣西、湖南、山東、山西等省，及各方面不滿意中央之團體或個人，必多響應者；固不料其行爲荒謬，倒行逆施，雖一向敵視政府之失意政客黨人，亦表示憤慨。據陳濟棠記述，廣州「西南政務委員會」討論反對閩變之議案時，僅李宗仁一人持異議，謂不可遽行通過，主張暫時靜觀待變，而衆人一致贊同通電討伐。[52] 李宗仁回憶錄則謂，陳銘樞、蔡廷鍇、蔣光鼐等向其游說，希望廣西福建合作，逼迫陳濟棠一致行動，李氏與白崇禧期期以爲不可，認爲如此將陷國家於分裂。中央對日本侵略忍無可忍時，必然被迫抗戰，一旦戰事爆發，全國必須團結一致對外。[53] 李氏甚至謂：懼李濟琛被誘往福州，曾包一架民航機，由白崇禧親飛香港，擬接李濟琛至南寧。惜抵港之前數小時，李濟琛已被騙往福州[54] 雙方記載雖有出入，閩變之不得各界同情則無疑焉！十一月二十二日，「西南執行部」黨政領袖胡漢民、蕭佛成、鄧澤如、陳濟棠、鄒魯等，聯名致電陳銘樞等，加以責難。略曰：

---

[52] 陳濟堂自傳稿，頁五一至五二。
[53] 李宗仁回憶錄，下册，頁四三一。
[54] 同上書，頁四三二。

兄等號（二十）日在閩垣開會，竟宣言打倒中國國民黨，廢止青天白日旗，外與日本接近，內與共匪勾結，頒佈政綱，公然以推翻黨治，組織農工政府相號召。……抑且背叛主義，招致外寇，煽揚赤燄，爲患無窮。此等謬舉，何能得內外之同情！弟等本三民主義立場，不忍苟同。且以兄等盡喪其所守，而深所痛惜也。……十九路軍全體將領，與弟等久共患難，頻年以來沐主義之薰陶，出生入死，爲黨國奮鬥，偉烈豐功，內外共仰，當猶有深明大義，不自暴棄，羞與匪黨爲伍，自陷絕境者。……以救國者禍國，以愛民者殃民，以討賊者助賊，度非兄等本意也。[55]

同日，又由「西南執行部」通電國內外各級黨部，對陳銘樞等之叛國行爲表示決不苟同附和。電曰：

陳銘樞、李濟琛、徐謙等，號（二十）日在閩開會，宣言脫離國民黨，廢止青天白日旗，組織農工政府，外與日本接近，內與共黨聯絡，僅有反蔣口號，此不特授蔣以口實，葬送十九路軍過去抗日剿共之光榮歷史，且有背叛黨國，援引外寇，蔓延赤禍，爲患無窮。吾人以三民主義及國家民族立場，決不容苟同附和。特此電知，併轉各華

---

[55] 卅年動亂中國，上冊，頁二一七至二一八。

僑團體一律知照。56

粵軍黄任寰、張瑞貴、鄧龍光三師，乃奉命佈防東江一帶，以示警戒。中共復背約棄信，廣播反對福建「人民革命政府」，指爲軍閥割據，不足以言抗日救國，更不配談革命。共軍乃自動讓出贛東，任由中央軍通過，其派駐福州代表竟悄然離去，陳銘樞等遂勢孤無援。中央對叛軍處境瞭如指掌，以國難嚴重，最初希望用政治手腕和平解決。閩變發生前，蔣委員長在南昌曾與陳銘樞兩度互通電訊，希望陳氏幡然覺悟。國民政府主席林森，特返福州探視閩省政情，亦諄諄以民族大義相勸，均不收效。閩變發生後，十一月二十一日國民政府初明令行政院、軍事委員會迅速處理。二十二日復發出對全國通電，希望用政治方法和平解決。電曰：

自國難發生以來，全國一致，力求團結，以期挽救危亡。最近江西剿匪，著著勝利，肅清可期，一切建設當可開始，復興之基繫於一髮，乃陳銘樞等忽於此時在福州結合所謂第三黨份子，自立名目，實行判亂。勾結共匪助其爲虐，並造作謠言，揑誣政府，以圖淆惑視聽。若任其猖獗，則荼毒生民，危害國家，慘狀將不堪設想。著各軍政機關，迅速處置，務使叛亂尅日敉平。凡我同胞同志，當此變亂，應各盡能力，共圖消

---

56 同上書，頁二一八。

弭，俾人民痛苦得以解除，國家根本不致動搖，救國圖存之大計得以繼續貫澈，有厚望焉。[57]

二十三日，蔣委員長在南昌發表「告剿匪將士及各軍事長官書」，揭發閩變之真象。略曰：

陳銘樞企圖反叛中央，本蓄謀已久，世所共知。……中正慮其誤入歧途，念其前勞，於陳抵閩之初，兩電勸諭，冀戢逆謀。林（森）主席在閩，亦諄諄告誡。詎陳等罔知悔悟，一意孤行，於二十日在福州由黃琪翔、方振武等為主席，開偽『人民臨時代表大會』，及所謂『人民革命政府』之偽組織遂以出現。……各軍改稱『人民革命軍』，宣佈廢除國民黨，改用上藍下紅中嵌黃色五星為旗徽，廢青天白日旗，高叫『聯俄』、『聯共』，實行『農工政策』、『打倒中國國民黨』等口號。湊合社會民主黨、第三黨、國家主義派，及共產黨份子，一爐共冶，另組一黨，名曰『生產黨』。聚蛇蝎於一窩，矛盾複雜，不可究詰，前途如何變幻雖不可料，然彼輩實破壞黨國，藉抗日之名以與日妥協，藉剿共以與共合作，事實昭然。[58]

[57] 同上書。

[58] 同上書，頁二一九至二二〇。

中央政府一面派人至廣州聯絡，並匯款接濟陳濟棠軍費；一面擬派蔡元培南下，邀胡漢民入京主持大計，惟被胡氏所堅拒。59 吳敬恆曾電胡氏勿與閩方同流合污，胡氏復電曰：「弟行事素爲天下所共見，勿勞注及。」60 二十六日，政府曾派飛機至福州上空空投文告，促十九路軍將士從速反正，陳銘樞等仍執迷不誤。十二月一日，蔣委員長在江西撫州爲閩變對三十六師官兵訓話，（按：三十六師係淞滬抗戰之役第八十七、八十八兩師抽編而成）痛惜十九路軍之倒行逆施，表示無限之傷感：

去年在上海抗日的時候，第十九路軍不過乘倭寇兵力極爲單薄的時候，偶一投一個機，因而僥倖博得莫大的虛名，而且獲得許多不義的錢財。實際他們並沒有什麼犧牲，而正式和倭寇惡戰苦鬥，受到最大犧牲的，卻是現在我們第三十六師一般官兵。……外結倭寇，內聯赤匪，拿了日本人三百萬塊錢，和赤匪打成一片，在福建公然造反，插起叛變的旗幟，組織自欺欺人的所謂『人民政府』，不三不四的所謂『生產黨』，將我們總理遺像、青天白日的國旗統統燬掉，並將總理的三民主義完全丟開，是革命歷史中最痛心最可恥的一回事。61

---

59 同上書，頁二二〇。
60 同上書。
61 先總統蔣公思想言論總集，卷十一，演講，頁六二〇至六二一，中國國民黨黨史委員會，民國七十三年十月出版。

十二月十五日，中央下令褫奪陳銘樞、李濟琛、蔣光鼐、蔡廷鍇等本兼各職，授命蔣委員長討伐叛軍。二十八日，蔣委員長親赴閩西前線督戰，以第五軍、第十四軍爲主力，分兵三路攻入福建；一路由浙江進攻福建北部；一部由江西東進；一路進攻江西福建邊界，肅清山區共軍，將福建叛軍與閩西共軍隔斷。另派海軍南下，進攻廈門、福州。並遣空軍利用溫州、處州臨時趕築之機場，掩護地面部隊作戰。[62]

江西瑞金中共中央，於福州「人民革命政府」成立後，初佯稱派共軍第三、第五、第七等軍前往援助，以國軍大至，料陳銘樞必敗，於中途折回。[63] 十二月五日，中共中央發表「爲福建事變告全國民衆書」，略曰：

> 一個月人民革命政府的存在，事實證明這一政府還不是人民的，而且還不是革命的。……它不會同任何國民黨的反革命政府有什麼區別，那它的一切行動將不過是一些過去反革命的國民黨領袖們，與政客們，企圖利用新的方法來欺騙民衆的把戲。他們目的不是爲了要推翻帝國主義與中國地主資產階級的統治，而是爲了要阻止全中國民衆的革命化，與他們向著蘇維埃道路的邁進。[64]

---

[62] 蔣總統傳，上册，頁一七四至一七五。

[63] 蔣總統秘錄，第九册，頁一三八。

[64] 「中國共產黨中央委員會爲福建事變告全國民衆書」，載中共蘇區中央局機關報「鬥爭」第三十八期，一九三三年十二月十五日出版。

中央命駐日公使蔣作賓向日本政府提出交涉，要求日本政府及日人，對於閩變不得有所干預，日本外務省懼日本支持陳銘樞叛亂真象暴露，乃表示：「我們認爲閩變將如曇花一現。」同時承諾：「日本政府決不給予援助，日本人也不致參與其事。」㊺叛軍乃陷入四面楚歌之困境。

十二月上旬，叛軍召集幹部會議，討論向外發展計劃，因十九路軍主力佈署在閩南漳洲一帶，蔡廷鍇主張回師廣州，奪取作爲根據地，再行揮戈北上，逕入湘、鄂。蔣光鼐建議兩策：一則全力入贛，消滅中共以建奇勳，一則大軍由延平直衝浙江，破釜沉舟，下杭州，趨淞滬。經討論後，誤以國軍主力在贛閩邊境，短期北調不及，決定集中主力進攻浙江。是時國軍空軍連日轟炸福州、漳州、泉州各城市，社會秩序大亂，叛軍文武機構完全陷入癱瘓狀態，中上層階級人士相率逃亡，資金外流一空。日本軍方則懼福建「人民革命政府」之迅速崩潰，影響其在閩之商業利益，特派日艦一艘駛至福州港外，遣一中將拜訪「外交委員會主席」陳友仁，表示：「日本願意於十二小時內先以空軍援閩，解除空襲危險，然後應人民政府需要，隨時以械彈資金相助。」惟要求：「事成之後，兩國合作建設大東亞新秩序，驅逐西方勢力。」惟此當爲日本海軍之單獨行動，非其內閣所作決定。「人民革命政府」即夕召集緊急會議，對依賴日本扶植之利弊爭論不能決。章伯鈞、余新清、劉叔牟等主張接受，黃禮錫、梅龔彬等期期以爲不可。陳銘樞、李濟琛左右爲難，事遂擱置，僅由陳友仁於次日赴日艦回

㊺ 蔣總統秘錄，第九册，頁一三七。

拜，表示謝意。[66]

陳銘樞等不堪空襲之苦，乃於十二月下旬，僅留補充團協同警察維持福州秩序，集中十九路軍主力於延平，從古田、水口疾駛入浙，進入仙霞嶺，不見中央軍地面部隊，卻遭中央空軍按日跟踪炸射，死傷枕藉。及聞國軍已自贛邊入閩，襲其後路，倉皇回救延平，沿途橋樑已悉被中央預伏特勤人員及空軍破壞，只得分道循山麓小徑而行，師老兵疲，輜重盡失，不成戰鬥序列。[67]

民國二十三年元月初，國軍全線發動攻擊。其時廣東方面陳濟棠所派黃任寰師已進入閩南武平、上杭，第三軍李揚敬一部已進至閩邊，與中央軍遙相呼應，[68] 叛軍已成腹背受敵之勢。五日，中央軍以逸待勞，大破叛軍於延平，師長司徒非反正，叛軍被俘極衆。趙一肩師被圍於古田，激戰三晝夜，力盡而降。七日中央軍克水口，叛軍譚啓秀軍突圍南走，右翼第二軍毛維壽態度不明。十日海軍收復廈門，經薩鎮冰調停，陳銘樞、李濟琛、陳友仁等率補充團二營離開福州，向漳州潰退，十三日海軍陸戰隊乃進城維持秩序。[69] 陳銘樞等瀕行，將福州所有銀行存款搶劫一空。重要幹部鄧世增、黃禮錫、梅龔彬、劉叔牟、丘國珍等逃避不及，得日本駐福州領事守屋之助，分別匿居日領事館及一日本旅社，先後被護送出城，乘日

---

[66] 卅年動亂中國，上冊，頁二二二至二二三。
[67] 同上書。
[68] 陳濟堂自傳稿，頁五二。
[69] 卅年動亂中國，頁二二五。

艦渡海，經台灣逃至香港，所謂「人民革命政府」乃消滅於無形。

元月十四日，國軍克泉州。二十一日克漳州，戴戟、沈光漢先後通電脫離「人民革命政府」，因粵方拒絕十九路軍進入，陳銘樞等先逃彭浪嶼，繼由廈門變姓名乘飛機逃香港。⑳ 十九路軍殘餘不及萬人，將領毛維壽、譚啓秀、沈光漢等向中央表示悔過輸誠。二十六日遵照政府指示集中待命，靜候改編。三十日，軍事委員會將十九路軍改編爲第七路軍，任毛維壽爲總指揮，而福建全部平定。

中共乘福建事變坐收漁人之利，擴大閩西佔領區，卻於陳銘樞等失敗後，於二十三年元月二十六日發表「爲福建事變第二次宣言」，竟稱：「福建所謂人民政府曇花一現的歷史，及其最後慘酷的破產，更一次證明中國共產黨主張的正確。」指責陳銘樞等，「阻止民衆革命鬥爭的發展，麻痺與欺騙群衆，使反帝反蔣的鬥爭陷於失敗，而幫助帝國主義國民黨鞏固自己的統治。」㉑ 可爲陳銘樞等企圖利用中共，反而自食惡果之鐵證。

六、結語

十九路軍自民國十九年建制成軍，因「一二八事變」淞滬抗日而享譽國際。二十一

⑳ 同上書，頁二二三至二二四。

㉑ 「中國共產黨中央委員會爲福建事變第二次宣言」，載「鬥爭」第四十五期，十九三四年二月二日出版。

年夏移防福建，以陳銘樞爲首之領導人物，既誤於權力之慾，復受社會主義幻想者及野心政客所影響，本以抗日反共相鼓吹，反以媚日聯俄聯共爲手段。竟組織所謂「生產黨」，舉行「中國人民臨時代表大會」，成立「中華共和國人民革命政府」，變更政府組織，違背國策，倒行逆施，是以表面以保障農工絕對自由平等權爲號召，卻得不到福建農工之擁護。誠意與中共日本聯盟，均遭到落井下石之詭計。中共日本於閩變發生前，均與陳銘樞等有連絡，並取得援助之承諾，十九路軍對江西中共且有金錢物資之接濟。不意閩變發生後，中共竟發表宣言，認爲「人民革命政府」與其蘇維埃道路目標不同，不肯以兵力相助，日本雖有分裂中國之意圖，遭到國民政府之抗議，師出無名，加以正全力製造內蒙僞自治政府，乃聲明：決不給予閩方之援助，日人也不致參預其事。況陳銘樞等名義不順，爲舉國輿論所不容，遂成勢孤力單之勢。

此外促成叛軍迅速瓦解之由凡五：一爲參加份子複雜，各顧所私，立場互異。二爲領導人物陳銘樞、李濟琛、蔣光鼐、蔡廷鍇、戴戟等之權力衝突，不能通力合作。主要將領毛維壽、沈光漢等無堅定立場，茫然不知其「人民權利政綱」爲何物。三爲中央策反之成功，黃紹竑、范漢傑等向中央提供情報，中央軍得以逸待勞，處處主動，制敵先機。四爲閩人遭受戰禍，遷怒於粵籍之十九路軍，事急不肯爲之助，薩鎮冰之態度消極可爲代表。五爲叛軍與中央軍兵力懸殊，中央軍除陸軍十餘師分道自浙江江西攻入福建外，海空軍均發揮威力，對叛軍造成極大之恐懼，福州即係由海軍陸戰隊所收復。廣東方面陳濟棠復派兵入閩夾擊，叛軍遂陷入四面楚歌之境。

閩變以鬧劇倉卒登場，中央軍以壓倒性優勢兵力摧枯拉朽，不及一月而戡定大亂。十九路軍自毀其抗日之光榮聲譽，從此乃成爲一歷史名詞。國民政府之威信因之大增，數月之後中共被逐出江西，經西南流竄陝北，全國乃萃力於各項建設事業。

（香港，中國近六十年來（一九二六－一九八六）之憂患與建設國際學術會議論文，香港珠海書院主辦，一九八六年十月。珠海學報，第十六期，頁六一三－六三〇。）

五四　蔣中正先生領導對日抗戰的全盤戰略

一、引　言

總統　蔣公爲世界史上一代偉人，他不僅是偉大的軍事家，同時是偉大的政治家和革命理論家。軍事方面他的豐功偉業最著者有三：一爲完成全國統一，二爲領導對日抗戰，三爲反共復國基地的建立。前者與後者非本文討論範圍，僅就抗戰期間總統　蔣公的卓越領導，擊敗强大敵人，達成最後勝利的關鍵所在，作一扼要之說明。

二、不能爲個人名譽而使中國滅亡

民國十七年，國民革命軍北伐期間，日本懼我統一，出兵山東，加以阻撓，製造五三濟南慘案。蔣總司令恐影響北伐大計，不與其大規模衝突，酌留部分兵力固守濟南，吸引日軍主力，命大隊革命軍繞道渡河北上，日人陰謀卒未得逞。九一八事變後，東北淪陷，日本侵華日趨積極，蔣主席珍重國家民族命運，忍辱負重，爭取時間，以從事國防之建設。當時爲中共及野心政客作爲攻擊之藉口，爲盲目青年所不諒。民國二十年底，蔣主席在南京接見各地請願抗日學生代表時，曾有沉痛的說明：

關於抗日情事，假如本人要想全國國民擁護我，是最容易做到的，祇要我對日宣戰，全國國民一定是稱贊我，把我抬得很高，但我爲什麼不這樣去做，反給一般人疑我不抵抗呢？我是不怕死，我不能把國家的命脈斷送，不能使民族的生存危殆。我現在要爲國家前途打算，要爲民族前途著想，不能爲個人名譽而使中國滅亡。縱令不致永久滅亡，或者他的滅亡不過是幾十年或幾百年，還是可以復興的話；但是如果我們現在有方法可以使中國不亡，使中國不致受這幾十年或幾百年之亡國痛苦，我們爲什麼不採用呢？爲什麼反願意冒這幾十年或幾百年的痛苦呢？

此種語重心長犧牲小我成全大我的風範，迥非常人所能及。翌年春，日軍爲打擊我抗日情緒，復在淞滬發動一二八事變，駐軍十九路軍奉命抵抗，該軍係舊第四軍長李濟琛所轄陳銘樞之第十師之一部擴充而成，曾參予上年之廣東事變，素不滿意政府，新調京滬沿線，戰鬥力量薄弱。蔣委員長乃以中央最精銳之第八十七、八十八師，改編爲第五軍，馳滬增援，告誡第五軍將士云：

抗日爲整個民族存亡所關，決非個人或某一部隊之榮譽問題，凡我前方將士，應澈底

> 明瞭斯義，故十九路軍榮譽，既爲我國民革命軍全體之榮譽，決無彼此榮譽之分。此次第五軍加入戰線，因爲敵人之所畏忌，且必爲反動派所誣衊，苟能始終以十九路軍名義抗戰，更足以表現我國民革命軍戰力之强，生死與共之，況於榮辱何有？務與第十九路軍團結奮鬥，任何犧牲均在所不惜，以完成國民革命之使命爲要。

所以這次戰役，第五軍戰績輝煌，傷亡慘重，而外界不明真像，均歸功於十九路軍，其前後任總指揮蔣光鼐、蔡廷楷，被推崇爲民族英雄人物。

民國二十二年三月，日軍侵陷熱河，進攻長城沿線，　蔣委員長北上指揮軍事，過鄭州時發表談話云：「國家失土一日不能收復，則抗日之責任決不敢一日放棄，此不惟爲國家自衛，以求民族之生存，亦即抗禦强權以爭世界之公理。」塘沽協定簽字前，外報喧傳中國有承認僞滿之可能，　蔣委員長鄭重語人云：「中正生存一日，決不肯有承認僞滿之舉，且必以收復失地爲己任也。」詞嚴義正，足以奪敵人之魄。民國二十三年十月，中日局勢更趨危急，

將委員長鑒於日本朝野之短視，侵華之無止境，特口述大意，由陳布雷執筆，撰「敵乎？友乎？」一文，用徐道鄰之名發表於「外交評論」，痛斥日本軍閥之野心，勸其顧全東亞之安危，並暗示中國之不可屈服，其大意如下：

> 中日兩國在歷史上、地理上、民族的關係上，無論那一方面說起來，其關係應在唇齒輔車以上，實則是生則俱生，死則同死，共存共亡的民族，究竟是相互爲敵，以同歸

於絕滅呢？還是恢復友好，以共負時代的使命呢？這就要看兩國，尤其是日本國民與當局，有沒有直認事實，懸崖勒馬的勇氣，與廓清障蔽，謀及久遠的和平。

該文發表後，中外各報競相轉載，頗引起一時文人注意，日本政府亦疑此文爲中國當局所授意者，無奈不能左右其少壯軍人，故對我之侵略未嘗稍止。民國二十四年六月，我駐日大使蔣作賓，訪晤日外相廣田，復轉達　蔣委員長意旨，略云：「中國之隱忍亦有限度，迫至最後無法隱忍之時，中國終將不惜一切犧牲起而抗戰，設若中日戰事延長，勢必擴大發展而爲世界戰爭。倘世界大戰發生，中日兩國必將同歸於盡。」可惜　蔣委員長之睿知與遠見，非愚昧之日本軍閥所能領悟。

三、爲保持國家之人格而戰

民國二十六年七月七日，蘆溝橋事件發生後，　蔣委員長知犧牲已到最後關頭，乃下令動員，一面命中央援軍集結保定、滄州一帶，以爲二十九路軍宋哲元部之支援，一面於同月十二日電示宋哲元：以不屈服不擴大之方針，就地抵抗。十三日再電宋氏云：「中央已決心運用全力抗戰，寧爲玉碎，毋爲瓦全，以保持我國家之人格。」又云：「堅持到底，處處固守，時時嚴防，毫無退讓餘地。」十七日　蔣委員長在盧山學術界名流談話會上，告與會諸人云：

> 我們希望和平，而不求苟安，準備應戰，而決不求戰。我們知道全國應戰以後之局勢，就衹有犧牲到底，無絲毫僥倖求免之理。如果戰端一開，那就是地無分南北，年無分老幼，無論何人皆有守土抗戰之責，皆應抱定犧牲一切之決心。所以政府必須特別謹愼，以臨此大事，全國國民亦必須嚴肅沈着，準備自衞。

其保持和平與維護領土主權之苦心與決心表露無遺。及平津淪陷，和平已告絕望，惟有持久抗戰以爭取最後之勝利。八月八日　蔣委員長發表告全體將士書，說明我國被迫抗戰之宗旨，略云：「自九一八以後，我們愈忍耐，他們愈兇橫壓迫，得寸進尺，了無止境，到了今日，我們忍無可忍，退無可退了。我們要全國一致起來，與倭寇拼個你死我活！我們軍人平日受全國同胞的血汗供養，現在該怎樣的忠勇奮發？以盡保國保民的責任。」並提出五點希望全體三軍將士注意：㈠要有犧牲到底的決心，㈡要相信最後勝利一定屬於我們，㈢要運用智能自動抗戰，㈣要軍民團結一致親愛精誠，㈤要堅守陣地有進無退。八月十三日，淞滬戰事發生後，全面戰爭展開，　蔣委員長鑑於敵軍裝備優良，我軍不利於陣地作戰，乃擬定一長期作戰方略，利用廣大空間土地，求得時間上持久之勝利，不重一城一地之得失，而以積小勝成全大局，同時發展敵後武力，使敵軍首尾不能兼顧，此一決策，爲我國八年對日抗戰之基本戰略。

八月十八日，　蔣委員長發表告抗戰將士第二書，對抗戰的全盤戰略更有具體的說明。

略云：

我們的應敵戰術是什麼第一呢？倭寇要求速戰速決，我們就要持久戰、消耗戰。因爲倭寇所恃的是他强横的兵力，我們就要以逸待勞。以拙待巧，以堅毅持久的抗戰，來消滅他的力量。倭寇所有的是他侵略的驕氣，我們就要以實擊虛，以靜制動，抵死拼戰，來挫折他的士氣，他不能實現速戰速決的企圖，他就是失敗，就是我們的勝利。

淞滬戰事之每一次主要行動，均由 將委員長親自籌劃和指揮，不斷用電話和前方將領連絡，並曾數度親蒞前線主持軍事會議，以致每日平均睡眠僅占三四小時。十月三十日，國民政府以南京接近戰地，決定西遷重慶辦公，前一日 蔣委員長在國防最高會議講述「國府遷渝與抗戰前途」，略云：

軍事上最要之點，不但勝利要有預定計劃，即挫敗亦要有預定的打算。不但勝利要立於主動地位，就是退卻也要在於主動地位。然後一時的挫折，不致有全盤潰敗之憂，而可以把握最後的勝利。今天我們主動而退，將來可以主動而進，大體上説來是不足慮的。

三個月的抗戰，三十萬將士的死傷，已經造成了國際新形勢。我們爲國家民族生存，應該有獨立自主的打算，但對於敵人所處的地位，不能不有詳細的觀察，來決定我們的作戰方案。國府遷渝並非此時纔決定的，而是三年以前奠定四川根據地時早已預定的，不過今天實現而已。

政府之西遷重慶，使我後方益加鞏固，國軍可獲得充足的兵員補充與餉糈供應，全力迎擊來犯之敵。同年底，南戰場敵軍已先後侵陷上海、南京、杭州等地，北戰場敵軍大致與我對峙黃河兩岸，蔣委員長鑒於敵勢之猖獗，於二十七年元旦告全國國民書中，以無比之信心勉勵國人云：「當此戰事緊張，天崩地坼之時，從容謀處，細心計劃，自信抗戰必勝，建國必成，中華民國必可由此身而復興也。」復云：「當如何整飭軍紀，整頓部隊，補充實力，振作精神，此全在余一人之責任，頂天立地之事業，此其時矣！」元月十七日，蔣委員長在開封召集第一、第五戰區團長以上將領訓話，指示過去抗戰所發現的弱點和缺點，以及今後轉敗爲勝應改進事項。希望大家特別注重「圍而不驚」、「退而不潰」的紀律教育。十七日在洛陽召集第二、第八戰區團長以上軍官訓話，說明「智仁勇信嚴」是中華民族之至高美德，我全體官兵一定要明生死之道，一定要戰而不屈。二十七日在武昌出席參謀會議，告誡與會人員略云：

參謀人員最重要任務在於明瞭敵情，激勵部下和人民之敵愾心，以堅强軍民之戰鬥意志，發揮軍民戰鬥效能。尤其在每次下令攻擊之前，對部隊要有精神講話，將敵情眞相告訴一般官兵，將高級指揮官精神和決心，貫澈到最下一層士兵，務使發生强烈敵懍心，非殺盡敵人不肯罷休，如此方能打敗敵寇。

由此可見八年抗戰期間，國軍之所以能夠愈戰愈强，始終不屈不撓，實承受　蔣委員長之訓誨與精神之感召。

四、我們必須反省以往精神的缺點

蘆溝橋事變發生後，　蔣委員長於民國二十六年七月十八日，在廬山暑期訓練團結業典禮時，首以「建國運動」爲題，說明今後建國之目的，在實現「民族獨立，民權平等，民生自由。」欲達此三項目標，必須恢復民族之「自信心，自治力，創造力。」至於建國之三要素，在精神方面要推行新生活運動，在物質方面要推行國民經濟建設運動，在行動方面要推行勞動服務運動。及全面抗戰展開，　蔣委員長復昭告國人云：「此次抗戰爲國民革命必經之途徑，中國欲外求獨立，內求生存，解放全民族之束縛，完成新國家之建設，終不能不經此艱難奮鬥之一役。」並稱：「我們這次抗戰，不僅要驅除日寇，保衛國家，並且還要在抗戰中完成建國大業，實現三民主義的中華民國。」是爲　蔣委員長對建國意義的具體說明。

民國二十七年三月二十九日，中國國民黨臨時全國代表大會舉行於武昌，遵照　蔣委員長指示，制定「抗戰建國綱領」，作爲全國一致信守之準則，大會對外宣言略云：

吾人此次抗戰，固在救亡，尤在使建國大業不致中斷。且建國大業必非俟抗戰勝利之後重行開始，乃在抗戰之中爲不斷的進行。吾人必須於抗戰期中集合全國之人力物力以同赴一個目的，深植建國之基礎，然後抗戰勝利之日，即建國大業造成之日，亦即中國自由平等之日也。

民國二十八年三月十二日，國民政府公佈「國民精神總動員綱領及其實施辦法」，通令全國一體遵行。　蔣委員長爲此廣播演講，說明實施國民精神總動員之必要，略云：「第一、我們必須承認精神力量的偉大，超過一切物質的力量和一切的武力。第二、我們必須反省已往精神方面的缺點。」同年五月一日，全國各地開始舉行國民月會，宣誓國民公約，　蔣委員長於主持重慶各界國民月會開始典禮時，訓詞大意如下：㈠以煥然一新的精神，作堅苦森嚴之戰爭，使國恥五月節變爲雪恥五月節。㈡淪陷區同胞要在精神上抵抗敵人，打擊敵人，不與敵人合作。㈢租界內青年，在精神上要自立自强，在生活上要自愛自重，要負責任，要知恥，㈣精神總動員及國民公約是我們抗戰最大的武器，國民月會是我們抗戰民衆的精神堡壘，要澈底實行，始終無間。㈤在共同目標下團結努力，完成建國大業。此一國民精神總動員運動，處處表現出我全國上下獨立自强，臨危不懼，臨難不苟之氣節，爲我八年抗戰達成最後勝利的一大因素。

先是民國二十六年二月十九日，中國國民黨五屆三中全會舉行期間，　蔣委員長曾提出「中國經濟建設方案」，期於五年之內完成各種必要之建設，爲國計民生樹立堅實之基礎。經大會決議，經濟建設應列爲今後全國一致努力之目標，交常務委員會決議，確定五年計劃，切實執行。二十七年三月，中國國民黨臨時全國代表大會所通過之「抗戰建國綱領」，關於經濟建設部份，即依此爲準則。對於促進農業，振興工業，移民開墾，便利運輸，調劑金融，管理貿易，以及勵行節約，均有詳密之規定。二十八年九月十日，蔣委員長在國民參政會致辭有云：

我們要達成抗戰目的，必須鞏固我們抗戰的根據地，必須完成後方各種經濟、產業、政治、文化，尤其是地方自治等等的建設，以强固我們抗戰的本身，健全我們建國的基礎，無論國際變化和時代演進如何迅速，而這是我們惟一的根本問題。……談到後方建設，當然任何省份都是同樣的重要，但凡事應有一個重點，我們開始建設的區域，應該是西南與西北各省，而川康爲西北和西南的中心地區，更爲重要。

是爲抗戰期間後方建設之重心。民國三十年三月，中國國民黨五屆八中全會，有「積極動員人力物力確立戰時經濟體系」之決議，行政院秉承 蔣委員長「戰時能配合軍事及民生迫切需要，戰後能樹立經濟與國防合一規模」之指示，舉行兩次全國生產會議，三十二年六月第二次全國生產會議重要決議如下：㈠戰時戰後統籌並顧。㈡產業合理化與科學管理。㈢調整礦業，統籌運銷。㈣糧棉增產與農田水利。㈤人力動員與人力節約。因之抗戰期間，軍糧民食永無匱乏之虞，西南西北重要城市一變爲而工業中心，軍需工業規模尤爲宏大。各級教育循序發展，學術研究較之戰前並不遜色。

五、結論

自九一八事變後，收復失土爲總統　蔣公的主要目標，但因軍事力量所限，不肯以國家民族命運作孤注之一擲。乃忍辱負重埋首於國防之建設。迨七七事變爆發，知犧牲已到最後關頭，遂擬定一長期作戰之方略，以時間換取空間，不重一城一地之得失，而以積小勝成全大局。同時以精神戰勝物質的決心和毅力，動員全國同胞建設大後方，與軍事民生相配合。所以我們八年對日抗戰的勝利，不僅在於地廣人衆，主要在於總統蔣公　戰略運用的成功，與全國軍民對總統　蔣公的竭誠擁戴。

（臺北，中國文化復興月刊，第八卷第十期，民國六十四年十月，頁二九－三三。）

五五 抗戰期間中央政府之職權與功能

一、前言

民國十七年北伐統一，我國軍事時期結束，依照孫中山先生所著「建國大綱」建國程序，開始實施訓政。同年十月，中國國民黨中央常務委員會通過「訓政綱領」，改組國民政府，設立行政、立法、司法、考試、監察五院，以行使中央治權，而立憲政之基礎。二十年五月，國民會議復通過「訓政時期約法」，原期二十六年十一月十二日召開國民大會，實行憲政，因對日全面抗戰發生而被迫延期。故八年對日抗戰期間，我國仍處於訓政時期。依照「訓政時期約法」規定，由中國國民黨全國代表大會代表國民大會行使政權，因而領導抗戰建國乃中國國民黨之首要任務。其後能歷經艱辛達成神聖之目標，固有賴於我國全國上下之同仇敵愾，奮鬥不懈；而中央政府之賢明領導與擘劃，要亦爲重要之因素。本文探討範圍限於抗戰期間中央政府領導階層之系統，及其職權與功能，而中國國民黨全國代表閉會期間，中央執行委員會實居於樞紐之地位。

二、中國國民黨臨時全國代表大會

全面抗戰發生後，中華民族處於生死存亡關頭，中國國民黨爲應付空前之大變局，乃於第五屆中央執行委員會第六十六次常務委員會中，決定民國二十七年三月二十九日召開臨時全國代表大會，代表人數爲五次全國代表大會人數三分之一，代表之產生就五次全國代表大會代表中推定之。旋經第六十九次中常會通過大會重要議題三項：㈠抗戰時期本黨組織應如何充實及進展，㈡抗戰時期民衆組織及訓練應如何實施及推進，㈢抗戰時期政治經濟之設施應如何策進❶。

三月二十九日上午八時，中國國民黨臨時全國代表大會開幕典禮在重慶國民政府大禮堂舉行，由國民政府主席林森，以中央常務委員身分主持開幕式，丁惟汾常務委員代表蔣委員長致開幕詞，參加典禮者五百餘人，凡一小時而禮成。同日下午八時，假武昌珞珈山武漢大學禮堂，舉行大會預備會議，出席代表二五五人，中央執監委員九十八人，列席候補中央執監委員五十人，蔣委員長所致開幕詞略云：

此次舉行臨時代表大會，最主要目的是要檢討過去我們的工作，尤其是抗戰以來我們

---

❶ 朱子爽，中國國民黨歷次全國代表大會要覽，重慶：獨立出版社，民國三十四年五月出版，頁六八—六九。

黨和黨員的工作，由於檢討的結果，來決定我們今後努力的方法，以增加抗戰力量，使我們這個肩荷革命重責負有興亡大任的本黨，在這樣艱難重大的時期中，能夠擔得起非常的使命。……

我們黨的缺點，最顯著的是組織鬆懈，紀律廢弛，以致黨的精神衰頹散漫，黨的基礎異常空虛。我們不論在組織方面，宣傳方面，都沒有深入而實在的成績，各級黨部的工作都流於形式化，機關都衙署化。我們現在只有形式組織，而沒有實際訓練，只有黨部存在，而沒有黨員活動。……

現在我們既已覺察到黨員有種種的缺點，就要完全虛心坦白，共同研究，以後應該如何改革，使我們黨恢復活力，恢復革命的精神，以重與我們的革命事業，重闢我們努力的途徑。❷

義理明確，語重心長。大會會期四日，至四月一日閉幕，通過決議案凡二十餘件，錄其有關於黨務政治要項如下：

一、強化黨的組織：確定領袖制度，選舉蔣中正同志爲本黨總裁。

二、改進黨務並調整黨政關係：包括設立三民主義青年團，結合黨政於一體，發揮組訓

❷ 秦孝儀主編，總統蔣公思想言論總集（臺北：中央黨史委員會，民國七十三年十月出版）卷十五，頁一七六一—一八四。

功能，加强黨政機構，指導黨員活動等項。

三、成立國民參政會，統一國民意志，增加抗戰力量。

四、制定抗戰建國綱領，使全國力量得以集中團結，而實現總動員之效能❸。

大會所通過之宣言，不僅說明長期抗戰之意義，更刻畫出抗戰建國之最高目標。宣言中特別指出：「吾人當竭盡全力爲國家民族爭取生存與獨立，同時根據三民主義繼續不斷完成政治上經濟上之建設，俾中國獲得自由平等於世界。」「吾人本此精神以從事抗戰，同時本此精神以從事建國。蓋吾人此次抗戰固在救亡，尤在使建國大業不致中斷。且建國大業必非俟抗戰勝利之後重行開始，乃在抗戰之中爲不斷的進行。吾人必須於抗戰之中集合全國之人力物力，以同赴一的，深植建國之基礎，然後抗戰勝利之日即建國大業告成之日，亦即中國自由平等之日也。」❹宣言中鄭重聲明：「中央執行委員會已以一致之決議，授權蔣中正同志，統一黨政軍之指揮，負抗戰建國之大任，舉國一致受其領導，以向於必勝必成之光明大道而邁步前進。」❺

「抗戰建國綱領」係四月一日臨時全國代表大會第四次會議所通過，爲三民主義原則與國民革命方略之結晶，亦爲抗戰期間國民政府各項措施所依據之方針。與訓政時期約法具有

---

❸ 革命文獻，第七十六輯（臺北：中央黨史委員會，民國六十七年九月出版），頁三〇七—三四一。
❹ 革命文獻，第六十九輯（臺北：中央黨史委員會，民國六十五年十一月出版），頁三一四—三二八。
❺ 同上。

同等之功能，爲抗戰期間我全國上下所信守。凡三十二條，內容包括總則、外交、軍事、政治、經濟、民衆運動、教育等項，錄其內容如下：

中國國民黨領導全國，從事於抗戰建國之大業，欲求抗戰必勝，建國必成，固有賴於本黨同志之努力，尤須全國人民，戮力同心，共同擔負，因此本黨有請求全國人民，捐棄成見，破除畛域，集中意志，統一行動之必要，特於臨時全國代表大會製定外交、軍事、政治、經濟、民衆教育各綱領，議決公佈，使全國力量，得以集中團結，而實現總動員之效能，綱領如左：

一、總　則

(一)確定三民主義暨 總理遺教爲一般抗戰行動及建國之最高準繩。

(二)全國抗戰力量，應在本黨及蔣委員長領導之下，集中全力，奮勵邁進。

二、外　交

(三)本獨立自主之精神，聯合世界上同情於我之國家及民族，爲世界之和平與正義共同奮鬥。

(四)對於國際和平機構，及保障國際和平之公約，盡力維護，並充實其權威。

(五)聯合一切反對日本帝國主義侵略之勢力，制止日本侵略，樹立保障東亞之永久和平。

(六)對於世界各國現存之友誼，當益求增進，以擴大對我之同情。

(七)否認及取消日本在中國領土內以武力造成一切僞政治組織，及其對內對外之行爲。

三、軍　事

(八)加緊軍隊之政治訓練，使全國官兵明瞭抗戰建國之意義，一致爲國效命。

(九)訓練全國壯丁，充實民衆武力，補充抗戰部隊，對於華僑回國效力疆場者，則按照其技能，施以特殊訓練，使之保衛祖國。

(十)指導及援助各地武裝人民，在各戰區司令長官指揮下，與正式軍隊，配合作戰，以充分發揮保衛鄉土捍禦外侮之效能，並在敵人後方，發動普遍的游擊戰，以破壞及牽制敵人之兵力。

(十一)撫慰傷亡官兵，安置殘廢，並優待抗戰人員之家屬，以增高士氣而爲全國動員之鼓勵。

四、政　治

(十二)組織國民參政機關，團結全國力量，集中全國之思慮與識見，以利國策之決定與推行。

(十三)實行以縣爲單位，改善並健全民衆之自衛組織，施以訓練，加强其能力，並加速完成地方自治條件，以鞏固抗戰中之政治的社會的基礎，並爲憲法實施之準備。

(十四)改善各級政治機構，使之簡單化、合理化，並增高行政效率，以適合戰時需要。

(十五)整飭綱紀，責成各級官吏，忠勇奮鬥，爲國犧牲，並嚴守紀律，服從命令，爲民衆倡導，其有不忠職守，貽誤抗戰者，以軍法處治。

(十六)嚴懲貪官污吏，並沒收其財產。

五、經　濟

(十七)經濟建設應以軍事爲中心，同時注意改善人民生活。本此目的，以實行計畫經濟，獎勵海內外人民投資，擴大戰時生產。

(十八)以全力發展農村經濟，獎勵合作，調節糧食，共開墾荒地，疏通水利。

(十九)開發礦產，樹立重工業的基礎，鼓勵輕工業的經營，並發展各地之手工業。

(廿)推行戰時稅制，澈底改革財務行政。

(廿一)統制銀行業務，從而調整工商業之活動。

(廿二)鞏固法幣，統制外匯，管理進出口貨，以安定金融。

(廿三)整理交通系統，舉辦水陸空聯運，增築鐵路公路，加闢航線。

(廿四)嚴禁奸商壟斷居奇，投機操縱，實施物品平價制度。

六、民衆運動

(廿五)發動全國民衆，組織農工商學各職業團體，改善而充實之，使有錢者出錢，有力者出力，爲爭取民族生存之抗戰而動員。

(廿六)在抗戰期間，於不違反三民主義最高原則及法令範圍內，對於言論出版集會結社，當與以合法之充分保障。

(廿七)救濟戰區難民及失業民衆，施以組織及訓練，以加强抗戰力量。

(廿八)加强民衆之國家意識，使能輔助政府肅清反動，對於漢奸嚴行懲辦，並依法沒收其財產。

七、教育

(廿九)改訂教育制度及教材，推行戰時教程，注重國民道德之修養，提高科學的研究，與擴充其設備。

(卅)訓練各種專門技術人員，與以適當之分配，以應抗戰需要。

(卅一)訓練青年，俾能服務於戰區及農村。

(卅二)訓練婦女，俾能服務於社會事業，以增加抗戰力量❻。

中國國民黨臨時全國代表大會，具有劃時代的重大意義，它不僅健全黨政結構，而發揮其職權與功能，更促成全國各黨派之團結，共同爲抗戰建國而貢獻心力。誠如蔣委員長於四

❻ 革命文獻，第七十六輯，頁三四一—三四四。

月一日在大會閉幕辭所說：

> 與人爲善，責己以嚴，這是中國歷史上固有的傳統精神，本黨同志要站在當政黨地位，發揚這種固有精神，寬宏大度，至公至正，在三民主義最高原則下，來接納各黨派人士，感應全國國民，使共循革命正道，只要不違反三民主義，服從本黨政府法令，都應該推誠相與，使大家與我們團結一致，共同爲抗戰建國來効命。❼

所以蔣委員長認爲此一次會議，「爲黨爲國創造了新生命」，在中國革命建國史上具有深長的意義❽。

三、國民參政會

訓政期間，依照民國十七年十月三日，中國國民黨中央常務委員會所通過之「國民政府組織法」，立法院爲國民政府最高立法機關，立法院有議決法案、預算案、大赦案、宣戰案，媾和案，條約案，及其他重要國際事項之職權。立法院設院長、副院長各一人，立法委員四

❼ 秦孝儀主編，總統蔣公思想言論總集，卷十五，頁二〇三—二〇六。

❽ 同上。

十九人至九十九人，由立法院院長提請國民政府府任免之，任期二年。監察院爲國民政府最高之監察機關，依法律行使彈劾、審計權，置院長、副院長各一人，委員十九人至二十九人，由監察院長提請國民政府任命之。

民國二十年十二月二十六日，中國國民黨四屆一中全會修改之國民政府組織法，國民政府主席、行政、立法、司法、監察、考試五院院長、副院長，均由中央執行委員會選任之，五院獨立行使職權，各自對中央執行委員會負責。國民政府主席爲中華民國元首，對內對外代表國家，但不負實際政治責任。行政院爲國民政府最高行政機關，而由中國國民黨中央執行委員會總攬政府全權❾。

民國二十七年三月三十一日，中國國民黨臨時全國代表大會第三次會議，以國民大會既難如期召集，爲統一民衆意志，增加抗戰力量，通過組織非常時期國民參政會案。依其規定，國民參政會由下列三項會員組織之：㈠由中央就原當選國民大會各省市各職業團體，召集三分之一充任之。全體代表分爲三組，每組任期一年。㈡中央聘請專家會員若干人，其數額不得超過前項會員四分之一。國民參政會之職掌如下：㈠抗戰時期政綱政策之初步決定權。㈡預算決算之初審權。㈢對行政院長、副院長及各部部長行使同意權。㈣其他有關國家大計之建議質詢權❿。是國民參政會兼具立法、監察兩院之功能，爲抗戰期間最高之民意機關。同

---

❾ 革命文獻，第七十九輯（臺北：中央黨史委員會，民國六十八年六月出版），頁二六二—二六七。

❿ 革命文獻，第七十六輯，頁三三四—三三五。

年四月七日，中國國民黨五屆四中全會通過國民參政會組織條例十五條，其中第三條規定：

國民參政會置參政員總額一百五十名，其分配如左：（甲）由曾在各省市（指行政院直轄市而言）公私機關或團體服務三年以上，著有信望之人員中，共選八十八名。各省市所選出參政員名額，依照附表所定，並以有各該省、市籍貫者爲原則。（乙）由曾在蒙古、西藏地方公私機關或團體服務，著有信望，或熟諳各該地方政治社會情形，信望久著之人員中選任六名（蒙古四名，西藏二名）。（丙）由曾在海外僑民居留地工作三年以上，著有信望，或熟諳僑民生活情形，信望久著之人員中選任六名。（丁）由曾在各重要文化團體或經濟團體服務三年以上，著有信望，或努力國事信望久著之人員中選任五十名。⓫

第五條規定：「在抗戰期間政府對內對外之重要施政方針，于實施前，應提交國民參政會決議。」第八條規定：「國民參政員之任期爲一年，國民政府認爲有必要時，得延長一年。」第九條規定：「國民參政會每三個月開會一次，會期爲十日，國民政府認爲有必要時，得召開臨時會，或延長其會期。」⓬ 俟由中央常務委員會整理其文字，於四月十二日由國民政府公

⓫ 革命文獻，第七十九輯，頁四五五—四五六。

⓬ 同上書，頁四五七。

佈。行政院於同月二十六日通令各省市推薦甲項參政員候選人。依該條例第四條規定：由各省市政府及各省市黨部之聯席會議，推薦加倍名額，國防最高委員會亦提出同額候選。淪陷地區由國防最高會議，按照各該省、市應出名額，加倍提出。乙、丙兩項參政員候選人，由蒙藏委員會、僑務委員會，按照應選出參政員名額，加倍提出。丁項候選人，由國防最高會議按照應選出名額加倍提出。各項參政員候選人經推出後，由國防最高會議彙送中國國民黨中央執行委員會，提付國民參政員資格審議委員會審議。審議委員會置委員九人，其人選由中國國民黨中央執行委員會指定⑬。

六月十六日，國民黨中常會通過參政員名單。甲項各省市名額：蘇、浙、皖、贛、鄂、湘、川、冀、魯、豫、粵各四人，晉、陝、閩、桂、滇、黔各三人，甘、察、綏、遼、吉、新、南京、上海、北平各二人，青、康、寧、黑、熱、天津、青島、西安各一人。乙項參政員名額：蒙古四人，西藏二人。丙項參政員名額：華僑六名。丁項參政員名額：一百名⑭。同日中常會選定汪兆銘、張伯苓爲國民參政會正副議長，並決定參政會定於七月一日召集。六月二十一日國民政府正式公佈參政員名單，六月二十二日特派王世杰、彭學沛爲參政會正副秘書長，積極展開籌備工作⑮。

---

⑬ 同上書，頁四五六—四五七。
⑭ 斛泉，「國民參政會正式產生」，重慶「東方雜誌」第三十五卷，第十三號，頁三〇—三二。
⑮ 國民參政會史料編纂委員會，國民參政會史料（臺北：國民參政會在臺歷屆參政員聯誼會，民國五十一年十一月出版），頁一。

七月六日，國民參政會第一次大會在漢口兩儀街二十號召開，出席代表二百人，蔣委員長曾以「國民參政會的任務」爲題，蒞會致開幕詞。認爲「國民參政會成立最大的意義和唯一目的，就是要集合全民族的力量，對侵略的勢力作殊死的鬥爭，以求得抗戰的勝利和建國的成功。」因此必需要完成兩個基本任務：一爲加强團結，鞏固統一；二爲建立民主政治的基礎⑯。大會共計十日，第一次會議第一件提案爲「精誠團結擁護國民政府，實施抗戰建國綱領案」。經決議：

> 擁護民國二十七年四月中國國民黨臨時全國代表大會所通過之抗戰建國綱領，切望國民政府制定實施辦法，督促各級政府切實施行。同人等當隨全國國民之後，依據此項綱領，在最高統帥蔣委員長領導之下，努力奮鬥，以取得抗戰最後之勝利，而達到建國之成功。⑰

此外大會並通過「建議政府領導民衆舉行國民抗敵公約宣誓運動，以培養抗戰精神，發揮抗戰力量」案。及「設立省市參議會，推行地方自治案」等。同月十五日大會閉幕，對外發表宣言，以三點昭告世界：㈠決定對侵略者作長期之抗戰，㈡擁護國際正義和平，㈢指責

⑯ 秦孝儀主編，總統蔣公想言論總集，卷十五，頁三四〇—三四三。
⑰ 國民參政會史料，頁二三。

僞組織爲日本之傀儡⑱。會後國民政府依據國民參政會決議，訂頒辦法，自二十八年五月一日起，各地舉行國民月會，宣誓國民公約。各省及院轄市臨時參議會，乃分別次第成立。

同年十二月，汪兆銘叛國附敵，中國國民黨中央常務委員會於二十八年一月一日臨時會議中，以汪氏違害黨國，決議永遠開除黨藉，並撤除其一切職務。同月二十日中常會第一一次會議決議，推舉蔣總裁爲國民參政會議長，副議長仍爲張伯苓。旋以蔣總裁主持軍國大計，力難兼顧，自三十年三月第二屆起改爲主席團，由參政員選舉五人組成，輪流擔任大會主席，後復改爲五人至七人。截至抗戰勝利，國民參政會組織條例屢次修正，會期原定三個月開會一次，自第一屆第四次大會起，改爲每六個月開會一次。會期原定十日，後改爲十四日，參政員任期亦不受限制。參政員人數，三十年三月第二屆增爲二百四十人，三十四年七月第四屆增爲二九〇人，抗戰勝利後第四屆第三次大會增爲三六二人。休會期間駐會參政員初定爲十五人至二十五人，後改爲二十五人，再改爲三十一人。參政會至三十七年三月二十九日舉行第一屆國民大會前一日結束，歷經十年，先後在漢口、重慶、南京開會十三次（計第一屆五次，第二屆二次，第三屆三次，第四屆三次），構成分子包括國民黨、共產黨、青年黨、民社黨、救國黨、第三黨、村治派、職教社，和社會賢達等。參政員雖爲政府所遴選，

---

⑱同上書，頁一一。

但因所選得人，並不損其代表性，因而有「戰時國會」之譽稱[19]。

八年抗戰期間，國民參政會有關抗戰建國提案爲數甚多，如二十八年九月九日至九月十八日在重慶所舉行之第一屆第四次大會中，曾通過「請政府明令定期召集國民大會，制定憲法，實施憲政」案，促成勝利後我國憲政之實現。國民參政會對民意之表達、官吏之糾彈、法規之擬定，多所獻替，曾先後成立「憲政期成會」（後改名「憲政實施協進會」）、「經濟動員策進會」、「經濟建設策進會」、「川康建設期成會」，及「川康建設視察團」、「軍風紀巡查團」、「延安視察團」等各種組織，以協助抗戰建國工作之進行。綜合國民參政會對國家之貢獻有以下數端：㈠激發民族精神，象徵全國團結。㈡鞏固領導中心，確立抗戰建國國策。㈢協調各黨派間關係。㈣鼓舞民心士氣。㈤推動憲政之實施。㈥創建議會政治常規。㈦策進後方經濟建設。㈧激勵前線官兵士氣[20]。

所深引爲遺憾者，民國三十年元月，由於皖南新四軍事件，中共參政員毛澤東、陳紹禹、秦邦憲、林祖涵、吳玉章、董必武、鄧穎超七人，竟引爲藉口，不出席參政會第二屆第一次會議。二月十五日，毛澤東等致電參政會秘書處，提出善後辦法十二條相要脅：

---

[19] 李璜、陶百川，「國民參政會與中國現代化」，蔣中正先生與現代中國學術討論集（臺北，民國七十五年十二月出版），第三冊，頁三四八—三七七。

[20] 同上書，頁三四九。

㈠制止挑釁。㈡取消一月十七日的命令。㈢懲辦事變禍首何應欽、顧祝同、上官雲相三人。㈣恢復葉挺自由，繼續充當軍長。㈤交還新四軍全部人槍。㈥撫卹皖南新四軍全部傷亡將士。㈦撤退華中的剿共軍。㈧平毀西北的封鎖線。㈨釋放全國一切被捕的愛國政治犯。㈩廢除一黨專政，實行民主政治。⑪實行三民主義，服從總理遺囑。⑫逮捕各親日派首領，交國法審判。㉑

三月二日，董必武、鄧穎超再致函國民參政會秘書處，提出臨時解決辦法十二條：㈠立即停止全國向我軍事進攻。㈡立即停止全國的政治壓迫，承認中共及各黨派之合法地位，釋放西安、重慶、貴陽及各地被捕人員，啓封各地被封書店，解除扣寄各地抗戰書報之禁令。㈢立即停止對新華日報之一切壓迫。㈣承認陝甘寧邊區之合法地位。㈤承認敵後之抗日民主政權。㈥華北、華中及西北防地均仍維持現狀。㈦於第十八集團軍之外再成立一個集團軍，兩集團軍共應轄有六個軍。㈧釋放葉挺回任軍職。㈨釋放所有皖南被捕幹部，撥款撫卹死難家屬。㈩退還皖南所有被獲人槍。⑪成立各黨派聯合委員會，每黨每派出席一人，國民黨代表爲主席，中共代表副之。⑫中共代表加入參政會主席團㉒。其要求顯然超出參政會議事之範圍。三月六日，蔣委員長出席第二屆國民參政會第六次會議時，對中共參政員拒不出席會

㉑ 民國三十年三月九日，重慶「大公報」。
㉒ 同上。

議發表談話，說明政府之立場與態度，略云：

> 中國共產黨同是中華民國的國民，不料在此對敵作戰生死存亡鬥爭的時期，竟向我們本國提出這樣的條件，而且對我全國民意機關的國民参政會提出這個條件，這豈不是他明明與我們本國政府和國民参政會立於敵對的地位？其將何以自解於國民?!……國民参政會之內，更應該人人平等，在参政會之內，祇有國民的立場，沒有黨派的立場，決不能讓任何一黨或任何個人，在會內有特殊的地位，與任何權利之要求，以斲喪我們尚在萌芽的民主政治之根基。……
>
> 總之，政府對於這次事件，只要能達到團結一致抗戰到底的目的，一切問題皆願聽從我們國民参政會依據公衆民意來解決！至於中共各参政員，更希望其在敵寇深入，全國軍民正與作殊死戰的時候，能本著「兄弟鬩牆，外禦其侮」的精神，毅然決然接受我們参政會公衆的意思，精誠團結，共赴國難，使我全國團結抗戰的精神，不致有絲毫遺憾，而能堅持貫澈，始終無間，這不僅爲我全國國民所馨香禱祝，亦足以予敵人以莫大的打擊。㉓

是日，國民參政會經由參政員王雲五等臨時動議，請大會對毛澤東等未能出席會議，應

㉓ 秦孝儀主編，總統蔣公思想言論總集，卷十八，頁七〇—七七。

有所表示。當經全體一致通過，決議全文二項：

一、本會於閱悉毛參政員澤東等七人致秘書處刪電，董參政員必武等二人本月二日致秘書處函件，暨聆秘書處閱讀此事經過報告以後，對於毛、董諸參政員未能接受本會若干參政員與本會原任議長之勸告，出席本居大會，引為深憾。本會為國民參政機關，於法於理自不能對任何參政員接受出席條件，或要求政府接受其出席條件，以為本會造成不良之先例。

二、本會連日聆悉政府各報告之後，深覺政府擁護全國團結之意，至為懇切。除有關軍令軍紀者外，在遵守抗戰建國綱領原則下，當無不可提付本會討論，並依本會之決議，以促政府之實行。因是本會仍切盼共產黨參政員，深體本會團結全國抗戰之使命，並堅守共產黨民國二十六年九月擁護統一之宣言，出席本會，俾一切政治問題悉循正當途轍，獲得完善之解決，抗戰前途實深利賴㉔。

是為抗戰期間政府與中共關係公開惡化之開端，其後政府與中共雖不斷商談，國民參政會且組織延安視察團，由冷遹、胡霖、王雲五、傅斯年、陶孟和五人組成，以促成全國之統一團結，而終無功效。直到勝利後，三十五年一月政治協商會議之舉行，國民參政會仍扮演

㉔ 民國三十年三月七日，重慶「大公報」。

重要之角色㉕。

四、國防最高會議與國防最高委員會

訓政時期，中國國民黨全國代表大會及中央執行委員會閉會期間，中央政治會議爲黨政之最高執行機關。成立於民國十三年七月十一日，其後組織條例及成員雖迭次變更，而職權如舊。曾決議成立國民政府，選舉國民政府委員及主席。

北伐統一後，二十二年中央政治會議決議成立國防委員會，以行政院長兼委員長，負責實際軍事要員爲委員，對中央政治會議負責。二十四年十一月，中國國民黨第五次全國代表大會後，國防委員會一度取消，二十五年七月十三日五屆二中全會後，復通過設置。以軍事委員長爲議長，行政院長爲副議長，軍事委員會副委員長、參謀總長、軍事參議院長、訓練總監、航空委員會委員長、行政院關係各部長（軍政、海軍、財政、外交、交通、鐵道）爲委員，審議事項包括國防方針、國防外交政策、國防事業與國家庶政之協進、國防緊急事變之處置、國家總動員、戰時之一切組織，及其他與國防相關重要事項。由議長召集，每年開大會一次，必要時得召開臨時會議。每次開會以一星期爲限，必要時得延長之。國防委員會

㉕ 李璜、陶百川，「國民參政會與中國現代化」，蔣中正先生與現代中國學術討論集，第三冊，頁三六五。

設秘書廳，廳長由參謀總長兼任。副廳長二人，由軍事委員會辦公廳副主任、參謀次長兼任㉖。

二十六年全面抗戰展開後，八月中央常務委員會第五十次會議，決議設置國防最高會議，以代替國防委員會職權，對中央政治會議負責。同年十一月，中央黨務委員會第五十九次會議，鑒於中央政治會議組織龐大，事實上已不召集，乃決議停止開會，由國防最高會議代行其職權。依其組織，設主席、副主席各一人，以軍事委員會委員長為主席，中央政治會議主席為副主席，中國國民黨中央執行委員會常務委員、秘書長、各部部長、中央監察委員會常務委員、中央政治委員會秘書長、五院院長、副院長、行政院秘書長、各部部長、軍事委員會委員、參謀總長、副參謀總長、軍令部、軍政部、軍訓部、政治部各部長，及主席提出經本會議通過者組成之，並由主席指定常務委員九人，其職權如下：㈠國防方針之決定。㈡國防經費之決定。㈢國家總動員事項之決定。㈣其他有關重要事項之決定㉗。國防最高會議常務委員會，每星期開會兩次，全體委員會由主席隨時召集之。抗戰期間關於黨政軍一切事項，國防最高會議主席得不依平時程序，以命令為便宜之措施。國防最高會議之下，設立國防參議會，由國防最高會議主席指定或聘任若干人充任之。

民國二十八年一月，中國國民黨五屆五中全會，復通過改國防最高會議為國防最高委員

㉖ 革命文獻，第七十九輯，頁四〇二—四〇三。
㉗ 錢端升、薩師炯，民國政制史（重慶：商務印書館，民國三十五年一月出版），上册，頁二一〇。

會，作爲中央黨政軍之統一指揮機構。茲列其組織與職權如下：

一、委員長　由中國國民黨總裁兼任之。

二、委員　中央執行委員會常務委員、監察委員會常務委員，國民政府五院院長、副院長，軍事委員會委員，及委員長提出經中央執行委員會常務會議決者爲委員。

三、常務委員　由委員長於上述委員中，指定十一人爲常務委員。

四、執行委員　國防最高委員會爲執行決議案，以下列人員組織執行委員會：㈠中央黨部秘書長、各部部長、訓練委員會主任委員、中央政治委員會秘書長。㈡國民政府文官長。㈢行政院秘書長、各部會長。㈣軍事委員會參謀總長、副參謀總長、各部部長、軍事參議院院長、軍法執行總監辦公廳主任、航空委員會主任、海軍總司令。㈤總動員委員會主任委員、副主任委員。㈥戰地黨政委員會主任委員、副主任委員㉘。

國防最高委員會常務會議，每星期開會一次，全體會議由委員長定期召集。執行委員及有關人員，經委員長之指定，得列席常務會議。國防最高委員會會議以委員長爲主席，委員長因故不能出席時，得指定常務委員一人代理之。國防最高委員會所屬機關有中央設計局、

㉘ 同上書，頁二一一。

黨政工作考核委員會、動員委員會、物價審議委員會等。

民國三十二年十一月，國防最高委員會復成立憲政實施協進會，由國防最高委員會委員長爲會長，除國民參政會主席團主席爲當然委員外，並由國防最高委員會委員長就下列人員中指定之：㈠中央委員，㈡參政員，㈢富有政治學識經驗或對憲政有特殊研究之人士。憲政實施協進會設常務委員九人至十一人，由會長就會員中指定之，並就常務委員中指定三人爲召集人。其主要任務爲向政府提出與憲政籌備有關之建議，考察地方民意機關，溝通政府與人民團體之政見，及審議一切與憲政實施有關之事項㉙。

國防最高委員會常務委員會設秘書廳，內置一、二、三處，及機要室、設計委員會。國防最高委員會之重要附屬機構，經二十九年七月五屆六中全會通過，先後成立：㈠中央設計局，設總裁一人，由國防最高委員會委員長兼任。㈡黨政工作考核委員會，由國防最高委員會推定委員十一人，除五院院長、中國國民黨中央執行委員會秘書長、中央監察委員會秘書長，國防最高委員會秘書長爲當然委員外，其餘三人由國防最高委員會委員長聘任之。該會設委員長一人，副委員長二人，秘書一人㉚。

國防最高委員會爲抗戰期間執行國家政令之最高權力機關，亦爲黨政軍之最高協調組織，而代替舊有中央政治會議及國防最高會議之功能。國防最高委員會遲至抗戰勝利後，於三十

㉙ 同上書，頁二一一四。
㉚ 革命文獻，第八十輯（臺北：中央黨史委員會，民國六十八年九月出版），頁五八—五九。

六年三月二十四日正式宣告結束，歷時達八年又四月之久。

五、國民政府

國民政府成立於民國十四年七月一日，爲訓政時期國家最高治權機關，其組織法迭次修正。北伐統一後，依照民國十七年十月三日中國國民黨中央政治會議所通過之國民政府組織法，凡七章四十八條，採委員制及五權分立精神，其敍文云：

> 中國國民黨本革命之三民主義，五權憲法，建設中華民國，既用兵力掃除障礙，由軍政進入訓政時期，允宜建立五權之規模，訓練人民行使政權之能力，以促進憲政，奉政權於國民。茲謹本歷史上所授予本黨指導監督政府之職責，制定國民政府組織法，頒佈之。[31]

其中第一章第八條規定：國民政府主席代表國民政府接見外使，並舉行或參與國際典禮。第九條規定：國民政府主席兼中華民國陸海空軍總司令。第十一條規定：國民政府主席爲國務會議主席。是明白規定國民政府主席爲國家之元首，掌握實際軍政大權。

---

[31] 國民政府公報，第九十九期，民國十七年十月出版。

第二章第十五條規定：行政院爲國民政府最高行政機關。第二十一條規定：行政院會議由行政院長、副院長及各部部長，各委員會委員長組織之，以行政院長爲主席。明白規定行政院院長爲國民政府之最高行政首長。

第三章第二十五條規定：立法院爲國民政府最高立法機關。第二十七條規定：立法院設委員四十九人至九十九人，由立法院長提請國民政府任命之。第六章第四十三條規定：監察院設監察委員十九人至二十九人，由監察院長提請國民政府任命之。明白規定訓政時期立法委員、監察委員係由兩院院長所遴選㉜。

民國十八年三月二十一日，中國國民黨第三次全國代表大會第七次會議，通過「確定訓政時期黨政府人民行使政權治權之分際及方略案」，係根據「訓政綱領」之原則，對於黨、政府、人民行使治權、政權之實際分際與方略，作明確之規定。規定國民政府之職權爲：「實施縣自治，及執行一切訓政之根本政策與方案，由國民政府及其所屬主管機關行之。國民政府在實施訓政計劃與方案上，對中央政治會議負責㉝。

民國二十年十二月二十五日，中國國民黨四屆一中全會，通過「關於中央政制改革案」，二十六日通過「修正國民政府組織法案」。前者凡六條，內容如下：

㉜ 同上。
㉝ 革命文獻，第七十六輯，頁八〇—八三。

一、國民政府主席爲中華民國元首，對內對外代表國家，但不負實際政治責任，並不兼其他官職，任期二年，得連任一次。但於憲法頒布時，應依法改選之。

二、國民政府委員會設委員若干人。

三、在憲法未頒布以前，行政、立法、司法、監察、考試各院各自對中央執行委員會負其責任。

四、行政院長負實際行政責任。

五、司法行政改隸行政院，設部管理。

六、國府主席及委員五院院長，由中央執行委員會選任之[34]。

後者共九章，五十四條。第一章：總則，第二章：國民政府，第三章：國民政府委員會，第四章：行政院，第五章：立法院，第六章：司法院，第七章：考試院，第八章：監察院，第九章：附則。其中第二章有關國民政府職權各條如下：

第一條　國民政府爲中華民國中央政府。

第二條　國民政府總攬中華民國之治權。

第三條　國民政府統率陸海空軍。

---

[34] 革命文獻，第七十九輯，頁二六一。

第四條　國民政府行使宣戰、媾和及締結條約之權。
第五條　國民政府公布法律，發布命令。
第六條　國民政府行大赦、特赦，及減刑、復權。
第七條　國民政府授與榮典。
第八條　國民政府以左列五院獨立行使行政、立法、司法、考試、監察五種治權：
一、行政院。
二、立法院。
三、司法院。
四、考試院。
五、監察院。
前項各院得依據法律發布命令。
第九條　國民政府於必要時得設置各直屬機關，直隸於國民政府，其組織以法律定之。
第十條　國民政府設主席一人，委員二十四人至三十六人，各院設院長副院長各一人，由中國國民黨中央執行委員會選任之。
第十一條　國民政府主席爲中華民國元首，對內對外代表國民政府，但不負實際政治責任。
第十二條　國民政府主席不得兼其他官職。
第十三條　國民政府主席任期二年，得連任一次，但於憲法頒布時，應依法改選之。

第十四條　國民政府所有命令處分以及關於軍事動員之命令，由國民政府主席署名行之，但須經關係院院長部長副署始生效力。

第十五條　憲法未頒布以前，行政、立法、司法、監察、考試各院各自對中國國民黨中央執行委員會負責㉟。

國民政府直轄機關：㈠文官處　設文官長一人，內置文書、印鑄兩局，及人事室。㈡參軍處　設參軍長一人，參軍八人至十人，內置典禮、總務二局，及人事、秘書二室。㈢主計處　設主計長一人，主計官六人，及歲計、會計、統計三局，置正副局長各一人㊱。

二十八年十一月二十日，中國國民黨五屆六中全會，復通過「調整黨政軍政機構案」，對於國民政府內軍事委員會、行政院所屬機關曾加以調整㊲。茲表列二十九年中央政府組織系統如下㊳：

㉟ 同上書，頁二六二—二六三。
㊱ 錢端升、薩師炯，民國政制史，上冊，頁二二〇—二二二。
㊲ 革命文獻，第八十輯，頁二一—二二。
㊳ 取材蕭文哲，「改善中央政治機構芻議」，「東方雜誌」第三十卷，第十二號（重慶，民國二十九年六月十五日出版），頁九—一〇。

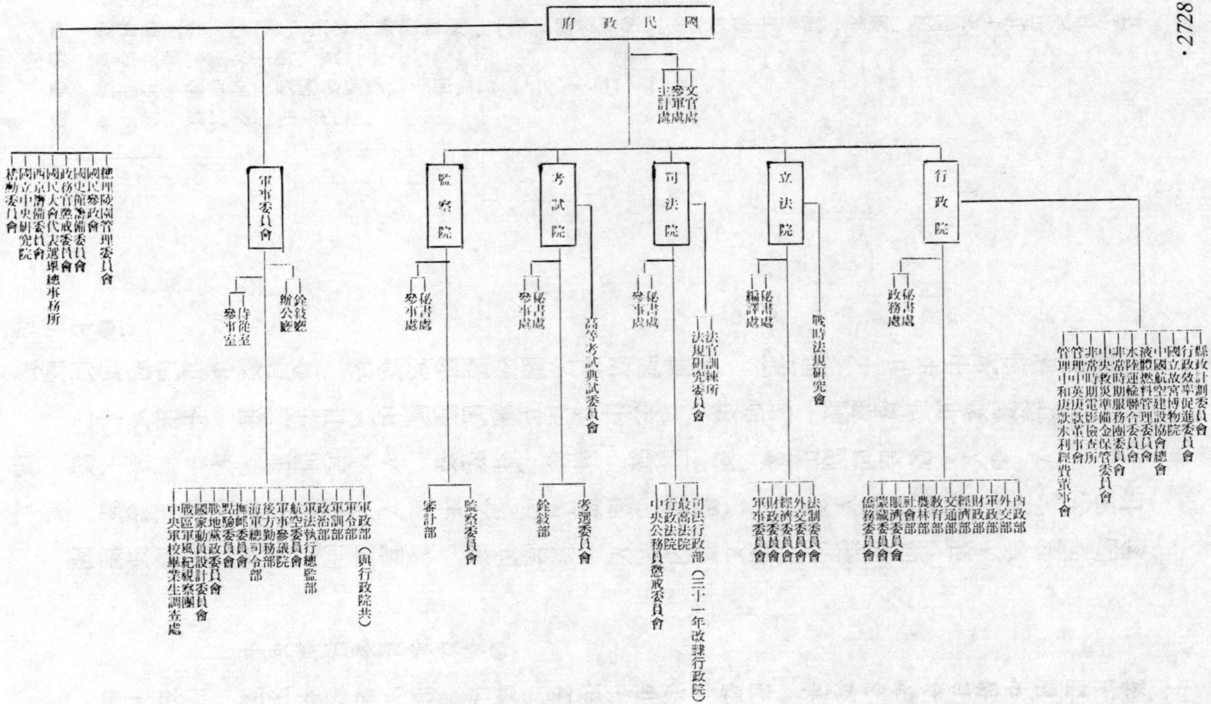
國民政府
文官處
參軍處
主計處
總理陵園管理委員會
國民參政會
國史館籌備委員會
政務官懲戒委員會
國民大會代表選舉總事務所
西京籌備委員會
國立中央研究院
稽勳委員會
軍事委員會
銓敘廳
辦公廳
侍從室
參事室
軍政部（與行政院共）
軍令部
軍訓部
政治部
軍法執行總監部
航空委員會
軍事參議院
後方勤務部
海軍總司令部
撫卹委員會
點驗委員會
戰地黨政委員會
國家總動員設計委員會
戰區軍風紀視察團
中央軍校畢業生調查處
監察院
秘書處
參事處
監察委員會
審計部
考試院
秘書處
參事處
高等考試典試委員會
考選委員會
銓敘部
司法院
秘書處
參事處
法官訓練所
法規研究委員會
司法行政部（三十一年改隸行政院）
最高法院
行政法院
中央公務員懲戒委員會
立法院
秘書處
編譯處
戰時法規研究會
法制委員會
外交委員會
經濟委員會
財政委員會
軍事委員會
行政院
秘書處
政務處
內政部
外交部
軍政部
財政部
經濟部
交通部
教育部
農林部
社會部
賑濟委員會
蒙藏委員會
僑務委員會
縣政計劃委員會
行政效率促進委員會
國立故宮博物院
中國航空建設協會總會
液體燃料管理委員會
水陸運輸聯合委員會
非常時期服務團委員會
中央救災準備金保管委員會
非常時期電影檢查所
管理中英庚款董事會
管理中和庚款水利經費董事會

三十二年五月二十九日，因國民政府主席林森病危，中國國民黨中央常務委員會臨時會議決議：「國民政府主席因故不能視事時，由行政院長代理之。」八月一日林森逝世，中常會乃推舉行政院長蔣中正代理國民政府主席。同年九月十日，中國國民黨五屆十一中全會通過修正「國民政府組織法」，其中修正條文如下：

第八條　國民政府以左列五院，分別行使行政、立法、司法、考試、監察五種治權：

㈠行政院，㈡立法院，㈢司法院，㈣考試院，㈤監察院。

前項各院得依據法律發布命令。

第十條　國民政府設主席一人，委員二十四至三十六人，由中國國民黨中央執行委員會選任之。

第十一條　國民政府主席爲中華民國元首，對外代表中華民國。

第十二條　國民政府主席爲陸海空軍大元帥。

第十三條　國民政府主席任期三年，連選得連任，但於憲法實施後，依法當選之總統就任，即行辭職。

國民政府委員任期同。

國民政府主席因故不能視事時，由行政院長代理之。

第十四條　國民政府公布法發布命令，由國民政府主席依法署名行之。

前項公布之法律，發布之命令，由關係院院長副署之。

第十五條　國民政府五院院長、副院長，由國民政府主席於國民政府委員中，提請中國國民黨中央執行委員會選任之。國民政府主席對中國國民黨中央執行委員會負責，五院院長對國民政府主席負責[39]。

以上所修正之條文，與民國二十年十二月二十六日中國國民黨四屆一中全會所通過之「國民政府組織法」性質大有不同。從此直到三十七年五月五日實行憲政，首任總統就職，我國中央政府係採行主席責任制。三十六年四月十七日，中國國民黨第六屆中央常務委員會，為預備行憲，允許其他黨派參加國民政府，復修正「國民政府組織法」中第一、第十五兩條，同年四月二十一日由國民政府公佈。

第一條　國民政府依據中華民國訓政時期約法第七十七條規定，為由訓政達至憲政之過渡期間，特制定國民政府組織法。

第十五條　國民政府五院院長、副院長，由國民政府主席選任之[40]。

---

[39] 革命文獻，第八十輯，頁三三九—三四〇。
[40] 民國三十六年四月二十二日，南京「中央日報」。

並決定國民政府委員共四十席，名額分配如下：國民黨十二席，民社黨四席，青年黨四席，社會賢達四席，五院院長爲當然委員，佔五席，共二十九席，其餘名額留給中共及其外圍組織民主同盟。蔣主席爲此特別於四月十八日對新聞記者發表談話，略云：

> 值此世運不斷演進之時，我國需要和平與建設日益迫切，是以國家之統一務須於最短期間促其實現，自不能因等待中共而無期拖延。倘中共放棄其以武力奪取政權之行動，能爲國家之團結統一而合作，則該黨仍有參加政府從事建國工作之機會。[41]

不幸竟被中共所拒絕。計自民國十四年七月一日國民政府成立，初由汪兆銘任主席。十五年六月，由譚延闓代理。十六年四月，中央政治會議推舉胡漢民繼任。九月，成立中央特別委員會，汪兆銘、胡漢民、李烈鈞、蔡元培、譚延闓被推爲常務委員。十七年二月，由譚延闓任主席。十月，由蔣中正繼任。二十年十二月，蔣主席辭職，由林森擔任。三十二年八月，林森病故，經中國國民黨五屆一中全會，推選蔣總裁繼任[42]。十月十日，蔣主席就職，任期至三十七年五月實行憲政，政府改組。

---

41 秦孝儀主編，總統蔣公思想言論總集，卷三十八，頁二二七—二二八。
42 參照許師慎，國民政府建制職名錄（臺北縣：國史館，民國七十三年一月出版）。

六、行政院與軍事委員會

北伐統一後，民國十七年十月三日中國國民黨中央常務委員會通過「訓政綱領」之同日，中央政治會議通過國民政府組織法，凡七章四十八條，十月八日由國民政府公佈施行。其中行政院爲五院之首，權位獨尊，故特錄其有關行政院部分如下：

第十五條：行政院爲國民政府最高行政機關。

第十六條：行政院設院長、副院長各一人，院長因故不能執行職務時，由副院長代理之。

第十七條：行政院設各部分掌行政之職權，關於特定之行政事宜得設委員會掌理之。

第十八條：行政院各部設部長一人，政務次長、常務次長各一人，各委員會設委員長、副委員長各一人，均由行政院長提請國民政府分別任免之。

第十九條：行政院各部部長、各委員會委員長，於必要時得列席國務會議，及立法院會議。

第二十條：行政院關於主管事項，得提出議案於立法院。

第二十一條：行政院會議由行政院長、副院長，及各部部長、各委員會委員長組織之，以行政院院長爲主席。

第二十二條：左列事項經行政院會議議決之：

㈠提出於立法院之法律案。

㈡提出於立法院之預算案。

㈢提出於立法院之大赦案。

㈤提出於立法院之宣戰案、媾和案、條約案，及其他重要國際事項。

㈤薦任以上行政官吏之任免。

㈥行政院各部及各委員會間不能解決之事項。

㈦其他依法律或行政院院長認爲不能解決之事項。

第二十三條：行政院各部及各委員會，得依據法律發布命令。

第二十四條：行政院各部、各委員會之組織，依法律定之㊸。

十月二十五日，行政院正式成立，首任院長譚延闓，副院長馮玉祥，計轄内政、外交、軍政、財政、交通、鐵道、工商、農礦、教育、衛生十部，及僑務委員會、蒙藏委員會、賑款委員會。後經十八年、十九年、二十一年、二十五年多次修正。全面抗戰發生後，爲適應非常時期需要，二十七年一月十四日，國民政府公佈「行政院組織法」，行政院裁併爲内政、外交、軍政、財政、交通、經濟、教育七部，及僑務委員會、蒙藏委員會兩委員會。嗣後因

㊸ 革命文獻，第二十二輯（臺中：黨史料編纂委員會，民國四十九年三月出版），頁三一九—三二〇。

環境需要，陸續有所更張。同年二月四日，增設賑務委員會（四月二十三日，改稱賑濟委員會）。

二十八年十一月，中國國民黨五屆六中全會，復通過增設農林部，中央執行委員會社會部改隸行政院。二十九年七月，五屆七中全會決議增設經濟作戰部。三十年三月，五屆八中全會決議增設糧食部與貿易部。糧食部旋告成立，而經濟作戰部與貿易部則未實現。同年十二月，五屆九中全會決議設立地政署，直隸行政院。三十一年十一月，五屆十中全會決議，司法行政部改隸行政院㊹。三十二年十月一日所公佈之「行政院組織法」中，復增加衛生署，行政院凡轄內政、外交、軍政、財政、糧食、交通、經濟、教育、農林、社會、司法行政等十一部，及僑務委員會、蒙藏委員會、賑濟委員會、地政署、衛生署㊺。

行政院直屬機構甚多，置廢無常。自二十年十二月，中國國民黨四屆一中全會修正「國民政府組織法」後，行政院院長負實際行政責任，直接對中央執行委員會負責，其權力甚大。先後任院長者有譚延闓（十七年十月—十九年九月）、蔣主席兼（十九年十一月—二十年十二月）、孫科（二十年十二月—二十一年一月）、汪兆銘（二十一年一月—二十四年十二月）、蔣委員長兼（二十四年十二月—二十七年一月）、孔祥熙（二十七年一月—二十八年十一月）、蔣委員長兼（二十八年十一月—三十四年六月）、宋子文（三十四年六月—三十六年三月）、

㊹ 參考革命文獻，第八十輯。

㊺ 錢端升、薩師炯，民國政制史，頁二二四—二二五。

蔣主席兼（三十六年三月—三十六年四月）、張群（三十六年四月—訓政時期結束）㊻。

軍事委員會成立於民國十四年七月三日，由中央政治會議選任委員若干人組成，並於常務委員中推定一人爲主席。七月十一日，國民政府公佈「軍事委員會組織法」，依照規定：軍事委員會受中國國民黨中央執行委員會之指導、監督及管理，統率國民政府所轄境內之陸海空軍及一切軍事機關。十五年六月五日，經中國國民黨二屆中央常務委員會通過，任命蔣中正爲國民革命軍總司令。七月六日，二屆臨時中央執行委員會通過出師北伐案，七月九日蔣總司令宣誓就職，乃展開北伐之大業。

十六年三月十日，中國國民黨二屆三中全會，通過「中央執行委員會軍事委員會組織大綱」二十四條，其中第一條規定：「軍事委員會設立之目的，在鞏固國民政府統治下之疆域，撲滅國內反革命勢力，以謀全國統一，並籌畫國防，使不受帝國主義者對中國軍事進攻之危害。」第二條規定：「軍事委員會爲國民政府最高軍事行政機關。」第十二條規定：「軍事委員會由中央執行委員會於高級軍官中選出委員九人至十三人，並於中央執行委員及候補中央執行委員中選出六人，共同組織之。」第十三條規定：「軍事委員全體委員會議，平時一月開會兩次，戰時至少每兩月開會一次。」㊼

十七年二月六日，中國國民黨二屆四中全會，復通過「軍事委員會組織大綱」十一條，

㊻ 參考許師慎，國民政府建制職名錄。
㊼ 革命文獻，第七十九輯，頁六二—六七。

其中第一條規定：「軍事委員會爲國民政府軍政最高機關，掌全國海陸空三軍，負編制教育、經理衛生，及充實國防之責。」第二條規定：「軍事委員會由中央執行委員會遴選負有軍事重責，及富有軍政學驗者若干人，交由國民政府特任之，並指定常務委員十一人至十五人，以一人爲主席。」第六條規定：「軍事委員會設常務委會辦公廳、參謀廳、軍政廳、總務廳、經理處、軍事教育處、政治訓練處等機關㊽」。已確定軍事委員會係國民政府下與五院之平行機關。同日通過「國民革命軍總司令部組織大綱」六條，其中第一條規定：「國民政府爲圖戰時軍令之統一，特任國民革命軍總司令一人，凡屬於國民革命軍之陸海空各軍，均歸其節制指揮。」第二條規定：「國民革命軍總司令得兼軍事委員會主席。」㊾兩者不啻爲相輔之機關，軍事委員會側重國防之統一規劃，國民革命軍總司令側重軍令之執行。二十一年一月二十八日，淞滬抗戰發生，爲應付變局，二月六日軍事委員會改組成立，三月五日，中國國民黨四屆二中全會爲捍禦外侮，整理軍事，通過「國民政府軍事委員會暫行組織大綱」五條，錄其內容如下：

一、國民政府軍事委員會直隸國民政府，爲全國軍事最高機關。

二、本會職掌如左：

㊽ 同上書，頁八三—八四。

㊾ 同上書，頁八四—八五。

甲、關於國防綏靖之統率事宜。

乙、關於軍事章制，軍事教育方針之最高決定。

丙、關於軍費支配，軍實重要補充之最高審核。

丁、關於軍事建設，軍隊編遣之最高決定。

戊、中將及獨立任務少將以上之任免之審核。

三、本會設置委員長一人，委員七人至九人，由中央政治會議選定，由國民政府特任之。此外行政院院長、參謀總長、軍政部長、訓練總監、海軍部長、軍事參議院院長，爲本會當然委員，並由委員中互推三人至五人爲常務委員，輔助委員長籌劃一切事宜。

四、關於軍令事項，由委員長負責執行。關於其他職掌事項，由委員長召集常務委員或委員，以會議討論，決定後交由各主管部辦理。

五、本會設置一辦公廳，辦理會內事務，辦公廳主任一人，副主任一人，其組織另定之[50]。

從此確定軍事委員會之地位，而國民革命軍總司令部隨之撤消。二十六年夏，全面抗戰展開後，九月經中國國民黨中央常務委員會決議，由軍事委員會委員長行使黨政軍統一指揮

[50] 同上書，頁二八四。

權，軍事委員會組織及職權更加龐大。下轄第一部（作戰）、第二部（政略）、第三部（國防工業）、第四部（國防經濟）、第五部（國際宣傳）、第六部（民衆組訓），以及後方勤務部、衛生部、國家總動員設計委員會等。同年十月，增設軍法執行總監部，及農產、工礦、貿易三個調整委員會。同年十一月，軍事委員會改組，撤消第二部、第五部，納入中央黨部組織、訓練、宣傳三部，並先後增設資源委員會、水陸運輸聯合辦事處、禁煙委員會等機構，是以軍事委員會不僅是最高軍事機關，而且涉及全國黨務、政治、外交、經濟多方面。二十七年，軍事委員會爲簡化組織，重加調整其所屬單位，變動如下：

一、參謀本部及第一部全併爲軍令部。

二、訓練總監部改爲軍訓部。

三、第六部及政訓處合併爲政治部。

四、衛生勤務部與後方勤務部合併。

五、總辦公廳、秘書廳併爲辦公廳。

六、軍事委員會第三部、第四部、農產、工礦兩調整委員會，及增設之資源委員會，均併入行政院經濟部。

七、原隸屬軍事委員會之水陸運輸聯合辦事處，改隸行政院交通部。

八、原隸屬軍事委員會之禁煙委員會總會，改隸行政院内政部。

九、原隸屬軍事委員會之貿易調整委員會，改隸行政院財政部[51]。

此一調整適用頗久，直至抗戰勝利，三十五年五月三十日，經國防最高委員會決議，將軍事委員會裁撤，另設立國防部，隸屬行政院，接管軍事委員會及其附屬機構一切職權。

軍事委員會自民國十四年七月成立，至三十五年五月結束，中間雖一度中斷，主持者屢有變動，時間則逾二十年之久，爲國民政府真正之神經中樞。尤其二十一年二月恢復建置之後，爲決定軍國大計之最高主宰。十四年七月軍事委員會成立之初，汪兆銘任主席。十五年四月，蔣中正委員兼。十六年三月，中國國民黨二屆三中全會改選爲主席團，蔣中正主席外，譚延闓、唐生智、程潛、汪兆銘、徐謙、鄧演達等爲主席團委員。十六年六月，中央政治會議改選胡漢民、閻錫山、楊樹莊、李濟琛、何應欽、李宗仁、李鳴鐘爲常務委員。九月，中央特別委員會改選蔣中正、白崇禧、朱培德、李宗仁、李濟琛、汪兆銘、胡漢民、唐生智、程潛、馮玉祥、楊樹莊、閻錫山、譚延闓爲主席團。十七年二月，二屆四中全會推選北伐全軍總司令蔣中正爲主席，北伐期間由李濟琛暫代。同年十一月，因北代完成，國民政府明令裁撤。

自民國二十一年二六日，中央政治會議決議軍事委員會恢復建置，至三十五年五月三十

---

[51] 張公量，「戰時政治機構的演進」，「東方雜誌」第三十七卷，第五號（重慶，民國二十九年三月一日出版），頁二一二—二一三。

日，國防最高委員會決議將軍事委員會裁撤，十四年間均由蔣中正任委員長[52]。

七、結語

一個國家的盛衰，與其國家之政令是否統一有密不可分關係。八年對日抗戰期間，我全國上下淬勵奮發，協力同心以禦侮。因時值訓政時期，由中國國民黨中央執行委員會監督政府行使治權。民國二十七年三月，中國國民黨臨時全國代表大會之各項決議案，奠定下我抗戰建國之基礎。其中抗戰建國綱領之制定，確立我戰時外交、軍事、政治、經濟、民衆運動，以及教育之目標。國民參政會之設立，形同戰時國會，容納各黨派人士，統一意志，集中力量，共同獻議於國是。

國防最高委員會係由中央政治會議、國防最高會議演變而來，爲戰時國家政令之取高權力機關，亦爲黨政軍最高之協調組織。民國二十年十二月，中國國民黨四屆一中全會所通過之國民政府組織法，國民政府主席對外代表國家，不負實際行政責任，五院獨立行使職權，受中央執行委員會監督。自三十二年九月組織法修正後，國民政府主席爲中華民國元首，擔任陸海空軍大元帥，五院院長、副院長，由國民政府主席提請中央執行委員會選任之，職權有重大變動。行政院爲五院之首，乃國民政府最高行政機關，抗戰期間爲配合戰時需要，所

[52] 參考許師愼，國民政府建制職名錄。

隸部會屢有變動，其權力甚大。軍事委員會爲國民政府最高軍事行政機關，其地位同於五院。抗戰期間軍事委員會不僅是我國最高軍事機關，同時對全國黨務、政治、外交、經濟各方面，均具有督導之功能。三十二年十月後，國民政府蔣主席，以中國國民黨總裁身分，兼國防最高委員會委員長、行政院院長、軍事委員會會委員長，責任重大，事務繁鉅，故中央政府各機構間，得能彼此協調步驟，發揮其職權與功能。

三十五年十一月十五日，蔣主席在制憲國民大會開幕時曾云：「中國國民黨自民國二十年受國民會議的委託以行使政權，國民政府根據訓政時期的約法以行使治權，在這十餘年中間，無不兢兢業業，如重負之在身。」今天唯一的期望：「就是及早制頒憲法，實施憲政，歸政於全國的人民，以立民國百年不拔的根基。」[53] 此爲訓政時期中國國民黨努力方向的具體說明，也是我國不惜重大犧牲，抗戰建國的最終目標。

（臺北，紀念抗戰建國五十年學術研討會論文，民國七十六年七月，頁一——二七。）

---

[53] 秦孝儀主編，總統蔣公思想言論總集，卷二十一，頁四四四—四四八。

五六　抗戰初期中共之輸誠與奪取政權之策略

（一九三七—一九四〇）

一、前　言

中國之八年對日抗戰，予中共以壯大的良機，亦爲國軍大陸撤守之重要因素。抗戰期間，僅國軍陸軍對日軍一般性戰鬥達三萬八千九百三十一次，重要戰鬥一千一百一十七次，大會戰二十二次，共計作戰四萬零七十次，日軍傷亡慘重，國軍亦傷亡三百二十一萬一千四百一十九人❶。可歌可泣事蹟層出不窮，其中如淞滬會戰、臺兒莊大捷、徐州會戰、武漢會戰、長沙三次大捷、常德會戰、衡陽保衛戰、緬甸遠征、滇西反攻等，尤爲卓著。

中共不僅破壞抗戰，襲擊國軍，且假藉抗戰之名，行擴張之實。即是當時中共領導者中央政治局委員、陝甘寧邊區政府主席張國燾，也認爲抗戰期間共軍確實作戰不力，毛澤東企圖利用國軍全力抗戰機會，以實現其奪取政權的陰謀。他説道：

❶ 何應欽，日共關係與中共陰謀（臺北，自印本，民國六十一年十月），頁二。

當國民黨軍隊在上海四週苦戰了約三個月，許多戰績可歌可泣，直到這年十一月初才被逼向後撤退。連山西的閻錫山在太原失守後，也宣稱要在山西守土抗戰。毛澤東從來不談及友軍抗戰的事，我從來未聽見他讚揚和鼓勵這些英勇抗戰的表現。當南京失守，國軍向後撤退，形勢相當混亂的時候，毛澤東曾得意的描述他的抗日觀感。他認為蔣委員長如不投降日本，可能將整個中國領土斷送與日本，可是日本只能佔領一些大城市及重要交通線。中共所領導的游擊戰爭，就可在廣大敵後地區發展起來，經過長期的艱苦奮鬥，中國才能翻身。因此，整個中國會被蔣委員長斷送，將來中共又可從日本手中奪回來。❷

八年抗戰期間，共軍實務參預者，僅「平型關之役」，與「百團大戰」兩次正規模接觸，係屬於游擊性質，與整個大戰局無關，而中共竟渲染其事，顛倒史實真象，篡奪國軍抗戰成果。並於抗戰勝利後，將蘇聯軍隊進佔東北時，擄自日本關東軍轉交共軍之武器，大量攝成影片，僞造為其於抗日戰爭中所獲得者，以實現其遮天蔽日的手法。謊稱：「八路軍、新四軍、華南縱隊，於抗日戰爭中為擔負抗戰的主力。抵抗百分之六十九的日軍，和抗擊百分之九十五的汪僞軍。對敵作戰十二萬五千一百六十五次，殲滅日僞軍一百七十一萬四千一百一十七人，繳獲各種火砲一千九百五十二門，機槍一萬一千八百九十五挺，長短槍六十八萬二

---

❷ 張國燾，我的回憶，（香港，明報月刊社，一九七四年）第三册，頁一三一九。

千八百三十枝，從日軍手中奪回土地百萬平方公里。」❸

近年中共御用女作家韓素音所著「早晨的洪流——毛澤東與中國革命」(The Morning Deluge-Mao Tsetung and Chinese Revolution)，則謂抗戰期間共產黨領導的軍隊，進行了九萬二千場戰鬥，使敵人蒙受了一百萬人的死傷，俘獲敵人十五萬名（大多是僞軍），繳獲步槍三十二萬支，機關槍九千挺，大砲六百門，此外還打死了五十五名日軍高級軍官❹，數字略有出入。以有限之共軍，作此種過份誇大「戰績」的虛僞宣傳，不啻自欺以欺人。而中共在抗戰期間，以及勝利之後，對外宣傳，特別强調所謂「平型關之役」，與「百團大戰」的重要性。文化大革命期間，復以「百團大戰」消耗共軍實力爲藉口，作爲清算朱德、彭德懷的罪證。直到鄧小平當權後，朱、彭才獲得「平反」。其實此兩次戰役，前者僅一天戰鬥，後者先後共六日，與國軍重要大戰役相比較，真是小巫見大巫，有天壤之別，實不能相提而並論。

本文探索內容，僅限於抗戰初期中共「輸誠」的真象，及其擴張之陰謀，時間斷限於民國二十九年底。其間「平型關之役」，與「百團大戰」，筆者另有專文作個案之研究。至於三十年元月新四軍事件後，因國共關係已正式決裂，中共份子拒絕出席國民參政會，各地共軍公開對國軍發動全面進攻，進而提出擴大共軍編制，改組政府等要求，國共關係益加錯綜複

---

❸ 何應欽，「紀念七七抗戰再駁中共虛僞宣傳」，載民國六一年七月七、八、九日臺北中央日報，單行本改名「爲歷史作證」，國軍歷史文物館出版，頁七。

❹ 韓素音原著、楊青譯，早晨的洪流——毛澤東與中國革命，（香港，南粵出版社，一九七四年一月）。

雜，不在本文討論範圍之內。

二、不誠意的「輸誠」與「改編」

中共向政府商洽「輸誠」在西安事變以前，共軍正式接受政府改編則到全面抗戰發生以後。民國二十六年七月七日盧溝橋事變之發生，予偈促陝北中共以千載難逢擴張壯大的良機。七月八日，中共中央發出「為日軍進攻盧溝橋通電」，電云：

武裝保衛平、津，保衛華北！不讓日本帝國主義佔領中國寸土！為保衛國土流最後一滴血！全中國同胞、政府，與軍隊，團結起來，築成民族統一戰線的堅固長城，抵抗日寇的侵掠！國共兩黨親密合作，抵抗日寇的新進攻！驅逐日寇出中國！❺

同日，中共首要毛澤東、朱德、彭德懷、賀龍、林彪、劉伯承、徐向前、葉劍英，聯名致電在廬山主持暑期訓練及談話會之蔣委員長云：

日寇日進攻盧溝橋，實現其武裝奪取華北之步驟。聞訊之下，震驚莫明。平、津為華

---

❺ 抗日民族統一戰線指南，（延安，解放社，一九三八年四月），第二冊，頁三至四。

北重地，萬不容再有喪失，敬懇嚴令二十九軍奮勇抵抗，並本三中全會禦亡抗戰之旨，實行全國總動員，保衛平、津，保衛華北，收復失地。紅軍將士願在委員長領導下，爲國效命，與敵周旋，以達保土衛國之目的。迫切陳詞，不勝惶恐待命。❻

另由彭德懷、賀龍、劉伯承、林彪、徐向前、葉劍英、左權、蕭克、徐海東，暨「人民抗日紅軍」全體指揮員、戰鬥員領銜，致電華北當局，及二十九路軍將士，聲明「枕戈待發」，「誓爲後盾」。電云：

虞（七日）晚事變，舉世震驚，日寇之殘暴，與其滅亡中國之野心，暴露無遺。貴軍處在國防最前線，不畏强暴，奮起抵抗，忠義壯烈，不愧軍人模範。我軍以抗日救國爲職志，枕戈待發已非一日，誓爲貴軍後盾。除已電呈國民政府及蘇維埃政府，懇請國民政府遣派大軍增援貴軍，並請將我軍即行改名爲國民革命軍，授令我軍效命抗日外，特向貴軍致熱烈之慰勞。深信貴軍必能忠義奮發，爲保國衛土之光榮事業而堅持到底。❼

❻ 總統府機要室存檔。

❼ 同上。

七月九日，彭德懷等乃致電蔣委員長，聲稱：「我全體紅軍願即改名爲國民革命軍，並請授命爲抗日前鋒，與日寇決一死戰。」❽蔣委員長爲團結侮禦起見，七月十七日對盧溝橋事變發表談話：「我們希望和平，而不求苟安，準備應戰，而決不求戰。我們知道全國應戰以後之局勢，就祇有犧牲到底，無絲毫僥倖求免之理。如果戰端一開，即就是地無分南北，年無分老幼，無論何人皆有守土抗戰之責任，皆應抱定犧牲一切之決心」❾。

民國二十六年七月十五日，中共中央交付國民政府國共合作共赴國難之宣言，（按：中共自稱：「此一宣言不但將成爲全國人民大團結的根本方針，中華民族之復興，日本帝國主義之打倒，將於今後兩黨團結與全國團結得到基礎。」）❿遲至九月二十二日公開發表，由中共中央鄭重向全國作如下之聲明：

一、孫中山先生的三民主義爲中國今日所必需，本黨願爲其徹底實現而奮鬥。

二、取消一切推翻國民黨政權的暴動政策，及赤化運動，停止以暴力沒收地主土地的政策。

三、取消現在的蘇維埃政府，實行民權政治，以期全國政權之統一。

---

❽ 抗日民族統一戰線指南，第二冊，頁二一至二二。

❾ 蔣總統言論編輯委員會編輯，蔣總統言論彙編，（臺北，正中書局等發行，民國四五年十月），卷十三，頁一至四。

❿ 解放週刊，（延安出版，民國二六年十月二日），一卷十八期。

四、取消紅軍名義及番號，改編爲國民革命軍，受國民政府軍事委員會之統轄，並待命出動，擔任抗日前線之職責。⓫

二十三日，蔣委員長爲中共共赴國難宣言，發表書面談話，略云：

此次共產黨發表之宣言，即爲民族意識勝過一切之例證。宣言中所舉諸項，如放棄暴動政策與赤化運動，取消蘇區紅軍，皆爲集中力量救亡禦侮之必要條件，且均與本黨三中全會之宣言及決議案相合，而其宣稱願爲實現三民主義而奮鬥，更足證明中國今日只能有一個努力之方向。……中國共產黨人既捐棄成見，確認國家獨立與民族利益之重要，吾人唯望其眞誠一致，實踐其宣言中所舉之諸點，更望其在禦侮救亡統一指揮之下，人人貢獻能力於國家，與全國同胞一致奮鬥，以完成國民革命之使命。⓬

蔣委員長自謂：當時發表這個談話，實在相信共黨是有悔禍歸誠，共同禦侮的誠意。而且一向認爲中共黨徒既是中國人，終必愛中國。只要政府加以相當制裁，不難使其就範聽

⓫ 解放週刊（延安出版，民國二六年十月二日），一卷十八期。
⓬ 上海大公報，民國二十六年九月二十四日。

命；只要他放棄武裝暴動，自可與其他政黨一樣通力合作，爲革命救國而努力。所以自十九年剿匪開始，直到二十五年爲止，政府對共黨的方針，始終是剿撫兼施的。蔣委員長認爲共黨這次共赴國難的宣言，就是政府精誠感召的實效。當時一般愛國有識之士，都相信這是政府政策的成功，也就是民族抗戰勝利的徵兆。以後的行動完全與他的諾言相反，這固然是個人自信太過，卒招致重大的挫敗，亦可證明共產黨徒畢竟是共產黨徒，他們決沒有所謂祖國愛與民族感⑬。

同年七月下旬，南京與延安間已往返電商改編共軍。政府所注意者爲迅速完成改編工作，以便共軍開赴前線抗日，毛澤東所注意者，在如何使共軍不致在改編中受到損失⑭。據中共首要張國燾記載，當時以毛澤東爲首中共領導階層的心態：

> 南京政府曾屢次催促中共軍隊從速改編，開赴山西前線，並準備派聯絡參謀到延安來。這些事曾引起毛澤東等的極大反感，認爲是滲透搗亂行爲，不利於中共。自毛澤東、張聞天等開始誇大其詞的說：「蔣介石對外雖然抗戰，但對內依然是像以往那樣反動。」因此他們斷言：國民黨抗戰不會有好結果，不是在戰爭中一敗塗地，便會中途妥協。他們開始揚言，中共所領導的軍隊，不會受到國民黨政府的平等待遇，如果聽任

⑬ 蔣中正，蘇俄在中國，（臺北，中央文物供應社出版，民國四五年十二月），頁八二至八三。

⑭ 張國燾，我的回憶，第三册，頁一二九二。

國民黨將領們的指揮，那末紅軍可能被送到前線，去充當日本炮火的犧牲品。如果中共所領導的軍事力量被犧牲了，國民黨便會乘勢壓迫喪失了軍事本錢的中共。這些想法就是毛澤東和張聞天等後來在洛川會議所提出的中共抗日政策的出發點。⓯

八月二十二日，軍事委員會發佈收編投誠共軍之命令，編陝北共軍爲國民革命軍第八路軍（按：民國二十七年二月，政府變更各軍番號，第八路軍改爲第十八集團軍；惟中共利用平型關戰役對人心之錯誤形象，直到抗戰勝利，仍用舊名，以廣宣傳。），任朱德爲總指揮，彭德懷爲副總指揮，轄：第一一五師林彪（副師長聶榮臻，原紅軍第一方面軍、第十五軍團改編。），第一二〇師賀龍（副師長蕭克，原紅軍第二方面軍改編。），第一二九師劉伯承（副師長徐向前，原紅軍第四方面軍改編。）⓰，每師轄兩個旅，每旅轄兩個團，每團轄三個營，每營轄四個連，每連分三排，每排分三班，每連士兵約七十至八十人⓱。其總數連同後勤人員計算在內，約三萬人，而毛澤東向軍事委員會呈報共軍總人數爲四萬八千人，竟超過半倍以上。政府則僅核實補給其二萬餘人的糧餉和裝備⓲。編入第二戰區，歸閻錫山長官指揮，

⓯ 張國燾，我的回憶，第三册，頁一二九〇。
⓰ 黄濤，中國人民解放軍的三十年，（北京，人民出版社，一九五八年），頁十八至十九。
⓱ 郭華倫，中共史論，（臺北，國立政治大學國際關係研究所、東亞研究所印行，民國七一年十月），第三册，頁二一七。
⓲ 張國燾，「我的回憶」，第三册，頁一二九二。

開赴晉北作戰。因爲國民革命軍沒有政治委員制度和名義，因此第八路軍中的政治委員，就成爲沒有經過政府任命的黑市委員了⑲。

八日上旬，日軍向平、津以南進攻，山西已受到威脅，軍事委員會急電第八路軍儘速開往山西前線，阻止日軍前進。駐南京中共代表周恩來也來電，要求第八路軍遵命開往，以表示抗日的積極態度。而毛澤東代朱德草擬覆電，竟藉故拖延，不是說補給尚待充實，就是說編制工作尚未完竣，要求展緩出發⑳。

三、決定奪權的洛川會議

八月十三日，日軍進攻上海，全面抗戰形勢已成，毛澤東提議中共中央立即舉行一次擴大會議，以便在第八路軍出發前，決定中共在抗日時期的全盤政略和戰略。八月二十五日，中共中央在延安南九十公里洛川縣附近一個村莊內舉行會議，討論今後共軍動向，及如何接受政府改編等問題。洛川縣長雖是陝西省政府所任命，城內和交通要道上駐有少數政府軍，但洛川四週鄉村則集結著第八路軍的重兵。參加此次會議者約二十人，除中共中央政治局委

---

⑲ 前引書，頁一二九四。
⑳ 同上。

員，和中共中央各部首腦外，有彭德懷、賀龍、林彪、劉伯承、朱德等重要將領㉑。

中共中央書記張聞天、軍委會主席毛澤東、政治局委員任弼時等主張：共軍名稱雖改爲第八路軍，但一切組織仍應維持紅軍原有制度，並拒絕國民政府軍事委員會派人前來，以保障共產黨對第八路軍的絕對領導權。第八路軍應堅持游擊戰，躲開與日軍的正面衝突，避實就虛，繞到日軍後方，去打游擊。主要任務是擴充第八路軍實力，並在敵人後方建立中共所領導的抗日游擊根據地。紅軍雖改稱爲第八路軍，但其內部體系一切仍舊，不得有任何變更，尤其要嚴防國民黨勢力滲透到紅軍裏來。中共所發展來的抗日游擊根據地的一切，都須根據延安的指示處理，自成體系。在政府區域內的中共組織，除少數人員可以露面外，仍須保持地下組織的特性，展開對國民政府的政治批評。

周恩來主張：第八路軍應該接受國民政府軍事委員會的薪餉補給，在共同抗日前提下，依照政府軍的編制加以改編，由國民政府軍事委員會統一指揮，並應有限度的接受軍事委員會派遣的參謀人員，與國軍併肩作戰，以擴大第八路軍的影響力。在有利的情形下，可以與日軍進行較大規模的運動戰，即是蒙受相當損失，也是值得的，這可以在全國人民面前，證明共軍確實在努力抗敵。

張國燾主張：中共既與政府同舟共濟，只有推動抗戰到底，以影響其在內政上實施若干改革和求得進步。國軍若失敗，中共也難逃失敗的厄運。抗日的全體中國人，不分黨派，都

㉑ 張國燾，我的回憶，第三冊，頁一二九四。

應獲得勝利㉒。

彼此相持不下，由毛澤東提議休會三日，經張聞天調和衆人意見，始達成若干協議。即：「形式上照政府軍制度，但紅軍政治部組織與職權仍舊維持原狀，執行對軍隊的監督指導。至於軍事委員會派來的參謀，可使其常駐延安，擔任聯絡，但不接受其進入隊部。意思是政府經費可以接受，但不能接受管理。」另外決定：共軍「進入山西之初，應按照國民政府軍事委員會命令，和戰局之戰略意圖，統一行動；並在作戰初期，爭取若干表現，以擴大宣傳和影響。但當日軍進一步深入，戰局逆轉與混亂時期，第八路軍即應單獨行動，以山西爲基地，分散向河北、山東、河南、熱河、綏、察各地區發展，並以獨立自主的游擊戰，在敵後爭取民衆，擴大武力，建立根據地。」㉓

此外洛川會議通過「抗日救國十大綱領」，其標題如下：㈠打倒日本帝國主義。㈡全國軍事總動員。㈢全國人民總動員。㈣改革政治機構。㈤抗日的外交政策。㈥戰時的財政經濟政策。㈦改良人民生活。㈧抗日的教育政策。㈨肅清漢奸、賣國賊、親日派，鞏固後方。㈩抗日的民族團結。其中第四項改革政治機構中，提出建立「民主共和國」、「召開國民大會」、「通過真正民主憲法」、「選舉國防政府」、「國防政府必須吸收各黨各派及人民團體革命份子」，

㉒ 前引書，頁一二九五至一二九九。
㉓ 日本產經新聞古屋奎二編著、中央日報社譯印，蔣總統秘錄（中日關係八十年證言），（臺北，民國六六年五月），十一册，頁一一五。

已暴露出中共企圖混入政府奪取政權之野心㉔。另通過「中共中央關於目前形勢與黨的任務的決定」八條，其中第六條聲明：

> 今天所發動的抗戰，中間包含有極大危險性，這主要的是由於國民黨還不願意發動全國人民參加抗戰。相反的，企圖把抗戰看成只是政府的事，處處懼怕與限制人民的參戰運動，阻礙政府軍隊與民衆結合起來，不給人民以抗日救國的民主權利，不去澈底改革政治機構，使政府成爲全民族的國防政府，這種抗戰可能取得局部的勝利，然決不能取得最後的勝利。相反的，這種抗戰存在著嚴重的失敗的可能。

顯然是對政府的誣衊與攻擊。第八條聲明：

> 共產黨員及其所領導的民衆武裝力量，應該最積極地站在鬥爭的最前線，應該使自己成爲全國抗戰的核心，應該用極大力量發展抗日群衆運動，不放鬆一刻功夫，一個機會，去宣傳群衆，組織群衆，武裝群衆。只要眞能組織千百萬群衆，進入抗日民族統

㉔ 解放週刊，（延安出版，民國二六年九月二十五日），一卷十七期。另見「抗日民族統一戰線指南」，第二冊，頁十三至十六。

一戰線，抗日戰爭的勝利是無疑的。㉕

足證中共欲利用「抗日民族統一戰線」，以達成其欺騙群衆的目的。會中復追認通過其中央組織部於同年八月十二日所擬定之「關於抗戰中地方工作的原則指示」十五條，因內容浩繁，摘錄第四、五、六、七、十、十一、十二等條內容如下：

四、應該普遍組成合法的統一戰線的人民參戰團體，或某些已經普遍存在的合法組織（如抗戰後援會），轉變爲這類性質的團體，在它的總的領導下，可以發起各種吸收群衆參加活動與組織。（如各種委員會、戰地服務團、慰勞隊、運輸擔架隊、募捐隊、義勇軍、偵察隊、抵制日貨十人團、國防文藝團體等），保證一切願意抗日的派到內面工作，並發展其中的民主，或者可以首先組織各種上述個別的統一戰線團體，然後再把他們聯合起來，組織總的領導機關，這可以各地情況來決定。

五、利用一切舊政權武裝組織形式，如民團、保安隊、壯丁隊、義勇軍等，實行組織群衆，武裝群衆，並取得其中的指揮的地位，並用一切其他合法的可能，達到這一目的。

六、共產黨員應該以抗日積極份子參加到政府與軍隊中去，並取得其中領導位置。在

㉕ 抗日民族統一戰線指南，第二册，頁十七至十八。

一定的條件下，如政府的確表示堅決抗日，允許共產黨的獨立組織與公開活動，歡迎共產黨到政府工作，我們可以公開用共產黨代表名義去參加，採取自上而下的辦法，推動抗戰運動的前進與勝利。

七、在抗戰中應該堅持爭取民主權利的鬥爭，利用一切機會組織工人、農民、學生、市民自己的合法的群衆團體，或加入到已有的國民黨所控制的機關（如黃色工會、農會、學生自治會等）中去工作，轉變他們爲這類的群衆團體，利用一切方法動員群衆，爭取民主權利，擴大政府所允許民主範圍，一直到言論、集會、結社、出版自由之完全取得。

十一、同各黨各派的政治鬥爭是任何時候不能放棄的，但如何「爭取抗戰的勝利」的問題，應該成爲鬥爭的中心，應該到處公開提出黨對於保證抗戰勝利的具體主張與辦法，批評其他黨派的不澈底與不堅決，以動員全國人民環繞在我黨主張與口號的周圍。

十二、用一切力量爭取黨的公開與半公開，但同時應該鞏固與擴大黨的秘密組織。黨的工作與組織應適合於戰時形勢，加强地方黨獨立工作的能力。共產黨員應該以自己的正確主張、堅苦工作、模範行動、謙虛態度，去取得群衆的信仰、擁護與愛戴㉖。

㉖ 錄自中共中央秘密印發油印原件，法務部調查局藏。

此一地方工作原則的指示，其企圖利用抗戰奪取政權的野心表露無遺。會中特別作一番人事調動，決定那些人到政府區，那些人到前線，那些人留守陝北。並決定第八路軍中政治工作綱要、建立抗日游擊根據地辦法。毛澤東極不同意第八路軍三個師同時開往某一地區，以避免使用於一個戰場，從事陣地戰，消耗其主力。主張三個師循不同方向，先後開往前線，以便分散打游擊。在陝北方面以編組未竣爲藉口，留駐兩個旅，用資鞏衛，以防備政府派軍前來駐紮，也得到大會的承認，遂爲此後中共擴張政策的依據㉗。

政府原已接受中共呈報，以林祖涵（伯渠）、張國燾分任陝甘寧邊區政府主席、副主席，因林祖涵被派至西安，擔任第八路軍代表，負責與西安行營連絡，解決第八路軍補給問題，在洛川會議中，乃決定由張國燾代理主席㉘。

洛川會議後，中共中央對抗戰態度難以捉摸，中共中央政治局有三個月沒有舉行過會議，許多政治局委員不在延安，剩下只有毛澤東、張聞天、張國燾三人，中共對於抗日的動向，只有在毛澤東、張聞天言論中去找尋㉙。直到十二月八日，陳紹禹（王明）、陳雲、康生乘蘇俄飛機自莫斯科返抵延安，十二月九日至十三日，中共中央政治局才舉行會議，決定恢復和建立政府控制各省區的地下組織。其要點如下：

㉗ 張國燾，我的回憶，第三册，頁一三〇〇至一三〇一。

㉘ 前引書，頁一三〇一至一三〇二。

㉙ 前引書，頁一三一七。

一、加强中共中央北方局的領導，配合武裝活動向各省區發展，以領導群衆游擊戰爭，創造新根據地爲中心任務。

二、設立中共中央長江局，代表中央指揮大後方黨的工作，長江局暫設漢口。

三、建立中共中央東南分局，指揮新四軍及東南各省區黨的組織，東南局暫設南昌。

四、漢口出版「新華日報」，擴大影響。

五、設立青年運動委員會，以加强青年運動之領導，打破共產青年團時代之關門主義。

六、責成中央各單位，選派大批幹部，到軍中及全國各地，開展黨務工作。㉚

此一決議，刻劃出中共企圖利用抗戰機會，全面擴張，奪取政權的全盤計畫。

四、「共赴國難」與「和平共存」的騙局

民國二十六年九月二十九日，中共軍委會主席毛澤東，以「國共兩黨統一戰線成立後中國革命的迫切任務」爲題，發表專文，暴露出中共企圖利用抗日機會，以共赴國難禦侮救亡爲名，實施其擴張實力奪取政權的陰謀。略云：

㉚ 郭華倫，中共史論，第三冊，頁二五六。

當權的國民黨同志們，我們同你們今天一道負著救亡圖存的歷史責任。你們已經同我們建立起抗日統一戰線了，這是很好的。你們實行了抗戰政策，這也是很好的。但我們不同意你們繼續其他的老政策，我們的統一戰線應該發展下去，應該把它充實起來，把民衆加進去，應該把它鞏固起來，實行一個共同綱領，應該決心改變政治的制度與軍隊的制度。一個新政府的出現是完全必要的，有了這樣一個政府，才能執行革命的綱領，也才能在全國範圍內著手改造軍隊。㉛

十月四日，中共人民抗日軍政治部出版「幾個問題的答案」，凡十條，更顯見其接洽輸誠之日，即存著乘機坐大背叛政府的野心。對團結抗戰，挽救民族危亡的神聖任務，根本未曾置懷。茲錄其第一、四、五、七、八等條內容如下：

第一條　問：什麼是共產黨的新政策？

答：抗日民族統一戰線就是共產黨的新政策。

第四條　問：國共兩黨重返合作的雙方讓步事實是怎樣？

答：國民黨過去對紅軍蘇區的進攻，轉變到停止內戰，和平統一。改變降日爲抗日，將過去對民衆壓迫，轉變到給人民以說話、開會、結團體的自由，將曾經被捕

㉛ 抗日民族統一戰線指南，第三冊，頁七八。

的革命份子完全釋放。改組國民黨，排除國民黨的親日份子。過去獨裁的國民政府，將召集國民大會，由人民來選舉眞正代表民意的民主政府，這都是國民黨此次的最大讓步，也就是他過去錯誤政策的改變。

國民黨有了上述的讓步，所以共產黨就給他們幾個保證：停止推翻國民黨的武裝暴動，不沒收地主土地，紅軍改編爲國民革命軍，並接受南京中央軍事委員會的指揮，蘇維埃政府改爲特區政府。這種雙方的讓步，是抗日救國的必要前提。這種讓步，我們並沒有吃虧，也並不是誰投降誰，說共產黨是投降了國民黨的人，也不過是漢奸親日派的造謠，與破壞聯合戰線的陰謀，而爲日本效勞罷了。

第五條　問：紅軍改爲國民革命軍，是不是變成了國民黨的軍隊？

答：紅軍名義的改變，是爲了全國抗日的統一指揮，雖然在名義上是改變了，但實際上還是照紅軍一樣的辦法，仍然受共產黨的領導，我們的指揮員還是我們的人，國民黨不能派一個人到我們隊伍中來負責工作。通俗的說：外面雖是白的，內面還是紅的。

我們改了名義，要他們發給我們軍需軍餉，我們處處佔著便宜，絲毫不曾變成國民黨的軍隊。

第七條　問：爲什麼要擁護蔣委員長領導抗日？

答：現在的蔣委員長已經轉變到抗日的方面了，他已接受我們共產黨的抗日民族統一戰線的主張，他把原來進攻我們的軍隊，開到前方抗戰，實行共產黨實行的抗日綱領，因此我們擁護他，並不是擁護他個人，而是擁護他實行抗日主張，也就是鼓勵他堅決在抗日民族陣線上走。假使他不抗日，那我們不僅不擁護他，而且還要打倒他。

第八條　問：怎樣保持黨的獨立性？

答：共產黨不論在什麼地方，什麼團體，什麼軍隊中，工作的時候要把黨的主張具體的實現起來，給群衆實際利益，爭取其中的革命份子在黨的週圍，切不要被他人同化，失掉了自己的政治立場，這樣才能保持黨的獨立性。㉜

十月十二日，軍事委員會接受中共請求，下令收編民國二十三年中共西竄後，遺留江南各地共軍，成立新四軍，以葉挺爲軍長，項英爲副軍長，規定人數爲一萬二千人，歸第三戰區司令長官顧祝同指揮，在南京、蕪湖間地區游擊㉝。葉挺在北伐期間，曾隸屬於張發奎部，爲民國十六年中共南昌暴動、廣州暴動主要領導者。接受政府任命後，特別到延安向毛澤東、張國燾等有所請示。商洽結果，葉挺依照毛的建議，乃以項英爲政治委員，陳毅爲副軍長；兼第一縱隊長。計畫將湘、鄂、贛、閩、浙、粵、皖、豫一帶中共游擊隊，編爲六個縱隊，

㉜錄自法務部調查局庫藏油印本原件。
㉝蔣中正，蘇俄在中國，頁八三。

概由原有的中共游擊隊領袖任隊長。至於軍部內的組織，仿照第八路軍的建制，其他單位首長人選，如參謀處、軍需處、軍醫處等，概由葉挺選任。對國民政府軍事委員會方面的接洽，亦由葉挺擔負全責㉞。

其時潛伏在湘、鄂、贛、閩、浙、粵、皖、豫各叢山峻嶺內中共游擊隊，僅約三千人，乃抽調第八路軍幹部至江西，作爲編組新四軍骨幹，臨時在各地大量招募農民參軍湊數。遲至二十七年元月，軍部始在南昌成立，共四個支隊，第一、二、三支隊集中皖南，第四支隊集中皖北。六月，軍部移設皖南涇縣，沿長江兩岸對敵作戰㉟。

依照軍事委員會所核定之編制，新四軍每一支隊轄四個團隊，每一團隊轄三個營，每營分四個連。其作戰區域江南方面以孫家埠爲起點，一路繞經浙江越蘇州而達江陰；一路沿長江東下至江陰。江北方面，則以淮南鐵路沿線爲範圍。

中共表面允許陝西省政府委派一個延安縣長到延安就職，陝西省黨部也派人到延安設立縣黨部，但行動則受到監視，無法展開活動。中共派林祖涵長駐西安，與西安行營連絡，中央補給源源而來。一時延安情況五顏六色，軍人服裝極不一致。有國民革命軍式樣，也有原來紅軍式樣，毛澤東就有兩頂軍人便帽，一項是新製的國民革命軍式，備作外來客人時戴，一項是原來紅軍帽子，鑲有紅色五角星徽，參加中共內部會議，或到「抗大」講話時，特別

㉞ 張國燾，我的回憶，第三册，頁一三一六。

㉟ 郭華倫，中共史論，第三册，頁二六七至二六九。

載起來出臺。當時許多人因爲軍帽不一致，常常避免戴帽，不過毛氏的舉措特別引人注目㊱。

據近年中共出版之「劉伯承軍事生涯」，謂劉部九千一百餘人，奉命改爲一二九師，準備渡過黃河建立太行山根據地時，與幹部們之對話，有以下的記載：

改編的消息一傳開，立即在紅軍內部引起强烈的反應，雖然紅軍取得了合法地位，能夠立即東進抗日，值得慶幸；但是紅軍畢竟是共產黨領導的人民軍隊，一下改名爲國民革命軍，使不少紅軍指戰員思想上產生了疙瘩。一位在劉伯承身邊工作的幹部，一連幾日精神憂悒。劉伯承見了，開門見山的問：「你是不是也想不開了？」那位幹部說出了心裏話：「改編後誰來領導我們？命令由誰來下？朱老總當了國民黨第二戰區副司令長官，會不會被他們架空？國民黨過去多次圍剿我們，這次會不會仗其優勢，借機會整垮我們？」

劉伯承微微笑了，說：「你這種擔心是正常的，不要緊；我們會向同志們講清楚的。我們名義上叫八路軍，實際上是紅軍，仍然是共產黨的軍隊，我們有黨中央和毛主席的正確領導，在總部有朱老總指揮，在前線在師部裏有我，而且很快還要來一位很有經驗很有能力的負責同志（按：指政委鄧小平），國民黨要搞陰謀，是指揮不動我軍的。㊲

㊱ 張國燾，我的回憶，第三册，頁一二九一。
㊲ 楊國寧、陳斐琴、李鞍明、王偉合著，劉伯承軍事生涯，（中國青年出版社出版），頁一二五至一二六。

同書復記第一二九師後勤部門，自政府領到許多軍服和新式武器裝備。民國二十六年九月六日，在陝西三原縣城西石橋鎮舉行誓師大會，爲換戴國軍帽子問題，劉伯承向部下說出了心頭話：

> 現在大敵當前，國家民族危在旦夕，我們要把鬥爭矛頭指向日本帝國主義，換帽子算不了什麼，那是形式，我們人民軍隊的本質不會變，紅軍的傳統不會變，解放全中國的意志也不會動搖，帽徽是白的，可是我們的心永遠是紅的。

同書引換帽子之日，第三八六旅旅長陳賡的日記：

> 舉行換帽時，大家都有一種說不出的心情，我們戴著它——紅帽子，血戰了十年，創造了震憾世界的奇跡，動搖了幾千年來視爲神聖的社會制度，今日爲了對付我們共同敵人——日本帝國主義，結成全民族的聯合戰線，暫時將它——紅軍帽子，收藏起來，換上一頂青天白日帽子，但我們永遠是黨軍，紅軍永遠是紅軍，任憑換個什麼名義，戴上什麼帽子，我們始終爲了共產黨的光榮而奮鬥。現在雖然是民族革命軍的階段，但一切努力犧牲都是爲了將來社會主義的勝利。㊳

㊳ 楊國寧、陳斐琴、李鞍明、王偉合著，劉伯承軍事生涯，頁一三〇至一三一。

這不啻假抗戰之名，行擴張奪取政權之實自我的招供。同書甚至說：「劉伯承居住的那家房東老鄉，有一個十來歲的小女孩，以前總喜歡到劉伯承參謀人員辦公室來玩，學歌、認字、捻線繩。當他見到紅軍換了帽子，便遠遠的躲開，再也不來玩了。有時劉伯承和他的參謀人員喚她，她也不理。」[39] 這簡直如同編來哄騙小孩子的兒童故事了。

五、毛澤東的統戰決策

中共原係借抗日之名以發展實力，故中共於「輸誠」後，毛澤東於第八路軍由陝北出發作戰前，秘密指示其幹部云：

中日之戰是本黨發展的絕好機會，我們決定的政策，是百分之七十發展自己，百分之二十作為妥協，百分之十對日作戰。為使我們的同志明瞭其工作任務，即是在和總部連絡斷絕的時候，仍能向共同目標努力起見，我樂於為同志們指出下述的政策：這一決策，可分三個階段來實施。第一妥協階段：在此階段中，應藉自我犧牲，表面上表示服從國民政府，並奉行三民主義，但事實上這只是掩護本黨的生存發展。第二競爭階段：以二三年工夫，建立本黨政治與武力基礎，並繼續發展，至能與國民政府

[39] 前引書，頁一二八。

抗衡而破壞之爲止；同時極力消滅國民黨在黃河以北的勢力。第三進攻階段：在此階段中，深入華中地區，建立根據地，割斷中央軍在各地區的交通，使他們孤立而失去連繫，直至我們反攻力量已準備成熟，然後從國民黨手中，奪取領導地位。[40]

另據董顯光所著「蔣總統傳」，謂中共於向中央「輸誠」後，毛澤東指示共黨幹部，長期計畫的三個行動階段：

第一階段——共軍單位從山西之西北分兩路前進：一路東行，經雁門及五臺，然後渡過平漢路，穿入河北省之東部與中部；另一路則越過大同——包頭鐵路，經由太行山之南，突入山西南部、河南北部，與山東西部，最後越過津浦鐵路，進入山東之北部與東部。如此便可割斷中央軍隊的交通。

第二階段——建立鞏固軍事及政治各基地，同時清除黃河以北國民黨的一切勢力。

第三階段——穿入華中，建立基地，並割斷中央軍交通，一面並謀破壞國軍，煽動各單位叛變，以期終久達成「共產革命」之最後勝利。[41]

---

[40] 國防部史政局編印，剿匪戰史，（臺北，民國五一年九月），第十一冊，頁一〇三五。又蔣中正，蘇俄在中國，頁八六至八七，內容類同。

[41] 董顯光，蔣總統傳，（臺北，中華文化出版事業委員會，民國四一年十二月），中冊，頁三八四。

此一計畫，與中共此後在抗戰期間的實際行動極爲吻合。關於此一奪取政權的大陰謀，張浩（林毓英）遵照毛澤東的指示，在「抗大」的講演中，有更進一步的說明：

我們看見目前的條件，必須與國民黨妥協，而與國民黨暫時的合作，並不是投降，亦不是出賣無產階級利益，正是爲著廣大勞苦群衆利益。……

一、我們是放棄以前走不通的道路，是尋求一條能通的路，而易於達到無產階級專政的另一條道路。

二、我們黨在現在的條件下這樣做，於革命是有利的，是不脫離群衆的。

三、我們黨現在的策略，正是破壞資產階級政權的武器，正是鞏固革命的武器，正是擴大革命勢力的支注。

四、我們黨的策略，正是掩護我們秘密工作之發展，正是溝通公開的工作，以爭取廣大群衆力量，準備推翻資產階級的政權。

五、我們現在的讓步，是給革命以休養時間，積聚力量，準備新的進攻條件，也就是給無產階級以必需的休養時間。

六、暫時放棄顯明的進攻策略，改爲退守策略，亦就是採取轉彎抹角的進攻策略。

七、因爲鬥爭疲乏，必需休養，及儲存革命力量，暫時放棄革命制度，就是放棄表面名目，保留實質存在的制度，以求將來新的更大的勝利。

八、紅軍改爲國民革命軍，是改番號，不是改編，而紅軍的獨立性是保存的，不但如此，而且更能擴大與鞏固。

九、蘇維埃暫時取消，改爲特區政府，而實質的本性是未變的，用實質政府不特不能削弱無產階級政權的力量，更能得到廣大群衆力量發展。……

我們的黨是在抗日的階段與國民黨合作，並不是投誠，我們的妥協是有利而無害的。以西安事變爲例就可以知道一切究竟是我們有利呢？抑是敵人有利呢？如物資得到了，經濟得到了，彈藥得到了，精神上得到了，黨員增加了，共產黨的影響亦擴大了等等。[42]

於是毛澤東調動大批「抗大」學生（多半是從外地來延安的知識分子），分派到紅軍各部隊，參加政治部的工作。其目的是使這些知識青年，將來到了抗日前線，能夠開闢敵後根據地，建立行政機構，組織地方武裝，解決軍隊物質需要，成立民衆團體[43]。

同年十月初，中共中央政治局，對於「抗戰前途與中共路線」，及「統一戰線」政策，確定其工作方針，指示其幹部奉行，內容如下：

---

[42] 張浩（林毓英），中共黨的策略路線，（重慶，中央調查統計局翻印，一九四一年三月），頁三八至三九。另史政局編印，剿匪戰史，第十一册，頁一〇三六至一〇三七。

[43] 張國燾，我的回憶，第三册，頁一二九三。

假使抗日戰爭是勝利，則國民黨軍隊實力將減至最小限度，同時紅軍勢力將不斷擴張，如此則抗戰的勝利將直接達成「十月革命」的勝利。如果抗戰結果是失敗，則中國將分裂爲三部：日本據有東北華北，國民黨據有西南，共產黨則據有西北。如果抗日戰爭全是失敗，則國民黨將全部崩潰，共產黨將成爲地下的政黨。所以：㈠應擴大並加强統一戰線，將組織活動由秘密變爲公開，由局部變爲全部，爲黨（共產黨）取得合法平等競爭的地位。㈡在中國政治上武力是決定性的因素，因此我們在戰爭期間，必須竭力擴張我們的武力，俾能奠定奪取革命領導權的基礎。㊹

民國二十七年五月，毛澤東發表「論持久戰」一文，强調持久戰應分爲三個階段：「敵侵我退，敵我相持，敵退我進。」認爲戰勝日本的三個條件：「第一是中國抗日統一戰線的完成，第二是國際抗日統一戰線的完成，第三是日本人民革命的興起。」其中尤以「中國人民的大聯合」爲最重要，亦即「堅持抗日民族統一戰線」，才能爭取到最後的勝利。

六、中共的「抗戰綱領」與文宣活動

中共中央基於毛澤東的決策，擬定「抗戰綱領」，內容包括三大目標、四大運動，和十五

㊹ 史政局編印，剿匪戰史，第十一册，頁一〇三五至一〇三六。另蔣中正，蘇俄在中國，頁八七，類同。

大工作原則。三大目標爲：㈠擴充軍隊——擴大地盤，在陝、甘、寧、冀、魯、蘇、皖等地區，展開擴軍，排除異己。㈡發展黨務——積極發展黨的力量，吸收黨員。㈢奪取地方政權——藉「民主」、「憲政」口號，號召民衆，孤立國民黨。四大運動爲：㈠百萬擴軍運動——吸收保安團體和殘餘。㈡百萬擴黨運動——大量吸收各地教職員、學生入黨。㈢千萬囤糧運動——征收救國公糧，或低價收買囤糧。㈣萬萬積金運動——以勸募捐獻及各種捐獻爲手段，盡力聚歛。十五大工作原則爲：㈠借「服從三民主義」口號，曲解總理遺教，宣傳馬列主義。㈡借「抗日」口號，號召民衆，擴大地盤。㈢借「民主」口號，爭取青年，減低國民政府威信。㈣借「進步」口號，爭取青年，減低國民政府威信。㈤借「團結」口號，鞏固自己地位，掩護分化政策。㈥借「國共合作」口號，抬高自身地位，減低國民黨領導力量。㈦借「革命」口號，用恐怖手段，排斥異己。㈧借「反對内戰」口號，逃避軍事制裁。㈨借「反對分裂」口號，實行割據。㈩借「統一戰線」口號，併吞弱小。(十一)以各個擊破手段，摧毀國民黨力量。(十二)佯作弱者姿態，到處向民衆哭訴，以爭取同情。(十三)以漢奸、頑固份子、倒退份子、親日派、投降等頭銜授人，任意造謠、罰款、捐糧、繳械、綁架、殘殺。(十四)製造高調，眩惑人心。(十五)製造謠言，破壞人民對國民政府及其領袖的信仰㊺。

中共爲增加新血輪，民國二十七年三月十五日，由其中央政治局通過「關於大量發展的決定」，放寬尺度，大量吸收黨員，尤其對知識份子特別加以拉攏。先後在延安設立「抗日大

㊺ 前引書，頁一〇三二至一〇三三。

學」、「陝北公學」、「魯迅藝術學院」、「女子大學」、「馬列學院」等訓練機構，强調「團結」、「民主」口號，適應當時一般青年心理。透過「青年團」、「解放前鋒隊」等外圍組織，盡量誘惑青年，收容流亡學生，大批知識份子，在「團結抗戰」、「參加救亡工作」等口號欺騙下，陷入中共圈套。一時中共黨員大增，使長期疲憊之共黨，內部增加新生力量，而奠定其以後發展之基礎㊻。

國民政府收編共軍後，所有第八路軍、新四軍均比照國軍同等待遇，按期撥發餉械，而中共中央則不發給部隊，就地津貼其外圍組織與文化機構，作爲宣傳、滲透與顛覆工作之政治作戰費用。如重慶之「新華日報」，以及各地之「生活書店」、「群衆雜誌」、「解放週刊」，和延安之「抗日大學」、「陝北公學」等，卻誣衊政府不發給與國軍同等之待遇。

第八路軍進入山西後，凡軍隊所經之地，金銀糧食均被搜括一空，有數目可考者，約有黃金五十萬兩，白銀一千三百餘萬兩，銀圓二千餘萬圓，總值約在銀圓一億元以上。並濫發僞鈔，破壞政府幣制。有一時期晉省東南長治地區，民衆對共軍所發行之僞鈔表示不信任，中共乃展出銀圓一千五百萬元以上，以炫耀其有充足之準備金。至於農民多年來積集之食糧，中共均以徵借口糧名義，加以搜括，運至五臺山、呂梁山、太行山區各個根據地內㊼。

中共爲籌措擴黨擴軍經費，在日軍佔領區與自由區之間，實施大量武裝走私，其重要路

㊻ 史政局編印，剿匪戰史，第十一冊，頁一〇三九。
㊼ 前引書，頁一〇四〇。

線共有五條：㈠由包頭經綏德入陝北，轉隴東、寧夏。綏德之「抗敵商店」，延安之「光華商店」，均為其走私買賣日貨之總機關。㈡由陝北連接山西沿黃河各渡口，均有日貨走私，源源運至黃河以西，向陝西中部及陝南傾銷。㈢由濟南走私日貨，西運至豫北至晉南。㈣由蕪湖走私日貨，西運安徽西南，及湖北、江西一帶。㈤由蚌埠走私日貨，西運至皖北、豫西一帶。所得利潤，即就地作為其部隊之軍費，及用為對自由地區作宣傳戰、組織戰，與顛覆工作之經費。

中共復不顧國民健康，推銷鴉片毒品，其來源有二：㈠由日軍佔領區熱河等地，經由共軍駐守之道路與渡口，准許民衆販運至自由區傾銷，中共沿卡收取過境稅，每兩八元。㈡在「陝甘寧特區」內，強迫人民種植鴉片，待成熟時，由中共派員前往收取煙土，依土地之肥瘠，與種植之農户，三七分或四六分。至於農民保留之三成或四成，仍不得自行出售，由中共規定價格，統一收購。其運銷之路線亦有兩條：一由「特區」運至耀縣及柳林傾售，所得之款項，即用作「特區」之經費，及發行偽幣之準備金。一由「特區」運至宜川及韓城出售，所得之款項，即就地撥充對自由區滲透、顛覆、宣傳，與發展組織活動之經費㊽。

是時周恩來以中共代表身份，出任軍事委員會政治部副部長。民國二十七年後，中共首要葉劍英、秦邦憲（博古）、陳紹禹（王明）、徐特立等，經常來到武漢。政治部第三廳長（主管宣傳業務）郭沫若，和該廳處長文藝作家甲漢、科長劇作家洪深等，幾乎都是共黨份子

㊽ 史政局編印，剿匪戰史，第十一冊，頁一〇四〇至一〇四一。

或其同路人㊾。一時山西、山東、河北、安徽、浙江等省政府，及部隊中，不少共黨份子滲入，秘密從事中共之發展工作。

民國二十七年元月，中共在漢口創刊其機關報「新華日報」，並設立生活書店，使中共鬥爭的方法，由「武器的批評」，轉變爲「批評的武器」。中共遂利用書報，傳播其荒謬之政治主張，擴大其在群衆中之心理印象，惡意妄加批評、誹謗，以打擊削弱政府對人民之威信。

大致而論，自民國二十六年至二十八年，兩年之間中共之境遇非常順利，各地原已瓦解之中共組織，在「第八路軍辦事處」、「第八路軍聯絡站」、「新四軍通訊處」等名義掩護下，逐漸死灰復燃。受中共影響或操縱之各種左翼團體，如救國會、民族解放先鋒隊等，在各地相繼成立，左傾書報大批發行，音樂、戲劇、漫畫、木刻等藝術，多爲中共所利用。由延安所派出之大批幹部，加强在敵人佔領區和大後方活動，從事對民衆赤化工作。一般青年受其蠱惑，投奔延安者日衆㊿。

七、中共篡奪國民黨之詭計

民國二十七年三月二十九日，中國國民黨舉行臨時全國代表大會於武昌。會議開幕前，

㊾ 蔣總統秘錄，第十一册，頁一二八。

㊿ 剿匪戰史，第十一册，頁一〇四三。「蔣總統秘錄」，十一册，頁一二八。

三月一日中共中央委員會致電國民黨臨時全國代表大會，列舉三項建議，提供參考：㈠關於鞏固和擴大各黨派的抗日救國的團結問題。㈡關於健全民意機關問題。㈢關於動員和組織民衆問題。希望兩黨「恢復民國十三年至十六年第一次國共合作的形式」，甚至表示：願派代表團列席中國國民黨全國代表大會，同時預請國民黨選派代表團將來出席共產黨第七次全國代表大會，以示「兩黨同志兄弟般友愛與團結。」[51] 已顯露出其企圖滲透國民黨，重演民國十三年後分化國民黨之故技。同年六月十五日，中共駐武漢代表團周恩來、陳紹禹（王明）、秦邦憲（博古）聯名，發表「對保衛武漢與第三期抗戰問題底意見」，誣指當前國內許多人才，還不能「各盡所能，各司所事」，其主要根源有二：「一是黨派門户的成見未能完全泯除，二是個人親故的私情時常發生作用。」希望政府給予共產黨員「更多可能去參加各種抗戰工作」。甚至聲稱：

我們可以代表所有共產黨員說：我們不管擔任政府給予我們的任何部分工作，我們願意仍然領受我們在共產黨內工作時一樣數目的薪水（即每月除簡單的衣食住外，領二元到十元的零用費）；同時凡是我們共產黨員擔任工作部門的公費，我們按月公佈收支，並請上級機關和民衆團體清查一切賬目，務必認眞做到點滴歸公的地步。[52]

---

[51] 解放，（延安，解放社出版，民國二七年四月二十九日），三十六期。
[52] 解放，（延安，解放社出版，民國二七年七月十五日），四十五期。

政府爲表示天下爲公共赴國難之苦心，同年六月十六日，由中共中央推薦，選聘毛澤東、陳紹禹、秦邦憲、林祖涵、吳玉章、董必武、鄧穎超七人，爲國民參政會參政員。七月六日，國民參政會第一次大會在武漢舉行，除毛澤東外均出席此次會議，周恩來並接受擔任軍事委員會政治部副部長。

同年九月二十八日，中共中央在延安召開擴大六屆六中全會，周恩來不待大會結束，即攜毛澤東九月二十九日親筆函至武漢，面呈蔣委員長，盛道蔣委員長領導抗戰之勳業。函云：

介石先生勛鑒：恩來諸同志回延安，稱述先生盛德，欽佩無既。先生領導全民族進行空前偉大的民族革命戰爭，凡在國人，無不崇仰。十五月之抗戰，愈挫愈奮，再接再厲，雖頑寇尚未戢其兇鋒，然勝利之基業已奠定，前途之光明，希望無窮。此次敝黨中央六次全會，一致認爲抗戰形勢有漸次進入一新階段之趨勢，此階段之特點，將是一方面更加困難，一方面必更加進步。而其任務在實行團結全民，鞏固與擴大抗日陣線，堅持持久戰爭，動員新生力量，克服困難，準備反攻。在此過程中，敵人必利用歐洲事變與吾國弱點，策動各種不利於吾國統一團結之破壞陰謀。因此同人認爲此時期中之統一團結，比任何時期爲重要。唯有各黨各派及全國人民克盡最善之努力，在先生統一領導之下，嚴防與擊破敵人之破壞陰謀，清洗國人之悲觀情緒，提高民族覺悟及勝利信心，並施行新階段中必要的戰時政策，方能達到停止敵之進攻，準備戰爭反攻之目的。因武漢緊張，故恩來同志不待會議完畢，即行返漢，晉謁先生，商承一切。未盡之意，概託恩來面陳。

此時此際，國共兩黨休戚與共，亦即長期戰爭與長期團結之重要關節。澤東堅決相信，國共兩黨之長期團結，必能支持長期戰爭，敵雖兇頑，終必失敗。而我四萬萬五千萬人之中華民族，終必能於長期的艱苦奮鬥中克服困難，準備力量，實行反共，驅除頑寇，而使自己雄立於東亞。此物此志，知先生必有同心也。專此布臆，敬祝

健康，並致　民族革命之禮。[53]

中共六屆六中全會，至十一月六日結束，由毛澤東代表中共中央政治局作報告，標題爲「論新階段」，提出與民國黨三種長期合作組織形式：

一、國民黨本身變爲民族聯盟，將來各黨加入國民黨而又保存其獨立性，共產黨亦將採取與十三年不相同的辦法：㈠所有加入國民黨的共產黨員都是公開的，並將名單提交國民黨的領導機關。㈡不招收國民黨員加入共產黨。㈢在徵得國民黨同意後，中共青年黨員加入三民主義青年團，同樣不組織秘密黨團，不收非共產黨員入黨。

---

[53] 錄自總統府機要室存檔。另蔣中正，蘇俄在中國，頁八八，曾加以節略。

二、各黨共同組織民族聯盟，擁戴蔣介石先生爲最高領袖，各黨以平等形式互派代表，組織中央至地方的各級共同委員會，執行共同綱領，處理共同事務。

三、現行辦法沒有成文，不要固定，遇事協商解決。兩黨有關問題，形式不夠密切。[54]

中共六屆六中全會，根據毛澤東報告，於十一月六日通過「抗日民族自衛戰爭與抗日民族統一戰線發展的新階段」，對外發表宣言，保證下列各點：㈠願爲徹底實行三民主義而奮鬥。㈡誠意擁護蔣委員長和國民政府。㈢在抗戰中及抗戰勝利後，所奮鬥的目標，是三民主義的新中國。㈣不在國民黨中及其軍隊中，成立共產黨的秘密組織[55]。

周恩來復向國民黨建議四點：㈠停止兩黨鬥爭，㈡共產黨員可以加入國民黨，或令其一部先行加入，如情形良好，再全部加入。㈢中共取消一切青年組織，其全體份子一律加入三民主義青年團。㈣以上參加者均保持其共產黨黨籍[56]。此種建議，充分表現中共企圖第二次大規模滲透國民黨，實現篡奪國民黨之陰謀。

民國二十九年三月十一日，毛澤東在延安中共高級幹部會議席上，說明其目前「抗日統一戰線」之策略，在於「有理」、「有利」、「有節」，以「爭取時間，走向好轉之可能。」略

[54] 史政局編印，剿匪戰史，第十一册，頁一〇四五至一〇四六。
[55] 前引書，頁一〇四六至一〇四七。
[56] 前引書，頁一〇四八至一〇四九。另蔣中正，蘇俄在中國，頁八九。

云：

在抗日統一戰線時期，同「頑固派」鬥爭，必需注意下列幾個原則：㈠自衛原則。人不犯我，我不犯人；人若犯我，我必犯人。……對於「頑固派」之軍事進攻，必須堅決、徹底、乾淨，全部消滅之。㈡勝利原則。不鬥則已，鬥則必勝，決不可舉行無計畫、無準備、無把握之鬥爭。……㈢休戰原則。在一個時期內，把「頑固派」之進攻打退後，在他們沒有舉行新的進攻前，我們應該適可而止，使這一鬥爭告一段落。[57]

八年抗戰期間，中共幹部循此原則，與國民黨展開鬥爭，國民黨處處被動忍讓，而潛伏日後雙方政治協商之悲劇。

八、中共利用抗戰實行擴張

全面抗戰開始時，中共僅有黨員四萬人，軍隊三萬人。民國二十六年九月，第八路軍取道山西進入華北敵後，其第一一五師進入晉、察、冀地區，第一二〇師進入晉西北地區，第一二九師進入晉東南地區。二十七年，以一部違令進入冀、魯、豫平原，一部進入冀中平原，

㊼ 毛澤東選集，（北京出版，一九六一年），第二卷，頁七四四。

一部遠至冀東。

二十七年春，新四軍在長江兩岸積極發展。同年冬，成立東江縱隊。二十八年二月，海南島淪陷後，復成立瓊崖縱隊。中共誇稱：截止二十八年底，兩年擴張結果，第八路軍已由幾萬人，發展到五十四萬人，「解放」人口近四千萬。新四軍由一萬五千人，發展至十萬人，「解放」人口一千三百萬58。到三十四年春，第八路軍有六十萬主力軍，新四軍有二十六萬主力軍，「華南抗日游擊隊」有兩萬餘主力軍59。

八年抗戰期間，共軍所至之處，襲擊友軍，蠶食政府留置敵後武力，及地方團隊。其所以能如此任意橫行，而國軍無法阻止者，其原因有以下數端：

一、抗戰軍興，全國大團結，任何人皆不料中共會有此等作風，未予注意防範。

二、第十八集團軍及新四軍，均係國軍正式番號部隊，接近時原無防範之必要，迨突然遭受襲擊，已屬不能應付。

三、友軍與敵作戰時，彼即乘機襲友軍之側背，友軍防不勝防。

四、中共故意製造謠言，佈置疑陣，並施行一切縱橫捭闔之手段，或誣稱某人有通敵嫌疑，或硬指某人爲摩擦專家，既售其計，即分別襲擊，各個擊破。

---

58 朱德，「論解放區戰場」，引自中共七次大會原始資料彙編，朱德向中共七全大會所作軍事報告，一九四五年四月二十五日。

59 抗日戰爭時期的中國人民解放軍，（北京，人民出版社），一九五三年，頁二一九。

五、統率部爲顧全大局，始終未能作嚴格之制裁，並令被攻擊之部隊，忍痛退讓[60]。

據親共女作家韓素音近年所著「早晨的洪流」，所述自全面抗戰發生，至民國三十二年共軍在各地發展情形，華北已發展到內蒙古和東北，華中已在長江下游建立根據地，華南兩廣和海南島有部分地區被共黨所控制，紮下以後佔據大陸的根基。略云：

> 在日軍戰線後建立根據地，開始於一九三七年。一九三七年九月以後，八路軍一一五師建立了以五臺山爲中心的晉察冀根據地。這個根據地於一九三八年擴展到河北中部和東部，伸入南部的河北平原。最後，根據地擁有一百零八個縣，面積三十萬九千平方里，人口二千五百萬左右。一九三九年，這個根據地向北京以西擴展到東北的熱河，和遼寧省。這種橫越華北的擴展，對於接近東北的長遠戰略是緊要的。在一九四六年內戰爆發以前，游擊隊核心早就在東北紮下了根子了。
>
> 八路軍一二九師建立了晉、冀、魯、豫根據地，以太行山爲中心，這是一個十分廣大的地區，分爲兩部份：一部份面積八萬五千平方里，五十九個縣，人口七百萬；另一部份面積十二萬二千平方里，一百一十八個縣，人口一千八百萬。
>
> 八路軍一二〇師建立了晉、綏根據地，它阻止了日軍進入蒙古。而開初由當地的共產黨幹部建立起來的山東根據地，是如此成功；因之到了一九四三年，共產黨人控制著

[60] 史政局編印，剿匪戰史，第十一冊，頁一〇五〇。

該省一半以上的面積，有民兵五十萬人。……

新四軍在長江下游建立的華中根據地，在兩線上產生影響，一線在長江以南，另一線在長江以北的安徽省。……

此外還有廣東的華南根據地，一九二七年那裏的運動是強大的。珠江縱隊於一九四一年成立，到一九四四年散佈於廣東和廣西的小根據地裏，有一千萬人口，華南人民看到共產黨人再起，有道是「共產黨不會死」。

在海南島，日軍於一九三九年侵佔時，也出現了共產黨游擊隊，而到一九四五年，在這個島的十九個縣中，有八個縣由共產黨游擊隊控制。……[61]

這無異把抗戰期間中共的擴展，描繪出一張明顯的圖形。另據中共幹部齊武所編「一個革命根據地的成長」一書，除記載抗戰發生後山西、河北、河南、山東，以及華中、華南等地區，共黨組織隨其部隊進入，大量擴張外，截止民國三十年新四軍事件發生時，華北中共各主要軍區實力如下：

一、晉察冀軍區　軍區司令員兼政委聶榮臻，政治部主任舒同，軍區參謀長唐延吉，全部兵力計二師，又十一團，約五萬餘人。

---

[61] 韓素音原著、楊青譯，早晨的洪流——毛澤東和中國革命，（香港，南粵出版社出版，一九七四年一月），頁四六至四七。

二、冀中軍區　軍區司令員呂正操，軍區副司令員孟慶山，軍區政委程子華，政治部主任李志廉，兵力二萬八千人，編爲第八路軍第三縱隊。

三、冀東軍區　軍區司令員李運昌，軍區副司令員孔慶同、高翔雲，兵力約萬人。

四、冀南軍區　軍區司令員宋任窮，軍區副司令員王宏坤，軍區政治部主任姜克夫，軍區參謀長王波，兵力約一萬八千人。

五、晉冀豫軍區　軍區司令員初爲倪志亮，後由第八路軍副參謀長左權兼任，兵力約一萬六千人。

六、山東縱隊　初由張經武任司令員，後由徐向前兼任。副司令員王建安，政治委員黎玉，政治部主任江華，兵力約七萬人[62]。

至於新四軍，自成立之後，三年期間竟蔓延江蘇、安徽、湖北、浙江、廣東、福建、湖南七省，兵力擴展至十萬餘人[63]。其主要番號與負責人如下：

一、蘇南指揮部　指揮陳毅，副指揮粟裕，政治部主任劉炎。

二、江南游擊挺進縱隊　司令管文尉，副司令聶揚，政治部主任陳時夫。

三、江南抗敵義勇軍　總指揮梅光迪。

四、江北指揮部　指揮張雲逸，副指揮徐海東、羅炳輝，政治部主任鄧子恢。

---

[62] 齊武，一個革命根據地成長，（北京，人民出版社出版，一九五八年）。

[63] 中央調查統計局編，抗戰三年來之中國共產黨，（一九四〇年編印），續編，頁十六至十九。

五、江北游擊隊　司令孫仲德，副司令兼政委黃岩，政治部主任黃育賢。
六、鄂豫挺進縱隊　司令李先念，副司令陳埴，政委陳少卿，政治部主任任質斌。
七、東江游擊縱隊　司令曾生，副司令王作堯，政委林平。
八、瓊崖游擊縱隊　司令馮白駒64。

於是中共建立各地「邊區政府」，茲列舉重要地區如下：

一、晉察冀邊區政府　轄區包括冀省西部，晉省東北部，察省西南部，共七十五縣，惟僅阜平一縣完全在其控制之下，其餘或一半，或一小部份，均不完整，主任委員宋劭文，委員兼軍區司令員聶榮臻。
二、冀南行政主任公署　轄區包括冀南五十一縣，主任楊秀峰，副主任宋任窮。（按：宋係第八路軍東進縱隊副司令，司令爲徐向前。）
三、山東戰時行政員會　轄區包括七十餘縣，委員長黎玉。
四、晉綏邊區　轄區局限於晉西北一隅，行政公署主任續範亭，議長林楓。
五、蘇魯豫邊區軍政委員會　以蕭縣爲行政中心，徐向前任軍區司令員，朱瑞任政委。
六、皖東蘇中方面　包括「泗縣專員公署」、「皖東北行政推行委員會」、「鳳定滁三縣聯合辦事處」、「宿西行政聯合辦事處」、「皖東北各縣聯合辦事處」、「江都抗日自衛委

64 同前引書，頁二三至二八。

員會」等[65]。

至民國三十四年夏，日本無條件投降前，中共在華北、華中已控制廣大地區，發展黨員一百二十萬人，正規軍九十萬人，民兵二百二十萬人[66]。此爲中共僞裝抗日之重大收穫。

九、共軍之破壞抗戰與襲擊國軍

抗戰期間中共之軍事活動，可分爲兩個階段：自抗戰發生至二十九年十一月，爲第一階段。中共主要在休養生息，消滅民衆抗日武力，以發展力量。自二十九年十二月後爲第二階段，竟公開襲擊國軍，至三十年十月底，不到一年時間，與國軍發生戰鬥竟達三百九十五次之多，以後更愈演愈烈，對我抗戰形態發生極惡劣之影響[67]。第二階段不在本文討論範圍之內，僅舉第一階段之犖犖大者如下：

一、民國二十六年九月，第八路軍進入山西後，最先建立「晉察軍區」，及「晉冀豫軍區」（按：中共軍區名稱及轄境迭有改變），同年十二月至次年元月間，先後由陝北及第八路

---

[65] 參照陳昌浩，「成爲抗日根據地的晉察冀邊區」，引自「解放」，（延安解放社出版，一九三八年四月二十日），第三十五期。聶榮臻，「晉察冀邊區的形態」，引自「解放」（延安解放社出版），一九四〇年九月十六日，第一一五期。「抗日戰爭時期解放區概況」北京人民出版社，一九五三年。「抗戰三年來之中國共產黨」等書。

[66] 何應欽，爲歷史作證，頁四。

[67] 史政局編印，剿匪戰史，第十一冊，頁一〇五一。

軍總部，派出幹部一萬餘名，向河北、豫北、山東國軍敵後佔領區滲透。另由新四軍派出幹部二千餘人，向蘇北、皖北國軍敵後佔領區滲透。一方面在城鎮、鄉村發展共黨秘密組織，陰謀進行顛覆活動；一方面向我敵後國軍正規軍、地方團隊、游擊隊滲透，進行挑撥離間及兵運工作。

二、民國二十七年三月，中共誘迫收編冀中敵後第一戰區第一游擊支隊呂正操部四萬餘人，爲其第三縱隊。同時乘日軍第二十師團、一〇四師團、一〇八師團、一〇九師團大擧進犯晉南，第二戰區國軍正全力迎擊時，劉伯承所部第一二九師，忽擅自開放東陽關，縱敵深入，使我臨汾附近國軍，陷入日軍包圍，被迫向同蒲路西側山區轉進，遭受重大傷亡。

三、民國二十七年四月，新四軍向蘇北滲透之共幹，挑撥長江下游總指揮李明揚，與江蘇省政府主席兼第八十九軍軍長韓德勤間之不睦，背後鼓動推李倒韓，使蘇北敵後國軍自相火併，然後聯甲攻乙，聯丙攻甲，以施展其各個擊破之慣技。

四、民國二十七年五月，第十八集團軍指揮第三縱隊，向冀察戰區所屬博野、小店、北邑、冀縣、北馬庄、武靖、安次、贊皇、元氏、趙縣、隆平、武安、上焦市、鎖金市等地區河北抗日民軍張蔭梧部進攻，於消滅該部九萬餘人後，繼續消滅喬明禮部一萬人，丁樹本、張錫九、尚中業、楊玉崑、趙天清等部數萬人，河北抗日民軍爲之淨盡。又進入冀魯邊區之共軍邢仁甫部，在鹽山襲擊中央第五十三游擊支隊，並殺害其司令孫仲文。

五、民國二十八年初，原在晉西北活動之共軍賀龍部一二〇師，進入冀中平原，會同其第三縱隊，大肆襲擊國軍。三月，羅榮桓率共軍一一五師進入山東，統一指揮中共山東縱隊，接管冀魯平原，向蘇魯戰區敵後發展，以致山東省政府無法行政職權。

同時蘇南新四軍第一、二支隊，亦成立江南指揮部，由陳毅統一指揮。第四支隊成立江北指揮部，由張逸雲統一指揮，分向國軍敵後根據地進犯。截止同年底，國軍敵後部隊損失甚衆，而第十八集團軍及新四軍，各發展近十萬人。

六、民國二十八年十二月，國軍擊破日軍向我中條山區十次進攻。國軍第十四集團軍馮欽哉部由中條山，第六十一軍陳捷部由呂梁山，乘勢反攻，謀一舉殲滅晉南三角地帶日軍，當各部國軍正行動之際，中共一面引誘山西新軍薄一波、韓鈞等十個鐵血團叛變，一面將國軍進攻日軍計畫密告日軍，破壞我北戰場主要反攻計畫。

七、民國二十九年元月，我第二十九軍及新六軍，增援冀中作戰，共軍賀龍所部一二〇師、劉伯承所部一二九師，及楊勇、楊秀峰、呂正操等部，乃於濮陽、清河、威縣、南宮一帶，節節追擊、伏擊、突擊，使國軍遭受嚴重損失。三月中旬，冀察戰區總司令兼河北省政府主席鹿鍾麟，及國軍孫良誠、高樹勛、朱懷冰等部，均以被攻不已，更不忍同室相殘，乃忍痛退出冀察。孫良誠及高樹勛部向黃河以南魯西轉進，鹿鍾麟、朱懷冰等部向晉東南轉進，逼使河北省政府無立足之餘地。

八、民國二十九年四、五月間，晉西北趙承綬部、河東王靖國部國軍，均遭受共軍襲擊，使山西全省局勢益趨混亂。共軍更以一部自魯西向豫東、皖北發展，企圖與江南向北移動之新四軍連成一氣。

九、民國二十九年六、七月間，河北共軍又移兵黃河南岸，彭明治、楊勇、楊尚志、蕭華、陳再造、趙金城等部共軍，及林彪部共軍一一五師主力，對國軍孫良誠、高樹勛部發動攻擊，激戰數旬，孫、高兩部傷亡慘重，被迫復退回黃河北岸。共軍於佔領魯西後，又逐漸伸張勢力向魯、蘇、皖、豫邊區發展，隔江與新四軍相呼應，至使河北日軍得以舒其喘息機會。

十、民國二十九年八月，林彪部共軍一一五師一個旅，及彭明治、羅炳輝、黃克誠、張愛萍等部共軍，分兵擾及魯南，進攻山東省政府所在地之魯村，十四日陷之，使省主席沈鴻烈無容身之地。江南新四軍陳毅、管文蔚等部，亦於七月渡江北上，襲擊江蘇省政府主席兼蘇魯戰區副總司令韓德勤所屬陳泰運部。八月，陷泰興東之黃橋。九月，陷姜堰。十月初，乃聯合十八集團軍各師，對韓德勤部發動圍攻，韓氏突受襲擊，自第八十九軍軍長李守維以下殉職者達數千人[68]。

共軍每次襲擊國軍及抗日武力，所俘將領及縣政府工作人員區長、科長、秘書等，均加以漢奸頭銜，予以活埋或殘殺。政府為政令統一起見，每當第十八集團軍及新四軍襲擊國軍時，軍事委員會咸命令制止，但均歸無效。民國二十七年十二月三十日，蔣委員長召見第十八集團軍副總指揮彭德懷時，曾嚴令該軍勿破壞河北行政系統。二十八年六月十日，蔣委員長復召見周恩來、葉劍英，規勸共軍應信守諾言，執行政府法令，解決各地之糾紛。二十九

---

[68] 參照何應欽，八年抗戰之經過，（民國三五年四月出版），頁三七九至三八六。何應欽，為歷史作證，頁四至六。史政局編印，剿匪戰史，第十一冊，頁一〇五至一五二。

年一月，參謀總長何應欽，對第十八集團軍參謀長葉劍英提示：中共違令擴充之部隊及軍區，應加以糾正。中共則要求第十八集團軍兵額應擴充爲三軍九師，其「陝甘寧邊區」不僅繼續保持，且應再加擴展，商談乃陷於停頓[69]。

十、國民政府對中共優容之失敗

民國二十九年七月十六日，最高統率部爲消弭各地衝突，採取妥協之態度，對中共作成提示案，由何應欽商得周恩來、葉劍英同意，交周恩來於同月二十四日帶至延安，命朱德、彭德懷等遵行，其要點如下：

一、劃定陝甘寧邊區範圍（此時准其擴大爲十八縣），改稱爲「陝北行政區」，暫隸行政院，但歸陝西省政府指導。

二、劃定第十八集團軍及新四軍作戰地境，將冀察戰區取消。其冀、察兩省，及魯省黃河以北，併入第二戰區，仍以閻錫山爲司令長官，朱德爲副司令長官，秉承軍事委員會命令，指揮作戰。

三、第十八集團軍及新四軍，於奉令後一個月內，全部開到前條規定地區之內。

四、第十八集團軍准編爲三個軍，六個師，及三個補充團，另再增兩個補充團，新四軍

---

[69] 蔣中正，蘇俄在中國，頁九三。

准編爲兩個師⑳。

各地國軍對統率部避免衝突之命令雖一致遵守，而第十八集團軍及新四軍仍抗命如故。十月十九日，軍事委員會參謀總長何應欽、副參謀總長白崇禧，正式下達提示案，勸令黃河以南之第十八集團軍及新四軍，於十一月底以前悉數開往黃河以北，對敵作戰。其所致朱德、彭德懷、葉挺等電云：

寇氛未靖，齟齬叢生，糾紛之事漸聞，摩擦之端時起。張蔭梧之民軍橫遭解決，鹿鍾麟之省政府復被摧殘。晉叛軍之逋逃，石友三之被逐，不特自由行動，抑且冰炭相消，削減抗日力量。（中敍年來共軍到處襲擊國軍情形，省略。）查蘇北、魯省皆非十八集團軍與新四軍作戰區域，各該軍竟越境進攻，似此對敵寇則不戰自退，對友軍則越軌以相侵，對商定後提示之方案則延宕不遵。而以非法越軌視爲常事，此不特袍澤寒心，且有爲敵寇張目也。

綜觀過去陝、甘、冀、察、晉、綏、魯、蘇、皖等地，歷次不幸事件，及所謂人多飯小之妄說，其癥結所在，皆緣於第十八集團軍及新四軍所屬部隊：㈠不遵守戰區範圍，自由行動。㈡不遵編制數量，自由擴充。㈢不服從中央命令，破壞行政系統。㈣不打敵人，專事吞併友軍。以上四端，實爲所謂摩擦事件發生之根本，亦即第十八集團軍

⑳ 史政局編印，勦匪戰史，第十一册，頁一〇五四至一〇五五。蔣中正，蘇俄在中國，頁九四。

與新四軍非法行動之事實。若不予以糾正，其將何以成爲國民革命軍之革命部隊。❼

乃命令第十八集團軍及新四軍各部隊，於電到一月內全部開到中央提示案所規定之黃河以北地區作戰，而中共仍抗不服從。遲至十一月十九日，始以朱德、彭德懷、葉挺、項英名義電覆，對政府提示各節藉故拒絕。略云：

華中敵後各部隊，各屬地方人民，爲反抗敵寇保衛家鄉而組織者，……欲其置當面敵軍姦淫焚掠之慘於不顧，遠赴華北，其事甚難。……對於江南正規部隊，德等正擬苦心說服，勸其顧全大局，遵令北移。……對於江北部隊，則暫時擬請免調。❼

十二月八日，參謀總長何應欽、副參謀總長白崇禧，於接獲朱德、彭德懷等來電後，再命第十八集團軍重慶辦事處葉劍英參謀長，轉電朱德、彭德懷、葉挺、項英等，歷數第十八集團軍自抗戰發生以來，對中央命令始終相應不理，「以對外宣傳之詞令，作延緩奉行之口實。」略云：

❼ 錄自總統府機要室存檔。

❼ 解放，（延安，解放社出版，一九四〇年十二月一日），一二〇期。

第十八集團軍自抗戰之始，即列入第二戰區之戰鬥序列，新四軍自成立之初，即列入第三戰區戰鬥序列，均各有指定作戰目標與作戰地境。乃對此命令規定之範圍，迄未始終遵守，以求達成任務。始則自由侵入冀、察，繼則自由分兵魯省，終則陰移新四軍，渡江而北；明派擾魯部隊，伺隙而南，桴彭相應，夾擊蘇北。似此擅離規定之戰區，夾擊蘇北之友軍，究竟遵何命令？且所到之處，凡屬友軍，莫不視同仇敵，遍施襲擊，苟非意存兼併，寧至一無例外？此種任意相殘之戰爭，又係遵何命令？……且自兄等自由行動以來，統帥迭有命令制止，詎兄等部隊提示案送達後三個月内，反愈變本加厲，相繼大舉攻擊魯、蘇。統帥又嚴令制止；然兄等遵令撤出魯村之報告甫來，而蘇北喋血之鉅變踵起。默察兄等部隊之所爲，不惟不體念中央委曲求全之苦心，且更利用中央一再優容愛護之厚意，冀逐漸擴充，而一氣貫通晉、冀、魯、蘇，完成其外線長蛇之勢。又無與敵寇糾纏之勞；馴至師行所至，見敵則避，遇友則攻，得寸進尺，更無止境。既存兼併之心，遂忘寇患之亟，我之所痛，即爲敵之所利。……至於政治方面：在兄等部隊所到之處，凡縣以下之基層機構，則假借民意以摧毀之。凡主管政務之省政府，則罪以摩擦口號，濫用暴力以破壞之。上自地方軍政當局，下至縣鄉工作人員，該軍欲加排除，則一律誣以投降妥協之罪名，驅迫殘戮，極人間之至慘！在晉、冀各地如是，在蘇、魯戰區亦復如是，聞者驚人，見者錯愕。……所願兄等，惟察本源，撫躬循省，屛絕虛矯，懍念時艱，勿爲敵僞所稱快，勿爲同胞所痛心。深惟覆巢完卵之戒，切悟焚萁煮豆之非。同仇禦侮，必出以誠；善始全終，宜持以貞信。本急公忘私之義，求追來諫往之功，時機不容再誤，遵令公忠。一槍一彈皆爲殺敵而施，同心同德永絕蕭牆之隙。[73]

十二月九日，蔣委員長親自對朱德、彭德懷、葉挺、項英下令，將黃河以南之第十八集團軍於年底前移至黃河以北。長江以南之新四軍於年底前移至江北，三十年一月三十日以前移至黃河以北，而中共仍視若無聞[74]。十二月二十五日，中共中央以各地中共勢力已經養成，足以與國軍抗衡，乃對黨內發出「關於時局政策的指示」，該文出自毛澤東之手筆。略云：

國民黨仍是一面反共，一面抗戰的兩面政策，因此我們仍是一面團結，一面鬥爭革命的兩個政策。國民黨的反共，除在自己統治區域內加强高壓政策外，對華中我軍實行軍事進攻是必然的。且在西北修築萬里長城，造成對我封鎖的局面。因此，我們對華中的進攻，與西北的封鎖的反對，特別必須强調對彼方的軍事進攻，必須舉行堅決的自衛鬥爭粉碎之。[75]

初政府既決定命新四軍移防長江以北，第三戰區司令長官顧祝同，於二十九年九月下旬

---

[73] 錄自「中共問題重要文獻」，(重慶大公出版社出版，民國三十年)。
[74] 蔣中正，蘇俄在中國，頁九五。史政局編印，剿匪戰史，第十一册，頁一〇五五。
[75] 錄自中共中央所發出密電原件。

派駐寧國之第二十二集團軍總司令上官雲相前往涇縣，與新四軍軍長葉挺、副軍長項英洽商移防辦法。葉等提出要求如下：㈠預發五個月薪餉，並開拔費二百萬元。㈡一律換發新式槍枝，及子彈一百萬發。㈢留新四軍一部於銅陵、繁昌一帶。㈣該軍抗屬應予慰勞及優待，其所組織之抗戰團體應加以切實保障。㈤江南新四軍開至江蘇南部為止[76]。上官雲相無法答覆，乃於十一月中旬偕葉挺晉謁顧祝同長官，顧允暫撥五萬元，所有要求轉呈蔣委員長核示。十二月十六日，新四軍在涇縣雲嶺該軍軍部召開高級幹部會議，決定表面遵令北調，實則移兵蘇南，在京滬杭三角地帶建立根據地。

一月五日，新四軍乘中央軍第四十師換防之際，集中七團以上兵力，分三路圍攻於皖南三溪，第四十師倉卒應戰，傷亡甚眾。第三戰區司令長官顧祝同，為維持軍紀起見，乃下令制裁，自六日至十四日，將叛軍解決。除消滅外，俘獲官佐士兵五千餘名，收繳步槍三千餘枝。新四軍軍部除直屬部隊外，有六個團，共九千餘人，至此全部歸於消滅[77]。軍事委員會乃於一月十七日下令取消新四軍番號，並將該軍軍長葉挺拿獲，革職扣押，交付軍法審判，擊斃在逃之副軍長項英，而造成所謂「新四軍事件」。此後中共公開叛國，益無所顧忌。至於新四軍雖被消滅近萬人，其分佈長江兩岸仍在九萬人以上，中共中央革命軍事委員會，竟擅

---

[76] 中央調查統計局編，新四軍叛亂之前後，（一九四一年出版）。

[77] 鄧子恢，「新四軍的發展壯大與兩條路線的鬥爭」，引自星火燎原，（北京，人民文學出版社，一九六一年十二月出版），第六卷。

委陳毅爲「新四軍軍長」，張雲逸爲副軍長，劉少奇爲政治委員，鄧子恢爲政治部主任。將該軍擴充爲七個師，分由粟裕、張雲逸、黃克誠、彭雪楓、李先念、譚震林、張鼎丞任師長。中共份子從此拒絕出席國民參政會，並提出善後解決辦法，各地共軍對國軍及抗日民衆武力之攻擊益發劇烈。同年八月，第十八集團軍陳賡、薄一波、孫定國等部，奇襲第二戰區王靖國兵團第四十三軍趙少銓、第六十軍呂瑞英部，强佔馬壁，劫持其團長李熙泉、高翹而去，兩軍損失奇重，戰鬥力幾乎完全喪失。九月下旬，復圍攻沁河以東第九十八軍武士敏部，重創該軍，武士敏自戕殉國[78]。大局益不堪收拾。

十一、結　語

全面抗戰發生後，中共「輸誠」、「改編」之初，民國二十六年八月二十五日，中共中央洛川會議，已決定擴張奪權的全盤計畫，乃藉表面服從政府參加抗戰之名，以達到獲得政府補充餉械的目的。至於其同年九月二十二日共赴國難之宣言，不過是眩惑世人耳目罷了。毛澤東於第八路軍由陝北入晉前，對其幹部曾秘密指示其決策，以及中共中央所擬定的「抗戰綱領」，大致爲抗戰期間中共發展所遵循之路線。故表面經其民國二十七年九月六屆六中全會決議，聲明願繼民國十三年後國共第二度合作，共産黨員願全體加入國民黨，爲徹底實行三

[78] 史政局編印，剿匪戰史，第十一册，頁一〇五七至一〇五八。

民主義而奮鬥，暗中則四處擴張，破壞抗戰，襲擊國軍，摧毀華北華中淪陷區政府敵後行政組織，以達到奪取政權之目的。

民國二十九年七月後，政府爲消弭各地軍事衝突，對中共處處忍讓，採取妥協態度。同意擴大「陝甘寧邊區」範圍，增加第十八集團軍、新四軍編制，謀移第十八集團軍、新四軍作戰地區於黃河以北；惟爲中共所拒絕。同年底，中共中央以各地共軍勢力足以與國軍抗衡，乃決定正式違抗政府命令，致有「新四軍事件」的發生。從此中共公開叛國，所謂國共第二度攜手，重蹈舊轍，復以悲劇而告一結束，養癰遺患，卒招來國家民族之浩劫。

民國二十七年四月，中共最高領導階層中央政治局常委、陝甘寧邊區主席張國燾，趁前往陝西中部縣參加公祭黃陵之便，投奔自由，五月二十日在漢口發表敬告國人書，痛悔十八年來參加中共之錯誤罪行，承認：「中國國民黨實繼承中國革命史上之優良傳統，它推翻滿清專制政府，創立中華民國，北伐後逐漸完成統一中國的任務，迄今尚擔負著神聖抗戰建國的重任。即以此次抗戰而論，舉國上下一致奮起，爲中國歷史上所僅見，將士犧牲者爲數在五十萬人以上，尤復再接再厲。此諸明顯事實，無論何人均不得不承認此爲蔣先生領導成功之明證，國民革命精神發揚之實例[79]。」特別指責中共對中國革命之錯誤判斷，及政策之不當。略云：

---

[79] 張國燾，我的回憶，第三册，頁一三四六至一三四七。

中共主張抗日民族統一戰線，在形式上改編紅軍，取消蘇維埃政權，停止土地革命，表示服從中央政府，但實際上仍然因循其固有錯誤思想與派別成見，嚴格維護其小組織的利益，因而減弱現階段抗戰建國的神聖工作。……吾人近來習聞的中共宣傳，有所謂「共同負責，共同綱領」等說話，仍不免是一種爭取領導權之陳舊思想，毫無放大眼光以維護國家民族利益爲己任之氣魄。保存實力，保持邊區政府，與某些游擊區域的特殊地位，以徐圖發展，乃其眞正目的所在，抗戰合作不過達到此目的之宣傳手段。[80]

不啻爲自我的招供，時逢抗戰勝利四十週年，而中共佔據大陸已達三十六載，邇來復對復興基地從事和平統戰手段，仍以「香港模式」，國共三度合作慣技以蠱惑人心，殷鑑不遠，吾人須當愼防之。

（臺北，抗戰建國史研討會論文集，中央研究院近代史研究所，民國七十四年八月，頁六一至九五。）

---

[80] 張國燾，我的回憶，第三冊，頁一三四七至一三四八。

五七　中共攘奪抗戰之史實
——論「平型關之役」與「百團大戰」——

一、引　言

中共藉抗戰表面服從政府以坐大；假抗日之名，行擴張之實，陰謀奪取政權。擅自移動防地，對中央命令置若無聞，第八路軍及新四軍，在抗戰期間成爲我政府貫徹全面抗戰行動之一大障礙。

整個八年抗戰期間，共軍以襲擊友軍和消滅民衆抗日武力爲能事，而將民國二十六年九月二十五日一天戰鬥的「平型關之役」，和二十九年八月二十日起，僅有六天戰鬥的「百團大戰」，渲染成「偉大的戰績」，以蠱惑世人耳目，攘奪抗戰成果。近年中共復在山西分別興建「平型關大捷」和「百圍大戰」勝利紀念碑，其目的欲使中外人士誤認爲抗戰係中共單獨所進行。實則領導抗戰係國民政府，指揮全面戰爭係軍事委員會，敵人始終認國軍爲作戰對象，共軍充其量只擔任敵後輔助性游擊戰，直接間接與整個大戰局無關。國軍各戰場戰鬥之劇烈，犧牲之慘重，遠非共軍所能比擬。如淞滬會戰、台兒莊奏捷、三次長沙勝利、衡陽保衛戰、緬甸戰役、滇西反攻等，兩相對比，不啻有天壤之別。本文僅就中共所誇稱之「平型關之役」，和「百團大戰」兩戰役加以探討，雖時隔四十餘年，仍可證明中共揑造史事，以假亂真，蒙欺世人的騙局。

二、中共之「輸誠」與決策

西安事變前後，中共為圖加速抗戰，促成其壯大與發展，已向國民政府有輸誠表示。民國二十六年二月十五日，中國國民黨五屆三中全會在南京開幕，中共中央根據與政府商談結果，致電三中全會，提出四項保證：㈠在全國範圍內停止推翻國民政府之武裝暴動方針。㈡蘇維埃政府改名為中華民國特區政府，紅軍改名為國民革命軍，直接受南京國民政府與軍事委員會之指揮。㈢在蘇區內實施普遍的澈底民主制度。㈣停止沒收土地政策，堅決執行抗日民族統一戰線之共同綱領❶。同時要求中國國民黨執行下列各政策：㈠停止一切「內戰」，集中全國資源，以對抗外國之侵略。㈡保證言論自由，釋放一切政治犯。㈢召集各黨各派各軍隊之救國會議。㈣儘速完成抵抗日本侵犯之一切準備。㈤改善人民生活❷。中國國民黨並不相信其誠意，二月二十一日，五屆三中全會第六次大會，通過「根絕赤禍案」，針對中共要

❶ 蔣中正：蘇俄在中國，頁八〇。民國四十五年十二月，中央文物供應社出版。
❷ 董顯光：蔣總統傳，中冊，頁二六九。民國四十一年十二月，中華文化出版事業委員會出版。

求，決定四項辦法：

一、一國之軍隊必須統一編制，統一號令，方能收指臂之效。斷無一國家許可主義絕不相容之軍隊同時並存者。故須澈底取消其所謂紅軍，以及其他假借名義之武力。

二、政權統一爲國家統一之必要條件，世界任何國家斷不許一國之內有兩種政權之存在者，故須澈底取消其所謂「蘇維埃政府」，及其他破壞統一之一切組織。

三、赤化宣傳與以救國救民爲職志之三民主義絕不相容，與我國人民生命與社會生活亦極端相背，故須根本停止其赤化宣傳。

四、階級鬥爭以一階級之利益爲本位，其方法將整個社會分成種種對立階級，而使之相殺相讎，故必出於奪取民衆與武裝暴動之手段，而社會因以不寧，居民爲之蕩析，故需根本停止其階級鬥爭。❸

三月二十二日，中國國民黨五屆三中全會閉幕時所發表之宣言，聲明和平統一之原則：「在集中整個國家民族力量，以排除當前之國難，且進一步以踏入民權主義之大道。」「當此外侮洊至，爲國民者存則俱存，亡則俱亡，萬不可惑於階級鬥爭之說，以自析其團結。」關於中共問題，特別表示：

❸　蘇俄在中國，頁八一至八二。

共產份子近日雖假共同禦侮之口號以號召，然徵之往事，十三年以來揚言加入本黨以從事國民革命，十六年以來以暴動手段危害民國，使國家對外力量爲之減削，人民無數之生命財產爲之蕩析，種種罪惡實不能以片言之表示即予置信。本黨爲國家計，爲人民計，決不忍數年以來擲其血汗以從事剿匪工作之武裝同志，及一切同志，懷功虧一簣之痛。無論用何方式，必以自力使赤禍根絕於中國，免貽將來無窮之戚，而永奠民族復興之基。❹

民國二十六年七月七日，盧溝橋事變發生後，翌日中共中央發出「爲日軍進攻盧溝橋通電」，聲明願「國共兩黨合作，抵抗日寇的新進攻，驅逐日寇出中國。」❺政府爲團結禦侮起見，不得不接受其要求。同年七月下旬，南京、延安間往返電報協商改編共軍問題，政府所注意者在迅速完成改編工作，以便共軍儘早開赴前線抗日；毛澤東所注意者，在如何使共軍不致在改編中受到損失❻。遲至八月二十二日，軍事委員會始發佈收編共軍命令，編共軍爲國民革命軍第八路軍（按：民國二十七年二月，政府變更各軍番號，第八路軍改爲第十八集團軍，惟中共利用平型關戰役對人心之錯誤形象，繼續仍用舊名，以廣宣傳。）任朱德爲總指

❹ 革命文獻，第六十九輯，頁三〇五至三一一。中國國民黨黨史委員會編，民國六十五年十一月出版。
❺ 抗日民族統一戰線指南，第二册，頁三至四。一九三八年四月，延安解放社出版。
❻ 張國燾：我的回憶，第三册，頁一二九二。一九七四年，香港明報月刊出版。

揮，彭德懷爲副總指揮，轄：第一一五師林彪（副師長聶榮臻，原紅軍第一方面軍、第十五軍團改編），第一二〇師賀龍（副師長蕭克，原紅軍第二方面軍改編），第一二九師劉伯承（副師長徐向前，原紅軍第四方面軍改編）❼。其總數連同後方勤務人員在內約三萬人，而毛澤東向軍事委員會呈報第八路軍人數爲四萬八千人，政府則僅核實補給其二萬人的糧餉和裝備❽。編入第二戰區，歸閻錫山長官指揮，開赴晉省作戰。

中共中央爲決定中共在抗日時期的全盤策略，八月二十五日在延安南九十公里洛川附近一村莊內舉行會議，經多日協調，決定：「形式上照政府軍制度，但紅軍政治部組織與職權仍舊維持原狀，執行對軍隊的監督指導。至於軍事委員會派來的參謀，可使常駐延安，擔任聯絡，但不接受其進入部隊。意思是政府經費可以接受，但不能接受管理。」另外決定：「共軍進入山西之初，應按照國民政府軍事委員會命令，和戰略意圖，統一行動，並在作戰初期，爭取若干表現，以擴大宣傳和影響。但當日軍進一步深入，戰局逆轉與混亂時期，第八路軍即應單獨行動，以山西爲基地，分散向河北、山東、河南、熱河、綏、察各地區發展，並以獨立自主的游擊戰，在敵後爭取民衆，擴大武力，建立根據地。」❾毛澤東自始即不主張第八路軍開赴前線與日軍從事陣地防禦戰，所以在會議席上反覆申說：「紅色根據地（原註：後

❼ 黃濤：中國人民解放軍的三十年，頁一八至一九。一九五八年，北京人民出版社出版。
❽ 張國燾：我的回憶，第三冊，頁一二九二。
❾ 日本產經新聞古屋奎二編者、中央日報社譯印：蔣總統秘錄（中日關係八十年證言），第十一冊，頁一一五。民國六十六年五月出版。

來有著更多的紅色根據地)，不會交由蔣介石控制。在特區(陝甘寧邊區)和紅色中國共產黨領導的保持，在國共兩黨關係上，共產黨的獨立性和批評自由的保持，是不許可讓步的。」毛氏並指出：「成立統一戰線並不是放棄領導權，放棄主動性，而是相反，要通過交結同盟者來掌主動，以便繼續進行革命。」⑩只是格於當時抗日情緒，和部分共黨領袖如張國燾、周恩來等的反對，不得不勉强同意。但毛氏不贊成第八路軍三個師同時開赴某一地區，以避免使用於一個戰場，從事陣地戰，消耗其主力。提議三個師循不同方向，先後開往不同地區，以便分散打游擊，在陝北方面以編組尚未完竣爲藉口，留駐兩個旅，以資拱衛，防備政府軍前來填紮；也得到大會的承認，遂爲此後中共擴張政策的根據⑪。九月十二日，毛澤東致電彭德懷，堅持山地游擊不打硬仗的原則說：「紅軍有發動群衆創造根據地組織義勇軍之自由，地方政權與友軍不得干涉，如不弄清這一點，必將發生無窮糾葛，而紅軍之偉大作用決不能發揮。」⑫九月十七日，復電共軍主要將領朱德、彭德懷、任弼時、林彪、聶榮臻、賀龍、蕭克、劉伯承、徐向前，「爲真正進行獨立自主的山地游擊戰，爲廣泛發動群衆，組織義勇軍，創造游擊根據地，支持華北游擊戰爭，並爲擴大紅軍本身起見」，採取如下之戰略部署：

---

⑩ 韓素音原著、楊青譯：早晨的洪流——毛澤東和中國革命，頁二九。一九七四年一月，香港南粤出版社出版。

⑪ 張國燾：我的回億，第三册，頁一三〇〇至一三〇一。

⑫ 中共中央秘件。

㈠我二方面軍（按：指第八路軍一二〇師）應集結於太原以北之忻縣待命，準備在取得閻（錫山）之同意下，轉至晉西北管涔山等地區活動。㈡我四方面軍（按：指第八路軍一二九師）於適當時機，進至呂梁山脈活動。㈢我一方面軍（按：指第八路軍一一五師）則自動的採被動姿勢，即時進入恆山山脈南段活動，如敵南進，而友軍又未能將其擊退，則準備依情況逐漸南移，展開於晉東南之太行、大岳兩山脈中。㈣總部進至太原附近，依情況決定適當位置。⓭

九月二十一日，毛澤東再電彭德懷說：「今日紅軍在決戰問題上不起任何決定作用，而有一種的拿手好戲，在這種拿手戲中一定能起決定作用，這就是真正獨立自主的山地游擊戰（不是運動戰），要實行這樣的方針，就要戰略上具有力部隊處於敵之側翼，就要以創造根據地發動群眾為主，就要分散兵力，而不是以集中打仗為主。集中打仗則不能做群眾工作，做群眾工作則不能集中打仗，二者不能並舉。」⓮九月二十二日，中共中央乃公開發表「共赴國難宣言」，鄭重向全國作如下之聲明：

一、孫中山先生的三民主義為中國今天所必需，本黨願為其徹底實現而奮鬥。

⓭同上。

⓮同上。

二、取消一切推翻國民黨政權的暴動政策，及赤化運動，停止以暴力沒收地主土地政策。

三、取消現在的蘇維埃政府，實行民權政治，以期全國政權之統一。

四、取消紅軍名義及番號，改編爲國民革命軍，受國民政府軍事委員會之統轄，並待命出動，擔任抗日前線之職責。⑮

二十三日，蔣委員長爲中共「共赴國難宣言」發表書面勗勉談話：「此次中國共產黨發表之宣言，即爲民族意識勝過一切之例證。宣言中所舉諸項，如放棄暴動政策與赤化運動，取消蘇區紅軍，皆爲集中力量救亡禦侮之必要條件，且均與本黨三中全會之宣言及決議案相合，而其宣稱爲實現三民主義而奮鬥，更足證明中國今日只能有一個努力之方向。」並表示：「中國共產黨人既捐棄成見，確認國家獨立與民族利益之重要，吾人唯望其真誠一致，實踐其宣言所舉之諸點；更望其在禦侮救亡統一指揮之下，人人貢獻能力於國家，與全國同胞一致奮鬥，以完成國民革命之使命。」⑯ 於是第八路軍第一一五師進入晉東北地區，第一二〇師進入晉西北地區，第一二九師進入晉東南地區，是爲第八路軍第一一五師參預平型關戰事的由來。

---

⑮ 解放週刊，第一卷第十八期。民國二十六年十月二日出版。
⑯ 民國二十六年九月二十四日，上海大公報。

三、日軍受挫於晉北

山西地勢雄固，襯山帶河，係華北天然堡壘，亦爲北戰場側面最佳防禦陣地。從地形上而論，恆山在東北，太行山在東南，管涔山在西北，呂梁山在西南，居高臨下，層巒疊嶂，易守而難攻。全面抗戰前，中國已在娘子關、平型關、雁門關至偏關內長城沿線修築防禦工事，封鎖各個關隘。民國二十六年八月，平、津淪陷後，敵軍沿平綏線前進，自八月十一日起，主力向長城沿線南口、居庸關、八達嶺間進攻。我第二戰區司令長官閻錫山，以湯恩伯部守南口，高桂滋部守赤城、延慶、懷來，鏖戰旬日，予敵以重大打擊。八月十五日我軍主動撤離南口，二十七日放棄張家口，敵軍分三路南犯：一路向懷來、涿鹿，一路向宣化，一路向大同。

九月十一日，敵人主力第五師團板垣征四郎部（全部兵力約四個師，僞軍除外，共十四萬人，砲兩百五十門，戰車一百五十輛）⑰，侵入蔚縣，廣靈、淶源、應山、山陰相繼失守。我第二戰區最初作戰計畫，爲確保晉北要地，將主力集結大同附近，準備決戰，分兵駐守蔚縣、天鎮、高陽一帶抵抗。以第六十一軍長李服膺玩忽命令，既不迅速馳援南口，又不戰而

---

⑰ 張其昀主編：抗日戰史，頁三八至三九中間，第五章附表第三。國防研究院、中華大典編印會合作，民國五十五年六月出版。

放棄天鎮，九月十三日大同失守，國軍被迫撤至平型關、雁門關、神池長城內線。（十月三日李服膺被判處死刑）。

九月二十四日，板垣師團企圖奪取平型關，國軍駐守兵力爲第十七軍高桂滋部（轄第八十四師高哲、第二十一師李仙洲），第十五軍劉茂恩部（轄第六十四師武庭麟、劉茂恩自兼之六十五師），及三十三軍孫楚部劉奉濱之第七十三師，共五個師[18]，乃由劉茂恩軍、劉奉濱師當正面，高桂滋軍當左翼，共軍林彪部一一五師埋伏於右翼。二十五日，先由高軍利用山岳錯綜複雜地形，向敵之右側發動攻擊，戰況慘烈，高軍傷亡近兩千人[19]，戰爭持續到三十日，轉進至五台山、代縣之線。繼由林彪師伏擊來犯之敵，遂有中共所誇稱之「平型關大捷」。關於此役戰果，中共爲誇大其事起見，盡量竊奪爲己有，各種報導極不一致。九月二十六日，第八路軍參謀處所發出之宥電告捷，內容如下：

大公報鑒：九月二十五日，我八路軍在晉北平型關與敵萬餘激戰，反復衝鋒，我軍奮勉無前，將進攻之敵全部擊潰。所有平型關以北之辛莊、關沙、東跑池一帶陣地，完全奪取。敵官兵被擊斃者，屍橫山野，一部被俘繳械，獲汽車、坦克車、槍炮及其他

[18] 何應欽：「紀念七七抗戰再駁中共匪幫虛僞宣傳」，載民國六十一年七月七、八、九日臺北中央日報。單行本改爲「爲歷史作證」，國軍歷史文物館出版，引自該書頁六。

[19] 續範亭：「三年不言之言」，載抗日戰爭時期的中國人民解放軍，頁一八。一九五三年，北京人民出版社出版。

軍用品甚多，正在清查中。現殘敵潰退至小寶村，我四面包圍中。宥。⑳

於是各報競相刊載，一般不明真象國人，竟認爲平型關的勝利，乃共軍單獨所立之戰功。但事後第八路軍副總指揮彭德懷，在民國三十一年十二月十八日於太行區營級及縣級以上幹部會議上，所作「關於華北根據地工作報告」中，卻稱：「關於群衆戰是從平型關戰鬥之後，更加體認到其重要性。平型關是一次完全的伏擊戰，是敵人事前完全没有想到的；但是結果我們没有能俘獲一個活日本兵，只繳到不上一百條的完整步槍。」㉑彭德懷晚年自述，則又稱：「我一一五師之一個旅，在平型關伏擊日軍板垣師團之一個後尾聯隊（即團），殲滅其大部，爭取了頭一仗的勝利，這是七七事變以來日軍第一次遭受打擊。」㉒中共御用史學家胡華所著「中國新民主主義革命史參考資料」，則歪曲此役作戰純由林彪所部擔任，抹殺其他所有參戰部隊之戰績。甚至謂所有友軍均潰散不復成隊。此役敵人約四千人，戰鬥結果，斃敵三千餘人，林部亦傷亡近千人。茲節錄如下：

平型關是山西、河北接合處，敵人選中了這個薄弱的地方，但我們卻有計畫地使它佔

---

⑳ 引自王健民：中國共産黨史稿，第三册，頁一七九。民國五十四年十月自印版。

㉑ 中共中央華中局宣傳部，一九四三年八月二十日出版之黨内秘密刊物，「真理」第十四期。

㉒ 彭德懷自述，頁二二二。一九八一年十二月，人民出版社出版。

不到便宜。那時進攻平型關的敵人已經迫近靈邱了，友軍一再要求我軍增援靈邱正面，一一五師師長林彪將軍，率領主力到達大營後，就趕到靈邱城，這時敵人只離城十幾里了。林師長在靈邱調查了敵我情況和地形，依據當時友軍潰退和敵人銳進的情況估計，如果採取增援靈邱的辦法，就一則使我軍倉皇應戰，同時有被友軍潰散部隊破壞戰鬥陣勢的可能。於是就利用平型關險要，配合友軍在平型關的正面防禦，等敵人仰攻平型關時，我軍出敵不意，從側面予以猛烈的襲擊。……當隊伍到達平型關東南山地的下關和上寨的時候，靈邱又失守了，那時友軍的潰兵還是三五成群的往後方跑。

……

二十四日晨，平型關方向不時傳來時隱時聞的砲聲，爲著詳細了解敵人的情況，陳光旅長和許多團、營級的幹部，都親自到最前線偵察。……黃昏後，師部接到第六集團軍總司令部（按：總司令楊愛源，副總司令孫楚）送來「二十五日平型關出擊計畫」，在圖上標明五路出擊的路線，並說明他們除擔任正面防禦以外，還以八個團由平型關西北出擊，要我一一五師依原計畫由東南出擊。林彪師長和聶榮臻副師長，在燭火下把軍用地圖詳細研究以後，就用電話傳達下列命令：「本晚二十四時出發，向白岩台前進！」

……

二十五日天色微明的時候，敵人進攻平型關的兵力佈置已隱約可見。這時從靈邱方面又開來了一個旅團（板垣第五師團二十一旅團），約四千人的兵力，前面是一百餘輛汽車，緊接著是兩百餘輛大車，後面是少數騎兵，完全聯成一線，走入我們伏擊圈內。大約五時半光景，戰鬥開始了。……師部攻擊命令一下，我全線部隊即以居高臨下之勢向敵襲擊。……（按：中敘述誇張戰鬥經過）……經過這樣激烈的幾乎整日的肉搏，終於將平型關以東十里以內敵人全部殲滅。夾溝馬路上，敵人死傷的人馬，被毀的汽車，遺棄的武器，狼籍滿地，途為之塞。……附近山溝裏的老鄉，聽到我們打了大勝仗的消息，都自動出來了，他們幫助搬勝利品，抬傷兵。幾千個老鄉，加上我軍隨營學校的全體，搬了兩天勝利品，還沒有搬完。據統計：這次戰鬥殲滅敵人三千多，毀汽車一百多輛，繳到九三式野砲一門，輕重機槍二十多挺，步槍一千多支，擲彈筒二十多個，戰馬五十三匹，日幣三十萬元，其餘軍用食品無數。單是日本大衣就夠我師每人一件，八路軍傷亡近千人。㉓

以上各種記載彼此對照，敵軍被殲滅人數相差在一倍以上，擄獲槍械軍用品相差在十倍以上，其虛構戰果之謊言不攻自破，有意對國軍之惡毒毀謗，更暴露無遺。

四、中共利用「平型關之役」渲染戰績

平型關之役，第八路軍第一一五師作戰，僅係側面截擊敵後，平型關要隘經高桂滋部第

㉓胡華：中國新民主主義革命史參考資料，頁四一〇至四一六。一九五一年，北京出版。

十七軍艱苦奮戰後，仍於三十日失守，僅阻止敵人前進五日，憑心而論，實不能算爲「大捷」。據「蔣總統秘錄」記載：林彪所率領的第八路軍第一一五師，並未在主戰場正面迎敵，只是潛伏於平型關右翼山區，當二十四日凌晨，覷準了日軍主力傾巢出動之後，纔掩襲留守在蔡家峪和小寨的日軍輜重隊，使之稍受損傷，便宣稱業已達成目的而退卻。事後林彪誇大宣傳，向上面報告「殲滅敵軍步兵三營，破壞其車輛八十輛。」第八路軍參謀處更立即於二十六日向全國通電，宣揚一一五師「戰果」說：「第八路軍在晉北平型關和萬餘敵軍激戰，反覆衝鋒，將進攻的敵寇全部擊滅。」竟把日軍一個輜重隊，變成師團級的大部隊，其戰果之微不足道可以概見㉔。同書依據日本陸軍「北支那作戰史要」記述：在平型關被中國第八路軍林彪所部第一一五師襲擊之日本軍隊，爲第五師團第二十一旅團所屬混成補給隊約五百人，覆敗之後只剩下十幾人㉕。可爲敵方傷亡記載之印證。林彪部以居高臨下之勢，乘敵不備實行偷襲，仍傷亡千餘人，則損失實一倍於日軍，殊無「大捷」之可言。

平型關整個戰役，就作戰經過與傷亡情況而言，高桂滋部傷亡倍於八路軍，但因國內若干報紙爲中共所蒙蔽，竟没没無聞。實則此一戰役僅係一小規模短暫之戰鬥，較之當時其他戰場國軍之浴血奮戰，不啻天壤之別。然該戰役竟喧嚷一時，究其原因有以下三端：

一、依照軍事委員會規定，爲保守軍事秘密起見，每次戰役戰況報導，不得公佈國軍番

㉔ 蔣總統秘錄，第十一册，頁一二〇。
㉕ 同上書，頁一二二。

號。如淞滬戰場敵軍動員陸海空軍二十餘萬，擁有大砲三百餘門，戰車兩百餘輛，飛機數百架，已與國軍數十萬鏖戰四十餘日，國軍迭挫敵焰，死難壯烈，各場戰鬥驚天地而泣鬼神，從未發表番號。高桂滋部之英勇作戰，亦復如此。惟第八路軍不顧國家機密，故意發表本軍番號與戰蹟，報導全國，以達到擴大宣傳之功效。

二、第八路軍故意誇張所伏擊敵軍人數爲萬餘人，似已全部就殲，以動搖視聽。是以各地民衆團體聞訊後，紛電八路軍慰勞有加，此類電文亦爭相刊登於各報端，引起國人之注意。

三、抗戰初期，全國上下同仇敵愾，華北戰場除湯恩伯南口一役外，國軍因戰略關係，迭次放棄名城；時當九月十三日大同淪陷，十八日涿州淪陷，二十四日保定淪陷之後，今平型關有此一戰，人心爲之一振。

據當時任閻錫山高級參謀，其後叛變投共之續範亭「三年不言之言」一文記載，此次戰役未能殲滅板垣師團於平型關，一由於晉綏軍之砲兵未能發揮其集中火力之功能，二由於總預備隊第三十四軍楊愛源部第七十一師師長郭宗汾違背命令，不肯增援[26]。民國二十八年，上海英商刊行之「文匯年刊」，論述平型關戰役有比較客觀的記載，略云：

---

[26] 第八路軍總政治部宣傳部編印：抗日戰爭時期的中國人民解放軍，頁一八。一九五三年，北京人民出版社出版。

華軍主力在正面，兩翼即爲八路軍的游擊部隊和其他友軍。中國軍隊勝利的原因是行動秘密，行動迅速，熟悉地形，而且中國游擊隊與主力軍，是在配合作戰的，這也是這次勝利的主要因素之一。㉗

即是照胡華所撰之「中國新民主主義革命史參考資料」所載：共軍第一一五師林彪部，係接到第六集團軍總司令部送來「二十五日平型關出擊計畫」，圖上並標明五路出擊路線，第一一五師僅係擔任東南出擊任務，正面防禦及其他各路，均由友軍擔任㉘。亦可證明此一戰役共軍林彪部第一一五師作戰之無關輕重。惟共軍有千人之傷亡，當非虛語。據張國燾所記：八路軍這一次表演，得力於周恩來在前線的鼓勵。延安方面接到平型關勝利消息，曾大事宣傳，一般人也感覺到八路軍不僅可以從事游擊戰，在運動戰中也已獲得勝利。但毛澤東則認爲林彪部不值得有上千人的傷亡，卻電令前方將領以後應儘量避免這種犧牲重大的戰鬥㉙。九月二十九日，以華北戰局危急，毛澤東致電周恩來、朱德、彭德懷、任弼時說：「估計中國政局在數月後將起變化，我們應爭取在彼時達到改組政府，改造軍隊，實行三民主義與十大政綱，繼續支持民族戰爭之目的，也只有在彼時真正人民的民族戰爭才能實現，判

㉗ 文匯年刊，頁三十四。文匯報館出版。
㉘ 中國新民主主義革命史參考資料，頁四一〇至四一六。
㉙ 張國燾：我的回憶，第三册，頁一三一八。

斷在彼時蘇聯將給中國以實力的援助㉚」。所謂「十大政綱」，係中共中央洛川會議所通過，其標題如下：㈠打倒日本帝國主義。㈡全國軍事總動員。㈢全國人民總動員。㈣改革政治機構。㈤抗日的外交政策。㈥戰時的財政經濟政策。㈦改良人民生活。㈧抗日的教育政策。㈨肅清漢奸、賣國賊、親日派，鞏固後方。㈩抗日的民族團結。其中第四項改革政治機構中，提出建立「民主共和國」、「召開國民大會」、「通過真正民主憲法」、「選舉國防政府」、「國防政府必須吸收各黨各派及人民團體革命份子」㉛。不僅暴露出中共企圖混入政府奪取政權的野心，亦為中共在抗戰期間保全實力的鐵證。

十一月九日，太原淪陷後，第八路軍全部轉移到敵人後方，其中第一一五師林彪部進入同蒲鐵路以東、正太鐵路以北的太行山區，向河北地區發展。一二〇師賀龍部在同蒲路以西，晉省西北地區打游擊。一二九師劉伯承、徐向前部向晉省東南長治地區擴張，並準備向河北、河南、山東一帶敵後滲透，㉜，從此不再與敵人從事正面的戰鬥。

五、中共所誇張的「百團大戰」

㉚ 中共中央秘件。
㉛ 解放週刊，一卷十七期，民國二十六年九月二十五日，延安出版。
㉜ 張國燾：我的回億，第三冊，頁一三一九。

自平型關戰後，華北第十八集團軍不再與敵人正面接觸，乃深入敵後消滅國軍及抗日武力，擴充兵員，佔領廣大地區，實力因之大增。於是到處建立根據地，組織軍區，成立邊區政府。據民國三十四年四月二十五日朱德向中共七全大會所作軍事報告，誇稱截至二十八年底兩年擴張的結果，第八路軍已經由幾萬人發展到五十四萬人，「解放」人口近四千萬。華南新四軍已經由一萬五千人發展到十萬人，「解放」人口一千三百萬㉝。此後發展更加迅速，到三十四年春，第十八集團軍竟然有六十萬主力軍，新四軍有二十六萬主力軍，華南抗日游擊隊有兩萬餘主力軍㉞。直到抗戰勝利，其間與日軍的唯一重要接觸，即中共所誇稱的「百團大戰」。據主持此一戰役的彭德懷自述，當時發動此一戰鬥原因，係中共中央情報估計錯誤，認爲日軍即將竄犯洛陽、潼關，進攻西安，怕敵軍佔領西安後，截斷延安同西南地區聯繫。(按：當時日本正準備打通平漢、粵漢鐵路，計畫進行太平洋戰爭。)㉟

「百團大戰」起於民國二十九年八月二十日，歷時六天，屬游擊性質，以破壞敵人鐵路及公路交通爲目的。計被破壞之鐵路有正太、同蒲、平漢線北段、北寧路之平津段，及若干公路線。此等破壞，僅爲襲擊敵僞軍若干較虛弱之點，掘毀若干處鐵路，使敵軍運輸暫時發生故障，惟迅被修復。所收復之較大據點如娘子關，隨得隨失，既不能較長時間阻止敵人交

㉝ 朱德：「論解放戰爭」，一九四五年四月二十五日，朱德向中共七全大會所作軍事報告，引自中共七次大會原始資料彙編，原件。

㉞ 抗日戰爭時期的中國人民解放軍，頁二一九。

㉟ 彭德懷自述，頁二三八，一九八一年，北京人民出版社出版。

通，更不能消滅敵軍主力。此等游擊戰爭，在其配合主力戰上固有其某種作用，但無補於整個戰局之開展，亦難阻斷敵人之交通。如竟誇大宣傳以掩蓋國軍之正面作戰，未免喧賓而奪主。是役由彭德懷親自指揮，並得到朱德的支持。當時中共方面公佈此一戰役經過，吹噓六天時間與敵軍進行一〇二次戰鬥，殲滅敵人六千餘人，俘虜日軍一二九人，繳獲長短槍二千餘枝，輕重機槍一百餘挺，收復大小據點四十六個，企圖達到欺騙輿論之功效。略云：

我參加作戰部隊，計有×××（一二〇）師賀龍部主力，×××（一二九）師劉伯承部主力，晉察冀軍區聶榮臻所屬各部主力，以及決死隊，參加作戰共有一〇五個團。……這次大戰行動，為我華北抗戰以來第一次積極主動的向敵進攻，整個戰局的佈置重點，是著重在七條大鐵路線上，有津浦、平漢、正太、同蒲、北寧、白晉、平綏等鐵路，以及十五條主要公路幹線上，有平遼、汾軍、臨屯、潞黎、邯太、石德、滄石、滄保、代蔚、平大……等公路幹線。主要任務是確實切斷交通，澈底破壞路基，相機打擊當前敵人，克復重要據點城市、車站，以求達到吸引、消耗與削弱敵人，使其力量不能集中而愈加分散。……

總計六天以來，百團大戰的戰線，據不完全統計資料，六天內共進行戰鬥一〇二次，克復大小據點四十六個（各地名略），計殲敵六千以上，俘日軍一二九名，繳獲長短槍二千餘枝，輕重機槍一百餘挺，山砲迫擊砲共十二門，有線電機無線電機共二十架，擲彈筒六十八個　炸毀大橋五十餘座（小橋未計），煤礦井一個，火車頭九個，火車六列，車皮一百三十五輛，汽車十八輛，解放礦工三千餘名。[36]

事隔三十年後，民國五十九年彭德懷以自傳式追述所指揮「百團大戰」的戰果，則稱是役殲滅敵人三萬餘人，竟超過六倍以上，其虛僞不實，先後自相矛盾。略云：

「在戰鬥開始，並且取得了一些勝利以後，各根據地有不少武裝力量，乘敵僞倉皇撤退時，自動參加了戰鬥，自發的奮起追殲敵僞，加上原佈置的二十二個團，共有一百零四個團，故發表戰報時名爲百團大戰。……此役共消滅日僞軍三萬餘人，自動瓦解潰散的僞軍、僞組織，比此數要大得多。正太路、平漢路一個多月才通車。收復大量縣城，有些得而復失。在破襲時一度收復有四五十縣，最後得到鞏固的縣城還有二十六個以上。太行山區有榆社、武鄉、黎城、涉縣、陵川、襄垣等六縣，太后區有沁源、浮山、安澤等三縣，五台區有阜平、靈邱、淶源、渾源四縣，晉西北有臨縣、興縣、岢嵐、嵐縣、五寨、平魯、左雲、右玉等八縣，冀中區收復河間等數縣，冀南區收復南宮等縣數，冀魯豫平原區收復南樂、清豐、内黄等縣。從這一點來說，給日僞震動是很大的。由於當時敵僞軍把一切力量深入到我根據地内部，分散守備那些星羅棋布的碉保去了，造成各鐵路沿線守備減弱，所以

---

[36] 民國二十九年九月九日，重慶新華日報。

戰鬥開始後進行的比較順利。

這次破襲戰相當嚴重地破壞了敵人的交通運輸，消滅了相當多的僞軍和僞組織，摧毀了敵僞軍在我根據地内爲數不少的堡壘，收復了不少縣城，繳獲了大量物資，是抗日戰爭中繳獲最多的一次。㊲

近年中共出版「劉伯承軍事生涯」，更渲染此役「挽救了整個抗日戰局」，逼使日軍「放棄對正面戰場國民黨的進攻」，僅劉伯承所部共軍即進行大小戰鬥五百餘次，經歷三個半月始告結束，並區分爲三個階段。茲節錄如下：

爲了鼓舞全國人民的士氣，打擊國民黨的頑固派，八路軍總指揮朱德，和副總指揮彭德懷，準備集中在華北的八路軍和地方部隊，對侵佔華北的日軍展開大規模的破襲戰，破壞日軍的交通線和封鎖網，紛碎日軍的「囚籠」政策；同時把進攻國民黨戰場的日軍吸引過來，以挽救時局，這就是著名的「百團大戰」。……

八月二十九日至九月七日，是百團大戰的第一階段。在這個階段，劉伯承設指揮部於安豐以北的明水頭，設前方聯絡站於上龍泉以南的馬鞍橋，指揮部隊發動正太戰役，先後共進行大小戰鬥一百八十一次，斃傷俘日僞軍官兵二千五百五十九名，破鐵路二

㊲ 彭德懷自述，頁二三七至二三八。

百三十五里，破公路五百五十一里。

第二階段，大致時間是九月二十三日至十月一日，劉伯承將軍指揮所遷到宋家莊，前方聯絡站遷至講堂。爲擴大戰果，指揮部發動了榆遼戰役，進行大小戰鬥一百五十二次，斃傷俘日官兵二千六百零二人，破壞鐵路一百五十五里，破壞該區全部公路（三百三十八里），並毀了該區的全部據點。這一勝利，加上冀南部隊遲滯了敵人修築德石路的計畫，以及其他路的破擊成果（如白晉北段、平漢、同蒲各鐵路、和長治、潞城間的公路，都已殘毀不堪），使日軍的「囚籠」政策遭到了致命的打擊。

第三階段，爲十月六日至十二月五日的三次反「掃蕩」。日軍連連失利，老羞成怒，不得不暫時放棄對正面戰場國民黨的進攻，回過頭來集中重兵對華北各抗日根據地進行瘋狂的大「掃蕩」，這樣「反掃蕩」，便成了第三階段的中心任務。在這個階段中，劉伯承指揮部隊進行大小戰鬥一百九十六次，斃傷俘日僞官兵二千八百餘名，破壞鐵路一百零一里，破壞公路一百二十六里。

百團大戰經過三個半月而告結束，八路軍雖然受到一定的損失，但是獲得了很大的勝利。㊳

依照該書記載，僅劉伯承共軍，「百團大戰」期間，即消滅敵軍高達八千人。該書並引用

㊳ 楊國宇、陳斐琴、李鞍明、王偉合著：劉伯承軍事生涯，頁一五八至一六〇。中華青年出版社出版。

同年十月二十九日「新中華報」所發表劉伯承「關於百團大戰對新華社記者的談話」，指出「百團大戰」的六點重要意義與影響說：

一、提高了全國軍民抗戰勝利的信心，對於克服當前投降妥協的危險，起了重大的作用。此次勝利消息傳出後，舉國歡騰鼓舞，全國各大報如「大公報」、「新華日報」等，都曾發表評論，代表民意一致頌揚。

二、極大的振奮了敵佔領區的廣大人民，摧毀了敵僞組織，嚴重打擊了日寇漢奸在正太沿線的陰謀活動。

三、在鼓舞友軍、團結友軍方面起了很大的作用。勝利消息傳出後，各地友軍不斷來函電慰勉。在冀南以及中條山一帶的中央軍，還積極出動，一致配合作戰。

四、給日寇侵略中國的政策、戰略以相當的打擊。

五、對於國際間廣大的革命人民，特別是弱小民族爲解放而奮鬥的人民，是一個很大的鼓舞。

六、對於提高部隊的軍事素質，增强部隊的頑强精神，起了推動作用。[39]

這種近乎神話的誇張，不禁令人爲之齒冷。其實此種游擊擾亂性質之活動，不僅未能阻

---

[39] 同上書，頁一六〇。

斷人之交通，更無補於整個之戰局。同年十二月八日，軍事委員會參謀總長何應欽、副參謀總長白崇禧，爲此復朱德等告捷之代電，瀝述歷年中共破壞抗戰事實甚詳，其中論及「百團大戰」云：

河北方面：自鹿（鍾麟）、朱（懷冰）、高（樹勛）、孫（良誠）等部，因兄等橫施攻擊奉令調開以後，我軍實力迅行薄弱，敵遂得舒其喘息，布署軍事，發展交通。故一面兄等部隊方慶握手蘇北，暨正渲染宣傳百團大戰之時，一面敵人橫斷河北之德石（德州至石家莊）鐵路，自本年六月中旬動工，未受絲毫障礙，竟得迅速完成者，亦於十一月十五日大事鋪張，舉行開車典禮！此即兄等排除友軍，自殘手足，養寇資敵，所謂團結抗戰中實際行動之表現也。㊵

這正是百團大戰真象的說明，也是中共襲擊國軍和抗日武力誇大戰蹟的實證。

六、中共利用「百團大戰」清算朱、彭

「百團大戰」就各種資料顯示，事前並未徵得中共中央及毛澤本的同意，係彭德懷單獨

㊵ 中共問題重要文獻，頁一五至二四。民國三十年，重慶大公出版社出版。

所決定，惟事後獲得批准則爲事實。彭德懷於民國五十九年文化大革命期間被清算時，所撰之「自述」，曾承認是役發動前並未等到中共軍委會批准，就提前發起了戰鬥，自覺是不對的，但事後確得到中共中央的承認。毛澤東且曾有電加以獎勵：認爲「百團大戰真是令人興奮，像這樣的戰鬥是否還可以組織一兩次。」㊶足證當時中共中央曾以「百團大戰」之「成功」爲滿志。毛澤東因利乘便，企圖利用此作爲竊奪抗戰之果實。

同年九月十日，「中共中央關於軍事行動指示」，竟稱：「應按照華北百團大戰役，先向山東及華中組織一次有計劃的大規模的進攻行動。現在華北則應擴大百團戰役行動，到那些尚未遭受打擊的敵人方面去，藉以縮小佔領區，擴大根據地，打破封鎖線，提高戰鬥力。」㊷此乃中共爲團結內部不得不追認此一「百團大戰」軍事行動，毛澤東對彭德懷之擅自決定故隱忍而未發。

近年親共女作家韓素音所著「早晨的洪流——毛澤東和中國革命」，批評彭德懷主持之「百團大戰」，違背了毛澤東「論持久戰」的精神。因爲毛氏曾說過：「我們的戰略方針，應該是使用我們的主力在很長的變動不定的戰線上作戰。……必須在廣闊的戰場上進行高度的運動戰，迅速的前進和迅速的後退，迅速的集中和迅速的分散。……戰爭前期我們要避免一切大決戰，要先用運動戰逐漸的破壞敵人軍隊的精神和戰鬥力。」（按：該文一九三八年五月

㊶ 彭德懷自述，頁二三六至二三八。

㊷ 「中共中央關於軍事行動指示」，一九四〇年九月十日，中共中央書記處所發密電。

延安出版）但「百團大戰恰好相反」，「這是一個最成問題的一個戰役，是怎樣的野心突發，是怎樣的魯莽輕率，使得彭德懷突然從毛的游擊戰方針轉變到進行閃電戰呢？」同書復記「百團大戰」的經過，對於共軍戰果較「彭德懷自述」再作進一步的誇張。略云：

或許是對捉摸不定、緩慢消耗游擊戰方式感到生氣（按：指彭德懷而言），「要打一些實戰」，「要考驗一下日軍的實力」，導致彭德懷沒有得到毛澤東的批准，就作出了決定。此外「百團大戰」的進行，也可能是出於一九三九年日軍反游擊新戰略的刺激，按照這個新戰略，日軍沿鐵路線和公路挖溝築壘，目的在於封鎖並分割共產黨根據地。一九四〇年八月二十日夜間，八路軍的一百一十五個團，向華北日軍的一切交通線發動進攻，鐵路被切斷，日軍使用的煤礦遭到破壞，橋樑、隧道和火車被摧毀。八月至十二月間，日軍二萬人、僞軍一萬八千名被殲滅，三百多里鐵路線被毀，日軍軍官二百八十一名被俘。

其後日軍開始實行焦土政策，日軍戰線後面的紅色地區，在面積和人口方面縮減了一半，在某些地區裏，難得有一個村莊留存下來。日軍進攻的殘酷和恐怖性，是從未有過的，而日軍隨後對延安所實施的嚴厲封鎖，差不多削弱了紅色政權。只有通過毛所發起的生產運動，延安才得到拯救。[43]

---

[43] 早晨的洪流——毛澤東和中國革命，下册，頁四九至五〇。

可算是對彭德懷嚴厲的批評，也是中共佔據大陸後，民國四十八年彭德懷首先遭到整肅的主要原因。

民國五十六年，中共文化大革命期間，毛澤東爲奪取軍權，打擊朱德、彭德懷在軍中的地位，竟歪曲事實，利用「百團大戰」作爲清算朱德、彭德懷之罪證。同年二月二十四日，北平所出版之「戰報」第六期，以「大軍閥大野心家朱德的滔天罪行」爲題，說道：

> 一九四〇年秋，朱德、彭德懷違反黨的組織，不請示毛主席，擅自搞「百團大戰」，完全違背了毛主席的戰略方針和作戰原則，把日寇的兵力吸引過來了，減輕了日寇對蔣〇〇的壓力，使我八路軍和地方游擊隊都受到很大的損失，造成我黨我軍力的下降，得到蔣〇〇的動勉，這是朱德執行投降主義路線的又一重大罪行。朱德在一九四〇年十一月九日，爲顧全大局，挽救危亡，朱（德）、彭（德懷）、葉（挺）、項（英）復何應欽、白崇禧佳電中卻說：「即如此次華北百團大戰，自八月開始以來，已歷兩月有半，現在進入第二階段，曾奉委座明令，勗勉備至，全軍感奮。」一九四一年九月，「擴大百團大戰的勝利」，和一九四五年四月，「論解放戰爭」中，還大肆吹噓百團大戰「有全國性的偉大的戰略意義」，「八路軍百團大戰的威力，驚醒了敵寇」，公開與毛主席的

論斷唱反調。㊹

實則「戰報」所指一九四〇年十一月九日之「佳電」，乃中共中央所發。民國三十年一月二十二日，中共中央軍委會主席毛澤東，以「中國共產黨中央革命軍事委員會發言人」名義，「對新華社記者的談話」中，曾加以引用，並在該談話註釋予以說明㊺。至於「戰報」中所指「論解放戰爭」，係三十四年四月二十五日朱德代表中共中央向中共第七次全國代表大會所提出之軍事報告，謊稱：「解放區抵抗的敵僞，到一九四三年竟佔侵華日軍百分之六十四，僞軍百分之九十五。」竟誇言：「八路軍、新四軍，和華南抗日縱隊，在一九三七年九月到四五年三月的七年半中，總計對敵大小戰鬥十一萬五千餘次，擊斃傷敵僞軍計九十六萬餘名，俘二十八萬餘名，投誠反正僞軍十一萬餘名，敵僞總計損失一百三十六萬餘名。我繳獲砲一千零二十八門，機槍七千七百餘挺，馬步槍四十三萬餘枝，攻克碉堡三萬餘，據點一萬餘。」㊻自當爲中共中央與毛澤東所認可。

至於彭德懷則自民國四十八年後被長期「專案審查」，喪失身體自由，直到死亡。惟彭德懷始終堅決反對對其所指揮的「百團大戰」之惡意攻擊，不認爲皖南新四軍事件是因爲「百

㊹ 北京戰報，第六期，所載「鬥爭彭（真）、陸（定一）、羅（瑞卿）、楊（尚昆）反革命修正主義集團籌備處」編，一九六七年二月二十四日出版。

㊺ 毛澤東選集，第二卷，頁七七〇至七七五。一九六一年，北京出版。

㊻ 中共七次大會原始資料彙編，原件。

團大戰」暴露了力量，才引起國軍的進攻。新四軍被消滅八九千人，自己不能擔負這個罪責。自己辯道：「如果當時還不給敵僞以必須和可能的打擊，根據地就會變爲游擊區，我們就不會有近百萬的正規軍，二百萬基幹民兵，和廣闊的解放區，作爲解放戰爭的戰場，給進犯的國軍以適當的打擊。」[47]此不僅吐露出中共擴張的陰謀，更證明中共佔據大陸後，內部爲權力鬥爭不擇手段的尋找藉口。

七、結語

整個八年抗戰期間，中共所能稱道的戰績，僅此「平型關之役」與「百團大戰」兩役，其微不足道實不能與國軍之大戰鬥相提並論。然當時以及勝利後，中共竟利用此兩次與日軍之接觸，竊奪抗戰成果，顛倒真象，歪曲史實。

中共黨人反覆成性，是非無常，於佔據大陸後，仍本當年誣衊政府及國軍者，施之於同黨，而自相殘害。民國四十八年八月，中共在廬山所舉行之「八屆八中全會」，首先對抗戰期間曾指揮「百團大戰」的國防部長彭德懷及黃克誠等展開整肅，認爲是「反黨集團」，被加上「右傾、機會主義、反黨、反社會主義」等罪名。文化大革命期間，逼得彭德懷給中共中央和

[47] 彭德懷自述，頁二四〇至二四一。

毛澤東上一封「八萬言書」以自表，直到「含冤逝世」，未獲赦免㊽。民國六十六年七月，鄧小平當權後，民國七十年三月，「彭德懷自述編輯組」於出版說明中，才爲彭德懷作「平反」，稱贊彭德懷說：

彭德懷同志是深受我國人民愛戴的老一輩無產階級革命家，是我們黨、國家和軍隊的傑出領導人，是國內和國際著名的軍事家和政治家。在近半個世紀的革命鬥爭中，他英勇奮鬥，南征北戰，爲我國人民的解放事業立下了赫赫戰功，爲人民軍隊的發展壯大傾注了大量心血，爲新中國的創立與建設做出了卓越的貢獻。他的革命精神和崇高品德，是我們民族的光榮和驕傲。」㊾

這種翻雲覆雨一百八十度的轉變，真令人有啼笑皆非之感。亦可作爲中共自我批判邪說謊言的招供。至於抗戰期間從事顛覆滲透的中共重要份子，在民國五十五年後文化大革命期間，幾乎均難倖免。如中共中央副主席、「政府主席」劉少奇，中共中央副主席、中央政治局常委、中央軍委會副主席、「人代常委會委員長」朱德（按：「百團大戰」名義指揮者），前中共中央副主席、政治局常委、「國務院副總理」陳雲，以及重要當權派中共中央總書記鄧小

㊽ 同上書，頁一。
㊾ 同上書。

平，和羅瑞鄉、陸定一、陶鑄等，均成為毛澤東所御用之紅衛兵「鬥」、「批」的對象。中共「國家主席」劉少奇被清算後，由副主席董必武代行其職權。董死後不設「政府主席」，先後由「人代會常委會主席」朱德、葉劍英充數國家元首。

民國六十年九月，領導紅衛兵完成「無產階級文化大革命勝利」的中共中央副主席，及中共新黨章所規定毛澤東法定繼承人林彪（按：平型關之役第八路軍一一五師師長）、「參謀總長」黃永勝、「空軍司令員」吳法憲等，於奪權失敗後逃離大陸時，在外蒙古墜機死亡。六十五年一月，周恩來病死，由華國鋒代理「國務院總理」。四月，中共「中央政治局」通過華國鋒任第一副主席、「國務院總理」。九月，毛澤東死亡。十月，中共再掀起奪權鬥爭，由華國鋒任中共「中央委員會」主席，「四人幫」江青、王洪文、張春橋、姚文元以「政變」罪被捕。六十六年七月，中共「十屆三中全會」恢復鄧小平各項職務，重任「國務院副總理」，及「軍委會主席」。六十九年九月，中共「人代會代表」，在「人代會」中公開批判毛澤東。同月，中共「五屆人代會三次會議」通過接受華國鋒辭職，由趙紫陽繼任「總理」，鄧小平等五人為「副總理」。七十年六月，中共「十一屆六中全會」，通過「黨總書記」胡耀邦升任「黨主席」，原主席華國鋒降為「副主席」之一，排名第六，鄧小平仍任「軍委會主席。」七十一年九月，中共「第十二次全國代表大會」，修訂黨章，廢除黨主席，以總書記為黨的名義領袖，仍由胡耀邦擔任，鄧小平則以黨務顧問委員會主任名義，掌握實權。遲至七十二年六月，中共「六屆人代會」，始選出李先念任「國家主席」。這一連串的奪權鬥爭，正可以證明中共黨人之一貫排擠傾軋的本質，亦無怪乎其早年破壞抗戰竊奪抗戰成果了。

（高雄，孫中山先生與近代中國學術研討會論文集（第四冊），民國七十四年十一月，頁六二至八三。）

五八　青年軍之教育與訓練

一、前言

民國三十三年秋，抗戰進入艱苦階段，蔣主席發起知識青年從軍運動以鼓舞人心士氣，穩定戰局。十月十一日，蔣主席於出席中央知識青年從軍運動會議開幕詞中，指出：「這個運動如果成功，我們軍隊的力量固然可以增强，就是將來建國的工作也有了穩固的基礎。」因此「這個運動的成敗，就是我們黨的生死關頭，我們不能不殫精竭慮，集思廣益，研究出一個具體而有效的辦法，領導這個運動，使之走向成功的道路，來達到我們救黨救國的目的。」❶蔣主席認為此次知識青年從軍運動，應以黨員團員為主幹，由黨部團部來發動，然後普及於全國青年，使大家都能恪盡當兵的義務，加强國軍的素質，提高我們國家的地位。至於號召對象，「不僅要鼓勵學校青年從軍，同時要鼓勵一般公務人員以及中小學教員、大學教

❶ 先總統蔣公思想言論總集，卷二十，演講，頁五一三，中國國民黨中央委員會黨史委員會編印，民國七十三年十月出版。

授，使之自動從軍，作一般國民表率。」這樣在社會上才能造成一種風氣，一新人民的耳目❷。十月十二日，蔣主席復在知識青年從軍運動會議中，指出「革命前途一切的關鍵，都要以此次知識青年從軍運動的成敗來決定。」乃對此一運動名稱、條例、規章、辦法等，有一原則性之指示。於是會議乃決議成立全國知識青年志願從軍指導委員會，編組青年遠征軍十個師。十月十四日會議閉幕，同日蔣主席乃發表「告知識青年從軍書」，略云：

現在我們經歷了七年餘的艱苦抗戰，而且已到了決定勝敗的最後關頭，今後的一年將是我們爭取最後勝利的一年，這正是我們知識青年報效國家千載一時最難得的時機！倘若我全國知識青年，皆能振臂而起，踴躍從軍，發揚蹈厲，挺身衛國，就可以澈底改造我們的社會頹風，洗雪我們民族的奇恥大辱。不僅可以完成抗戰的勝利，並且足以奠立建國永久的基礎。……

中正深感我國家興亡民族盛衰的前途，完全寄托在我們全國知識青年的肩上，乃由中央發起知識青年從軍運動，號召我有志節、有血性的知識青年，一致奮起，志願從軍，共同集合在一個集團之內，在我親自統率之下，來做我的部下。凡是立志革命，決心報國，願與我同患難、共榮辱，來做我部下的青年，我必與之同生死、共甘苦，視之如子弟，愛之如手足，竭我心力，盡我職責，來領導你們完成革命抗戰實現三民主義

❷ 同上書，頁五一五至五一七。

的大業。……

中央爲使知識青年們得有效忠報國的機會，已經決定第一次號召知識青年十萬人從軍，凡年齡在十八歲以上，三十五歲以下，曾受中等教育，或具有相當知識程度的青年，祇要體格健全，不論依法是否緩徵緩召，均得志願報名參加。中央現已設置全國知識青年從軍指導委員會，各省市縣各地方各機關，以及各專科以上學校，皆將設置知識青年從軍徵集委員會，分別籌劃辦理徵集有關事宜。❸

蔣主席並以三點召告知識青年：㈠青年非從軍無從造成其人生偉大志業。㈡青年非從軍無從湔雪其國家積弱的恥辱。㈢青年非從軍無從獲得其抗戰最後的勝利❹。全國知識青年受蔣主席精神感召，乃展開了如火如荼的從軍報國熱潮。

二、青年遠征軍的建制

自民國三十三年十月蔣主席發起知識青年從軍運動，在各地黨團幹部協助下，至十二月中已甄選合格青年總計十二萬五千五百人，計各縣市十萬七千三百八十人，各大專以上學校

❸ 同上書，卷三十二，書告，頁八九至九一。
❹ 同上書，頁九一至九四。

一萬五千五百人，中國國民黨各級黨部工作人員二千六百二十人；惟因戰事及交通運輸關係，實際報到入營者共八萬六千人❺。其中專科以上程度佔百分之十，高中以上程度佔百分之二十三，初中程度佔百分之六十，小學程度佔百分之七❻。根據三十三年十月十一日至十四日重慶所召開之知識青年從軍運動會議期間蔣主席之指示，及會議之討論，定名爲「青年遠征軍」，並自十二月二十日起陸續辦理入營手續❼。

民國三十三年十一月四日，軍事委員會成立「全國知識青年志願從軍編練總監部」，主持全國青年遠征軍編練事宜，以羅卓英爲編練總監，霍揆彰、黃維、彭位仁爲副總監。因東南地區被敵人所隔阻，乃於江西橫峰設立編練總監東南分部，由黃維兼任分部主任。三十四年元月，編練總監部依照我駐印軍之編制，編爲青年遠征軍第二零一、二零二、二零三、二零四、二零五、二零六、二零七、二零八、二零九等共九個師。此外陸續撥派至印緬遠征軍新一軍、新六軍、第五軍、輜汽第十五團、憲兵教導第三、四、五團，以及傘兵總隊、譯官訓練班、無線電訓練班，和赴美英受訓之海空軍等單位，共計一萬八千七百七十人❽。

青年遠征軍各師成軍時人數，和充編部隊並不相同，除去淘汰及撥出者外，實編人數仍有頗大之差距。知識青年運動展開時，軍事委員會爲培養幹部，將原在桂林之東南幹部訓練

---

❺ 吳相湘「第二次中日戰史」，下冊，註一〇六八，綜合月刊社，民國六十二年五月出版。
❻ 曙光半月刊社「青年軍復員週年紀念特刊」，頁二，國防部預備幹部局發行，民國三十六年六月出版。
❼ 國軍政工史稿編纂委員會「國軍政工史稿」，頁九二三，民國四十九年八月，國防部總政戰部出版。
❽ 同上書，頁九二五。

團，遷移至重慶，改稱軍事委員會幹部訓練團，設立將校研究班及步兵大隊，由蔣主席自兼團長，羅卓英總監兼教育長，選調全國各師優秀軍官入團接受現代化軍事訓練。青年遠征軍幹部除團長以上高級人員由蔣主席親自遴選外，中下級幹部多由幹訓團分發，部分則爲國外軍事學校畢業，或各部隊中之優秀軍官。至於二零八師、二零九師官佐，因地處東南，乃選自軍事委員會幹訓團東南分團，及該地區駐防部隊之優秀軍官。東南分團由黃維兼任主任。

民國三十四年八月，抗戰勝利後，「全國知識青年志願從軍編練總監部」，以任務完成，奉命裁撤，政府乃將青年軍分編爲第六、第九、第三十一共三個軍，以劉安祺爲第六軍長、轄二零二、二零四、二零五共三個師。鍾彬爲第九軍長，轄二零一、二零三、二零六共三個師。黃維爲第三十一軍長，轄二零八、二零九共兩個師。第二零七師則隸屬新六軍建制，軍長廖耀湘⑨。

三、蔣主席對青年遠征軍教練的指示

民國三十三年十二月十日，蔣主席在軍事委員會幹部訓練團總理紀念週，以「青年遠征軍幹部之使命」爲題，發表演講，略云：

⑨ 曙光半月刊社「青年軍復員週年紀念特刊」，頁二。

三民主義其精神博大爲世界任何主義所不及，有了這個主義，所以我們能發揮一種精神力量，有此力量所以能抵抗一切新的武器，新的組織，而且必須獲得最後的勝利。……我們要怎樣才能驅除敵寇，收復失地？要怎樣纔能洗雪我們過去的恥辱，不爲外國人所輕視？這就是我們有新的幹部，以新的精神來組織新的軍隊。——青年遠征軍就是我們所要造成的這樣一個軍隊。各位同志將來到這遠征軍裡面服務，一定要振作革命精神，恢復革命的靈魂，來發揮以一當十，以十當百的力量。⑩

民國三十三年十二月十七日，軍事委員會幹部訓練團將校研究班和步兵大隊第一期學員舉行畢業典禮，蔣主席致詞時指出：此乃青年遠征軍組織的開始，希望從師長到排長，人人都有新的精神，立定新的決心，在軍隊裡造成一種新的氣象，然後才能作軍隊的表率。他說：

我們要成立青年遠征軍，集合一般知識青年，來從事最直接而有效的革命工作，以完成我們整軍建軍抗戰革命的最後使命。我相信這個軍隊組成之後，因爲一般士兵都是知識青年，他們的智能都比一般普通士兵精强，每一個至少能發揮五個乃至十個普通

---

⑩ 先總統蔣公思想言論總集，卷二十，演講，頁五五〇至五五四。

士兵的力量，而收到殺敵致果的成效。這樣我們青年遠征軍就可以成爲全國各部隊的模範和基幹；因而提高全國各部隊的精神，改造全國各部隊的技術，以達到我們最後勝利的目的。⓫

民國三十三年十二月十八日、十二月二十六日，蔣主席以「青年遠征軍編練管訓的方針與要領」爲題，對青年遠征軍政工高級幹部發表演講，指出知識青年入伍後，首先要注重組織，管訓士兵，要同父子兄弟一樣親愛，要力行儉約，崇尚勤勞，注重紀律，但絕對禁止體罰。要養成保密習慣，和戒除敷衍應酬弊端，實行「軍隊即學校」，「戰鬥即生活」的口號。最後剴切的說：

軍隊之是否精强，武器技術尚在其次，最重要的還在於精神、思想、紀律、生活和品性，尤其是武德——智、信、仁、勇、嚴，和四育——德、智、體、群，特別重要。……軍隊在戰場上面，要出死入生，成爲愈打愈堅强的一體，則在生活上必須作到同甘苦，共患難；在精神上必須作到同生死，共榮辱；在技術上必須作到協同一致，互助合作。這三者作到了，然後我們革命軍初期的精神才能恢復，我們革命軍初期的令

⓫ 同上書，頁五五五至五六一。

譽才能挽回。⑫

同月二十七日，蔣主席手示青年軍編練總監羅卓英、政治部主任蔣經國，政治工作要領，其要點如下：

一、政治工作與實際生活，首先應著重於文化與藝術之宣傳與表現。使一般青年對軍隊生活發生興趣，勿使其有苦燥之感。知道現代化軍隊一切皆以科學爲基礎。

二、切實明瞭青年遠征軍全體士兵之專技長才，以及出身與家庭狀況，以便分科選用。

三、政工人員務必注重通信工具與宣傳技術，每師政治部必須有大小無線電機各一架，卡車一輛，不僅爲宣傳，且可救護，並協助軍隊迫切之用。

四、政工人員注重軍中保守秘密，總政治部與各師政治部，每日至少通話或通報一次。⑬

民國三十四年一月十五日，蔣主席對從軍知識青年第一期入伍生訓話，說明發起此一運動之目的：

---

⑫ 同上書，頁五六二至五七九。

⑬ 同上書，卷三七，別錄，頁二九八至二九九。

> 政府這一次號召你們知識青年從軍，目的在提高我們國軍的素質，增强反攻的實力。社會各界對知識青年所以特別重視的緣故，不僅因爲你們知識水準較高，也因爲你們學習能力强。但是你們如果要眞能運用現代戰爭的武器與技術，無負國家的付託，那你們還須經過嚴格切實的教導鍛鍊，更須認眞刻苦的求學。我今日組織這個青年遠征的軍隊，就無異辦一個軍事科學的大學。⓮

蔣主席提出青年軍人要有以下四點認識：㈠要立志革新，改造心理，以實踐軍人之修養。㈡要嚴守紀律，服從命令，以克盡軍人之本職。㈢要虛心求知，隨地學習，以提高戰鬥效能。㈣要鍛鍊精神，堅守節操，以創造光榮的戰績⓯。民國三十四年一月十六日，蔣主席對軍事委員會幹部訓練團演講「青年遠征軍編練之特質與教育要項」，指出其特質在「以軍隊爲學校」，其精神在「作之君，作之師，作之親。」其訓練應以六藝「禮、樂、射、御、書、數」爲中心要項⓰。同年三月二十九日，蔣主席發表告從軍知識青年書，以四事相策勉：㈠要效法先烈的行爲，負起革命的責任。㈡要貢獻個人的自由，完成革命的目的。㈢要研究高深的學問，奮發革命的精神。㈣要貫徹從軍初衷，堅定革命志氣。最後希望大家自愛自重，刻苦

⓮ 同上書，卷二一，演講，頁一至八。
⓯ 同上書。
⓰ 同上書，頁九至一六。

耐勞，立志有恆，負責守紀，爲中國建國奠定良好基礎，以達成繼往開來的時代使命⓱。

四、編組教育與正規教育

青年遠征軍各師成軍後，蔣主席經常蒞臨各師檢閱，對官兵士氣鼓舞甚大。依照青年遠征軍各師編組期間教育計劃，編組教育時間預定爲兩星期，每星期使用教育日數爲六日，每日授課八小時，共計九十六小時，星期日上午舉行國父紀念週，下午體育、娛樂、寫自傳等活動。教育方針爲適應從軍青年陸續入營之實際狀況，提高其軍人生活興趣，堅定其從軍志願，並完成其各個基本教練，涵養嚴肅之軍紀，以確定部隊教練之基礎。教育重點爲：以精神訓練、政治訓練、紀律訓練、生活訓練爲中心，以總理遺教、總裁言行，與軍人讀訓、黨員守則、新生活信條爲教育準繩，對從軍青年之思想、品德、能力，施以公正嚴密之考查，並對其學歷、經歷、體格，及受訓之程度、自傳等，詳細考查，俾供選拔軍士及作爲分別兵科之根據⓲。編組期間之教育，應著重下列四點：

一、精神教育：以三民主義爲思想中心，最高統帥爲信仰中心，軍人讀訓爲行爲中心，

⓱ 同上書，卷二三，書告，頁一〇九至一一三。

⓲ 國防部史政編譯局「青年軍各師簡史」，附錄「青年遠征軍各師編組期間教育計劃」，頁一，民國五十九年十月出版。

必使每一官兵皆能深切體會其軍人革命之責任，在保衛國家、愛護人民、實行主義、完成革命，充分培養革命軍人之戰鬥性格。

二、行動訓練：從衣食住行日常生活中，養成禮義廉恥，自覺自動自治自重之精神，而以徹底執行命令，達成任務，爲革命軍人必備之品性。

三、健康之培養：積極鍛鍊士兵體魄，增强健康，及多舉行各種課餘活動，與正當娛樂，以提高其軍營生活之興趣，尤須注重集體生活，加深羣體觀念，培養官兵同甘苦、共死生之精神。

四、禮節之重視：陸軍禮節，陸軍懲罰令，連坐法，與軍隊內務規則，須詳切講解督導力行⑲。

由於青年遠征軍並非一次撥送入營，隨到隨編，隨編隨訓，至民國三十四年二月一日各師始完成編組教育。中國戰區參謀長魏德邁(Wedemeyer, Albert C.)曾於二月十七日建議蔣主席，青年遠征軍不應有任何特殊優待。他認爲民國三十四年上半年是中國歷史上決定性的時刻，除了一千零二十四名赴美國接受海軍訓練青年外，反對中國增派青年軍到美國去受訓。他曾上書蔣主席說：

這次戰爭目的在保護一個將爲世人分享其益的公正和平，中國本身更應有一目的，減

---

⑲ 同上書，附錄「青年遠征軍各師教育大綱」，頁三至四。

少有和無之間的距離，使民衆更快樂和滿足。使用這十萬青年軍時，必須將這一背景存之於心。將他們配置於「優良種子」地位而給予優待，勢必損傷這一戰爭的目標。惟有在和所有其他部隊同樣的基礎上去運用他們，這樣才是邁向一個强大中國的一大步驟。……

當中國危急時，派送一些有能力又會説英語的青年赴美國，實在不智，應該派他們去正在組織中的中美聯合戰鬥指揮所擔任和美國軍官聯絡工作。[20]

蔣主席告以青年遠征軍一切待遇，完全和美國裝備及訓練的中國軍隊一樣，進行正規教育。因此青年遠征軍編組完成後，即進行正規教育。正規教育中的一般性教育，時間定爲三個月，每週教育日爲六日，每日教育時間爲八小時，國父紀念週及各種檢查於星期日上午舉行，下午休假或體育娛樂。其教育方針爲培養青年軍人戰鬥性格，樹立部隊嚴肅軍紀，熟習射擊技能，完成各個班排連戰鬥教練，並習得營團教練，及諸兵種聯合作戰之概要，俾能迅速參加作戰。其實施要領如下：

一、戰鬥性格之養成，使認識「戰爭即生活」，「軍隊即學校」，「武藝即學術」之真義，並以親愛精誠，訊速確實，整潔秘密，互助合作，爲日常生活之準則，使成爲嚴肅機警，團結一致之戰鬥部隊。

---

[20] 第二次中日戰史，頁一〇七一。

二、養成愛護兵器之習慣，而尤須熟習射擊技術，使作戰中彈無虛發。

三、注重各個班排連之教練，實施地形及天候之訓練。

四、由簡入繁，自「準備」、「講解」、「示範」、「測驗」等科，把握時間，循序以進㉑。

同年三月底，各師一般教育計劃相繼完成後，乃實施各師第二期教育計劃。其教育時間亦爲三個月，全期十三週，每週教育日爲六日，每日教育時間爲八小時，以二十四小時爲教育預備時數，可使用教育時數爲六〇〇小時，國父紀念週及各種檢查於星期日上午舉行，下午休假或作體育娛樂等活動。其要領如下：

一、特別注意武德，智信仁勇嚴之增進，以養成健全戰鬥性格，凝成堅强之戰鬥部隊。

二、注重營團之教練，在諸般地形，夜間或惡劣天候中實施。

三、注重對陸空連絡，及步兵、戰車、砲兵、工兵、飛機之協同，與後方補給輜重諸勤務。

四、採取科學訓練方法，從準備、講解、示範、實施、測驗、競賽等，依次序演練。

五、課餘施行各種學科之補習教育，體育訓練尤須特別注意㉒。

以上三種教育，至民國三十四年六月底相繼完成，編練總監部乃決定自七月至九月實施兩個月之複習教育。針對諸兵種協同戰鬥演習，堅固陣地之攻擊，與陸軍連絡演習之熟練，

㉑ 國防部史政編譯局「青年軍各師簡史」附錄「青年遠征軍各師一般教育計畫」，頁五至六。

㉒ 同上書，附錄「青年遠征軍各師第二期教育計劃」，頁七至八。

擬定複習教育計劃，以配合將來反攻作戰之要求。後因八月十四日日本無條件投降，對日作戰終止，編練總監部配合接收需要，改爲特種教育㉓。

五、特種教育與預備幹部教育

編練總監部所實施之青年遠征軍特種教育，包括憲警常識，宣撫要領，俘虜管理，諜報勤務，外語訓練，國際公法，國際禮俗，以及現代科學常識等，歷時約一個月，對青年軍之精神發生極大之鼓舞作用㉔。

民國三十四年九月，編練總監部以青年遠征軍暫時尚不需擔任特種任務，乃恢復第二期教育，以完成營團戰鬥教練，施行師以下諸兵種聯合演習爲方針，於十月中旬開始實行，預定三十五年一月十五日完成。實施期間，編練總監部奉命裁撤，青年遠征軍建制成立第六、第九、第三十一等三個軍，乃自十二月二日起，改實施陸軍預備幹部教育。

預備幹部教育分軍士教育與軍官教育兩個階段進行，期間預計六個月。士官教育主要在研習各種典範令，以養成班長之指揮動作。軍官教育則加深軍事學術之研習，計分指揮、兵

㉓ 國防部史政編譯局「青年軍各師簡史」，內「青年遠征軍第二零三師簡史」，頁三二至三三，民國五十九年十月出版。

㉔ 同上書，內「青年遠征軍第二零一師簡史」，頁三八。

器、地形、築城、交通、通信、軍制、防毒等科。同時注意政治課程，對國父遺教、領袖言行，以及政治、經濟、法律等問題，均予以參證之研究。除由該師高級軍官出任教官外，並另聘專長教官。民國三十五年底，青年軍完成預備幹部教育後，即舉行結業考試，凡成績在六十分以上者，均取得預備軍官資格。以下則取得預備軍士資格，並頒發適任證書，儲備以應國家需要時之徵召[25]。

青年遠征軍成軍之初，其所有裝備編練總監部原則上採取中國駐印軍，師的暫行編制數額配發。中國戰區參謀長魏德邁曾上書蔣主席，建議將青年遠征軍編組在美國裝備三十六師華軍計劃中，以提高士氣[26]，然因美國裝備一時無法運達，爲爭取時效，求得新軍早日訓練完成，得以配合友軍反攻作戰，乃暫以國軍械彈加以裝備。而國內兵工廠產量有限，在物力維艱狀況下，仍能按照基數撥發。第二零七師因成軍在雲南曲靖，自民國三十四年四月改隸陸軍新編第六軍後，即獲得美械裝備，美軍將領任各種兵器教官者達百餘人[27]。其他各師直到日本投降前後，始獲得美援，裝備乃爲之改觀。

---

[25] 國軍政工史稿，頁九二六。
[26] 第二次中日戰史，下冊，頁一〇七〇。
[27] 青年軍各師簡史，內「青年遠征軍第二零七師簡史」，頁三二一。

六、政工教育

民國三十三年十二月，青年遠征軍政治部成立，直屬軍事委員會政治部。以蔣經國為主任，胡軌為副主任，下轄三個軍九個師政治部㉘，另設立「青年遠征軍設計指導委員會」，以鄧文儀為主任委員，羅家倫、程天放、顧毓琇、黃季陸、康澤、黃少谷等四十六人為委員㉙。為訓練青年政工幹部，軍事委員會特於重慶復興關設立「青年遠征軍政工人員訓練班」，由蔣經國兼訓練班主任，前後共招訓三期學員，約一千二百餘人。悉選自從軍青年中大專學校黨團同志，或公教黨政幹部，受訓之後分派青年軍各師中擔任連訓導員以上各項工作。此外東南地區亦設「政工人員訓練分班」於贛西蓮花縣，由劉漢清兼主任，甄訓二零八、二零九兩師之政工人員㉚。

依照「青年遠征軍政治部各級機構組織規程」，青年遠征軍政治部下轄師政治部，除正副主任外，設組訓、宣傳、總務三種，並轄政治工作隊、簡報社、電影隊、通訊隊等。團及直屬營設督導室，分一、二兩股。團有俱樂部，直屬營有中正室。連則設有訓導員室，轄經理

㉘ 國軍政工史稿，頁九二五。
㉙ 同上書，頁九二六。
㉚ 同上書。

委員會、小組長、青年軍人服務社。青年軍人服務社下轄官兵福利互助會、軍民合作社、中正室、膳食委員會、醫院服務社、清潔衛生隊、宣傳隊等㉛。

依據蔣主席對青年遠征軍幹部迭次之指示，及青年遠征軍政治部蔣主任「精神武裝知識青年」的理想，以及各期政訓工作實施計劃內容，其工作概況如下：

一、強化黨團組織　使三民主義青年團在軍中成爲有力之中堅，以貫徹長期抗戰，阻止異黨份子之分化與破壞。

二、考核士兵思想　詳細調查統計士兵以往之職業及家庭狀況。

三、實施政治教育　基本課程爲國父遺教、領袖言行。政治教育佔百分之十，經濟教程佔百分之十。其他補充課程包括法律、史地、青年遠征之使命、敵情研究、國際問題研究、國家總動員、軍隊政治工作、世界民族復興史、青年修養問題等九種。特別課程包括日本概況、美蘇概況、宣撫要領等。

四、重視小組訓練　以排爲單位，每週實施一次，小組長由士兵選出，討論題目及指導大綱，由師政治部統籌頒發。內容包括時事問題、國家建設、人生問題，及軍營生活之檢討等。

五、成立各種研究會，促進學術研究　研究方式採取集體討論、分組研究、專題報告三種。

㉛ 同上書，頁九三三。

六、充實康樂活動，展開各種競賽，文化競賽：如演講、論文、壁報等。康樂競賽：如象棋、圍棋、話劇等。體育競賽：如各種球類、劈刺、射擊等。

七、進行社會調查，組訓駐地民衆瞭解當地情況，擴大爲民服務，安定地方秩序㉜。

青年遠征軍的政治工作，不僅要抗日，同時要防止共黨份子之滲透。不僅要發揚民族精神和愛國節操，同時要加强民運工作，爭取羣衆，防止共軍擴張，壯大國軍實力。合軍中政工與學校政工特性於一爐，爲抗戰以來建立新軍之模範。

七、各師訓練概況

青年遠征軍自二零一師至二零九師成立先後不同，成立地點依順序爲四川璧山、四川綦江、四川瀘縣、四川萬縣、貴州修文、陝西南鄭、雲南曲靖、江西黎川、江西鉛山。師長依順序爲戴之奇、羅澤闓、鍾彬、覃異之、劉安琪、楊彬、方先覺、黃珍吾、溫鳴劍。茲簡述各師編練概況如下：

一、第二零一師　民國三十三年十二月中旬，按中國駐印軍編制成立於四川璧山，師長戴之奇，副師長鄒軫善，參謀長王寓農，轄步兵第六零一、六零二、六零三等三個團，補充部隊爲陸軍第九十四師。其中從軍青年八、一〇六名，補充兵五四〇名，四川各師團管區徵

㉜ 同上書，頁九四三至九四五。

送普通兵四、〇五〇名，其中不堪服役而淘汰者甚多，迄三十四年九月，全師僅餘普通兵二、五五八名。三十四年二月一日完成編組教育，二月十九日開始一般教育，六月底完成。六月十三日上午九時，蔣主席不辭盛暑炎熱，親率軍政部長白崇禧、侍從室主任錢大鈞、編練總監羅卓英、政治部主任蔣經國等，蒞臨該師校閱，上午先往銅梁虎峰校閱第六零二、六零三團，午後三時回至壁山校閱直屬部隊暨第六零一團，並集合官兵訓話，指出青年奮鬥的目標在建設三民主義新中國，革命軍的組織必需有團結的精神和嚴肅的紀律，步槍是陸海空軍中最基本的學問技能㉝。訓話後又召集團長以上幹部垂詢一切，嘉勉期許不已。

該師自七月九日至九月初，完成複習教育，以抗戰勝利，奉令將第二期教育暫緩實施，改施特種教育一個月，至十月十五日始實施第二期教育計劃，原預計三十五年一月十五日完成，復奉令自十二月二日起改施陸軍預備教育，於三十五年五月底完成㉞。

二、第二零二師　民國三十三年十二月二十三日在四川綦江著手籌備，十二月二十九日接收完畢，三十四年一月一日按駐印軍編制正式成立師部，師長羅澤闓，副師長潘華國，參謀長方懋鍇，全師接收知識從軍青年八、八〇〇名，普通兵五、〇六二名，以陸軍暫編第三十四師為充編部隊，轄第六零四、六零五、六零六等三個團，及輜工等營直屬部隊，全部於三十四年二月五日充編完成。依照編練總監部頒發之編練綱要及編組教育計劃，先成立預備

㉝ 先總統蔣公思想言論總集，卷二十一，演講，頁一四一至一四八。

㉞ 青年軍各師簡史，內「青年遠征軍第二零一師簡史」，頁二九至三九。

連，實施爲期兩週之編組教育，教育重點以「精神訓練、政治訓練、紀律訓練、生活訓導」爲中心，以國父遺教、總裁言行，與軍人讀訓、黨員守則、新生活信條爲施教準繩。二月二十一日開始一般教育，自六月十一日至八月十三日完成複習教育。六月二十日，蔣主席偕軍訓部長白崇禧、編練總監羅卓英、政治部主任蔣經國、侍從室主任錢大鈞、侍衛長俞濟時等蒞臨校閱，對全體官兵訓話，指示「軍人要有獨立精神，革命精神就是革命最有力武器。」㉟並召集師部團長以上軍政幹部，訓勉「青年軍管訓方針」。八月上旬，該師實施第二期教育，以日本突然宣佈無條件投降，遵照編練總監部命令，於八月二十八日開始實施特種教育，九月二日舉行動員會議，制定動員計劃。旋奉令於十一月八日實施第二期教育，於十一月三十日順利完成。

十二月三十日，該師改施預備軍官教育，分前後兩期實施。前期預備軍士教育於三十五年一月三十一日教育期滿，後期預備軍官教育於二月四日開始，五月十五日教育期滿，舉行期末考試及聯合大演習後，五月底結束。其間並舉辦特業教育，包括各團軍士教育、政工人員訓練班、看護訓練、諜報人員訓練等㊱。

三、第二零三師　民國三十四年一月一日成立於四川瀘縣，師長鍾彬，副師長姚秉勛，參謀長趙秀崑，以陸軍新編第五師爲充編部隊，轄步兵第六零七、六零八、六零九等三個團，

㉟　先總統蔣公思想言論總集，卷二十一，演講，頁一四九至一五六。
㊱　青年軍各軍簡史，內「青年遠征軍第二零二師簡史」，頁二九至四三。

另有搜索連、特務連、工兵營、通信營、山砲營等直屬部隊。除調往其他單位服務，或不堪服役淘汰外，至開始預備軍官教育前，接收青年兵計五、八六三名，普通兵計四、〇六一名。編組教育自三十四年一月一日開始，至三月一日完成。一般教育前期自三月二日開始，預定四月上旬完成，因整理環境及酬答各機關團體參觀訪問，四月下旬始行竣畢。五月初開始一般教育後期教育，預定六月底完成，然以武器未能按編制準備妥當，除步兵外其餘兵種僅能完成步兵教育及本科之部分學術科。其間三月十三日編練總監羅卓英曾涖臨校閱。

七月九日該師開始複習教育，九月三日期滿。九月十日開始特種教育，十月七日完成。十月十五日，實施第二期教育，預定三十五年元月十五日完成。旋奉令於十二月一日改授預備幹部教育，於三十五年二月六日完成。其間十月二十日，蔣主席偕夫人、副參謀長白崇禧、代理編練總監霍揆彰、侍衛長俞濟時等，曾涖臨校閱，對該師之昂揚士氣，嚴整陣營，優良訓練，備表嘉許[37]。

四、第二零四師　民國三十四年元月一日，按駐印軍暫行編制，在四川萬縣成立師部，師長覃異之，副師長吳嘯亞，參謀長唐肇謨，轄第六一零團、六一一團、六一二團，以陸軍暫編第五十六師爲充編部隊，迄三十四年六月，該師共接收青年兵七、七五七名，普通兵二、三七四名。同年三月十七日完成編組教育，十九日開始一般教育，七月底順利完成。繼又實施兩個月之複習教育，於八月二十七日完成。其間八月八日蔣主席偕編練總監羅卓英、政治

㊲ 同上書，內「青年遠征軍第二零三師簡史」，頁二五至三五。

部主任蔣經國等蒞臨校閱，並集合官兵訓話，指示全體官兵要養成自立自强的人格，和自動自治的精神，成爲有志氣有能力的革命青年[38]。旋奉令自九月十七日改施特種教育，十月二十九日實施第二期教育，爲時僅一週，復奉令改施預備幹部教育。前期兩個月，自三十四年十二月三日起，後期自三十五年二月三日起，至五月底教育期滿[39]。

五、二零五師　民國三十四年元月一日在貴州修文按駐印軍制成立，師長劉安祺、副師長劉樹勛，參謀長劉理雄，以陸軍新編第二十三師爲充編部隊，轄第六一三、六一四、六一五等三個團，及直屬部隊。迄同年六月底接收青年兵五、四九二名，普通兵四、九七六名。編組教育三個步兵團分次於二月二日、二月二十七日、四月五日開始，直屬部隊遲至四月二十九日實施，迄六月底仍未足額，只能在隨到隨編隨訓狀況之下進行。四月三十日開始一般教育，七月三十一日完成。其間七月二十五日編練總監羅卓英曾蒞臨視查。預計八月二十七日完成複習教育，因抗戰勝利，軍事形勢突變，自九月十七日改施特種教育三週，期滿後繼續實施正規教育。自三十四年十二月二日起改施預備幹部教育，至三十五年五月底結束，分前後兩期實施，前期兩個月，施以預備軍士教育，後期四個月，施以預備軍官教育。三十五年四月，第三方面軍總司令湯恩伯偕同中國戰區參謀長魏德邁曾蒞該師視察訪問。五月，蔣主席偕政治部主任蔣經國、第六軍長劉安祺（按：胡素繼任第二零五師長）、第九軍長鍾彬復

---

[38] 先總統蔣公思想言論總集，卷二十一，演講，頁一六七至一六九。

[39] 青年軍各軍簡史，內「青年遠征軍第二零四師簡史」，頁二三至三〇。

蒞臨視察訓話[40]。

六、第二零六師　民國三十四年元月一日按中國駐印軍編制成立於陝西南鄭，師長楊彬、副師長蕭勁，參謀長王果夫，轄步兵第六一六、六一七、六一八等三個團，及直屬部隊。以陸軍官校第一分校官生士兵爲充編部隊，接收知識青年一一、六三一名，迄三十四年九月，因陸續調往其他單位或不堪服役淘汰外，尚餘七、七一九名，普通兵三、一八六名。三十四年二月十九日完成編組教育，二月十六日至六月二十四日完成一般教育，六月十五日開始複習教育。六月二十九日，蔣主席偕副參謀長白崇禧、軍事委員會辦公室主任錢大均、編練總監羅卓英、政治部主任蔣經國、漢中行營參謀長王鴻韶、侍衛長俞濟時，親蒞該師校閱。同日在漢中，三十日在天水，分別對該師官兵訓話，指出「軍隊及國家最基本力量，從軍入伍乃國民最大光榮。」[41]以抗戰勝利，八月二十八日至九月三十日，完成特種教育，十月初實施第二期教育，十二月初改施預備幹部教育[42]。

七、第二零七師　民國三十四年元月一日按中國駐印軍編制成立於雲南曲靖，初由昆明防守區司令官杜聿明負責編組，以陸軍第五軍優秀幹部爲基幹，第四十八師爲充編部隊。由方先覺任師長，傅宗良任副師長，陳大雲任參謀長。同年四月羅友倫接替師長，副師長改爲

[40] 同上書，內「青年遠征軍第二零五師簡史」，頁二二至三〇。
[41] 先總統蔣公思想言論總集，卷二十一，演講，頁一五七至一六〇。
[42] 青年軍各軍簡史，內「青年遠征軍第二零六師簡史」，頁二三至三〇。

李修業，參謀長改爲路羽飛。迄同年九月，全師接收知識青年七、三一〇名，普通兵三、一八六名，轄步兵第六一九、六二〇、六二一等三個團。三十四年四月中旬，配合滇西反攻，改隸新編第六軍戰鬥序列，首先獲得美械裝備，並延聘美軍軍官百餘人擔任各種兵器教練。自三十四年元月初，在隨到隨編隨訓原則下，分別於昆明北教場、曲靖三營房，及三寶鎮等地實施，於二月初完成編組教育，開始一般教育。五月初完成兵器教練，七月底依照第二期教育計劃，盡入戰鬥教練。在此期間，三月二十日，蔣主席蒞臨曲靖溫泉，對該師校閱，勗勉全體官兵，依照國歌精神，完成自己責任，「親愛精誠，團結一致」，完成國民革命㊸。抗戰勝利後，九月一日該師實施預備幹部教育，於十月底完成。同年十一月十六日至三十五年元月中旬，該師自曲靖開拔上海行軍途中，不斷實施行軍、宿營、搜索、警戒、偵察、防寒、防凍等作戰訓練㊹。

八、第二零八師　民國三十四年四月一日按駐印軍編制成立於江西黎川，師長黃珍吾，副師長王晏清，參謀長賀鋤非，以陸軍第一四四師爲充編部隊，轄第六二二、六二三、六二四等三個團，及直屬部隊、女青年大隊。至同年六月底接收知識青年一三、〇〇〇餘名，其中不少政府機關中下級幹部，有任職大學副教授、講師、助教者。及女知識青年二〇一名，普通兵二、八〇二名，其中因老弱不堪服役淘汰者三三三名，剩餘二、四六九名。八月十九

㊸　先總統蔣公思想言論總集，卷二十一，演講，頁四七至四九。

㊹　青年軍各軍簡史，內「青年遠征軍第二零七師簡史」，頁二五至三四。

日完成編組教育，乃實施一般教育，包括兵器教育、射擊教育、基本教育、戰鬥教練、專業教育等。抗戰勝利後，政府曾有令該師及二零九師進駐臺灣接受日軍投降之議，於十月底集中福州，施行特種教育。後以改變任務，開駐浙江。三十五年二月二十日，蔣主席莅臨杭州，在筧橋機場接受校閱，改換新式裝備。同月完成一般性教育，五月完成預備幹部教育㊺。

九、第二零九師　民國三十四年三月十六日按照駐印軍編制成立於江西鉛山，師長溫鳴劍、副師長初爲顧蓉君，後易爲喻英奇，參謀長初爲吳萬玉，後易爲唐名標。轄第六二五、六二六、六二七等三團，以陸軍第七十五師，戰區教導第五團、輸送第二團第二營爲充編部隊。截止同年四月底，接收從軍青年一三、二一五名，淘汰七〇五名。普通兵四、七八〇名，女青年三一四名。自同年五月一日至十四日爲編組教育，完成後實施一般教育，包括兵器、射擊、專業等教育，及基本教練、戰鬥教練等。抗戰勝利後，十一月下旬奉命移防福州，按梯次施行補習教育㊻。

民國三十五年夏，青年遠征軍士兵服役均屆退伍期限，六月三日蔣主席特發表廣播詞，認爲青年遠征軍各師在過去一年四個月中，對軍事的學問和技術固然有很大的進步，在生活行動上所受的訓練獲益更多。勉勵青年遠征軍珍貴這一段時日的士兵生活和訓練，退伍以後能本著這種已經得到的訓練，在任何團體裏，仍舊繼續不斷，身體力行，始終一貫，自強不

㊺ 同上書，內「青年遠征軍第二零八師簡史」，頁二一一至二二一。
㊻ 同上書，內「青年遠征軍第二零九師簡史」，頁一九至三一。

息，將來才不愧為革命幹部，一定能夠領導民衆，成功立業㊼。

八、海軍青年軍赴美英受訓與接艦

青年遠征軍中有千餘人被派赴美受訓和接艦，民國三十四年元月初，開始集中於重慶長江下游三十里之唐家沱，由潘佑強中將主持集訓事宜，以江順、江新兩艦充訓練總隊部，各高級長官及政要先後蒞臨慰問及訓勉。元月二十一日，以離國在即，整隊至復興關軍委會幹訓團恭聆蔣主席訓話，略云：

這次國家派你們去留學學習海軍，是歷史上空前的創舉，也是你們立業報國的一個好機會。你們到了外國，每個人的一言一語，一舉一動，都代表整個國家，你們隨時隨地都要自愛自尊，嚴守紀律，服從命令，到達美國後，要嚴守學校艦艇上一切規則，如果內中有少數人或個人不自愛自尊，被外國人看不起，他就是海軍的敗類，國家的罪人。……

你們到了國外，要切實研究一切學識和技能，今天和你們分別後，不知那一天才能夠見面，所以要告訴你們，我不僅把你們看同我自己的子弟，同時更把你們看同是我的

㊼ 先總統蔣公思想言論總集，卷三十二，書告，頁一五一至一五四。

生命，革命事業的繼承者，將來海軍建設的責任，完全在各位的身上㊽

自二月三日起分批自成都新津機場起飛，過駝峰飛印度，自孟買乘船，經墨而鉢，渡太平洋，四月十五日至美國西岸聖彼得羅（San Pedre）港靠岸，改乘火車過墨西哥邊境至德州繞聖路易（St Louis）南下，歷一週火車行程，於四月二十一日抵達美國東南半島佛羅里達州邁亞密海軍訓練中心(Usntc. Miam Florida)。在該中心完成基礎訓練。首先接受體能訓練、陸操、游泳、基本英語，然後實施槍砲、船藝、損害管制、救火、急救、基本電學。最後接受綜合與分科，課業及實習等教育。其中電影教學更收事半功倍之效㊾。訓練期間日本已無條件投降，八月二十八日簽字接收八艦，命名太康、太平、永定、永寧、永順、永勝、永興、永泰，分派各艦之水手（Sea Man）及輪機兵（Fire Man），即日登艦擔任維護保養工作，及艦上在職訓練。所有士官（Petty officer）則留岸繼續接受專科訓練。十一月二十六日專科訓練完成，全體士官派艦授階，按階任職，繼續海上組合訓練，先由少數美國教官從旁指導，中國官兵學習操縱新式戰艦，漸至能獨立操縱爲止。

民國三十五年一月二日，艦隊自邁亞密駛古巴關譚那摩港（Guantanamo Bay），一月四日

㊽ 光軍「從軍赴美接艦日記」，引自「知識青年投效海軍參戰四十週年紀念專刊」，頁一五至一六，民國七十三年九月出版。

㊾ 賀一羣「從軍四十週年的回憶」，引自「知識青年投效海軍參戰四十週年紀念專刊」，頁六。

抵關港美國海軍基地，繼續進行海上軍艦訓練及編隊訓練，四月一日訓練完成，六日離古巴關港美軍基地東返。返國途中納入美軍任務編組，美海軍派一海軍中校為指揮官，以運油補給艦媽咪號（Uss MaumeeAOG122）為旗艦（按：後來移交中國海軍，命名峨嵋艦），指揮艦隊航行及戰術操演整補事宜。在艦隊脫離日本水域後，媽咪號駛往青島，中國艦隊逕駛上海，於七月十九日安抵吳淞口錨泊。七月二十日清晨起錨開航，七月二十一日傍晚抵達南京下關錨泊，完成接艦任務[50]。

中國派遣青年遠征軍赴美受訓接艦同時，復與英國議定由中國派遣官兵，英國出讓艦艇，組成海軍對日作戰。除於民國三十四年初由首批赴英接艦官兵接受護航驅逐艦「伏波號」外，另議定由英國續讓巡洋艦與驅逐艦各一艘，巡防砲艇八艘，潛艇二艘，以供中國海軍使用。（按：砲艇、潛艇出讓之議，後因英國政府背信而取消。）以日本宣佈無條件投降，赴英接艦之行暫告延擱。

同年十一月底，政府自「赴英接艦參戰學兵總隊」中，選拔同學二百餘名，分兩梯次由重慶搭乘軍用運輸機前往印度，會合後轉程赴英，於三十五年二月初乘英國運兵艦澳洲皇后號，經蘇彝士運河、地中海抵達倫敦。轉朴次茅斯（Portsmouth）軍港「榮譽」號戰艦受訓。編為十六小組，每組十五至二十一人不等，接受生活與基本訓練，著重船藝、救火、艦上日常維護等課目，必修科目為班教練操槍，每週並有划舢舨節目，歷時凡三個月。隨即舉行學

---

[50] 八艦接艦大事記，引自「知識青年投效海軍參戰四十週年紀念專刊」，頁四一至四四。

術科總測驗，依成績及個人志願，由英方督訓小組區分爲槍砲、輪機、魚雷、通信、槍砲修理、電子、舵工等科，依科別分編小組，分途送往英國各地之專科學校，接受專長訓練。各同學在各專科學校修習約半年後，先後分別派往英國艦隊，分登航空母艦、巡洋艦，或驅逐艦上實習，每次約二至三月，有多達二次者，並隨艦隊訪問歐洲各國，獲得寶貴之操作經驗。

第二批赴英受訓同學二十六名，第三批高達六百餘名，三十六年九月，各批同學均先後完成學業，分批返回「榮譽」號戰艦，原期十月接艦，因英方背信，經我駐英大使鄭天錫交涉，英方僅允提供二艦，一爲補償戰時英方借用我六艘商船之損失，以「重慶」艦交換相抵，互不償付。一爲「靈甫」艦，由中國暫時租借，乃延至三十七年五月二十九日舉行接艦典禮，計登「重慶」艦官兵六百三十一名，登「靈甫」艦官兵一百六十七名，乃積極展開整理工作，並作爲時八週之組合操作訓練，於三十七年八月初返回上海，受到海軍總司令桂永清之歡迎與慰勞51。

九、結論

中國青年遠征軍在國民革命建軍史上有其光輝燦爛的一頁，自民國三十三年十月蔣主席

---

51 王耀埏「重慶靈甫與兩艦接艦記」，引自「知識青年投效海軍參戰四十週年紀念專刊」，頁三六至四〇。

發起知識青年從軍運動，至三十八年大陸戡亂軍事逆轉，五年之間其所擔負之任務隨客觀環境而有所改變。青年遠征軍成立之始，其主要使命有二：一爲增加抗戰力量，爭取最後勝利。一爲培植建國幹部，完成建國使命。前者除部分選派印緬戰場有卓越表現外，其餘大多數因日本投降則未能一展其鋒。後者則因勝利後中共之擴張，青年遠征軍在戡亂期間則戰績輝煌。被派遣至東北之第二零七師，大小百數十戰，曾於南札木、救兵台、鷄冠山、營盤等地戰役中，予共軍以重創，達成攻守之任務。第二零六師於三十七年三月孤軍堅守華北軍事重鎮洛陽，十四日城陷，全軍盡覆，其英勇犧牲之精神，堪與日月相爭輝。第二零一師則於三十八年十月二十五日大捷於金門古寧頭。新編之第八十七軍第二二一師，亦於十一月三日奏功於舟山登步島，時當臺海戰局危機之秋，其意義可與天地同長。至於赴美英受訓接艦海軍青年軍，奠定下戰後我國新海軍之骨幹，在今日保衛復興基地海疆上，仍具有決定性的神聖使命。

青年遠征軍建軍的過程中，教育與訓練係遵照蔣主席所指示而進行。蔣主席雖日理萬機，投心力於青年遠征軍者甚多。在百忙中仍常抽時間至青年遠征軍各師巡視校閱、訓話以鼓舞士氣。民國三十四年六月二十九、三十日，蔣主席分別在漢中、天水對青年遠征軍第二零六師官兵的訓話，親切的說：「你們既作了國民革命軍的士兵，就是本委員長的學生和子弟，本委員長對於你們的愛護和期望，有如父師之對於其子弟。」[52] 其出於至誠的言詞，可見對青年遠征軍愛護之深與期望之高了。至於青年遠征軍在營期間所實施之組織教育、正規教育，

---

[52] 先總統蔣公思想言論總集，卷二十一，演講，頁一六〇。

以及特種教育，爲我國軍史上之新典範。復員前所實施之預備幹部教育，則奠定下臺灣復興基地數十年來國軍預備幹部之基礎。

（臺北，青年軍史研討會論文，國立政治大學歷史研究所主辦，民國七十五年六月，頁一至二〇。）

五九　民國三十三年（一九四四）日本打通中國大陸作戰之背景

——美國戰略之歧見與衡陽保衛戰——

一、緒　言

我國八年對日抗戰期間，軍民同仇敵愾，捨身報國，就重要戰蹟而言：若二十七年三、四月間之臺兒莊大捷，二十八年十月初、三十年九月底、三十一年一月初之三次長沙大捷，以及三十二年五月鄂西石牌之防禦戰，十二月初之常德爭奪戰等，固然戰果輝煌，然均爲時短暫，敵人使用兵力有限。獨淞滬會戰及衡陽保衛戰，敵人使用龐大兵力，國軍久守弧城，浴血苦戰，迭創强敵，震動國際視聽，雖最後終不免棄守，但均獲致戰略之成功。

淞滬會戰時，戰事初作，國軍積憤怒發，氣吞河嶽，防守兵力遠過於來犯之敵，械彈補充尚無困難，故自二十六年八月十三日會戰開始，至十一月九日因敵軍自杭州灣北岸登陸，國軍後路受到威脅，開始全面後撤，戰鬥近三個月。衡陽會戰已至抗戰末期，國軍百戰之餘，精疲力竭，糧彈欠缺，補給不易。敵人爲打通東南亞大陸交通，使用兵力高達三十六萬二千人（海空軍尚不包括在内），直接攻城部隊係其最精銳由横山勇所統率之第十一軍約十餘萬人❶。國軍守城方先覺所部第十軍，實力僅一萬七千六百餘人❷，雙方兵力爲六與一之比。自六月二十三日敵軍竄至衡陽近郊，至八月八日城破，國軍作戰達四十八日之久，日人譽爲係國軍堅强防禦戰之表現，不啻爲日俄戰爭中旅順要塞攻擊戰之縮影。（一九〇四年日俄戰爭期間，旅順之攻擊戰，日軍歷時四月，傷亡五萬九千餘人。衡陽之戰，日軍傷亡一萬九千三百八十人，超過守軍總數。）❸

或謂衡陽會戰時，中美已併肩作戰，戰前曾有部分軍械運至衡陽（計九門三七米厘反坦克砲，二百支小型反坦克砲，二十挺中國製馬克沁機關槍，二十六門臼砲，二支火箭筒）❹，國軍且已獲得空中支援，部分陸軍並有美式配備，而衡陽守軍日望援軍不至，死傷殆盡，城終不免陷敵。實則就當時盟軍全盤戰略及中美關係而論，實有檢討之必要，衡陽會戰之失敗，不過是中國戰區及東南亞戰區中之一小環節而已。以國軍精銳盡用之於印緬戰場，東戰場兵力薄弱，不足以遏阻强敵，僅能於戰略之運用上發揮最大之功效而已！

---

❶ 伊藤正德「帝國陸軍の最後」，決戰篇，第七章。
❷ 子珊行述——方先覺將軍哀榮錄，頁一七一，黎明文化事業公司，民國七十三年三月出版。
❸ 帝國陸軍の最後，決戰篇，第七章。
❹ Stilwell's Command Problems; U.S. Army Dept, p.p. 371 - 374. 1956.

二、美國重歐輕亞戰略之偏失

民國三十年底，太平洋戰爭爆發之初，美國朝野對我孤軍四年半之英勇抗戰，與不屈不撓之精神，曾經有崇高之讚許❺至三十二年十一月開羅會議而達於頂點，旋即因重歐輕亞之戰略而迅即降低。

先是同年八月，美總統羅斯福、英首相邱吉爾會議於加拿大之魁北克（Quebec），即決定中國戰場僅限於維持現狀，希望利用中國之廣土眾民，吸引住一百餘萬日本陸軍，不致加重太平洋及澳洲盟軍之壓力。其原因有二：㈠由於美國在太平洋上之逐島作戰勝利，可利用長程航空母艦封鎖日本。㈡由於美國B—29型遠程轟炸機問世，美國可自中太平洋群島轟炸日本本土，摧毀其重工業。同年十一月四日，美國國防部作戰司擬定一收復緬甸打通中國陸路作戰計畫：㈠維持中國作戰之戰略不變，供給中國戰場之武器，宜限於定額之轟炸機。㈡今後美國勿對中印緬戰場援助加以約束。㈢裝備中國軍隊以三十師爲限❻。十一月八日，美國聯合戰略服務處，復向美國聯合參謀團提出「重勘對日本作戰戰略」，建議對日本作戰應以中太平洋爲中心，分南北兩翼向日本本土進展，所有印度洋及新加坡方面軍事行動，均應視爲

❺ 董顯光「蔣總統傳」，中冊，頁三四一至三四二，中華文化事業出版委員會，民國四十一年十二月出版。

❻ Stilwell's Command Problems，p.65.

輔助性。同月二十二日至二十六日，中、美、英三國領袖會議於埃及開羅，表面羅斯福曾對蔣主席承諾，將來可以裝備中國軍隊九十師，英國印緬戰區總司令蒙巴頓（Mountbatten, Lord Louis）亦曾提議反攻緬甸計畫；但同月二十八日，美、英、蘇三國領袖於德黑蘭會議中，羅斯福爲謀求蘇俄對日作戰，竟推翻前議，甚至主動向史達林提議將來中蘇共管中東鐵路，旅順、大連可以租借給蘇俄使用❼。

十二月三日，羅斯福、邱吉爾自德黑蘭返回開羅，舉行美英參謀聯席會議（C.C.S），決定對日戰略如下：㈠準備在北太平洋用長程轟炸機，轟炸日本北部北海道一帶。㈡積極推動荷屬東印度群島、菲律賓間弧形攻勢。㈢加强在華空軍，配合太平洋作戰。㈣B—29型遠程轟炸機，將來自成都、加爾各答移至馬里亞納群島（Mariana Is.）。是爲中國戰場價值減低之明證。

三十三年一月八日，美國軍部作戰司建議：「史迪威（Stilwell, Joseph W.）在華任務（中國戰區參謀長、中印緬戰區美軍總司令），宜專以支援空運爲限。」同年五月六日，史迪威接奉美國軍部密令：將現存印度物資撥充太平洋作戰之用。二十四日，史氏致電參謀會議主席馬歇爾（Marshall, George C.）有所詢問，二十七日馬氏復電略曰：「自魁北克會議後，進攻日本戰略已作了不必經由中國的決定，今後不必要在亞洲大陸上打敗日本，中印緬戰區責

---

❼ 參考 Rosevelt and Hopkins, Robert E. Sherwood, 1948.

任祇在加强空運，美國無法分撥部隊打通中緬間陸上交通。」❽是以中國戰場端賴於自身之奮鬥。直到三十三年十月，史迪威被調離華，中國所收到之美援，僅占美國對外全部租借物資二百一十億之百分之五，即此微小之數，實際在運華途中多被截留，改供盟軍在他處緊急所需❾。此種情勢之發展，甚至馬歇爾亦爲之震驚。馬氏曾建議羅斯福曰：

> 中國最感需要之物資當爲汽車器材、火車器材、大砲、戰車，與其他重型裝備，然喜馬拉雅山上之航線，對此等物資難作大量之空運，除能供應陳納德（Chennault, Claire L.）將軍所指揮下之美第十四航空隊汽油、炸彈與火藥外，對中國似無甚大幫助，蔣委員長領導下之中國軍隊，萬一被日本擊敗，其無數豐富之資源必被日本自由開發，無人過問。迨英美結束歐戰，轉兵東下進攻日本本土時，日本政府可能遷往中國，利用其大好河山繼續抵抗。❿

惟我戰志彌堅，並不以美援短少而降低，反而爲應付日軍之最後垂死掙扎，各戰場戰鬥更趨激烈。

---

❽ 梁敬錞「史迪威事件」，頁二五九至二六二，臺灣商務印書館，民國六十年七月初版。
❾ 蔣總統傳，中冊，頁三四三。
❿ 馬歇爾報告書，頁七八，國防部新聞局，民國三十六年四月翻譯版。

三、國軍主力使用於滇緬戰場

三十年十二月八日，太平洋戰爭爆發後，我最高統率部料日軍進攻緬甸在即，命我駐滇精銳之第六軍甘麗初部入緬助戰，並命第五軍杜聿明部隊集中保山，待命進發。緬甸英軍統帥魏斐爾（Wavell, Archibald P.），則於二十五日致電我方加以拒絕⓫魏氏且告人曰：「中國軍隊解放緬甸實乃英人之恥辱。」⓬英國軍官甚至搶奪我運緬租借物資軍用卡車一百五十輛。直到三十一年一月中旬仰光緊急，十九日英政府始允我第六軍入緬協守，二月十三日再允我第五軍參加作戰。蔣委員長任命羅卓英為遠征軍總司令，飭其歸新近來華出任中國戰區參謀長之美軍將領史迪威指揮（參閱第四目）。時交通工具缺乏，部隊運動至為困難。華軍未至前，仰光已於三月七日陷落，日軍集中精銳第十二、十八、三十三、三十五等師團，及泰軍兩師，共十餘萬人，在戰車空軍掩護下，全力北犯。國軍挫日軍於鄂克溫（Oktwin），東瓜（Toungoo），解英軍七千人之圍於仁安羌（Yenangyaurg），卒以敵軍勢大，而英軍缺乏鬥志，以及史迪威之舉措失當而失利。國軍第二百師師長戴安瀾殉國，傷亡達兩師之衆，餘部分兩路轉進：一路退至怒江東岸，後稱遠征軍；一路退至印度東境雷多（Ledo），後稱駐印軍。英

⓫何上將抗戰期間軍事報告，下册，頁五二二，民國五十一年六月，文星書店影印版。

⓬Don Lohbeck: Patrick J. Hurley's Biograghy, p. 254. 1956.

軍潰散，史氏則於局勢無法收拾時，棄軍入印；然邱吉爾竟聲言華軍之犧牲毫不足惜⑬。其後史氏在華兩年，無日不以收復緬甸洗雪恥辱爲抱負，然重一隅而忽略全局，與我全盤抗戰之戰略概念不同，爲我東場戰軍事受挫之主要原因。

魁北克會議後，美國在遠東戰場之注意點既在緬甸北部，於是同盟國乃成立東南亞盟軍統率部，由英國蒙巴頓（Mwuntbatten, Lord Louis）海軍上將任統帥，史迪威副之，至中國戰區之軍事仍歸蔣委員長指揮，由史迪威任參謀長。在緬甸作戰之英國皇家空軍，與美國陸軍航空隊，及第十航空隊，合編爲東方航空總隊，由斯特拉特梅耶（Stratemer, George E.）少將任指揮，決定於三十二年秋冬間發動總攻。我最高統率部爲擴大戰果，雖在東戰場軍事脆弱情勢下，爲尊重羅斯福意見，並顧及盟國間之團結，仍抽調第五十師和第十四師，分別在三十三年四月一日及十五日，開始自昆明空運至印度藍伽（Ramgarh），裝備後加入戰鬥⑭。僅三十二年內我遠征軍補充兵員計六萬零四百三十二人，駐印軍補充兵員計二萬五千零十四人，體格均經過嚴格之選拔。

同年十月底，我駐印軍新一軍、新六軍，會同美國叢林部隊，自胡康河谷（Hukawng Valley）開始反攻緬北，三十三年夏，與敵軍苦戰於孟拱河谷（Mogaung R.），八月三日收復密支那（Myitkyina）。同時我滇西遠征軍總司令陳誠，指揮第十一集團軍（轄三個軍，九個

⑬ 邱吉爾「第二次世界大戰回憶錄」，卷六，頁八六一，中文譯本。
⑭ 史迪威事件，頁二三六。

師）、第二十集團軍（轄兩個軍，四個師）、第八軍（轄三個師），以及砲兵、工兵、通信兵等，於同年五月初發動總攻擊，十一日强渡怒江，向騰衝方向前進。自七月初旬起與敵軍展開騰衝爭奪戰，逐屋搏鬥，巷戰慘烈，至九月十四日始將城內之敵肅清。及史迪威被召回國，印緬戰場由美軍將領索爾登（Sultan, Daniel I.）中將指揮，滇西戰場由繼任在華美軍司令魏德邁（Wedemeyer, Albert C.）中將任指揮。印緬戰場中美聯軍於十月中旬分兩路自加邁（Kamaing）、密支那向南推進，十二月十五日克八莫（Bhamo），三十四年一月十五日殲敵於南倫（Namlan）。滇西遠征軍則於三十三年十一月三日克龍陵，三十四年一月十九日克畹町，越國境線於一月二十八日兩軍會師於緬北姆色（Muse），打通中印公路。自三十二年十月緬北滇西反攻以來，斃敵四萬八千八百餘人，俘敵六百六十餘人⑮。僅我滇西遠征軍自三十三年五月反攻以來，傷亡高達四萬八千五百九十八人⑯。其犧牲之慘重可以想見。

四、史迪威之跋扈與東戰場虛弱

初太平洋戰爭爆發，蔣委員長既出任中國戰區盟軍最高統帥，電請美總統羅斯福指派一親信高級將領爲中國戰區參謀長，目的在協調共同作戰，促成兩國之團結。美政府乃於三十

---

⑮ 國防部史政局編「第二次世界大戰中國戰區史」，頁二一三至二三二，民國五十九年元月出版。

⑯ 黃杰「滇西作戰日記」，自序，國防部史政局，民國七十一年七月出版。

一年一月二十九日發表史迪威來華，史氏除擔任中國戰區參謀長外，其職務仍有多種：㈠印緬戰區副統帥（統帥爲英國駐印度最高統帥魏菲爾），㈡美國在印緬陸空軍司令官，㈢中印間運輸司令官，㈣監督並管理對華租界物資之處理，㈤美國駐華軍事代表。國介中英，地隔華緬，多方利害衝突萃於一身⓱。

史氏出身西點軍校，長於作戰訓練，二十四年至二十八年間，曾任美國駐華大使館武官，能華語，粗識華文；惟性情粗暴，對中國民族文化、人物評估，皆缺乏認識。其接近友人中，有美國共產黨徒史末特萊（Smedley, Agnes）、史諾（Snow, Edger）等，對中共企圖篡奪政權之經過，更茫然無知。三月五日史氏抵重慶就職，旋奉派爲中國入緬遠征軍總指揮官，離滇飛緬，會同我遠征軍總司令羅卓英，指揮華軍對敵作戰。及緬甸棄守，史氏無視其本身職責，忽視我東戰場之重要性，而欲與日軍角逐於緬北崇山峻嶺間，以收復緬甸全境爲目標。加以受中共挑撥離間，其所致美政府之報告，竟盛讚中共游擊隊對日作戰之能力，自稱其本職雖係中國戰區參謀長，須接受蔣委員長命令，而兼職則係美國租借物資分配人，擁有獨立之職權，可以監視中國戰區統帥，使其直接受美國之軍事政策所約束⓲；於是史氏遂公開反抗蔣委員長命令。三十一年六月二十四日，史氏要求撤換杜聿明軍長不獲同意，竟不經預告，於二日後將在中國作戰之美國第十大隊轟炸機，全部調至埃及助英軍作戰。其後史氏日加桀傲

⓱ 參照 The Stilwell Pepers, Edited by T.H. White, 1948.

⓲ 蔣總統傳，中册，頁四〇一至四〇二。

不馴，屢於稠人廣坐中譭謗蔣委員長，以製造中美間之分裂，其向華府所作之報告多不切實際。

三十三年春，日本因太平洋戰場逐島爭奪戰失利，及其本土遭受猛烈之空襲，趁中國重兵佈署於印緬戰場，東戰場兵力薄弱之際，決定傾其全力作孤注一擲，發動所謂「一號作戰大攻勢」，企圖打通平漢、粵漢鐵路線，貫穿和南洋方面之陸上交通。起初預計動員四十萬陸軍，七萬匹戰馬，一萬兩千輛戰車（以後兵力增加遠超過此數），謀一舉擊潰中國。

一月二十七日，美國第十四航空隊已在情報中指出日軍正準備大攻勢⑲。二月十二日，陳納德將日軍大攻勢警報寄給史迪威。三月中，第十四航空隊偵察機高空所拍攝到之影片，顯示黃河北岸地帶所集結之日軍炮隊、坦克、載重車輛、裝甲車爲空前所未有，長江江面船運亦驟然增多。三月下旬，陳納德認爲情勢嚴重，報告美總統羅斯福曰：「吾人將資源集中緬甸戰場上，吾人所能增強華軍者實爲微薄，且第十四航空隊之給養情況亦甚爲嚴重，人員、配備、供應三者皆缺，將來作戰必極艱苦。」復向蔣主席報告曰：「在華聯合空軍，除B—29機隊外，對意想中之日本空中攻勢均難抵拒，且必不能支持。」而史迪威則認爲：「除非印度危險期過去，我看不出有什麼增進中國供應情況的法子，我們的基本政策是不變的。」⑳日軍遂於四月二十六日在河南中牟強渡黃河，發動打通大陸作戰之大攻勢。至有豫中會戰國軍之

---

⑲ 陳納德著、陳香梅譯「我與中國」，頁二三七至二三八，華國出版社出版。

⑳ 同上書，頁二四七至二五一。

轉進，與長衡會戰之壯烈犧牲。（詳第五目）

當此軍事危急之際，史氏竟拒將租借法案下撥給中美商業組織之中國航空公司兩架運輸機轉交中國空軍使用，不肯向華盛頓代轉中國前線五百架飛機作戰計劃，反對美軍一千桶飛機汽油之借用。甚至要求擔任中國三軍統帥，美援武器直接援助中共。

衡陽棄守後一月（詳第五目），九月六日，羅斯福所派之私人代表赫爾利（Hurley, Patrick J.）始偕美國戰時生產局長納爾遜（Nelson, Donald M.）來華，希望調整中美之新關係。赫氏列舉十項，要求作爲與蔣主席會談之項目：㈠中美合作之主要目的，在聯合中國一切力量，儘速擊敗日本。㈡美國深望中美、中蘇之關係更增進合作。㈢所有軍事力量皆須在蔣主席統率下劃一之。㈣所有中國資源均宜利用以資抗日。㈤蔣主席之工作須以統一民主爲基礎。㈥戰後之經濟計劃可即加討論。㈦史迪威統率權宜予確切釐訂。㈧史迪威戰區參謀長之權限須即規定。㈨史迪威統率系統表應向蔣主席報告。㈩轄理中國租借物質問題宜即加討論㉑。九月十二日，蔣主席同意任命史迪威統率中國軍隊，惟堅持使用共軍必須先得軍事委員會之核准。

日軍於攻陷衡陽後，復集中力量西犯（詳第五目），蔣主席欲調回一部分遠征軍以解桂林之危，而遭史迪威所拒絕。史氏且親飛桂林，自燬美軍機場，並以中國欲電召遠征軍回國之

㉑ Patrick J. Hurley's Biograghy, pp. 286－287. 1956.

意電告馬歇爾㉒。時羅斯福、邱吉爾再會於魁北克，邱氏聞日軍有進攻印度之計畫，將利用中國軍隊夾擊予以牽制，得史氏電報大驚，乃以羅斯福名義致電蔣主席，竟將中國東戰場之失利，歸罪於華軍。甚至譏稱：「縱令吾人能將敵人在世界上其他角落予以擊敗，亦對中國毫無補益。太平洋戰事進展其速，除非中國自能努力，則欲藉以援救中國猶恐太遲。」㉓逼使蔣主席不得不於十九日致電羅斯福，要求撤換史氏。略曰：

> 開羅會議中英美夾擊南北緬甸之戰略已有成約，不幸在余離開開羅之後，此約束即告廢棄。……五月初緬北一戰，將中國所有儲積之裝備一概用盡，同時又將應行空運來華之噸位佔去，以致中國境內其他軍事供應概受影響。……
>
> 日本乘我北緬出兵之時，對於豫、湘兩省猛加攻擊，中國國內各戰場因北緬作戰之故，既缺軍械之補充，又乏駝峰空運之接濟，而其所受日軍之壓力，更六倍於北緬所遭遇。北緬一部之勝利，實不足以抵中國東戰場之損失。然史迪威對於東戰場毫不爲意，當各該地危急時，史迪威把持其可移撥之租借軍火，不許用於東戰場之作戰，以致在今年六月以前，中國軍隊除遠征軍外，從未在中國租借法案中得到一槍一砲。六月以後，史迪威來渝，經晤商後，雖曾稍發軍火，而日軍已盡達成其軍事所預期之目的矣。

㉒ The Stilwell Papers, Edited by T.H. White, p. 328.

㉓ Stilwell's Command Problems, U. S. Amy Dept. p. 445.

總計起來，中國軍隊在此期內，除遠征軍外，只收到山砲六十尊，坦克槍三二〇枝，臼砲五〇六門。質言之，攻下密支那，失卻東戰場，此種重大責任史迪威不能逃避。㉔可爲我東戰場兵力不足，武器軍火缺乏之有力證明。十月十三日，羅斯福覆電同意蔣主席要求。十八日以命令飭馬歇爾調回史迪威，於是始有魏德邁（General Albert C. Wedmeyer）之繼任。

五、國軍在艱苦中浴血挫敵

三十三年四、五月間豫中之會戰，國軍第一戰區副司令長官湯恩伯兵團所轄總兵力共計二十一個師，裝備不齊，素質欠佳，其中七個師缺乏戰鬥能力。如第七十八軍所轄之三個師，僅有兩個獨立旅，和第三訓練處補充兵新編而成。第十三軍中之第一一七師，暫編第十五軍所轄之暫編第二十七師、新編第二十九師，及暫編第五十五師等，均成立未久，戰鬥力尚未養成。第十三軍其他各師雖是湯氏之嫡系部隊，但因人事問題，頗影響戰鬥能力㉕。

敵軍由其華北方面軍司令官岡村寧次指揮，主力爲第十二軍所屬第三十七師團、第六十

㉔ Ibid, p.p. 461 – 462.

㉕ 苟吉堂「中國陸軍第三方面軍抗戰紀實」，頁二二七，民國五十一年六月，文星書店影印版。

二師團、第一一〇師團、獨立步兵第七旅團、獨立步兵第九旅團、騎兵第四旅團、戰車第三師團、砲兵四聯隊、工兵六聯隊，及其他特種兵，合計精銳約十四萬八千人㉖。雙方兵力無論就人數和戰鬥力對比，國軍咸居劣勢。況國軍缺乏戰車支援，得不到有效之空中掩護，雖全力奮戰，至六月初豫西盡陷，國軍轉移山區，平漢線竟被敵人所打通。

主持湖南戰場第九戰區司令長官薛岳部，經過長沙三次大捷，七年苦戰，元氣已傷，主力又調至印緬戰場，各軍復俱調一師至後防整訓，番號雖衆，而戰鬥力薄弱㉗。

五月二十五日，華北洛陽淪陷之日，日本支那派遣軍總司令官畑俊六，自南京進駐漢口前進指揮所，指揮第一、十一、十二、十三、二十三等軍，以及駐蒙軍，對湖南長沙發動全面進攻。其中第十一軍（司令官橫山勇）尤爲日本軍團中最强大之部隊（原轄第三、十三、三十四、三十九、四十、五十八、六十八、一一六等師團，新增加二十七、三十七、六十四等師團）㉘。戰爭爆發後，日本軍部並將駐防日本國內弘前附近第四十七師團運來增援，復徵集未教育補兵十餘萬及戰馬七萬匹到武漢地區。甚至將擔任東京防空之「〇」式第二十二飛行隊，亦調至粵漢線作戰。進攻長沙僅陸軍兵力即高達三十二萬二千人，真正是舉國動員，傾其全力，國軍與之對比，真是相形見絀㉙。

㉖ 服部卓四郎「大東亞戰爭全史」，第五册，頁二〇〇。
㉗ 趙曾儔等編「抗戰紀實」，第四册，頁六一至七三，民國三十六年商務印書館出版。
㉘ 帝國陸軍の最後，決戰篇，第七章，頁三〇七至三〇九。
㉙ 大東亞戰爭全史，第七册，頁十四至十七。

敵軍發動攻勢前，我最高統率部已偵悉其陰謀，五月六日蔣主席自重慶致電第九戰區司令長官薛岳曰：「由贛州直攻株州與衡陽之情報甚多，務希特別注意與積極構築據點工事，限期完成，以防萬一爲要。」[30]五月十四日，除再電薛岳加强準備外，復電第七戰區司令長官余漢謀曰：「據報敵將在廣州大舉增援，此後敵必企圖打通粵漢路，其發動之期當不在遠，務希積極準備，加强工事，以粉碎敵之企圖爲要。」[31]

薛岳循三次長沙大捷敵軍進攻舊路，準備在湘江東岸新墻河、汨羅江、撈刀河、瀏陽河、淥水間，湘江西岸資水、溈水、漣水間，節節加以阻擊，消耗敵人兵力，將國軍主力置於兩翼，決定在淥水和漣水北岸地區，利用岳麓山所佈置之重砲掩護，與敵軍展開決戰[32]。

敵軍不循三次進犯長沙失敗舊路，從岳陽正面來攻，而採取迂迴戰略，其左翼自湖北崇陽攻湖南平江，中翼自湖北正面强渡新墻河，右翼自華容、石首攻洞庭湖地區，使我岳麓山榴彈砲陣地無法施展其威力，以故國軍陷入包圍圈內，雖奮勇抵抗，彼此無法支援，死傷枕籍，難挫敵軍兇燄[33]。以衡陽爲西南軍事重鎮，粵漢、湘桂鐵路交會處，附近復有複雜之丘陵，和無數之池沼，我最高統率部乃決定放棄長沙而固守衡陽，長沙遂於六月十八日陷敵。

[30] 中華民國重要史料初編——對日抗戰時期，第二編——叁，第二期作戰經過，頁二八九，中國國民黨中央黨史委員會出版。
[31] 同上書，頁二八九至二九〇。
[32] 抗戰紀實，第四冊，頁七二。
[33] 同上書，頁七四至七五。

我衡陽守城部隊爲第十軍方先覺部，僅七團兵力（計第三師、預備第十師各三團，第一九〇師僅五七〇團較完整，餘均幹部。另配屬暫編第五十四師一個營），實際兵力共一萬七千六百餘人㉞。乃以一部守備湘江東岸，一部守備市區，利用鐵軌、枕木構築堅固陣地㉟。預計固守七日援軍可到達，故最高統率部命其作一週之戰鬥準備。

六月二十六日，敵人橫山勇所統之第十一軍竄至衡陽郊外，對衡陽採取包圍形勢，於是與守軍展開慘烈之戰鬥。砲火接天，彈如驟雨，守軍人人抱必死之決心，寸土必爭，其間曾兩次痛挫敵軍，終以敵大軍繼至，火力旺盛，我外圍援軍隔絕，無法到達，竟成坐困之局。

當日軍包圍衡陽時，蔣委員長曾派副參謀總長白崇禧到桂林，增調援軍解圍。七月中旬國軍開始反攻，第六十二軍已攻至衡陽火車站西站，第七十九軍已到達賈里渡和銅錢渡，第六十三師已進展到望城坳㊱，故七月二十七日蔣委員長致電方先覺固守衡陽，以待外援之接應。電曰：

守城官兵艱苦與犧牲情形，余已深知，此時只有督率所部決心死守，以待外援之接應。余對督促增援部隊之急進，必比弟在城中望援之心更爲迫切，弟可體會此意。以後對

㉞ 子珊行述，頁一七七至一七八。

㉟ 中華民國重要史料初編——對日抗戰時期，第二編——叁，第二期作戰經過，頁二九〇至二九一。

㊱ 抗戰紀實，第四冊，頁九六至一〇六。

於求援與艱危情形，非萬不得已，不必發電詳報，以免被敵軍偷譯，余必爲弟及全體官兵負責全力增援接濟，勿念。[37]

終因國軍無後續兵團策應，且械彈不充，而衡陽外圍日軍兵力强大，雖遭受重大之損失而無法突破敵軍陣地[38]。八月二日上午十時，蔣委員長再電方先覺，已督援軍急進，望固守陣地。電曰：

> 我衡陽官兵之犧牲與艱難，以及如何迅速增援，早日解圍之策勵，無不心力交瘁，雖夢寐之間，不敢或忽；惟非常事業之成功，必須經非常之鍛鍊，而且必有非常之魔力，爲之阻礙，以試煉其人之信心與決心是否堅定與强固。
>
> 此次衡陽之得失，實爲國家存亡所關，決非普通之成敗可比。自必經歷不能想像之危險與犧牲，此等存亡大事，自有天命，惟必須吾人以不成功便成仁，以一死報國之決心赴之，乃可有不懼一切，戰勝魔力，打破危險，完成最後勝利之大業。上帝必能保佑我衡陽守軍最後之勝利與光榮。第二次各路增援部隊，今晨皆已如期到達三塘、賈

---

[37] 中華民國重要史料初編——對日抗戰時期，第二編——叁，第二期作戰經過，頁二九六。

[38] 抗戰紀實，第四冊，頁一〇八。

里渡、水口山、張家嶺，與七里山預定之線，余必令空軍掩護猛進也。㊴

其內心之焦急流露無遺。但因遭衡陽外圍敵軍第四十師團之迎擊，傷亡重大，而被迫南撤㊵。八月四日，敵集合五師團十餘萬兵力於衡陽城下，計重砲五門、野山砲五十門，在橫山勇指揮下，對衡陽發動第三次總攻擊，預期一日之內破城。因國軍仍舊奮戰不已，卒使敵目的難逞，日人不僅欽敬國軍不屈不撓之精神，並認為「實為中日戰爭以來之珍聞。」㊶時城中彈盡援絕，傷亡纍纍，受傷者無藥敷而傷口生蛆，未死者僅能以食鹽炒黃豆充饑㊷。八月七日下午三時，方先覺致蔣委員長電曰：

敵人今晨自城北突入以後，即在城中展開巷戰，我官兵傷亡殆盡，刻再無兵可資堵擊，職等誓以一死報黨國，勉盡軍人之天職，決不負鈞座平生作育之意，此電恐為最後一電，來生再見。㊸

㊴ 中華民國重要史料初編——對日抗戰時期，第二編——叁，第二期作戰經過，頁二九七。
㊵ 帝國陸軍の最後，決戰篇，第七章。
㊶ 同上書。
㊷ 子珊行述，方先覺將軍事略，頁三。
㊸ 引自「蔣總統秘錄」，第十三册，頁一三四，日本產經新聞連載，民國六十六年九月，中央日報社譯印。

衡陽之戰至八日午前雙方議定對等條件而停止戰鬥，由日軍第十一軍代表竹內參謀入城接洽。日軍同意：㈠保證生存官兵安全，並讓其休息。㈡收容傷兵，鄭重埋葬陣亡官兵。絕無舉行投降儀式之說。守軍主將方先覺暫住衡陽郊外意大利天主教堂，三星期後躲過敵軍監視，取道芷江至重慶，晉謁蔣委員長，陳述作戰經過，受到蔣委員長之安慰與禮遇㊹。

是役我方記載，日軍被殲三萬餘人，敵六十八師團長佐久間中將、旅團長吉摩源吉少將等均中砲死㊺。日方記載死傷一萬九千三百八十餘人，其中高中級將領戰死者三百九十人，負傷者五百二十人㊻。國軍第十軍全部守軍共一萬七千六百餘人，傷亡一萬五千餘人（內陣亡七千六百餘人），殘存疲病二千六百餘人。被俘後慘遭殺害甚多，而無一人降敵㊼。此後敵軍分三路西犯：一路沿西江，一路沿湘桂公路，一路沿湘桂鐵路，國軍處處予以截擊，敵軍第十一軍十月十日陷桂林，十二月二日陷獨山。其南下之敵軍第二十三軍，並與駐越南之敵軍會師於中越邊境，實現其打通中國大陸作戰之野心。國軍為保全實力，避免作無謂犧牲，乃轉移於湘、桂、黔間廣大山區，襲擊敵軍後路，以致日軍補給困難，車輛燃料無以為繼，而無法行動㊽。

㊹ 同上書，頁一三五。
㊺ 子珊行述，方先覺將軍事略，頁三。及同書頁一四七、一七九。
㊻ 帝國陸軍の最後，決戰篇，第七章，頁三三。
㊼ 子珊行述，頁一七一。
㊽ 參考「帝國陸軍の最後」，決戰篇，第七章。

六、結語

衡陽會戰國軍第十軍以萬餘之衆，抗拒數十倍之强敵，戰鬥之慘烈爲抗戰八年中所僅見。真是血流漂杵，屍積如山，蚊蠅遍野，臭氣薰天。屍未埋而骨已白，傷未死而蛆已生。此役不僅延宕敵人打通中國與東南亞大陸交通之計畫，振奮久戰疲憊之民心士氣，並提高國家聲譽與受到國際推崇，即敵人亦視爲奇聞與大辱㊾。其困守孤城不屈不撓之精神，堪與唐代張巡之守睢陽相輝映。

時值衡陽會戰四十週年，捐軀成仁英雄名垂千古，百戰餘生將士永爲國人所欽敬。事後檢討日本因太平洋戰爭失敗而作垂死之掙扎，傾舉國精鋭以謀打通中國大陸交通；美國政府則以戰略之偏失，重緬北一隅而忽略全盤戰局。由於國軍精鋭悉用於滇緬地區，雖重創敵軍，打通中印公路，卻造成東戰場之失利。蔣主席明確之判斷與統籌全局之遠見，未被美方所重視；至其力謀解救衡陽之圍的決心與毅力則表露無遺。終因敵軍勢大，而國軍裝備不佳，缺乏訓練，力不從願。否則不致有桂林之撤守，與柳江之放棄。惟是役爲我抗日戰爭勝敗之轉機，衡陽陷落之日即日軍精神崩潰之時，故其第十一軍進至獨山後，因顧慮隨時有被殲滅可能，一星期後即被迫撤退。從此國軍節節反攻，處處奏捷，不僅表現我官兵忠勇奮發之精神，

㊾ 子珊行述，頁一七九。

且可粉碎中共竊奪抗戰成果之邪說。

（臺北，近代中國第四二期，民國七十三年八月，頁四十至五十。）

六〇　中國國民黨改造之意義與價值

——旋乾轉坤　開創契機——

一、導　言

本年十一月二十四日，係中國國民黨建黨九十週年紀念日，筆者忝充黨員之列，緬懷國父締造民國的艱辛，　蔣總裁完成統一，安內攘外，領導反共之豐功偉業，不禁肅然而欽敬。回顧九十年來國運崎嶇，橫遭逆流，中國國民黨爲切合時代需求，曾經多次改組，終能披荆斬棘，完成神聖使命。

清光緒二十年十月二十七日（一八九四年十一月二十四日），興中會成立之初，因風氣不開，僅以檀香山、香港、澳門少數華僑爲骨幹。光緒二十一年（一八九五）九月，廣州之役，光緒二十六年（一九〇〇）閏八月，惠州之役的革命行動，均事起倉卒，而以會黨爲主力。雖以「驅除韃虜，恢復中華，創立合衆政府」，爲號召，尚未公開宣揚三民主義的理論與體系。

義和團之亂後，中國留外學生漸衆，而以日本爲最多，革命思潮始深入人心。光緒三十一年（一九〇五）春，國父先後糾合留歐學生，集會於布魯塞爾、柏林、巴黎，定名「歐洲同盟會」。七月二十日，復集合各省留日學生於東京，組織「中國同盟會」，其分子包括舊有之興中會，及華興會、光復會，並新加入之優秀青年。於是嚴密黨的組織，確立執行、評議、司法三權分立精神，宣佈革命之大經暨治國之大本爲：驅除韃虜、恢復中華、建立民國、平均地權。國內外各地先後設立分會，積極發動革命宣傳和起義行動，七年之後，卒收推翻專制，建立共和之宏規。

民國元年三月三日，同盟會以民國已經建立，乃由秘密之排滿組織，改變爲公開的政治活動。八月二十五日，聯合統一共和黨、國民共進會、國民公黨、共和實進會，合併爲國民黨。其時多數黨人之觀念，誤認利用憲法國會可以約束袁氏凱之行動，祇圖黨勢之擴張，不求主義之貫澈。國父明知其隱憂，極不同意此種結合，但受制於黨人而無可奈何，卒導致二次革命之失敗，與袁世凱之圖謀帝制。

國父不忍艱難締造之民國喪亡於袁世凱之手，於民國三年七月八日，成立中華革命黨於日本東京，特別重視黨的紀律與黨員素質，以討袁爲宗旨，以實現民權、民生主義爲目標，乃有上海之肇和起義，和雲南護國軍討袁，以及山東中華革命軍東北軍的發難。其後袁氏敗亡，民國形式幸得保存，南北卻又產生許多軍閥，若皖系之段祺瑞，直系之馮國璋、曹錕、吳佩孚，奉系之張作霖，桂系之岑春煊、陸榮廷，滇系之唐繼堯等，阻礙中國走向民主憲政之途徑。而帝制餘孽康有爲、張勳等，復從中作梗，藉府院之爭，製造復辟醜劇，才有民國六年以後國父所領導的護法運動。

民國八年五四運動後，　國父爲吸收優秀青年，參預救國大計，擴大革命陣營，將黨的基礎建築在廣大羣衆層面，先以黨建國，然後以黨治國。十月十日正式確定黨的名稱爲中國國民黨。十二年元月一日，發佈改組宣言，揭示今後中國國民黨，以實行三民主義、五權憲法爲鵠的。十三年元月二十日，舉行第一次全國代表大會於廣州，通過　國父所著「建國大綱」爲立國準繩，並通過組織國民政府案，重新建立民國法統。所以　國父雖然不幸於十四年三月十二日逝世，而國民政府則於同年七月一日成立，在　蔣總裁領導下，卒完成　國父對內肅清軍閥，對外廢除不平等條約之遺志。且於對日抗戰勝利後，制定憲法，實施憲政。

由此可見，國民黨之每次改組，均有其時代之意義，或擴大革命陣營，或健全黨的組織，雖客觀環境有所不同，均能達成時代所付託之神聖使命。

二、改造之前奏

全面抗戰發生後，民國二十六年十一月，　蔣委員長爲團結全國青年，完成抗戰建國大業，已考慮成立三民主義青年團之組織。二十七年三月，中國國民黨臨時全國代表大會舉行於武昌，乃正式成爲議案。四月六日，五屆四中全會通過之「三民主義青年團組織要旨」，其要項如下：

一、爲謀全國青年意志之統一，能力之集中，以充實國民革命之力量起見，依照本黨總章第五條之規定，設立三民主義青年團（以下簡稱青年團）。

二、青年團設團長一人，以本黨總裁兼任之。

三、青年團設評議長一人，評議員若干人，組織評議會。

四、青年團之幹部由團長指派之。

五、青年團爲公開之團體❶。

七月九日，三民主義青年團正式成立，由　蔣總裁兼任團長，陳誠任書記長。二十八年九月一日，中央團部組織中央幹事會，及中央監察會，各省市縣及學校支團部、分團部相繼成立。三十二年三月二十九日，在重慶召開第一次全國代表大會，其時已有團員五十餘萬人，組織發展遍於全國。在抗戰期間，如各級幹部的培養，民族意識的發揚，和號召知識青年從軍報國等，均有其不可磨滅之貢獻。

抗戰勝利後，黨團逐漸形成兩大政治勢力，彼此之間壁壘分明，頗影響反共之鬥爭。中國國民黨中央常務委員會，爲集中革命力量，統一領導，以適應當前環境之需要，乃於三十六年七月九日，通過「關於黨團統一組織案」，設立黨團統一組織委員會，由吳鐵城、陳誠、陳立夫任召集人。九月九日至十三日，六屆四中全會舉行於南京，九月十二日通過「統一中央黨部團部組織案」❷，九月十三日通過合併宣言。略云：

---

❶ 革命文獻，第七十九輯，頁四四五，中國國民黨黨史委員會，民國六十八年六月出版。

❷ 革命文獻，第八十輯，頁四九五，中國國民黨黨史委員會，民國六十八年九月出版。

本黨自　總理領導國民革命以來，所擔負的是中國歷史使命，每逢國家民族有重大歷史使命付給本黨的時候，本黨必有一次新的檢討，新的團結，形成新的陣容，以擔負這新的使命。……

現在歷史又將第二次世界大戰後戡亂建國的重大責任付與本黨，於是本黨有此次黨團統一組織的決定。這種措施是秉承總理過去改進革命組織的經驗，團結同志，集中力量，統一指揮，鞏固革命的基礎，加強黨的思想領導，發揚黨的革命精神，以共赴此非常艱鉅的事功，而達成後期革命的任務。❸

於是結束歷時九年的團務工作。蔣總裁爲此曾告誡中央同志云：「黨團合併統一工作，應視爲政治革命性的，而非技術的事務工作。」❹ 黨團合併改造工作，原預計在六個月內完成，然後召集第七次全國代表大會，不意因行憲辦理民意代表選舉，加以中共之分化、滲透、顛覆，自中央至省縣，黨內派系排擠傾軋，更變本而加厲，實際上並未達成革命性的改造目的❺。

❸ 革命文獻，第六十九輯，頁四一一至四一二，中國國民黨黨史委員會，民國六十五年十一月出版。
❹ 蔣總統思想言論集編輯委員會編「蔣總統思想言論集」，卷二，頁一五九，民國五十五年十月，臺北出版。
❺ 同上書。

三、改造之醞釀

民國三十七年開始，大陸戡亂戰事迭遭失利。徐蚌會戰後，失敗主義分子紛紛離異，部分黨中領袖意志不免消沈。蔣總裁於三十八年一月二十一日引退，由李宗仁代理總統職務，與中共進行和談，從此政府失去重心，大局急轉直下，迨共軍渡江，乃成莫可遏止之勢。

先是　蔣總裁於總統引退之前，已料及引退後可能發生之情勢。至其決心引退之原因，自謂：㈠黨政軍積重難返，非引退無法澈底整頓與改造。㈡打破半死不活之環境。㈢另起爐灶，重建革命基礎❻。蔣總裁引退之翌日，隱居奉化溪口故里，對戡亂失敗之原因，曾在日記中作如下之檢討：「此次失敗之最大原因，乃在於新制度未能成熟與確立，而舊制度先已放棄崩潰。在此新舊交接緊要危急之一刻，而所恃以建國救民之基本條件，完全失去，是無異失去靈魂，焉得不爲之失敗。」並特別研討國民黨改造方案。自謂：

當政二十年，其對社會改造與民衆福利，毫未著手，而黨政軍事教育人員，只重做官，未注意三民主義之實行。今後對一切教育，皆應以民生爲基礎，亡羊補牢，未始爲晚。黨應爲政治之神經中樞，與軍隊之靈魂，但過去對軍政幹部無思想領導，馴至幹部本

---

❻ 蔣經國「危急存亡之秋」，引自「風雨中的寧靜」，頁一二四至一二五，民國五十九年八月，國防部印行。

身無思想，在形式上黨政軍三種幹部互相衝突，黨與軍政分立，使黨立於軍政之外，乃至黨的幹部自相分化，幹部無政治教育，不能使全黨黨員理解中央之政策。而且對於幹部亦未能集體的、配合的、系統的領導與運用。於是領導之方向不明，而無力貫澈政策之執行，使每一個幹部只感覺受其拘束，無權力。於是心存怨望，且諉卸責任。要改正上述缺點，應擬定具體綱要實施才行。

一切以組織爲主，紀律爲輔，故組織應在紀律之先。組織的對象：第一爲人，第二爲事與物（包括經費在內）。至於幹部訓練與重建之方針：必須陶冶舊幹部，訓練新幹部。其基本原則：㈠以思想爲結合；㈡以工作爲訓練；㈢以成績爲黜陟。❼

可知　蔣總裁於離開南京後，已下定改造國民黨的決心。於是多次與蔣經國、張羣、陳立夫、張其昀、黃少谷、鄭彥棻等人交換改造意見❽。及京、滬棄守，五月七日　蔣總裁由上海復興島啓碇離開上海，十三日船抵舟山，再度考慮黨政問題。認爲：

必須選訓大批幹部，加以組織，並使之深入社會各階層，組織基層羣衆，嚴格執行紀綱，提高組織尊嚴。黨政軍幹部並應痛改過去鬆懈散漫的惡習，以羣衆力量來維護黨

---

❼ 同上書，頁一三七至一三八。

❽ 曹聖芬「從溪口到成都」，載「改造半月刊」，第六期，頁七至九，民國三十九年十一月十六日出版。

紀，且保證每一黨員都服從革命的領導，執行革命的綱領。鏟除空言不實，因循敷衍，徇情任私，麻木不仁等官僚作風，而代之以實事求是，精益求精，急公尚義，嚴正不苟，是非分明，賞罰公允的新作風。❾

五月二十六日，蔣總裁取道馬公抵達臺灣，初居高雄壽山，乃指定黨內同志十人，研討改造方案❿。六月十一日，中國國民黨中央常務委員會通過 蔣總裁提案，推蔣中正、李宗仁、孫科、居正、于右任、何應欽、閻錫山、吳忠信、張羣、吳鐵城、朱家驊、陳立夫爲中央非常委員會委員⓫。六月二十四日，蔣總裁抵臺北。六月二十六日，於出席東南區軍事會議總理紀念週上，以「本黨革命經過與成敗的因果關係」爲題，發表演講，認爲：「目前是我們革命最艱苦的階段，但也是我們革命黨員成功立業千載一時的機會，希望大家記取歷史教訓，堅定必勝信心，精誠團結，通力合作，充實我們反攻準備，完成國民革命實現三民主義的使命。」⓬七月十六日，中央非常委員會在廣州成立，由 蔣總裁任主席，李宗仁任副主席。七月十八日，中央常務委員會第二〇四次會議，通過 蔣總裁所提之「中國國民黨

❾ 危急存亡之秋，引自「風雨中的寧靜」，頁一九七。
❿ 陶希聖「危難中的奮鬥」，民國四十八年十月三十日，臺北中央日報，第三版。
⓫ 中國國民黨黨八十年大事年表，頁四〇二，中國國民黨史委員會，民國六十三年八月出版。
⓬ 蔣總統言論彙編編輯委員會「蔣總統言論彙編」，卷十八，頁一六四至一七五，正中書局等發行，民國四十五年十月出版。

之改造案」，其說明中略云：

抗戰結束之後，國力凋敝，民生疾苦，而國際風雲險惡，共匪叛亂繼續發展，國家建設計劃，政治經濟改革，無不需要健全的黨爲之領導，促其實施，而本黨黨務未能作及時之改革，黨員更未能有一致之認識，採一致之步驟，爲剿匪而動員，爲國計民生而努力，致令經濟危機日趨加深，政治紀綱日益敗壞，最後乃造成軍事上嚴重之挫敗。……

時至今日，國家有纍卵之危，人民有倒懸之急，此正愛國志士投袂倒屣，摩頂放踵，呼號奔走，救國自救之時機；而黨的改造，更成爲本黨有志氣有血性同志普遍之要求。事務性之黨部整理，形式上之黨員登記，皆不足以振廢起衰，必須對黨的思想路線、社會基礎、組織原則、領導方法，以及黨的作風，從根本上痛切反省，嚴厲檢討。⓭

乃列舉六項原則，作爲今後改造之重點：㈠在思想路線上確立黨爲革命民主政黨。㈡黨的基礎在農、工、青年、知識分子，及生產者等廣大民衆。㈢黨的組織採取民主集權制。㈣黨的基礎在於小組。㈤黨的領導，一切通過組織，由組織決定一切，以思想溝通全黨，以政策決定人事，以原則決定問題。㈥黨的作風，使每一黨員皆有貫澈主義，尊重組織，堅持政

⓭ 蔣中正「交議本黨改造說明」，頁二五至二六，中央文物供應社，民國四十五年五月出版。

策，講求實效，認真團結之精神⑭。經通過後，分發各級黨部，使全體同志熱烈討論，提供意見，俾作最後之決定。八月二十三日，蔣總裁由臺北飛廣州，二十四日飛重慶。九月二十日蔣總裁爲中國國民黨改造發表告全黨同志書，略云：

現在剿共戰爭的形勢益行險惡，國民革命的前途日趨嚴重。赤焰囂張，國族阽危，本黨的改造已成爲全黨同志一致的要求，和救亡圖存唯一的途徑。……我們這次着手黨務改造，在消極方面要檢討過去的錯誤，反省自己的缺點，我們要把失敗主義的毒素澈底肅清，要把官僚主義的作風切實剷除。

蔣總裁特別提出三項國民革命現階段的要求：㈠反共戰爭乃是反侵略主義的民族戰爭。㈡反共戰爭乃是反極權主義的民主戰爭。㈢反共戰爭乃是爲了每一個國民，每一個家庭自由生活方式的社會戰爭；同時也是爲了保障我們悠久歷史，崇高倫理，和以仁愛爲中心之道德文化戰爭。

蔣總裁並鄭重指出：爲此次黨的改造，要以嚴肅的紀律，保障反共戰鬥的勝利，以完成國民

---

⑭ 同上書，頁二七至二八。

革命的偉大使命⑮。但以西北、華南、西南各省相繼淪陷，整個中國大陸被中共所竊據，政府於十二月七日遷設臺北，客觀形勢急遽變遷，不僅改造工作未能進行，業經中央常會所通過之改造案，亦必須重新加以檢討。十二月三十至三十一日，蔣總裁在日月潭涵碧樓，召集陳立夫、黃少谷、谷正綱、陶希聖、鄭彥棻等，討論黨的改造問題。蔣總裁認爲：「若不如此，則現在中央委員四百餘人之多，不僅見解紛歧，無法統一意志，集中力量，以對共產國際進行革命。且如不毅然斷行，是無異自葬火坑，徒勞無功。」至於改造的要旨：「在湔雪全黨過去之錯誤，澈底改正作風，與領導方式，以改造革命風氣。凡不能在行動生活與思想精神方面澈底與共黨鬥爭者，皆應自動退黨，而讓有爲之志士革命建國也。」⑯足見蔣總裁當時是抱着破釜沈舟的決心，欲重整旗鼓，改造國民黨，自力更生，以達成反共復國之偉業。

四、改造之準備

民國三十九年元月初，蔣總裁約集黨內同志三十餘人，成立「黨的改造研究小組」，就原案及各級黨部各地同志提出之意見綜合加以整理，自元月八日起至三月二日止，共舉行小

---

⑮ 革命文獻，第六十九輯，頁四二六至四三九。
⑯ 蔣經國「危急存亡之秋」，引自「風雨中的寧靜」，頁二七九。

組會議十三次，分組會議十五次，最後復舉行綜合會議四次。訂定「本黨改造綱要」，及「本黨改造之措施及其程序」。由於參預改造案研究小組同志，對黨的名稱是否更改？中央改造委員人選如何決定？現有中央執監委員如何安排？以及革命民主政黨本質等問題，頗有爭議，致使改造工作未能迅即見諸實施。某日 蔣總裁在中常會之致詞云：

我們必須使臺灣成為復國的基礎，亞洲自由人民之奮鬥前線，以及世界和平的鬥士。在要達到此目的，我們必須澈底革新本黨，藉以改組革命的機構，恢復革命的精神。在消極方面我們必須消泯派系之爭，及黨員與黨員之爭。我們斷不容許前此使大陸崩潰的自私行為與觀念，再陷臺灣於崩潰。⑰

七月十二日，在臺中央執行委員一百一十人，候補執行委員三十五人，中央監察委員六十五人，候補監察委員十四人，共計二百十四人，由吳稚暉領銜，聯名上書 蔣總裁，請其根據一年來研究結果，澈底實施黨的改造⑱。七月二十二日，蔣總裁在臺北中國國民黨中央常務委員會臨時會議中，重提三十八年七月十八日中常會第二〇四次會議通過之改造案，經會議修正通過，公佈實施。其中「總裁關於實施本案之說明」，指出：「本黨這次改造，在

⑰ 董顯光「蔣總統傳」，下册，頁五六九，民國四十一年十二月，中華文化出版事業委員會出版。

⑱ 民國三十九年七月十三日，臺北中央日報。

消極方面，對原有黨員有腐化貪污的事實，反動投機的傾向，毀法亂紀自私自利者，要嚴厲整肅，以恢復本黨革命的精神。在積極方面，對海內外仁人志士，愛國青年，要精誠號召，親密合作，以擴大革命陣營。」綜合小組所訂定之「本黨改造綱要」計分：㈠總則；㈡黨的構成分子及社會基礎；㈢黨的組織原則；㈣黨的組織；㈤黨的幹部；㈥黨的作風；㈦黨的領導；㈧黨員之權利義務；㈨黨的紀律；㈩黨的秘密組織；⑪黨政關係。其中總則部分規定：「本黨爲革命民主政黨，信守三民主義，領導國民革命，堅持反共抗俄之鬥爭，以求實現國家獨立，人民自由，政治民主，經濟平等，世界和平。」「本黨改造之措施及其程序」規定：爲實施本黨之改造案，促進本黨之澈底改造，應即採取下列各項之措施：㈠第六屆中央執行委員會，暨中央監察委員會，均停止行使職權（按：第六屆中央執行委員高達二八六名，候補委員一四六名）。㈡成立中央改造委員會，行使中央執行委員會及中央監察委員會之職權，中央改造委員名額爲十五人至二十五人，由總裁遴選之。㈢中央改造委員會下設各種工作部門或委員會，分負推進改造工作之責，人員由總裁遴派之。㈣本黨設中央評議委員若干人，對黨的改造負督導與監察之責，由總裁聘任之。㈤臺灣省各級黨部及海外黨部之執行委員會、監察委員會，與特別工作人員，暫均照舊工作，承中央改造委員會之命進行黨的改造⑲。

二十六日，蔣總裁在臺北賓館召集國民黨中央執行委員舉行茶會，到會委員一百五十餘人，蔣總裁除聽取諸委員對改造之意見外，並當場宣佈遴派陳誠、張其昀、張道藩、谷

---

⑲ 革命文獻，第六十九輯，頁四四六至四六二。

正綱、鄭彥棻、陳雪屏、胡健中、袁守謙、崔書琴、谷鳳翔、曾虛白、蔣經國、蕭自誠、沈昌煥、郭澄、連震東等十六人，爲中國國民黨改造委員。另聘任吳敬恆、居正、于右任、鈕永建、丁惟汾、鄒魯、王寵惠、閻錫山、吳忠信、張羣、李文範、吳鐵城、何應欽、白崇禧、陳濟棠、馬超俊、陳果夫、朱家驊、張厲生、劉健羣、王世杰、董顯光、吳國楨、章嘉、張默君等二十五人爲中央評議委員，負責監督改造工作的執行與推展[20]。

八月五日，中央改造委員會正式成立。上午十時，中央改造委員在臺北中央黨部舉行就職宣誓典禮，由 蔣總裁親臨監誓，並致訓詞。同日中央改造委員會通過「中央改造委員會組織大綱」十九條，依其規定：中央改造委員會由總裁遴選中央改造委員十五人至二十人組織之，在進行改造期間，行使中央執行委員會及中央監察委員會職權。開會時由總裁主席，總裁因事不克出席時，由出席委員互推一人爲主席。置秘書長一人，副秘書長一人或二人，由總裁提經本會任用之。設立各處組會：

一、秘書處　掌理本會議事、總務、文書、會計、人事及黨員之撫卹、撫助，與其他不屬於各組會職掌之事項。

二、第一組　掌理自由地區及大陸地區各級黨部或秘密工作之組織，與黨員之訓練，及指導其活動。

三、第二組　掌理產業、職業等團體，知識青年及其他特種黨部之組織，黨員之訓練，

---

⑳ 民國三十九年七月二十七日，臺北中央日報。

及指導其活動，並負有關民衆運動指導之責。
四、第三組　掌理海外黨部之組織，與黨員之訓練，並指導其活動。
五、第四組　掌理宣傳工作之指導、設計，黨義理論之闡揚，及對文化運動之策劃。
六、第五組　掌理民意機關與政府黨員之組織與政治活動，及對各反共抗俄民主政黨聯絡之有關事宜。
七、第六組　掌理對社會、經濟、政治等動態有關資料之搜集、整理、研究，與對敵鬥爭之策劃。
八、第七組　掌理黨營事業之管理，及黨員生活之輔導。
九、幹部訓練委員會　掌理幹部訓練有關業務。
十、紀律委員會　掌理黨紀案件之審議，及監察黨員執行黨的政策、決議、命令之有關事宜。
十一、財務委員會　掌理本黨財務之統籌，及預算之審議，黨費基金之募集、保管，與運用事宜。
十二、黨史史料編纂委員會　掌理黨史史料之搜集、整理、編纂，及革命文獻之保管事宜。
十三、設計委員會　掌理有關加强黨政及反共工作之設計，與本會交議案件之審議[21]。

---

[21] 革命文獻，第七十七輯，頁一至二，黨史委員會，民國六十七年十二月出版。

各組設主任一人，副主任一人至三人。各委員會設主任委員一人，副主任委員一人至三人，委員若干人，均由總裁提經本會任用之㉒。同日並通過總裁交議，派張其昀爲中央改造委員會秘書長，周宏濤爲副秘書長，以陳雪屏、谷正綱、鄭彥棻、曾虛白、袁守謙、唐縱、郭澄爲第一、二、三、四、五、六、七各組主任，李文範、蔣經國、俞鴻鈞、陶希聖爲紀律、幹部訓練、財務及設計等委員會主任委員㉓。八月十四日，蔣總裁在聯合擴大紀念週上，說明本黨今後努力之方針，認爲本黨改造時期，一定要確定思想路線，澄清黨內紛歧混亂觀念，指導黨的政策和工作方向。特別提出三個問題，希望黨中同志共同研討：㈠自由與紀律問題，㈡鬥爭與合作問題，㈢科學與道德問題。要求每一個黨員要從內心上改革起，做到軍事、政治、經濟與社會，都在三民主義最高指導原則下，逐步改革，使中國成爲主權獨立、人民自由、政治民主、經濟平等的國家，自立於國際社會，對世界和平負擔其一分責任㉔。八月十六日，中央改造委員會第四次會議，通過「中央改造委員會會議規則」十一條，摘其內容如下：

一、本會每星期開會一次，總裁決定，或秘書長認爲必要時，或經全體委員三分之一以上提請，得隨時召集臨時會議。

㉒ 同上書，頁三。
㉓ 中國國民黨八十年大事年表，黨史委員會編印，民國六十三年八月出版。
㉔ 蔣總統言論彙編，卷十九，頁一六七至頁一七三。

二、本會開會時，由總裁主席，總裁因事不克出席時，由出席委員互推一人爲主席。

三、本會開會時，得通知有關組會主管，及軍政方面本黨負責同志列席，並聽取其報告。

四、本會議程由秘書長編訂，於開會前一日印送委員，各委員及各組會如有提案，應於開會前三日送由秘書處彙編。

五、本會非有委員二分之一以上出席，不得開會，其決議以出席委員過半數行之。

六、本會重要議案，得先送設計委員會，或推定小組研究後，提出討論。

七、本會議案之表決，以舉手方式行之，必要時得用起立或無記名投票方式行之。

八、本會開會時由秘書處記錄，送主席核閱，並於下次會議時宣讀之。

九、本會議程、議案、紀錄，及會議時各委員之重要發言，除經決議公佈並指定專人發佈者外，一律不得對外洩露。

十、本規則未規定事項，悉依民權初步之規定㉕。

八月十七日，中央改造委員會通過「中央改造委員會各處組會組織規程」。二十四日通過「本會當前急切工作要項」，而改造之準備工作大致就緒。

五、改造之進行

㉕ 革命文獻，第七十七輯，頁五至六。

九月一日，中國國民黨中央改造委員會第十三次會議通過「現階段政治主張」，計分六項：㈠我們的決心和信念：承認過去的缺失，痛下決心，贖回以前之罪愆，改新黨的組織，整肅黨的紀律，改變黨的作風，把本黨改爲實施三民主義的一個堅強戰鬥體。㈡恢復我中華民國領土主權的完整：團結海內外革命志士、愛國同胞，無分黨派、宗教、職業，集中力量來撲滅共匪赤焰，抵抗蘇聯侵略。㈢實行民生主義的經濟措施：各行業均有均衡合理發展機會，整頓國營事業，扶植民營事業，保障勞工權益，抑制土地投機。㈣完成三民主義的民主政體：本憲政精神，保障人民基本自由，推行地方自治，爲民主政治樹立堅實基礎。㈤對於反攻收復時期的主張：現有農民耕種土地，許其繼續耕種，凡蘇俄劫掠路礦資源一律收回，實現軍民分治，以民主法治代替共匪極權主義暴政。㈥全國軍民同胞團結起來：合億萬人之心爲一心，集億萬人之力爲一力，克復國家民族當前危機，完成反共抗俄偉大勝利㉖。

九月九日，中央改造委員會通過「中國國民黨省級暨所屬黨部改造之措施及其程序」，二十九日通過「黨員歸隊實施辦法」、「原有黨員整肅辦法」，及「改造期間區黨分部小組劃編及改組原則」。十月一日，通過「中國國民黨省改造委員會組織規程」，及「縣（市）黨改造委員會組織規程」。十月二日通過「中國國民黨幹部訓練計劃大綱」，三日通過「中央直轄職業黨部改造委員會組織規程」。十月十二日，中央改造委員會通過任命倪文亞爲臺灣省改造委員會主任委員。十月十三日，中央改造委員會通過「小組組織規程」，及「區黨分部暫行組織規

㉖ 革命文獻，第六十九輯，頁四六二至四七〇。

程」。十月二十四日，中央改造委員會通過「特種黨務改造實施綱要」，於是臺灣省各縣市改造委員會相繼成立，積極展開辦理黨員重新登記及編隊工作。

中央改造委員會，爲使因戰亂及政府播遷脱離組織黨員，能再度納入組織，並趁此機會消除動搖腐化信仰不堅分子，特別於十月六日政治通報中規定：㈠凡脱離組織之黨員，未參加此次黨員歸隊登記者，一律撤消其黨籍。㈡登記黨員日期定爲二十天，不得展延。㈢各主辦單位於登記結束後，十五日內將報到黨員納入組織㉗。此項辦法自四十年一月四日起，至二十三日實施。黨員對中央歸隊號召反應良好，兩週之內響應歸隊者凡二萬零二百五十八人㉘。

關於吸收新黨員方面：中央改造委員會在三十九年十月十八日第三十九次會議中，通過「徵求新黨員辦法」，規定：「凡中華民國國民年在十八歲以上，無分性別、職業，凡信奉三民主義及本黨政綱、政策，與遵守黨章者，均得依照規定，申請加入本黨。」而以廣大勞動民衆、愛國革命青年、知識分子，農、工及生產者爲主要對象。爲適應當前革命任務需要，規定吸收新黨員應符合下列標準：㈠願爲反共抗俄而堅強奮鬥者、㈡有刻苦耐勞之生活習慣者、㈢能深入社會爲民衆服務者、㈣工作努力能起模範作用者㉙。可爲重質不重量之説明。新黨

㉗ 中國國民黨中央改造委員會秘書處編「中國國民黨法規輯要」，頁一四七至一五二，民國四十年三月出版。
㉘ 中國國民黨中央改造委員會編「一年來工作報告」，頁四，民國四十年八月出版。
㉙ 同上書，頁一六五。

員之申請入黨，必須由黨員二人負責介紹，經所在地小組審查通過，然後報請上級黨部核准，經過兩個月考核訓練，再由中央正式發給黨證，並分配參加黨的組織與工作。截止四十一年五月，臺、澎、金、馬地區黨員人數，已較三十九年改造前，增加比例約百分之二百强㉚。不僅充實了黨的革命陣營，更擴大了黨的社會基礎。

中央改造委員會爲整飭黨紀，淘汰腐敗分子，加强革命陣營，在「本黨改造綱要」第八條中規定：「舊有黨員應予澈底整肅之條件：㈠有叛國通敵之行爲者；㈡有跨黨變節之行爲者；㈢有毀紀反黨之行爲者；㈣有貪污瀆職之行爲者；㈤生活腐化，劣跡顯著者；㈥放棄職守，不負責任者；㈦信仰動搖，工作弛廢者；㈧作不正當經營，以取暴利爲目的者。」㉛中央改造委員會第二十七次會議通過「原有黨員整肅辦法」，特別規定：「黨員與幹部均應透過組織，由下而上整肅，但幹部得由上而下先行整肅。」㉜自頒佈實施以後，一年之內檢查中央執監委員歸隊情形，全部五百八十九人中，死亡者六人，留居大陸情況不明者八十四人，在港澳海外者一百零七人，開除黨籍者六十二人，未歸隊者二十五人。在臺中央執監委員二百九十六人，除二人未歸隊外，餘均參加組織。凡未歸隊中央委員，一律撤消其黨籍。根據紀律委員會統計：自中央改造委員會成立，一年之內審議決定黨員違紀案件共二百二十六人，其

㉚ 中國國民黨中央改造委員會秘書處編「改造半月刊」，第四十七、四十八兩期合刊，頁四〇，民國四十一年八月一日出版。

㉛ 改造半月刊，第一期，頁十一，民國三十九年九月一日出版。

㉜ 中國國民黨黨務法規輯要，頁一五三。

中投共者九十四人，參加僞革命委員會者十人，參加其他政黨者三人，不出席會議者四人，侵吞公款及貪污者五人，違反黨的命令及政府法令者十人，均經決議，分別予以處分。計永遠開除黨籍者二十四人，開除黨籍者九十四人，開除黨籍一年者一人，停止黨權一年者二人，停止黨權六個月者二人，警告者三人㉝。

中央改造委員會爲展開青年運動，以擴大黨的社會基礎，貫澈現階段政治主張，使各級幹部分子及一般黨員均能知所遵循，於四十年一月二十九日第七十八次會議通過「中國國民黨現階段青年運動指導方案」，其中工作要項：

一、文化工作——發動三民主義文化運動：㈠加强各級學校的三民主義教育。㈡組織各種青年學術研究團體。㈢獎勵青年對科學之研究，創作發明。㈣徵選青年學術文藝優良作品。㈤輔導各種青年刊物，及各校文藝活動。㈥提倡青年各種康樂活動。㈦舉行夏令營、冬令營、講習會等青年集體活動。

二、生產工作——發動青年參加生產工作：㈠輔導青年參加生產工作。㈡發動青年參加勞動服務。㈢鼓勵青年投考職業學校，或受職業訓練。

三、服務工作——發動青年參加服務工作：㈠發動青年到軍中服務。㈡發動青年到戰地服務。㈢發動青年爲社會服務。

四、軍事工作——發動青年從軍救國：㈠激發青年踴躍服行兵役。㈡鼓勵青年投考軍事

㉝ 一年來工作報告，頁一一八。

學校。㈢中等以上學校實施軍事訓練。

五、敵後工作——激發青年參加敵後工作：㈠鼓勵青年前往大陸參加游擊及地下工作。㈡號召青年參加敵後武裝戰鬥。

六、海外工作——號召華僑發動反共抗俄運動：㈠號召華僑青年，從事反共抗俄工作。㈡鼓勵華僑青年回國，從軍求學。㈢招致留學青年回國，來臺服務。㈣展開華僑青年的國外活動㉞。

中央改造委員會爲展開勞工運動，以擴大黨的社會基礎，貫徹現階段政治主張，使各級幹部分子及一般黨員均能知所遵循，於四十年一月三十一日第七十九次會議通過「中國國民黨現階段勞工運動指導方案」。爲展開婦女運動，團結婦女力量，保障婦女權益，以貫徹現階段政治主張，並使各級幹部分子及一般黨員，均能知所遵循，於同日同一次會議，復通過「中國國民黨現階段婦女運動指導方案」㉟。中央改造委員會爲展開農民漁民運動，以擴大黨的社會基礎，貫徹現階段政治主張，並爲使本黨各級黨部及一般黨員均能知所遵循，制定「中國國民黨現階段農民運動指導方案」草案㊱。

民國四十年四月十六日，中央改造委員會第一一六次會議，修正通過「反共抗俄時期僑

㉞ 革命文獻，第七十七輯，頁七至九。
㉟ 同上書，頁一六至一九。
㊱ 同上書，頁十九至二五。

務政策」[37]，十二月八日，中央改造委員會第二五四次會議，修正通過「民生主義現階段經濟政策與社會政策綱目」[38]。四十一年元月三十一日，中央改造委員會第二八八次會議通過「籌組中國青年反共抗俄救國團原則」[39]，二月一日，中央改造委員會第二八九次會議，通過「反共抗俄總動員綱領」[40]，三月二十九日，　蔣總裁爲成立中國青年反共救國團，發表告全國青年書，略云：

> 惟有團結才有力量；亦惟有組織才能團結，才能成功。……中國青年已往的大結合，沒有一次不是憑藉着三民主義的正確領導前進的、完成的。今天是反共抗俄復國建國的時代，國民革命的任務既有賴我全國青年作更大的結合，更堅强的組織。爲了有效號召，並正確領導我全國青年，使能普遍地展開第三次的青年大結合，我現在已決定成立「中國青年反共救國團」的正式組織，以適應愛國青年的共同要求，並將其納入統一的組織之中，增進其智能，鍛鍊其體魄，訓練其工作技術，加强其革命信念，使全國青年在反共抗俄總動員運動的號召之下，努力推行經濟的、社會的、文化的全面改造，尤其是「明禮尚義，雪恥復國」的文化改革運動，和「敦親睦族、勤勞服務」

[37] 同上書，頁二五至二六。
[38] 同上書，頁二六至三三。
[39] 同上書，頁三三至三五。
[40] 同上書，頁三五至三九。

的社會改造運動，都要以青年爲主力、爲前導。[41]

此固爲　蔣總裁對青年之期許，希望全國青年作第三次的大結合，實現時代所付託的偉大使命，亦爲中國國民黨改造精神之所寄。

六、改造之完成

依據中國國民黨「本黨改造措施及其程序」第八條之規定：本黨改造完成之日，應召開全國代表大會，恢復正常組織。民國四十一年夏，中央改造委員會以改造接近完成，乃於五月二十九日第三四七次會議，決議呈請　總裁核定，於同年十月十日召開第七次全國代表大會，並於六月二十六日第三五九次會議，通過「中國國民黨第七次全國代表大會組織法」[42]，積極進行各項籌備工作。七月十日乃發出通告，第七次全國代表大會定於本年雙十節召開，重要議題計分四項：㈠制定本黨政綱，㈡修改本黨總章，㈢建立中心理論，㈣決定工作綱要[43]。同年十月十日，中國國民黨第七次全國代表大會由　蔣總裁親自主持，在臺北近郊陽

---

[41] 蔣總統言論彙編，卷二十二，頁一一七至一二二。
[42] 中國國民黨黨務法規輯要，頁七七至七九。
[43] 民國四十一年七月十一日，臺北「中央日報」。

明山隆重開幕，出席各地代表一七五人，中央改造委員、中央評議委員均列席參加，蔣總裁所致開幕詞略云：

這次大會所負的使命之重大意義，只有從民國三年中華革命黨的成立，和民國十三年中國國民黨的改組，這兩件大事上纔能瞭解；而革命環境的險惡與責任的艱鉅，且有過之。……現在改造工作既已告一段落，自應將建黨復國的責任歸還於全黨黨員同志，共同來擔負這個國民革命的第三期任務。而我們改造委員會各位同志，對黨之矢勤矢勇，必忠必信，一心一德，貫徹始終的精神，可說是鞠躬盡瘁，無愧於革命的任務。㊹

十月十三日，蔣總裁在七全大會第四次會議政治報告中，檢討大陸戡亂失敗之主要原因，在於黨務的失敗：㈠由於中共之曲解三民主義，毀傷革命領導者，造成黨人三民主義信仰的動搖。㈡由於內部的分崩離析，黨德喪失，造成　蔣總裁下野的決定。　蔣總裁說明兩年多來爲救亡圖存，黨的努力和政府施政五大方針：㈠穩定經濟，㈡整飭軍紀，㈢安定社會，㈣團結內部，㈤建立民主制度。另推行五項辦法：㈠保持幣信，充實準備。㈡貫徹命令，剝除浮濫。㈢保密防奸，肅清匪諜。㈣打破派系，集中意志。㈤養成守法精神，實行地方自

㊹ 民國四十一年十月十一日，臺北「中央日報」。

治㊺。指出今後努力之要目：㈠建立制度，㈡注意組織，㈢改造風氣。肯定本黨復興建國的道路：㈠澄清本黨內部思想，要認清敵我，以民族精神爲武器，以民族文化爲骨幹。㈡建立復興革命基礎。民族主義方面：保衛中華文化，振肅社會風氣。民權主義方面：遵重民主憲政體制，建立全民政治基礎，轉移社會風氣，重建國民道德。民生主義方面：平均社會財富，實現耕者有其田㊻。

大會共舉行十一日，至十月二十日閉幕，凡舉行大會十五次，收到提案一百六十八件，重要報告共分四項：㈠黨務報告，㈡政治報告，㈢施政報告，㈣軍事報告。綜合大會成就如下：

一、一致擁戴蔣總裁連任中國國民黨總裁。

二、通過並修正「中國國民黨政綱」、「中國國民黨反共抗俄時期工作綱領」。

三、通過修正「中國國民黨總章」，並改稱「總章」一詞爲「黨章」。

四、通過蔣總裁交議「反共抗俄基本論」案。

五、加强大陸地區對敵鬥爭工作案㊼。

其中「中國國民黨政綱」係十月十八日所通過，共分政治、外交、軍事、經濟、教育、

㊺ 革命文獻，第七十七輯，頁七二至一〇四。
㊻ 同上書。
㊼ 同上書，頁四二至五七。

社會、僑務七部分。錄其政治方面如下：

一、驅除俄寇，消滅共匪，恢復中華民國領土之完整。

二、團結反共力量，聯合國內外反共團體，建立反共抗俄聯合陣線。

三、反共立功人士優予任用，其殉難者應予褒揚。共匪佔領區反正自新者，論功行賞，受脅從者不究。

四、厲行民主政治，樹立廉能政風，依法保障人民生命財產及生活之自由。大陸光復後，凡共匪箝制人民、奴役人民、剝削人民之暴政，一律廢除。

五、反攻軍事時期，爲配合政治與軍事之運用，得暫設戰地軍政統一指揮機構，凡一省底定之日，恢復其正常體制。

六、貫徹民族主義之原則，保障國內各民族地位一律平等。[48]

十月十九日，大會並通過　蔣總裁提任吳敬恆、于右任、鈕永建、丁惟汾、王寵惠、鄒魯、閻錫山、吳忠信、李煜瀛、李文範、張羣、吳鐵城、何應欽等四十人爲中央評議委員，選舉陳誠、蔣經國、張其昀、周至柔、谷正綱等三十二人爲中央執行委員，鄭介民等十六人爲候補中央委員。二十日大會於通過對外宣言後閉幕。宣言鄭重聲明：本黨從自責和自新中，爲民族國家創造出新的生機和力量。略云：

---

[48] 革命文獻，第七十輯，頁四〇七至四一一，黨史委員會，民國六十五年十一月出版。

本黨此次大會是改造以後海內外忠貞同志第一次偉大的結合，由詳盡的檢討，發生了深刻的懺悔，由深刻的懺悔，發生了新的生機和力量。我們所處的臺灣不祗是自由堡壘，而是太平洋上自由的燈塔，更是我們中華民國復興的基地。我們決不敢苟安，決不敢懈怠，也決不惜任何犧牲，來完成這救國救民的大業，為自由民主而奮鬥到底。㊾

同月二十三日，中國國民黨第七屆中央委員宣誓就職，並舉行第一次全體會議通過「中央委員會組織大綱」，選舉陳誠、蔣經國、張道藩、谷正綱、吳國楨、黃少谷、陳雪屏、袁守謙、陶希聖、倪文亞等十人為中央常務委員。㊿於是革命精神為之大振，此後至四十六年十月，中國國民黨第八次全國代表大會，五年期間，奠定下臺灣安定繁榮之基礎。不僅貫徹民主憲政之實施，並積極推行民生主義的經濟政策。

七、結　論

自民國三十九年春，至四十一年秋，中國國民黨的改造，為近代中國劃時代的大事，足可與興中會之改組為中國同盟會，國民黨之改組為中華革命黨，以及民國十二至十三年間中

㊾ 革命文獻，第六十九輯，頁四七四至四八二。

㊿ 民國四十一年十月二十四日，臺北「中央日報」。

國國民黨的改組，有異曲同工之績效，均擔當了時代所付託的莊嚴使命。

中國國民黨的改造，確立了革命民主政黨强固的領導中心。改造期間不僅迅速成立各級黨部改造機構，實施黨員歸隊和整肅運動；並淘汰腐敗和不忠實分子，吸收知識青年和廣大農工羣衆，擴大了社會的基礎。同時透過黨政關係的運作，帶動政治、經濟、社會、文化、軍事、外交諸方面的改造運動。諸如地方自治的推行，土地的改革，勞工保險和社會福利的加强，國民義務教育的普及，思想教育和軍訓的實施，以及國軍之全面整建，國際關係的拓展，而奠定下復國建國之宏基。

三十年後的今天，我全黨同志緬懷　蔣總裁當時改造本黨之苦心與毅力，及其豐碩成果，仍當繼續貫徹改造初期的革命精神，面對時代的挑戰，遵循國策，開創新局，以完成三民主義統一中國的偉大使命。

（臺北，近代中國第四三期，民國七十三年十月，頁二九至四一。）

國家圖書館出版品預行編目資料

中國近百餘年大事述評：中國近代現代史論文集
／李守孔著. --初版，--臺北市：
臺灣學生，民85
冊：　公分
ISBN 957-15-0758-X(一套：精裝)

1.中國－歷史－晚清(1840-1911)－論文，講詞等
2.中國－歷史－現代(1900-　　)－論文，講詞等

627.607　　85005519

中國近百餘年大事述評（全五冊）
——中國近代現代史論文集——

著作者：李守孔
出版者：臺灣學生書局
發行人：丁文治
發行所：臺灣學生書局
臺北市和平東路一段一九八號
郵政劃撥帳號○○○二四六六八號
電話：三六三四一五六
傳眞：三六三六三三四

本書局登記證字號：行政院新聞局局版臺業字第一一○○號

印刷所：常新印刷有限公司
地址：板橋市翠華街八巷一三號
電話：九五二四二一九

定價精裝新臺幣三○○○元

中華民國八十五年七月初版

62806

ISBN　957-15-0758-X（一套：精裝）